Maria Cäcilia Baij OSB

Das Leben des heiligen Josef

Ich erinnere mich nicht, den hl. Josef bis jetzt um etwas gebeten zu haben, was er mir nicht gewährt hätte. Ja, es ist zum Erstaunen, welch große Gnaden mir Gott durch die Vermittlung dieses glückseligen Heiligen verliehen und aus wie vielen Gefahren des Leibes und der Seele er mich durch ihn befreit hat.

Teresa von Avila (1515-1582)

Die Mutter Gottes an die hl. Birgitta von Schweden:

«Meine Tochter, leider haben die meisten Menschen keine Ahnung, welch große Vorzüge der Herr meinem heiligen Bräutigam Josef verliehen hat und wie mächtig seine Fürbitte bei Gott ist für alle, die sich ihm empfehlen. Wisse, dass Josef ein sehr mächtiger Anwalt ist, um den armen Sündern Verzeihung und Gnade zu erlangen. Du sollst dem Herrn dankbar sein, dass er dir dies durch mich offenbart!»

Aus dem von der Kirche approbierten «Buch der himmlischen Offenbarungen», zitiert aus Ferdinand Holböck: «Gottes Nordlicht, Die hl. Birgitta von Schweden und ihre Offenbarungen», Christiana-Verlag im Fe-Medienverlag, D-88353 Kisslegg-Immenried

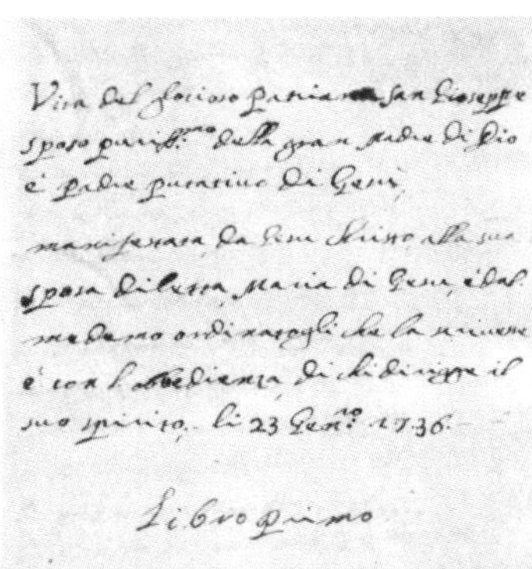
Vita del glorioso patriarca San Giuseppe sposo puriss.mo della gran madre di Dio e padre putativo di Gesù, manifestata da Gesù Cristo alla sua sposa diletta, Maria di Gesù, e dal medesimo ordinatogli che la scrivesse e con l'obbedienza di chi dirigge il suo spirito. li 23 Gen.o 1736.

Libro primo

Handschrift von Maria Cäcilia Baij

Die Benediktineräbtissin Maria Cäcilia Baij OSB

MARIA CÄCILIA BAIJ

Das Leben des heiligen Josef

Mit einer Einführung von † P. Odo Staudinger OSB

Mit dem Apostolischen Schreiben
REDEMPTORIS CUSTOS von Papst Johannes Paul II.
Über die Gestalt und Sendung des heiligen Josef
im Leben Christi und der Kirche

CHRISTIANA-VERLAG
im Fe-Medienverlag • Kisslegg-Immenried

Im zehnbändigen «Lexikon für Theologie und Kirche», 2. Auflage, Herder-Verlag, heißt es über die Verfasserin dieses Buches:
Bay (Baij), Maria Cäcilia, OSB, 1743-1746 Äbtissin des Klosters S. Pietro in Montefiascone, geboren am 4. Januar 1694, ebenda gestorben am 6. Januar 1766, führte ein hochbegnadetes, an Demütigungen und Leiden reiches Leben. Ihre schlichten, vielgelesenen Offenbarungen, die alle eine deutsche Bearbeitung verdienten, wurden herausgegeben von Bergamaschi, so «Das Innenleben Jesu» (mit Unterstützung Benedikt XV., 1926; Gegenstück zu Anna Katharina Emmerich), «Leben des hl. Joseph», «Leben des hl. Johannes des Täufers» (1922). P. Bergamaschi (2 Bände, Viterbo 1923/25; 1, X-XIV die ältere Literatur).
Titel der italienischen Originalausgabe «Vita di San Giuseppe», Monastero di San Pietro, 1-01027 Montefiascone (Viterbo). Ins Deutsche übertragen von Ferdinand Kröpfel OFM Cap.

Mit kirchlicher Imprimatur
Solothurn, 10. April 2003; P. Dr. Roland-B. Trauffer OP, Generalvikar

Bildteil und Herausgeber: Arnold Guillet †

Bildlegenden:
1. Umschlagseite: Hl. Josef mit zwei Tauben in der Hand. Fresko, 1335, La Chiesa Santa Maria Assunta di Brione-Verzasca/Tessin, Schweiz.
S. 2: Maria Cäcilia Baij OSB, Ölgemälde, 60 x 45 cm, ohne Signatur, Monastero San Pietro, Benedettine del SS. Sacramento, I-01027 Montefiascone (Viterbo).
S. 14: St. Josef mit Jesusknabe, Mosaik eines unbekannten spanischen Künstlers.
4. Umschlagseite: Walther Witting (1864-1940), Dresden, «Auf der Flucht».

Fotonachweis: Archiv IMAGO SANCTORUM, Christiana-Verlag

13. Auflage 2023

VIA·VERITAS·VITA

Hauptstr. 22, D-88353 Kisslegg-Immenried • www.fe-medien.de

Satz und Layout: CHRISTIANA-VERLAG

Druck: orthdruk, Bialystok, Polen

ISBN 978-3-7171-0593-0

Inhaltsverzeichnis

Maria Cäcilia Baij und ihr Werk über den hl. Josef

Maria Cäcilia Baij ist im katholischen deutschen Sprachraum keine Unbekannte mehr. Ihr «Innenleben Jesu», ein Gegenstück zu den Gesichten der A. K. Emmerich, fand im schlichten Volke, bei Gelehrten und in höchsten kirchlichen Kreisen größte Anerkennung. Der Erfolg, den es in der deutschen Ausgabe hatte, ermutigt uns auch, ihr «Leben des hl. Josef» zu veröffentlichen.

M. C. Baij lebte als Tochter des hl. Benediktus in Montefiascone. Sie trat im dortigen Kloster zum hl. Petrus am 12. April 1713 ein. 1743 wurde sie Äbtissin dieses Klosters und blieb es bis zu ihrem Tode am 6. Jänner 1766. Ihr Seelenleben war reich an Anfechtungen des Teufels, trostloser Trockenheit, aber auch an inneren Gnaden und Freuden. Sie hatte die Begabung der Beschauung und wunderbarer Sammlung, die sich oft bis zur Ekstase steigerte. Im Mai 1729 drückte Jesus fühlbar und wirklich die hl. Wundmale in ihr Herz. Er forderte sie auf, den Menschen all seine Offenbarungen mitzuteilen. Sie musste sich Gewalt antun, diesem Befehl nachzukommen. Hätte ihr Seelenführer es nicht ausdrücklich verlangt, so hätte sie sie wohl nie niedergeschrieben.

Während sie bat, Jesus möge ihr nichts mehr offenbaren, ließ Er sie erkennen, dass sie außer dem «Innenleben Jesu», das sie noch nicht fertig hatte, ein weiteres Werk schreiben müsse. M. C. Baij sagt darüber: «Nach der hl. Kommunion fühlte ich, wie unser teurer heiliger Josef mir seine Hand auf das Haupt legte zum Zeichen seiner Liebe und des Schutzes, den er mir angedeihen lasse. Hierauf sah ich ihn in erhabener Herrlichkeit auf einem sehr hohen Thron und er sagte mir: ‹Tochter, wie sehr bist du von Jesus, Maria und mir begünstigt! Jesus hat dich auserwählt, der Welt Sein Innenleben zu offenbaren. Seine heiligste Mutter und ich mit Jesus haben dich ausersehen, mein Leben zu beschreiben. Wie groß wird dein Lohn dafür sein! Sei jedoch versichert, dass du alles mit höchster Wahrheit schreiben wirst, so, wie es in Wirklichkeit gewesen ist.›»

Maria Cäcilia Baij erzählte weiter: «Ich sträubte mich dagegen, dieses Leben aufzuzeichnen. Aber durch die göttliche Gnade ermutigt, wegen des mir versprochenen Beistandes, im heiligen Gehorsam, fing ich an zu schreiben. Dies war am 23. Jänner 1736, dem Feste der Vermählung

Mariens mit Josef.» Der hl. Josef vermittelte ihr die Gnade der Befreiung von einem schweren Herzleiden. Während sie sein Leben schrieb, wurde sie oft von großer Furcht bedrängt. Doch der Heiland gab ihr immer wieder die Versicherung, dass sie das Rechte schreibe. Eines Tages sah sie Ihn nach Empfang der hl. Kommunion mit Seinen hl. Wunden. Er sagte ihr: «Siehe Meine Hände, Meine Füße, Meine Seite! Fürchte dich nicht, denn Ich bin es, der zu dir spricht! Durch die Hände betrachte die Werke, die Ich dich schreiben lasse. Durch die Füße betrachte den Weg, auf dem Ich dich führe. Durch die offene Seitenwunde betrachte die Gunstbezeigungen und Gnaden, die Ich dir erweise. Fürchte dich also nicht, denn Ich bin es!»

Mitte Dezember 1736 war sie schon fertig mit der Lebensbeschreibung des hl. Josef. Sie sagte: «Ich habe niemals irgendeine Schrift über den hl. Josef gelesen. Ich habe nur das vernommen, was Jesus Christus in Seiner Huld mir geoffenbart hat. In der gleichen Weise, wie Sein ‹Innenleben›, offenbarte Er mir auch das ‹Leben des hl. Josef›...

Ich habe alles vernommen und es wurde mir diktiert von einer inneren Stimme, was in wunderbarer und besonderer Weise geschah. Es handelt sich um eine ausgesprochene und dennoch geistige Mitteilung.» Sie hörte das «Innenleben Jesu» und das «Leben des hl. Josef» nicht mit ihren leiblichen Ohren, sie hörte Worte in ihrem Inneren erklingen. Diese Worte wirkten zuerst auf die Einbildungskraft und drangen dann zum Verstande vor. So lassen sich wenigstens mehrere Stellen in ihren Briefen denken.

Ob nun alles im «Innenleben Jesu» und im «Leben des hl. Josef» M. C. Baij geoffenbart ist oder auch Zutaten ihrer Einbildungskraft in ihnen sich finden, darüber wird man verschiedener Meinung sein können. Manche Seite in ihren Werken begünstigt die Ansicht, dass nicht nur Offenbarungen, sondern auch Betrachtungen und Ausschmückungen mit Hilfe einer lebhaften Vorstellungskraft daran beteiligt sind.

Man suche darum in ihnen wie überhaupt in Privatoffenbarungen nicht den geschichtlichen Hintergrund von biblischen Tatsachen, nicht einmal die historische Gewissheit aller Begebenheiten und Reden. Wir haben darum auf dem Titelblatt dieses Werkes das Wort «geoffenbart» gestrichen, auf dem des italienischen Originals findet es sich. Im Leben der Heiligen und Mystiker gibt es sogar genug Fälle von unfreiwilligen, unbewussten Täuschungen bei Privatoffenbarungen. Der Jesuit August Poulain nennt in seinem «Handbuch der Mystik» fünf Quellen, auf welche die Irrtümer bei echten Offenbarungen zurückzuführen sind: Er schreibt «Eine himmlische Offenbarung kann bisweilen falsch verstanden werden von dem, der sie empfängt. Wenn Visionen geschichtliche Szenen wie das Leben und den Tod Christi zeigen, bieten sie dieselben oft nur in groben Umrissen, nur den ungefähren Verlauf, ohne das näher anzudeuten. Wer ihnen also eine klare absolute Genauigkeit beilegt, täuscht sich.» Daher auch die Widersprüche in den Schauungen verschiedener Heiliger. «Während der Vision kann auch der Menschengeist tätig sein und etwas von seiner Tätigkeit der Offenbarung Gottes hinzufügen. Wer dann alles Gott zuschreibt, täuscht sich. Bisweilen spielt dabei das Gedächtnis eine Rolle, bisweilen die Phantasie... Eine wahre Offenbarung kann vom Sehenden selbst unvermerkt geändert werden.» Der hl. Birgitta bemerkte der Herr, sie ändere seine Offenbarung, weil sie nicht gut verstehe oder nicht klar auszudrücken vermöge.

Auf den Einwand: Die Privatoffenbarungen widersprechen sich gegenseitig in vielen Dingen, antwortet Pater Schmöger C.Ss.R., der Herausgeber vom «Leben und Leiden unseres Herrn Jesu Christi» nach A. K. Emmerich: «Diese Widersprüche sind oft scheinbar; würde man die eine wie die andere der betreffenden Stelle *richtig* verstehen, dann würde der Widerspruch meistens verschwinden...»

Von den älteren Offenbarungen sagen die einen, der Herr sei mit drei Nägeln an das Kreuz geheftet worden, andere sagen mit vier. Hierüber haben sich nun die Gelehrten früherer Jahrhunderte lange Zeit den Kopf zerbrochen, um zu erforschen, welche dieser beiden Mitteilungen die wahre sei; ja, es sind Bücher über diesen Punkt geschrieben worden. Nun muss aber ein billiger Kritiker zugeben, dass in den Offenbarungen der Emmerich der Widerspruch dieser beiden Mitteilungen beseitigt und die berühmte Streitfrage gelöst ist; sie sagt, der vierte Nagel sei kein eigentlicher großer Nagel gewesen wie die anderen, sondern ein feiner Stift, eine Art Vorbohrer mit einem Pfriem, womit der linke Fuß des göttlichen Heilands über den rechten befestigt wurde, bevor der große Nagel durch beide Füße getrieben ward. In diesem Sinne kann man *jede* der beiden sich scheinbar widersprechenden Mitteilungen wahr nennen, und der Widerspruch ist beseitigt. Wir antworten auf obige Einwendung zweitens:

Wenn unter Privat-Offenbarungen Widersprüche vorkommen, so sind dieselben leicht erklärlich, und sie bilden keinen Grund, die eine oder andere Offenbarung als falsch und allesamt als unglaubwürdig zu bezeichnen. Sie sind leicht erklärlich. Gleichwie nach der Lehre der Theologen ein wahrer Prophet zuweilen sich täuschen und ex magno usu prophetandi (dadurch, dass er von seiner Prophetengabe fleißig Gebrauch macht) etwas aus seinem Geiste vorbringen kann, was er bona fide (irrtümlich) für prophetisch hält, so kann es nach Papst Benedikt XIV. gar wohl geschehen, dass ein Heiliger in Erinnerung an eigene frühere Erfahrungen, Wahrnehmungen oder Urteile etwas für geoffenbart hält, was es in der Tat nicht ist. Es kann also eine wahrhaft schauende Person zuweilen irren, und eben darum können auch Widersprüche zwischen mehreren Offenbarungen vorkommen.»

Sehr lehrreich ist ferner, was der Herr eines Tages zur hl. Brigitta gesprochen hat, als ihre Mitteilungen als falsch verleumdet wurden: «Niemals ist aus Meinem Munde eine Unwahrheit gekommen und nie kann eine solche daraus kommen, da Ich die Wahrheit bin. Darum wird alles, was Ich durch die Propheten oder andere Freunde gesprochen habe, entweder geistig oder körperlich (d.h. buchstäblich) in Erfüllung gehen, so wie Ich es damals gemeint habe. Was Ich gesagt habe, war keineswegs unwahr, weil Ich das einmal, anderes zweimal, einiges deutlich, anderes dunkel gesprochen habe. Denn um diese Standhaftigkeit des Glaubens zu prüfen, habe Ich manches gezeigt, was nach den verschiedenen Wirkungen Meines Geistes von den Guten und Bösen *verschieden*, nämlich gut und bös verstanden werden konnte, damit die verschiedenen Personen, nach ihrem jeweiligen Zustand, das Gute in verschiedener Weise üben konnten ... Wiewohl die Verleumder und Unwissenden darin einen Widerspruch sahen, so waren doch Meine Worte vollkommen wahr. Es geschah auch nicht ohne Grund, dass Ich einiges dunkel gesprochen habe; die Gerechtigkeit verlangte es so, damit nämlich Mein Ratschluss den Bösen etwas verborgen bliebe, die Guten aber nach Meiner Gnade (d.i. nach neuer Erleuchtung) sich sehnten und für dieses Sehnen belohnt würden.» (Revelat. -1.2. c. 28.) Es wäre darum verfehlt, wegen Irrtümern bei Privatoffenbarungen diese in

Bausch und Bogen zu verwerfen. Poulain bemerkte dazu: «Die Weisheit liegt in der rechten Mitte. Nichts annehmen oder verwerfen ohne gute Gründe, und wo die Gründe fehlen, da enthalte man sich des Urteils.»

M. C. Baii gab ihrem Beichtvater über ihre Offenbarungen folgende Erklärung ab: «Ew. Hochwürden wollen wissen, was ich schon wiederholt dargelegt habe, d.h. auf welche Weise ich all das höre und sehe, was ich schreibe. Ich will darüber ganz einfältig reden, weiß allerdings nicht, ob ich die rechten Worte finde. Zuerst beteuere ich Ihnen, dass ich nichts mit den leiblichen Augen sehe, nichts mit dem Gehör und dem Geruchsinn wahrnehme. Alles geht im Innersten der Seele vor sich auf eine ganz besondere Art. Nach der hl. Kommunion erkenne ich die Gegenwart Jesu an der überaus großen Sammlung und Tröstung, die ich empfinde. Ich höre Seine Stimme ähnlich einem leichten Hauche. Ganz leise vernehme ich sie und ich fühle sie in mir nicht wie das Wort eines Menschen, sondern wie das liebliche Säuseln eines zarten Windhauches. Mit dieser inneren Stimme spreche ich, ohne weiter darüber nachzudenken, mit so fester Überzeugung, dass ich auf eine Frage von anderer Seite keine Antwort geben könnte. Weil der Verkehr mit Christus schon 18 bis 20 Jahre dauert, fühle ich mich so sicher, dass ich mich ihm ohne weiteres hingebe.» Der Brief schließt mit einem malerischen Vergleich, den der Herr gebrauchte, um M. C. Baij von der Wahrheit der Offenbarungen zu überzeugen: «Wenn die Dachrinne vom Dache her nicht gespeist wird, gibt sie kein Wasser. Wenn deine Gedanken nicht von oben befruchtet würden, würden sie nichts Wertvolles enthalten.»

Schwieg die innere Stimme und schwand gleichzeitig das Bewusstsein der fühlbaren Gegenwart Gottes, so blieb ihr nur mehr eine Sicherheit, die von Furcht und Zweifel erfüllt war. Vorzüglich in solchen Augenblicken suchte der Teufel sie anzugreifen und zu verwirren. Sie bat um Vernichtung ihrer Schriften.

Doch ihr Beichtvater Bernardin Merzy beruhigte sie bezüglich des Ursprungs ihrer Offenbarungen: «Sie sind von Gott», sagte er, «denn einmal duldet die unendliche Güte nicht eine so schreckliche und andauernde Täuschung bei einer Seele, die sich ganz Seinem Dienste geweiht hat; zweitens zeigen Sie keine stolze Sicherheit, wie es immer bei verführten Seelen der Fall ist. Sie verharren in heiliger Furcht und Demut.»

Einer ihrer früheren Seelenführer, Herr Bazzarri, war anfangs nicht ganz überzeugt von dem übernatürlichen Ursprung der Offenbarungen. Er wollte ein sichtbares Zeichen und einen vollgültigen Beweis für die Wahrheit. Da es sich um eine Sendung an die Öffentlichkeit handelte, die in einer Privatoffenbarung angekündigt worden war, war seine Forderung berechtigt. M. C. Baij teilte darum dem Herrn das Begehren ihres geistlichen Vaters mit.

1675 war Jesus der hl. Margareta Alacoque erschienen und hatte den Wunsch ausgesprochen, man möge in der Kirche am Freitag nach der Fronleichnamsoktav ein Fest zu Ehren Seines heiligsten Herzens einsetzen. Infolge davon gingen aus allen Ländern der Christenheit inständige Bitten nach Rom, dieser Wunsch des Heilands möge erfüllt werden. Doch weder Innozenz XII. noch Benedikt XIII. und Klemens XII. willfahrten dem Begehr. So lagen die Dinge, als der Herr am 13. Mai 1738 der M. C. Baij folgende feierliche Versicherung gab: «Es wird der Tag kommen, wo Mein göttliches Herz auch in der streitenden Kirche verherrlicht wird und wo man ein Fest zu Ehren des heiligsten Herzens feiern wird.»

Sie berichtete ihrem Seelenführer sogleich davon. Da das verheißene Zeichen lange auf seine Verwirklichung warten ließ, hatte sie viel Verdruss und Unannehmlichkeiten auszustehen. Doch bald nach der Thronbesteigung Klemens XIII. trat am römischen Hofe ein Umschwung zugunsten der Herz-Jesu-Andacht ein, die der gelehrte Benedikt XIV. noch als «eine neue Erfindung» bezeichnet hatte. Zum dritten Mal bestürmte man die Ritenkongregation mit Gesuchen um die Einsetzung des Herz-Jesu-Festes. Am 6. Februar 1765 wurde sie genehmigt. Im Jänner des folgenden Jahres rief Gott seine treue Braut M. C. Baij zu Sich. Das Herz-Jesu-Fest war eingeführt. Seelenführer Boncompagni sah in diesem Ereignis den gewollten Beweis für die Echtheit ihrer Offenbarungen.

Darum kann man zu den Schriften der C. M. Baii großes Vertrauen haben und sie mit viel Nutzen lesen; auch dieses ihr Werk über den hl. Josef. Dieser liebe, stille Heilige erfreut sich einer immer wachsenden Verehrung in der Kirche. Wir erinnern uns daran, dass er zum Schutzherrn der hl. Kirche erklärt wurde, seine Festmesse eine eigene Präfation bekam und an die Worte Papst Benedikt XV. VOM 25. Juli 1920: «Es ist gut und heilsam für das christliche Volk, dass unser Vorgänger unsterblichen

Andenkens Pius IX., den heiligen Josef, den keuschesten Gemahl der allerseligsten Jungfrau Maria und den Behüter des Mensch gewordenen Wortes zum allgemeinen Schutzherrn der Kirche ernannt hat. Und da im nächsten Dezember das fünfzigjährige Gedächtnis an diese Ernennung kommt, halten wir es für sehr nützlich und entsprechend, dass dieses Ereignis vom ganzen katholischen Erdkreis gefeiert werde. Wenn wir einen Rückblick auf die letzten fünfzig Jahre machen, so sehen wir ein wunderbares Aufblühen von frommen Vereinigungen, die da bezeugen, wie die Verehrung des heiligsten Patriarchen allmählich unter den Gläubigen sich entwickelte. Wenn wir dann die heutigen Unglücke, von denen das Menschengeschlecht bedrängt ist, betrachten, so scheint es uns um so mehr einleuchtend, die Verehrung des heiligen Josef zu verstärken und immer mehr inmitten des christlichen Volkes zu verbreiten.»

Dieses Buch dürfte dazu beitragen, die Verehrung des heiligen Josef zu fördern. Die Einfachheit des Stiles macht diese Beschreibung jeder Klasse von Personen deutlich und verständlich. Die Erhabenheit, in der der Heilige hier dargestellt wird, reißt hin und begeistert, und man wird erfüllt von Hingebung und Liebe zur heiligen Familie. Diese Lebensbeschreibung wird den Gelehrten teuer sein, denn in ihr werden sie finden, was eine gesunde Theologie uns über den Heiligen gesagt hat, ja noch mehr. Besonders über Josef als das Haupt der heiligen Familie, als den Gemahl Mariens, als den jungfräulichen und gesetzmäßigen Vater Jesu. Viel haben Schriftsteller über Josef gesagt, aber es ist ihnen nicht gelungen, in so einfältiger, schlichter und erhabener Weise über ihn zu schreiben, wie wir es in dieser Lebensbeschreibung finden. Diese Lebensbeschreibung wird teuer den frommen und einfältigen Seelen, den Ordensfamilien, die vielleicht gerade in besonderer Weise an derselben Freude haben werden. Es wird diese Lebensbeschreibung allen christlichen Familien teuer sein, es wird in ihr das erzählt, was doch in jeder Familie sich ereignet. Es wechseln ja in jeder Familie Leiden und Freuden ab, und gerade hier in dieser Schrift wird uns gezeigt, wie man Freude und Leid annehmen und heiligen soll. Diese Lebensbeschreibung kann der heutigen menschlichen Gesellschaft von großem Nutzen sein, indem sie dieselbe von all dem entfernt, was sie zur Auflösung führt; sie wird vielmehr zu Gott hinführen, von dem sie sich so weit entfernt hat.

Im Jahre 1746 zeigte sich der Maria Cäcilia Baij nach dem Empfang der hl. Kommunion der heilige Josef in seiner Herrlichkeit. M. C. Baij sprach den heiligen Josef also an: «O mein teurer heiliger Josef, habe mit mir Erbarmen! Wenn ich gut geschrieben habe über dich, dann erinnere dich meiner. Wenn ich aber schlecht geschrieben habe über dich, so strafe mich!» Der heilige Josef aber sagte ihr: «O Tochter, du hast über mich gut geschrieben.» Der liebe Heiland hatte ihr einst gesagt, dass durch sie eine große Zahl von Menschen Sein Herz kennen lernen und es verehren mit der gebührenden Andacht. Wir hoffen, dass sie durch dieses Buch viel beitragen wird zur größeren Kenntnis, Liebe und Verehrung sowohl des Gottessohnes wie Seines treuen, demütigen, jungfräulichen Pflegevaters.

Zu diesem Zweck nimm und lies!

Odo Staudinger OSB

Heimat des heiligen Josef – seine Eltern

Da Gott den heiligen Josef zum Bräutigam der Mutter Seines Eingeborenen bestimmt hat, wollte Er auch, dass Josef ihr in vielem ähnlich sei, sowohl der Abstammung nach als auch durch einen tugendhaften Lebenswandel.

Sein Vater namens Jakob stammte aus Nazareth, seine Mutter Rachel war eine gebürtige Bethlehemitin. Beide waren aus dem Geschlechte Davids. Nach ihrer Vermählung weilten sie zeitlebens in Nazareth und zeichneten sich durch eine heilige Lebensführung aus. Diese Ehe war eine Zeitlang unfruchtbar, denn Gott wollte, dass Josef ein durch Gebet erflehtes Kind sei. Deshalb spendeten seine Eltern reichlich Almosen den Armen wie auch dem Tempel zu Jerusalem. Dorthin wallfahrten sie oft, um von Gott den ersehnten Sprössling zu erbitten.

Eines Tages fanden sie sich wieder im Tempel ein und brachten Almosen dar. Die Mutter hatte einen großen Glauben, dass Gott sie trösten und erhören werde. Nach der Rückkehr in die Stadt Nazareth empfing sie den von Gott auserwählten Knaben. Während dieser Zeit wurden über dem Hause drei hellleuchtende Sterne gesehen. Josef war ja von Gott bereits bestimmt zum Haupt der heiligen Familie. Dieses Zeichen wurde aber nicht viel bemerkt, denn das Geheimnis und Geschick, das dieses werdende Kind umgab, sollte verborgen bleiben. Während die Mutter das Kind unter ihrem Herzen trug, hatte sie große Freude und war immer mehr darauf bedacht, durch Tugendübungen Gott stets wohlgefälliger zu werden. Und so nahm Josef von der Mutter mit der Nahrung auch ihre fromme Gesinnung in sich auf.

Die Freude der Eltern und ihre Liebe zu Gott wurde umso größer, als ein Engel ihnen im Traume das verborgene Geheimnis offenbarte, dass ihr Kind das Glück haben werde, den verheißenen Messias zu sehen und mit Ihm zu verkehren. Sie mögen es daher mit großer Sorgfalt erziehen und ihm den Namen Josef geben. Der Knabe werde groß sein im Angesichte Gottes. Der Engel befahl ihnen aber, dieses Geheimnis ihrem Kinde nie mitzuteilen. Sie sollten nur untereinander sich darüber freuen, Gott dafür danken und eine einhellige Gesinnung hegen, damit das Kind gut erzogen und in der Heiligen Schrift unterrichtet werde. Die Eltern besprachen sich hierüber und da sie fanden, dass beiden im Traume dieselbe glückliche Botschaft mitgeteilt wurde, dankten sie Gott innigst. Sie ermutigten sich gegenseitig zu großer Tugendübung und bewahrten dieses Geheimnis bei sich, wie es ihnen der Engel befohlen hatte.

Die Mutter betete viel in der Zeit ihrer Schwangerschaft, sie gab reichlich Almosen und fastete auch öfters. Sie dankte Gott immer wieder und bat Ihn um Seine Hilfe, damit ihr Kind glücklich das Licht der Welt erblicke. Auch wurde sie nicht viel belästigt von den Unannehmlichkeiten, die sonst werdende Mütter zu ertragen haben. Rachel erkannte in allem den göttlichen Willen und zeigte sich dankbar. Auch der Vater freute sich sehr über die Gunsterweise, die seiner Gemahlin von Gott zuteil wurden und beide sagten oft gemeinsam Gott innigen Dank.

Geburt des heiligen Josef

Als die Zeit der Geburt Josefs nahte, bereitete sich seine Mutter mit innigem Beten darauf vor. Es kam der große Tag. Rachel gebar mit Leichtigkeit und Freude ihr Kind. Auch die helfenden Frauen freuten sich mit den Eltern, denn das Knäblein hatte einen so lieblichen Gesichtsausdruck; es war wie ein kleiner Engel. Jeder, der es anschaute, freute sich darüber. Als die Eltern ihren Sprössling in so schöner Gestalt, sahen, wurden sie in der Wahrheit, welche ihnen im Traume geoffenbart worden war, aufs Neue bestärkt. Nachdem die notwendigen Verrichtungen geschehen waren, dankte die Mutter Gott für die glückliche Geburt. Sie nahm das Kind auf ihre Arme und opferte es Gott auf mit dem Wunsche, es einmal dem heiligen Tempeldienste in Jerusalem zu weihen. Der Allerhöchste nahm zwar die Sehnsucht und das Opfer der Mutter an, aber Er hatte bereits bestimmt, Josef zum Wächter des lebendigen Tempels Seines Mensch gewordenen Sohnes zu machen, nämlich zum Beschützer der Gottesmutter Maria.

Die Kunde von der Geburt dieses gar lieblichen Knäbleins verbreitete sich bald in Nazareth. Man sagte, es scheine ein kleiner Engel aus dem Paradies zu sein. Das Kind verhielt sich sehr ruhig. Es bereitete seinen Eltern große Freude, am meisten jedoch der Mutter, die es mit soviel Liebe und Sorgfalt stillte. Als acht Tage vorüber waren, wurde das Knäblein gemäß der Sitte der Juden und der Gesetzespflicht beschnitten, wobei es den Namen Josef erhielt. Gott gab ihm während dieser Handlung den Gebrauch der Vernunft und die Befreiung von der Erbschuld. Der kleine Josef befand sich nun ganz in der Gnade und Freundschaft mit Gott und erhielt von Ihm Geistesgaben, darunter auch bereits eine hohe Erkenntnis von Gott. Er betete nun diesen seinen Gott mit rührender Innigkeit an, wobei er sein Köpfchen verneigte und ein seliges Lächeln über seine geröteten Wangen ging. So konnte man an dem kleinen Josef die Freude und das Frohlocken seines Geistes wahrnehmen. Er erkannte ja bereits die von Gott ihm erwiesene Gunst; er dankte dafür und schenkte sich Ihm ganz zu eigen. Gott gab seinem Liebling außer dem Schutzengel noch einen Engel zur Seite, der oft zu ihm im Traume sprach und ihn unterrichtete, was er tun müsse, um Gott immer wohlgefälliger zu werden.

Josef hatte also in diesem frühesten Alter bereits den Gebrauch der Vernunft, so dass er Gott immer besser zu erkennen und zu loben suchte. Oft dankte er für diese Begünstigung und ertrug die Unbequemlichkeiten geduldig und ruhig aus Liebe zu seinem Gott. Sein Engel ermahnte ihn, die Leiden in den Banden der Windeln darzubieten zum Dank für die ihm geschenkten Gaben. Diese Darbietungen des kleinen Josef waren Gott sehr wohlgefällig. Bald erkannte das Kind auch, wie Gott von den Menschen beleidigt wird, weshalb es oft im Stillen weinte, damit es seinen Eltern dadurch kein Leid bereite. Dafür bekam es von Gott wieder größere Erleuchtungen und Gnadengaben. Josef hatte die besten Anlagen. Er war bereichert mit viel guten natürlichen Gaben von Seiten seiner Eltern, aber viel mehr noch mit übernatürlichen Gaben, die Gott ihm ständig schenkte und wofür er sich schon so dankbar erwies.

Wenn Josef von seiner Mutter die Nahrung zu sich nahm, zeigte er sich besonders herzlich zu ihr; denn er bemerkte in ihr eine seltene Frömmigkeit. Unser Josef wuchs in staunenswerter Weise.

Josef wird im Tempel Gott dargebracht

Nachdem die Tage der Reinigung, wie sie das Gesetz vorschrieb, zu Ende waren, reisten die Eltern nach Jerusalem. Dort mussten sie das Kind im Tempel dem Herrn aufopfern und es dann loskaufen, wie es das Gesetz verlangte. Sie nahmen große Geschenke mit zum Dank, dass Gott ihre Bitten um ein Kind erhört hat. Auf dieser Reise machte Josef ein sehr fröhliches Gesichtchen, worüber seine Eltern große Freude empfanden. Sie erkannten, wie die göttliche Gnade in der Seele ihres Sohnes sich ausbreitete und nahmen dies zum Anlass, in sich immer mehr die Liebe und Dankbarkeit gegen Gott zur Entfaltung zu bringen.

Die Mutter empfing im Tempel große Klarheit über das künftige Leben ihres Sohnes. Nach der Zeremonie der Reinigung übergab sie ihn dem Priester. Als dieser das Kind auf seine Arme nahm und Gott darbrachte, empfand er eine außergewöhnliche Freude. Dabei ließ Gott ihn erkennen, wie teuer Ihm dieses Kind sei. Der kleine Josef schenkte schon sich selbst seinem lieben Gott und blickte während der ganzen feierlichen Handlung zum Himmel. Gott vermehrte in ihm die Gnade und ließ Josef dies auch erkennen zum Geschenk für seine Hingabe.

Die Eltern kauften nun ihren Sohn mit der üblichen Geldsumme los. Während der Priester das Kind der Mutter zurückgab, sagte er, sie möge es in guter Gesinnung erziehen und ihm besondere Sorge angedeihen lassen, denn er habe erkannt, dass dieses Kind Gott sehr wohlgefalle; es werde zu Großem bestimmt sein und vielen zum Troste werden. Dies bewahrheitet sich auch, denn Josef gereichte nicht nur seinen Lebensgenossen zum Troste, sondern noch jetzt all seinen treuen Verehrern und Sterbenden, die sich ihm anempfehlen.

Auf dem Heimwege waren die Eltern überglücklich. Sie sagten aufs Neue Dank und weinten vor übergroßer Freude. Sie trugen Josef wie einen Schatz, wie ein von Gott verliehenes Geschenk in ihre Heimat. Der kleine Josef aber verhielt sich auf der Rückreise ganz ruhig. Er erfreute sich der Gnade Gottes, wodurch seine Liebe zu Gott immer inniger wurde. Noch so klein hegte er bereits den Wunsch, diese Liebe Ihm durch Taten zu beweisen.

Die Kindheit des Heiligen

Die Mutter erzog ihren Josef mit großer Liebe und Sorgfalt. Sie erfüllte getreu ihre Pflicht, das Kind zu ernähren, wobei sie ganz selig war. Oft aber musste sie auch zu ihrem Schmerze sehen, dass Josef ganz still weinte. Diese Umstände erschütterten die Mutter sehr. Sie staunte, als sie an ihrem Kinde bereits so außergewöhnliche Dinge bemerkte. Da sie aber klug war, schwieg sie hierüber. Es kam ihr manchmal vor, als sehe sie ihren kleinen, unschuldigen Sohn in der Gestalt eines Büßers. Die Mutter irrte sich nicht, denn Josef hatte ja schon den Gebrauch der Vernunft und war ausgestattet mit der heiligmachenden Gnade. Dadurch erkannte er besser als jeder andere den höchsten Gott und begriff, wie sehr Gott von den Menschen beleidigt wird. Josef opferte seine Tränen Gott auf und bat Ihn, Er möge mit den Sündern Erbarmen haben und sie ihren schweren Irrtum erkennen lassen. Der Engel ermutigte dabei seinen kleinen Schützling und sagte ihm, dass Gott daran Wohlgefallen habe, da er auf diese Weise schon die Liebe zum irrenden Menschen betätige. Josef tat es auch in der Gesinnung, seinem Gott zu gefallen und den Menschen zu helfen.

Man kann also sagen, dass Josef in diesem zarten Alter schon die zwei größten Gebote erfüllte: Gott mit all seinen Fähigkeiten und Kräften zu lieben und auch seinen Nächsten. Das Kind aber nahm dadurch stets zu an Gnade und Erkenntnis. Ein Geschenk machte Gott dafür auch dem Josef, indem Er die Zeit der Geburt Marias kommen ließ, damit Josef ihr getreuer Bräutigam und Beschützer werde.

Die Mutter konnte bemerken, wie ihr Kind manchmal tagelang ganz in der Betrachtung seines Gottes war und dabei keiner Nahrung bedurfte. Es genügte ihm der Genuss der Freude in Gott. Josef hatte in solchen Stunden ein engelhaftes Aussehen; seine Wangen waren gerötet, ein lächelndes Mienenspiel lag auf seinen Zügen und seine Augen funkelten. Sobald seine Mutter ihn so sah, ließ sie ihn ganz in Ruhe. Aber auch sie wurde alsdann von übergroßer Freude erfüllt und ihr Herz ergoss sich in Lobgesängen und Dank zu Gott. Auch der Vater bemerkte oft diese außergewöhnlichen Zustände an seinem Söhnchen.

Josef bereitete seinen Eltern in der Erziehung viel Freude. Wenn er, noch so klein, für die Sünder betete, so bat er Gott umso mehr für seine

Eltern. Und Gott erhörte seine Bitten, Er schenkte ihnen Tugendkraft und wandte ihnen Seine Liebe immer mehr zu.

Wenn Josef von der Mutter an eine Stelle getragen wurde, wo er zum Himmel schauen konnte, wandte er seine Augen unverwandt hinauf. Er frohlockte dabei und zeigte damit, dass dort oben sein Schatz, seine ganze Freude sei. Da die Mutter dies bemerkte, brachte sie ihn oft an einen solchen Platz. Dies tat sie besonders, wenn sie ihn betrübt sah, denn dann wurde er ganz aufgeheitert. Aber auch die fromme Mutter betrachtete oft Gott in seinen wunderbaren Werken und fand darin ihre größte Freude. Der höllische Feind bemerkte das Licht, das in Josef glänzte. Er sah, wie auch dessen Eltern große Fortschritte auf dem Weg der Vollkommenheit machten. Deshalb befürchtete er, dass dieses Kind ihm den Kampf ansagen könnte und mit seinem Beispiel viele zu einem frommen Lebenswandel hinreißen würde. Mehrere Male versuchte er, Josef das Leben zu nehmen. Aber immer gingen seine Anschläge fehl, denn Josef war beschützt vom Arm des allmächtigen Gottes und bewacht von zwei Engeln, die Gott ihm zugewiesen hatte.

Der Feind knirschte vor Wut, weil er seine Pläne nicht verwirklichen konnte. Er erfand nun eine andere List, indem er sich bemühte, Streit und Verwirrung zwischen die Eltern Josefs zu bringen. Auch dies gelang ihm nicht; denn da sie von großer Tugendhaftigkeit und Gottesfurcht beseelt waren, gewahrten sie wohl die Nachstellungen des gemeinsamen Feindes. Durch ihr Beten bewirkten sie, dass er die Flucht ergreifen musste. Dann versuchte Satan den Angriff auf die Dienerschaft des Hauses, aber auch dies misslang ihm, denn Josef betete für alle und Gott erhörte ihn. Oftmals verband Josef mit seinen Gebeten auch das Fasten. Dadurch fühlte sich der Feind seiner Kraft beraubt. Er zog sich eine Zeitlang zurück, um später bei passender Gelegenheit aufs Neue anzugreifen. Aber immer wieder wurde er besiegt, denn die Gebete Josefs hatten eine große Wirkung. Sein Engel sprach oft zu ihm im Traume und belehrte ihn, wie er den Feind niederschlagen könne. Er machte ihn jedes Mal aufmerksam, sobald jener sich anschickte, den Kampf gegen ihn aufzunehmen und die Leute im Hause in Aufregung zu bringen.

Als das Kind das entsprechende Alter erreicht hatte, nahm es die Mutter aus den Windeln und bekleidete es. Josef zeigte darüber große Freude. Er erhob die Händchen zum Himmel, als wolle er dorthin fliegen, wo sein Liebstes war. Man sah ihn oft in dieser Haltung. Dann wieder drückte er die Händchen gekreuzt an die Brust zum Zeichen, dass er seinen Gott umarmte, der in seinem Herzen wohnte. Ein andermal fand man ihn mit gefalteten Händchen betend, dabei so in Andacht seinem Gott hingegeben, dass er gar nicht ansprechbar zu sein schien. Die Mutter ließ ihn in solchen Fällen ganz in Ruhe. So verweilte er oft stundenlang im Betrachten der göttlichen Vollkommenheit. Josef wurde dabei von seinem Engel belehrt; mehr aber noch von Gott selber. der mit so großem Gönnen Sich seiner Seele mitteilte und ihm Seinen Geist eingoss.

Von Tag zu Tag nahm Josef zu in der Erkenntnis von Gott und in der Liebe zu Ihm. Der kleine Josef hegte bereits den Wunsch, immer vollkommener zu werden und der Liebe Gottes immer besser zu entsprechen. Deshalb wünschte er, bald gehen zu können, um in knieender Stellung seine Erweise der Liebe und Hingabe auch nach außen zu bezeigen. Gott gefielen die Wünsche dieses Kindes und Er erfüllte bald diese seine Sehnsucht.

An jenem Morgen, da Josef zum ersten Mal sprach, erwachte er plötzlich und sagte: «Mein Gott!» So hatte es ihn sein Engel im Traume gelehrt. Als seine Eltern das hörten, staunten sie sehr und Jubel erfüllte sie, weil ihr Kind so frühzeitig zu sprechen begann. Umso ergriffener aber waren sie, dass seine ersten Worte an Gott gerichtet waren. Der kleine Josef rief diese Worte aus, indem er Gott um Seine Hilfe anrief. War doch Gott sein Alles und schenkte er ja Ihm seine ganze Liebe. Wenn er von seinen Eltern hörte, wie sie den Allerhöchsten den Gott Abrahams, Isaaks und Jakobs nannten, fügte er hinzu: «Und der Gott Josefs». Dies sagte er mit soviel Herzlichkeit, dass seine Eltern ihm öfter mit Ehrfurcht den Namen des Gottes dieser Heiligen vorsagten.

Die ersten Schritte machte Josef mit dem Verlangen, dass er Gott in allen seinen Schritten verherrliche, niemals aber beleidige. Diese Meinung hatte Josef auch sooft er sprach, denn so lehrte es ihn sein Engel; und Gott belohnte seine fromme Gesinnung mit der Erfüllung seiner Wünsche. Vor allem was Josef tat, mochte er reden, gehen, essen oder sich schlafen legen, blickte er zum Himmel auf und bat Gott um Sein Wohlgefallen. Da es ihm in dieser frühesten Kindheit noch nicht möglich war, Größeres zu vollbringen, opferte er Gott seinen Wunsch auf und als Ersatz all diese kleinen, an sich gleichgültigen Handlungen, die allen zur Erhaltung des Lebens gemeinsam sind: das Essen, Trinken, Schlafen und Sicherholen. Der kleine Josef wusste all dieses durch die rechte Absicht wertvoll zu machen vor Gott; tat er doch alles aus Liebe zu Ihm. Ja, er enthielt sich schon sogar manchmal dessen, was ihm besser schmeckte. In all dem war ihm sein Engel Lehrmeister. Josef brachte sich mit all seinen Fähigkeiten wiederholt seinem Gott zum Geschenk dar, während er jene Akte erneuerte, die er machte, als er im Tempel dargestellt worden war. Als die Mutter der großen Geistesgaben ihres Kindes immer mehr gewahr wurde, unterrichtete sie es in der Übung verschiedener Herzensergüsse zu Gott, wie die Hebräer es taten. Darüber freute sich Josef sehr und übte sich hierin in wunderbarer Weise zum Staunen seiner Mutter und aller, die ihn hörten.

Als Josef schon unbehindert gehen konnte, verbarg er sich oft, um mit erhobenen Händchen zu beten. Er dankte Gott für alle Gaben und blieb meistens stundenlang in knieender Stellung. Es war ergreifend, dieses Knäblein so zu sehen, aber noch mehr erregte es Verwunderung zu beobachten, wie es mit dem Geiste ganz in Gott versenkt schien. Man merkte dies gut, denn seine Wangen waren dabei glühend rot und seine Äugelchen funkelten.

Oft beobachtete die Mutter ihren kleinen Josef unbemerkt, wenn er ausrief: «O Gott von unendlicher Güte, wie sehr hast du mich mit Wohltaten überhäuft! Wie viel bin ich dir dafür schuldig!» Dies alles sagte er zwar noch mit lallender Stimme, aber mit einem liebeerfüllten Herzen. Die Mutter aber, wenn sie ihm zuhörte, erweckte in ihrem Herzen ebenfalls die Gesinnungen der Liebe und des Dankes. Sie weinte dabei oft vor Freude, da sie ihren Sohn von Gott so begünstigt und mit so hervorragenden Geistesgaben beschenkt sah.

Die Eltern teilten Josef alsbald mit, dass Gott versprochen habe, den Messias auf die Erde zu senden und wie man Ihn mit Sehnsucht erwarte. Auch der Engel sprach davon zu Josef im Traume. So wurde er bereits von einem lebhaften Verlangen nach dieser Ankunft erfüllt. Er sandte innigste Bitten zu Gott, dass Er den verheißenen Messias bald senden möge. Gott hörte mit Wohlgefallen auf das Flehen des unschuldigen Josef und erfüllte sein Herz mit Jubel, sooft er um das Kommen des Erlösers bat. Umso mehr wurde er ermutigt, diese seine Gebete fortzusetzen.

Wenn im Hause sich etwas ereignete, wodurch Gott beleidigt wurde, sah man unseren Josef ganz traurig. Da er aber in diesem Alter die Hausgenossen noch nicht rügen konnte, zeigte er sein Missfallen an der Sünde durch Weinen. Als die Mutter dies eines Tages bemerkte, fragte sie ihn, warum er so betrübt sei. Und Josef antwortete mit großer Beklommenheit: «Du hast mich sooft belehrt, was ich tun soll, um Gott zu gefallen und wie man die Sünde fliehen muss. Wenn ich nun sehe, dass in unserem Hause Gott beleidigt wird, wie sollte ich da nicht weinen?»

Dies sagte er zu seiner Mutter, weil sie noch immer nicht begriffen hatte, dass ihrem Sohn schon so frühzeitig der Gebrauch der Vernunft zuteil ward, sowie eine große Erkenntnis von Gott und dadurch auch von der Schwere der Ihm zugefügten Beleidigungen. Er begriff, wie Gott es gebührt, Über alles geehrt und geliebt zu werden. Er erkannte, wie sehr die Sünden seinem geliebten Gott missfallen. Die Mutter bemühte sich von nun an wachsam zu sein, damit Gott von keiner Person des Hauses beleidigt werde, und tadelte scharf die Fehlenden. So war der kleine Josef durch sein Betragen die Veranlassung, daSS in seinem Elternhaus alle darauf bedacht waren, unter möglichst genauer Beobachtung des göttlichen Gesetzes zu leben.

Die Mutter war sehr klug im Geheimhalten dessen, was Josef ihr mitteilte. Sie behielt auch für sich das Wissen um die übernatürlichen Gaben ihres Sohnes. Niemals vergaß sie, dass der Engel ihr im Traume sagte, ihr Sohn werde den verheißenen Messias sehen und mit Ihm Umgang pflegen. Deshalb verwunderte sie sich nicht all zu sehr über seine Vorzüge schon in frühester Kindheit. Sie verlegte sich vielmehr darauf, Gott für Seine Freigebigkeit zu loben und zu danken. Oft sah sie mit großer Innigkeit auf Josef und weinte vor Freude im Gedanken daran, dass ihm das schöne Los zuteil werden wird, das so viele Erzväter und Propheten nicht haben konnten, nämlich den mit heißer Sehnsucht erwarteten Messias in diese Welt gekommen zu sehen. Wie oft sagte sie zu ihm: «O mein glückseliges Kind!» Josef fragte die Mutter einmal, warum sie immer wieder so sage. Sie antwortete ihm weise: «Dies sage ich dir, weil ich erkenne, dass Gott dich sehr liebt.» Da erhob Josef die Hände zum Himmel und rief frohlockend:

«O ja, wie liebt mich mein Gott!» Dann fügte er hinzu: «Und liebe ich Ihn? Ach, wie wenig liebe ich meinen Gott! Aber von nun an will ich Ihn mehr lieben.» Tatsächlich wuchs er mit zunehmendem Alter auch stets in der Liebe zu Gott.

Als die Eltern sahen, wie Josef schon so verständnisvoll war, begannen sie, ihn im Schrifttum zu unterrichten. Dies tat der Vater selbst, da er im Gesetz sehr gelehrt war. Er wollte seinen Sohn nicht andern Lehrern übergeben, damit er durch fremden Umgang nicht jenen Geist verliere, den Gott ihm mitgeteilt hatte. So begann Josef mit dem Erlernen des Lesens und es gelang ihm so gut, dass sein Vater niemals Anlass zu einem Tadel fand. Josef zählte damals drei Jahre. Er schritt nun zur Lesung der Heiligen Schrift und der Psalmen Davids, die sein Vater ihm erklärte. Der Knabe hatte so große Freude daran, dass er in dieses Erlernen sein ganzes Bestreben setzte. Dabei vergaß er aber niemals auf seine Gebete. Die ganze Zeit verbrachte er mit Beten, Lesen und Überdenken des Gelesenen. Josef leistete seinen Eltern auch immer pünktlichen Gehorsam.

Niemals sah man Josef trotz seines Kleinseins zornig oder auch nur ungeduldig. Immer bewahrte er sein fröhliches Gesicht, obwohl Gott es zu seiner Prüfung oftmals zuließ, dass er von den Dienstboten in Abwesenheit seiner Eltern schlecht behandelt wurde. Der Knabe ertrug alles mit Geduld. Und obgleich der Teufel sich sehr bemühte, die Dienerschaft des Hauses immer wieder zur schlechten Behandlung aufzuhetzen, damit das Kind diese schöne Tugend verliere, gelang ihm dies niemals. Denn Josef war so tief in der Liebe zu seinem Gott gefestigt, dass nichts den Frieden seines Herzens verwirren konnte. So arg aber wütete eines Tages der Teufel gegen Josef, dass er ihn über eine Stiege des Hauses hinunterstürzte. Gott ließ dies zu, damit Josef sich in der Geduld üben konnte, der höllische Feind aber eine desto größere Beschämung erlitt. Denn während Josef stürzte, rief er Gott um Hilfe an und Er bewahrte ihn vor jedem Übel. So hatte Josef wiederum Gelegenheit, die Gnade Gottes zu erkennen und Ihm Dank zu sagen. Der Feind aber zog sich beschämt zurück.

Man sah Josef nie mit anderen Kindern seines Alters spielen. Gerne blieb er im elterlichen Hause und beschäftigte sich mit Lernen oder Beten. Seine Lieblingsbücher waren die Heilige Schrift. Josef verehrte sehr die

Väter Abraham, Isaak und Jakob, wie auch David, den Psalmensänger. Oft bat er seinen Vater, er möge ihm von diesen heiligen Männern erzählen. Dabei hegte er das Verlangen, sie in ihrer Lebensführung nachzuahmen, da sie ja Freunde und Lieblinge Gottes waren. Als er den Vater erzählen hörte, wie Abraham immer an Gott dachte und alles in Liebe zu Ihm tat, um vollkommen zu werden, bemühte er sich, auch so zu tun. Josef war kaum sieben Jahre alt, als er schon Verständnis besaß für all die Tugenden, welche diese Gottesfreunde geübt haben. Soweit es in seinen Kräften lag, bemühte er sich, sie im Glauben, im Vertrauen und in der Liebe zu Gott nachzuahmen. Er wurde von Tag zu Tag tugendhafter und erwarb sich immer mehr das Wohlgefallen Gottes.

Als Josef dann hörte, wie David im Laufe des Tages und der Nacht Gott siebenmal in besonderer Weise lobte, wollte auch er dies tun. Deshalb bat er seinen Engel, ihn zu wecken, damit er seinen Schöpfer zu nächtlicher Stunde loben könne. Josef konnte bereits verschiedene Lobgebete auswendig, die er mit großem Herzensjubel tagsüber und auch des Nachts öfters wiederholte. Gott unterließ es nicht, ihn dafür immer mehr zu erleuchten und mit Seinen Gaben zu bereichern. Während Josef die Lobgebete verrichtete, war er so entzündet von der Gottesliebe, dass er oftmals das Fenster öffnete und sich dahin stellte, um zum Himmel zu schauen. Dabei ließ er seiner Sehnsucht freien Lauf und sagte: «O glücklich jener, der das Los haben wird, den verheißenen Messias zu sehen! O selig derjenige, der das Glück haben wird, Ihm zu dienen und mit Ihm umzugehen!»

Josef hegte in seinem Herzen eine große Liebe zu den Mitmenschen; wie gerne wollte er allen helfen! Deshalb sagte er oft zu seinen Eltern, sie mögen den bedürftigen Armen Almosen geben; sie sollen nicht darauf bedacht sein, für ihn Sachen aufzubewahren, er wolle arm sein, damit die Ärmsten nicht notleiden brauchen. Die Eltern entsprachen seinem Wunsche und gaben reichlich Almosen.

Josef bewahrte unvermindert den Glanz seiner Unschuld. Niemals bereitete er seinen Eltern Missfallen und alle seine Handlungen waren Gott überaus lieb. Zur Tugend der Keuschheit hatte Gott ihm eine besondere Liebe ins Herz gelegt und auch der Engel belehrte ihn hierüber, weshalb er sich vornahm, gerade diese Tugend zeitlebens zu bewahren. Damit er dies zustande bringe, bat er Gott um die nötige Gnade. Tatsächlich führte Josef stets ein engelreines Leben, was auch in seinem Äußeren zum Ausdruck kam, besonders wenn er mit Gott im Gebete Umgang gepflogen hatte.

Die Eltern Josefs hatten geradezu eine ehrfürchtige Liebe zu ihm und betrachteten ihn als einen Schatz, als ein Geschenk vom Himmel. Trotz alledem prüften sie ihn manchmal, ob er ihren Winken folge. Der Knabe zeigte sich jedoch in allem vollkommen gehorsam. Josef neigte sehr zum Fasten und überhaupt zu einer harten Lebensweise. Er bat aber immer seine Eltern um Erlaubnis, ob er dies und jenes tun dürfe. So lieb war seine Art, mit der er die Eltern zu gewinnen suchte, dass es ihnen manchmal schwerfiel, ihrem Sohn eine Bitte abzuschlagen. Oftmals gab ihm der Vater Münzen, damit er sie den Armen austeile. Josef nahm das Geld mit so innigem Danke an, als wäre es ihm zugekommen. Wenn ein Bettler ins Haus kam, ging er gleich zur Mutter und bat sie so unterwürfig um ein Almosen, als ob es für ihn wäre. Josef war sehr betrübt, wenn er einem Armen begegnete; sobald er diesem helfen konnte, war er sogleich wieder fröhlich.

Josefs Fortschritt auf dem Weg zur Vollkommenheit

Josef hatte das siebente Lebensjahr vollendet. Er hatte bereits einen ungewöhnlichen Verstand. Seine Worte waren schwerwiegend und alles, was er tat, so vollkommen in einer Weise, dass seine Eltern alles mit ihm besprachen. Dem Vater gelang alles gut auf den Rat seines Sohnes hin, und er wusste bereits aus Erfahrung, dass alles, was Josef sagte, genauestens eintreffen werde. Josef war ja sehr erleuchtet und besprach alles mit Gott im Gebete. Wenn er aber seine Meinung äußerte, fügte er demütig hinzu: «Überlegt alles gut und tut nach Eurem Willen, wenn Ihr es als besser und Gott wohlgefälliger erkennt.» Dann bat er Gott, Er möge seinen Eltern Licht geben, damit sie alles so tun, wie es zu Seiner größeren Ehre gereicht. Niemals vertraute Josef auf sich selbst, er hielt sich für ein geringes Geschöpf und verdemütigte sich sehr vor Gott. Wenn seine Eltern ihn um Rat fragten, fühlte er sogar oft Beschämung. Er besprach sich nur mit ihnen, um zu gehorchen und um Gott in allem die Ehre zu geben. Gott unterließ es niemals, ihm mit der Gnade zuvorzukommen und ihn zu erleuchten. Dies geschah entweder wenn Josef betete oder durch den Engel, der im Traume zu ihm sprach. Wohl sprach der Engel mit zunehmendem Alter Josefs seltener zu ihm, denn außer dem Lichte, das Gott ihm in Fülle mitteilte, wurde er ja auch durch das Lesen der Heiligen Schrift unterrichtet.

Eines Nachts erschien der Engel Josef im Traume und sagte, Gott habe große Freude an seinem Entschluss, zeitlebens jungfräulich zu bleiben. Gott verheiße ihm Seine besondere Gunst und Hilfe. Dann zeigte ihm der Engel einen Gürtel von unvergleichlicher Kostbarkeit und Schönheit und sagte: «Diesen Gürtel sendet dir Gott zum Zeichen des Wohlgefallens, das Er an deinem Entschluss hat. Und zum Zeichen der Gnade, die Er dir gibt, um immer unvermindert den Glanz deiner Reinheit zu bewahren, beauftragte Er mich, dass ich dich mit diesem Gürtel umgebe.» Der Engel näherte sich nun Josef und umgürtete seine Lenden. Er befahl ihm, Gott für dieses Geschenk zu danken. Als Josef erwachte, erhob er sich sogleich, kniete nieder und betete Gott an, mit innigstem Danke. Josef wurde dadurch nie von einer Versuchung gegen die Keuschheit belästigt, wenngleich ihn der Teufel sonst auf vielerlei Weise angriff. Gott bewahrte in Josef eine wunderbare Reinheit, so dass er würdig wurde, Beschützer der allzeit reinen Jungfrau Maria zu sein.

Ein andermal teilte der Engel Josef im Traume mit, dass Gott ihm ein sehr großes erhabenes Geschenk machen werde. Er wisse zwar nicht, welcher Art es sei; aber Gott wolle, dass Josef Ihn darum bitte und sich durch Tugendübung dessen würdig mache. Josef vernahm diese Botschaft mit großer Freude. Er verlegte sich jetzt aber nicht auf die Erforschung nach dem Inhalt dieses großen Geschenkes; doch er flehte von nun an mit all seinen Geisteskräften zu Gott. Insbesondere bat er darum, dass Gott die Ankunft des verheißenen Messias beschleunige und dass Er ihm die durch den Engel versprochene Gunst erweisen möge. Viele Gnaden erbat sich Josef von Gott, doch diese lagen ihm besonders am Herzen. Von dem großen Geschenk, Maria als Braut zu bekommen, erfuhr er nicht früher, bis sie ihm anvertraut wurde. Aber auch damals wurde Josef noch nicht mitgeteilt, dass sie zur Mutter des Messias auserwählt sei. Während Josef immer und immer wieder um das versprochene, geheimnisvolle Geschenk bat, empfand er Freude und Trost.

Einmal wurde Josef in einen hocherhabenen Geisteszustand versetzt, worin er die herrlichen Eigenschaften des kommenden Messias erkannte. Insbesondere sah er die Liebe, Demut und Geduld in Ihm glänzen. Josef war davon ganz hingerissen und verlegte sich mit großem Eifer auf die Erwerbung dieser schönen Tugenden. Es war wunderbar, welche Fortschritte er dabei machte. Auch seine Hausgenossen hielt er dazu an und sagte ihnen, Gott gefallen diese schönen Eigenschaften gar sehr.

Anlässlich des Osterfestes ging Josef mit seinen Eltern nach Jerusalem. Wenn diese Zeit herannahte, zeigte er sich fröhlicher denn je. Er bereitete sich mit Beten und Fasten darauf vor, denn so belehrte ihn der Engel. Als Josef in den Tempel kam, kniete er zum Gebet nieder und verweilte stundenlang darin zum Staunen aller, die ihn beobachteten, da er noch so jung war. Josef erhielt dabei von Gott viele Erkenntnisse. Er sah die Schönheit des himmlischen Jerusalem und bat Gott, Er möge bald den Erlöser senden, damit die Seelen zu den ewigen Freuden gelangen können. Gott hatte an diesen Gebeten höchstes Wohlgefallen.

Josefs Vater trug reichlich Gaben mit, die er seinem Sohn als Opfer überreichte; hatte dieser ja große Liebe zum Almosengeben. Josef verschenkte die Gaben mit so edler Gesinnung, dass der Empfänger nie so große Freude hatte als er. Er tat dies immer in der richtigen Absicht und schenkte sich dabei selber Gott.

Josef hätte sich am liebsten immer in Jerusalem aufgehalten, um oft in den Tempel gehen zu können. Die Eltern hielten sich deshalb länger als üblich dort auf, ihrem Sohne zum Gefallen. In diesen Tagen ging Josef nur vom Tempel weg, um die nötige Speise zu sich zu nehmen oder um sich zur Nachtruhe zu begeben. Die übrige Zeit verbrachte er dort, um zu beten und Gott um das verheißene Geschenk zu bitten.

Josef machte Gott das Versprechen, nach dem Tode seiner Eltern in Jerusalem seinen Wohnsitz aufzuschlagen, damit er oft zum Tempel kommen könne. Gott nahm dieses fromme Versprechen an und gab Josef seinerzeit die Gelegenheit zur Ausführung seines Vorhabens. Solange die Eltern Josefs sich in Jerusalem aufhielten, sah man ihn niemals durch die Stadt gehen, um sonderbare Dinge zu sehen; er suchte sich auch keinen Begleiter. Josef ehrte die Tempeldiener und war ihnen ganz ergeben, weshalb alle Priester ihn liebten. Jeder hatte Achtung vor ihm, sowohl wegen der reichlichen Almosen, die er gab, als auch wegen der besten Veranlagung, die man an ihm bemerkte. Josef aber war nur darauf bedacht, seinen Gott zu lieben und Ihm zu gefallen.

Als er eines Tages mit ganzer Hingabe betete, vernahm er in seinem Inneren die Stimme Gottes, welche ihm sagte, dass seine Gebete Ihm sehr gefallen und dass Er alle seine Bitten erhören werde. Gott versicherte ihn Seiner großen Liebe und lud ihn zu liebevollem Entgegenkommen ein. Josef geriet außer sich vor Freude, als er diese Worte vernahm. Er blieb stundenlang unbeweglich, währenddessen er die unvergleichliche Süßigkeit und Lieblichkeit des göttlichen Geistes genoss. Dadurch wurde er umso mehr von der Liebe zu Gott entflammt. Josef wollte am liebsten nur mehr von Gott und Seinen Vollkommenheiten sprechen hören. Er sehnte sich innigst nach einem gleichgesinnten Freund. Da er aber erkannte, dass er keinen finden könne, bat er Gott, ihm einen solchen zu senden.

Als Josef wieder nach Nazareth zurückgekehrt war, sprach er nur von der Herrlichkeit des Tempels und vom Glücke derer, die sich dort aufhalten. Seine Gedanken weilten immer bei Gott, so dass er vom himmlischen Jerusalem in dieser Weise sprach: «Wenn man schon eine so große Freude erfährt, sobald man sich im Tempel zu Jerusalem aufhält, welch eine unvergleichliche Freude wird es erst sein, dort zu weilen, wo unser Gott in Seiner Herrlichkeit wohnt! O, bitten wir Gott, dass Er uns bald den Messias sende, damit wir durch Ihn würdig werden, einst in den Himmel zu kommen!» Dies sagte Josef zu seinen Eltern mit solch feurigem Geiste, dass auch sie von größter Sehnsucht nach der Ankunft des Messias erfüllt wurden und innige Bitten zu Gott empor sandten. Er hielt solche Gespräche aber auch mit allen, die ins Haus kamen und sagte zu ihnen: «Bittet oft unseren Gott, dass Er Seine Verheißungen bald erfüllen möge. O wie selig wären wir, wenn uns die Gunst zuteil würde, den Messias zu sehen! O welch ein Glück würde uns beschieden sein! Ich würde alles aufbieten, um Ihm zu dienen und Ihn zu ehren!»

Manchmal sagte die Mutter zu Josef: «Was würdest du tun, mein Sohn, wenn du das großartige Glück haben könntest, den Messias zu sehen?» Hierauf antwortete er mit erhobenen Händen: «Ich würde mich Ihm ganz schenken und mich anbieten, Ihm immer zu dienen. Ich würde Ihn niemals verlassen.» Die Mutter sagte wiederum: «Weißt du nicht, dass das Dienen viel Anstrengung kostet?» Und Josef entgegnete: «O ja, aber ich würde mich glücklich nennen, sogar mein Leben im Dienste für Ihn hinzugeben.» «Wer weiß», wandte die Mutter ein, «ob der Messias dich überhaupt zu Seiner Dienstleistung zulassen möchte?» Hierauf sagte Josef ganz demütig: «Es ist wahr, dass ich dessen nicht würdig wäre, aber ich würde Ihn solange bitten, bis Er von Mitleid bewogen meinen Dienst annähme. Denn so wie Gott unendlich gut ist, ebenso wird auch der Messias unendlich gut sein. Und wie Gott unsere Gebete und Bitten annimmt, ebenso würde der Messias meinen Dienst annehmen.» Dann tröstete ihn die Mutter mit den Worten: «Wohlan denn, mein Sohn! Gib dein Flehen zu Gott nicht auf, damit Er Sich würdige, den Messias bald zu senden; denn ich hoffe, dass Er deine Wünsche annehmen und deine Bitten erhören wird. Du wirst durch die Erfüllung deiner Sehnsucht getröstet werden.» Nun erhob Josef die Hände zum Himmel und rief aus: «Möge es meinem Gott gefallen, dass ich dies erreiche! Wer wäre dann glücklicher und zufriedener als ich!»

Vom Teufel gequält – Josefs Geduld

Der gemeinsame Feind alles Guten knirschte vor Wut wegen der wunderbaren Tugenden, die Josef stets übte und weil durch sein gutes Beispiel auch viele andere dazu angeregt wurden. Der Feind wusste nicht, wie er es anstellen solle, um Josef in Zorn und Ungeduld zu bringen und ihn von seinem Eifer für die Ehre Gottes abzubringen. Deshalb schickte er sich an, einige Leute, die ein schlechtes Leben führten, gegen Josef aufzuhetzen und in ihnen einen furchtbaren Hass hervorzurufen. Die fromme Lebensführung des Heiligen gereichte nämlich diesen Leuten zu großem Vorwurf und starker Beschämung. Sie kamen darin überein, ihn bei der nächsten Begegnung zu beschimpfen. Als nun Josef diesen ausgelassenen Jungen begegnete – sie beabsichtigten ein Zusammentreffen mit ihm – begannen sie ihn zu verspotten. Er aber schwieg und bat Gott um Starkmut für sich, für jene aber um die Erkenntnis ihrer Bosheit. Da Josef sich um ihre Worte nicht kümmerte, nannten sie ihn einen Dummkopf, einen Feigling und furchtsamen Hasen, der nicht zu reden verstehe. Josef ging seines Weges. Diese Jungen folgten ihm mit großer Keckheit und belästigten ihn weiter. Josef war unschlüssig, ob er ihnen zur Beruhigung antworten oder alles über sich ergehen lassen solle. Da vernahm er eine innere Stimme, er möge dulden und schweigen; denn so bereite er Gott Freude. Josef war sogleich entschlossen, diese Verfolgung schweigsam, ja fröhlich zu ertragen. So wurden diese Spötter beschämt und der Teufel geschlagen. Sie ließen Josef jedoch nicht lange in Ruhe. Sobald er sich aus dem Hause begab, um irgendein Geschäft zu erledigen, kamen immer diese frechen Jungen auf ihn zu. Aber er beklagte sich niemals hierüber, auch nicht bei seinen Eltern. Der Vater Josefs wurde jedoch benachrichtigt, wie man seinen Sohn belästige. Er forschte nach, ob sich die Sache so verhalte und wollte diese Burschen gehörig zur Rede stellen. Josef aber bat seinen Vater zu schweigen; denn er habe die Gewissheit, dass er durch geduldiges Ertragen dieser Unbill seinem Gott gefalle.

Und er fügte noch hinzu: «Du weißt, mein Vater, wie heldenhaft unsere Patriarchen und Propheten die Verfolgungen ertragen haben, ja, wie sogar der König David soviel Unrecht über sich ergehen ließ. Wir wissen, dass diese Freunde und Lieblinge Gottes waren. Lasst uns daher sie nachahmen, wenn Gott uns hiezu Gelegenheit gibt.» Der Vater erbaute sich an den Worten seines Sohnes; er ließ ihn also diese Drangsale ertragen, ohne seinen berechtigten Unwillen über die seinem Sohne zugefügten Beleidigungen zu äußern. Da der Feind alles Guten durch den tugendhaften Jüngling immer mehr beschämt wurde, versuchte er auf andere Weise den Frieden seines Herzens zu stören und ihn in Ungeduld zu bringen. Er hetzte eine lasterhafte Frau auf, die den frommen Josef ungern sah. Sie ging oft zu seiner Mutter, um mancherlei Böses über ihn vorzubringen. Sie sagte, Josef werde von allen getadelt und verlacht, er sei nicht im Mindesten gut und werde mit der Zeit sein ganzes Vermögen verbraucht haben, da er so leichtfertig Almosen gebe. Da viele Arme dies bemerken, folgen sie ihm sobald er aus dem Hause geht.

Obwohl die Mutter Josefs sehr weise und klug war und wusste, welcher Art ihr Sohn war, wurde sie dennoch durch das ständige Reden dieser Frau verwirrt, was Gott zur Prüfung des Heiligen zuließ. Sie erteilte jetzt oftmals ihrem Sohn harte Rügen. Er ließ diese mit Geduld über sich ergehen, ohne zu widersprechen, obschon er wusste, woher alles kam.

Nur ein einziges Mal sagte er seiner Mutter, dass diese Verleumdungen ein Werk des Teufels seien, der sie beunruhigen wolle. Da erkannte die Mutter den Trug des Feindes und wies jene Person zurück, die nur Streit in das Haus zu bringen suchte.

Der Böse ließ deshalb von seinen Nachstellungen nicht ab. Er fand nun eine neue List, um Josef zu verwirren, indem er ihm einflüsterte, dass er ein ganz untadeliges Leben führe, sowohl vor Gott als auch vor den Menschen, worauf er stolz sein könne. Der Versucher bewog sogar einige, Josef in seiner Gegenwart zu loben und seine Tugenden hervorzuheben. Da wurde der Heilige in seinem Innersten getroffen; er verdemütigte sich vor Gott und diesen Menschen. Bei solchen Gelegenheiten sagte er immer: «Ich bin nur ein ganz geringes Geschöpf; loben wir unseren Gott, Er allein ist des Lobes würdig und vollkommen in allen Seinen Werken.»

Auf vielerlei Art und Weise musste Josef die Angriffe des Teufels durchmachen, nur gegen die Keuschheit durfte er ihn nicht versuchen. Darüber knirschte der Feind und er ruhte nicht, Gelegenheiten ausfindig zu machen, dass Josef wenigstens schlechte Worte zu hören bekäme. Da er aber die höchste Unschuld und Einfalt besaß, verstand er den Sinn solcher Äußerungen gar nicht. Wenn Josef auf irgendeine Art vom Bösen bedrängt wurde, empfahl er sich Gott in überaus innigem Gebete. Einmal sagte ihm sein Engel, dass er nicht nur beten, sondern auch fasten solle. Dies tat er dann in heldenmütiger Weise. So besiegte er den höllischen Feind, bis dieser ihn aufs Neue mit seinen Ränken bedrängte.

Manche tadelten das zurückgezogene und einsame Leben des heiligen Josef. Oft kamen Jünglinge seines Alters ins Haus, um ihn zu Vergnügungen mitzunehmen. Josef aber entschuldigte sich immer in edler Art. Er sagte, seine Unterhaltung sei es, die Heilige Schrift zu studieren sowie auch die Lebensweise der Erzväter und Propheten kennenzulernen, um sie nachahmen zu können. Seien doch diese die Lieblinge Gottes gewesen und von Ihm begünstigt worden. Josef ermunterte dann diese Jungen, Ähnliches zu tun. Es fehlte nicht an solchen, die seinen Worten Gehör schenkten und sich bemühten, ihn nachzuahmen; denn er belehrte sie mit solcher Anmut, dass seine Worte ihre Herzen durchdrangen.

Nachdem Josef diese guten Ratschläge und Ermahnungen erteilt hatte, zog er sich zum Gebet zurück. Er bat Gott, dass Er jenen Seine besondere

Hilfe und Gnade schenken wolle, auf dass sie das Gute vollbringen können. Und wenn er sagen hörte, dass diese Jungen seine Ratschläge befolgten, freute er sich und dankte Gott. Es fehlte auch nicht an solchen, die seine Belehrungen tadelten und schlecht auslegten. In diesem Falle beschuldigte Josef sich selbst, dass er unwürdig sei, andere zu ermahnen. Er zog sich dann zurück und weinte. Er bat Gott um Barmherzigkeit für jene, die ihn wegen seiner frommen Gesinnung verspotteten, ferner bat er Ihn, nicht auf seine Vergehen zu schauen und jene zu erleuchten, auf dass sie die göttlichen Wahrheiten erkennen.

Gott hatte großes Wohlgefallen an diesen Bitten und Er fügte es, dass Josefs Wünsche nicht leer ausgingen. Denn meistens bereuten diese Jungen ihr ablehnendes Verhalten und kamen wieder zu Josef, um seine Unterweisungen zu hören. Josef sagte hiefür Gott herzlichen Dank.

Josef als Anwalt der Sterbenden

Unter den vielen Gaben, die Josef von Gott erhalten hatte, war einzigartig seine Neigung zu den Sterbenden. Er wusste, dass der Teufel alles aufbietet, um ihre Seelen zu gewinnen und sie in die ewige Pein zu führen. Josef wurde von seinem Engel einmal aufmerksam gemacht, in welcher Gefahr sich die Sterbenden befinden und wies auf die Notwendigkeit eines Beistandes in diesem letzten Kampfe hin. Während der Engel ihm dies offenbarte, senkte Gott seinem Herzen großes Mitleid und innige Liebe zu den Sterbenden ein.

Da Gott den heiligen Josef zum Fürsprecher der Sterbenden bestimmt hat, sollte er sich auch schon während seines Erdenlebens in diesem Werke so großer Liebe üben. Gott ließ ihn die schweren Nöte erkennen, welche sie in den letzten Augenblicken haben. Hängt doch vom Sterben eine Ewigkeit ab; eine Ewigkeit von immerwährender Seligkeit oder nie endenden Unglücks und Elends. Deshalb war Josef so sehr darum zu tun, den Sterbenden zu helfen und er tat dies mit höchster Fürsorge. Wenn er wusste, dass jemand im Todeskampf liege, war er ruhelos. Er aß nicht und kniete stundenlang vor Gott im Gebete, damit diese Seele zur Ruhe in den Schoß Abrahams gelangen möge. Wenn Josef das Glück hatte, bei einem Sterbenden zu sein, verließ er ihn nicht, bis er sein Leben ausgehaucht hatte. Er ermutigte den Sterbenden, auf die Barmherzigkeit Gottes zu vertrauen und die Angriffe der höllischen Mächte zu besiegen. Die Sterbenden fühlten große Stärkung durch den Beistand des heiligen Josef; die bösen Geister aber wurden sehr entkräftet durch seine Gebete. Gott schenkte dem heiligen Josef diese Gnade, so dass alle, bei deren Tod er anwesend war, nicht verlorengingen. Josef erkannte dies ganz klar; er war sodann getröstet und sagte Gott Dank.

Der Teufel wurde sehr wütend ob dieses wunderbaren Wirkens. Eines Nachts, als er durch Josef den Verlust einer Seele erfahren musste, erschien er ihm in entsetzlicher Gestalt. Er drohte Josef, ihn hinabzustürzen, wenn er von seinem Dienst nicht ablasse. Der Heilige fürchtete sich, als er dieses grauenhafte Ungeheuer sah und wandte sich zu Gott um Seine Hilfe, worauf der höllische Drache verschwand. Josef verblieb im Gebete, währenddessen Gott ihm mitteilte, sich nicht zu fürchten, sondern den Liebesdienst für die Sterbenden fortzusetzen; Er habe höchstes Wohlgefallen daran. Der Heilige fasste nun neuen Mut und war ganz getröstet. Er fühlte sich umso mehr hingezogen zu den Sterbenden und setzte seine heißen Gebete für sie fort. Jeder, der Josef in seiner Todesstunde gegenwärtig hatte, war ruhig und trostvoll, denn durch sein Beten konnte ihm der Feind nichts anhaben und seine Seele erlangte das Heil.

Auch für diese Hilfeleistungen musste Josef viele Drangsale erdulden von Bösewichten, die vom Teufel aufgehetzt wurden. Aber deshalb ließ er sich nicht zurückhalten, diesen Gott wohlgefälligen und den Nächsten so nützlichen Dienst zu leisten.

Als Josef eines Tages ob der Verfolgung sehr betrübt war, sagte ihm sein Engel, er möge guten Mutes sein und diesen wertvollen Dienst nicht unterlassen, denn Gott wolle ihm eine ganz besondere Huld in seiner Sterbestunde erweisen. Der Engel offenbarte ihm nichts Näheres. Josef hatte doch in seiner letzten Stunde das große Glück, unter dem liebevollen Beistand Jesu und Marias zu sterben. Durch die Botschaft des Engels ermutigt, setzte Josef seine Liebeswerke fort. Sobald es sich um eine gottwohlgefällige Sache handelte, verlegte er sich mit ganzem Eifer darauf; niemand konnte ihn davon zurückhalten.

Bisweilen machte der Engel den heiligen Josef im Traume aufmerksam, wenn ein Sterbender seine Gebete brauchte. Da erhob er sich sogleich, um Gottes Huld und Gnade für diesen Menschen zu erbitten. Solange betete Josef, bis Gott ihn Seiner Hilfe versichert hatte. Oftmals erhielt er von seinem Engel die Mitteilung, dass es viele seien, die auf ewig zugrunde gehen. Er war darüber so traurig, dass er den ganzen folgenden Tag bitterlich weinte und bedauerte es, dass er nicht beim Sterben aller anwesend sein könne, um ihnen zu einem guten Heimgang zu verhelfen. Mit heißem Flehen wandte sich Josef zu Gott, bald den Erlöser zu senden, damit Er die Seelen von der Knechtschaft Satans befreie. Als dann seine Eltern ihn fragten, warum er denn so betrübt sei und weine, antwortete er in Demut, jedoch freimütig.

«Ich beweine den nicht wieder gut zu machenden Untergang so vieler Seelen, die Gott geschaffen hat, um sie zur ewigen Ruhe zu führen. Aber sie gehen aus eigener Schuld zugrunde. Der Teufel hat eine große Macht über die Menschen. Bitten wir, Gott möge bald den Messias senden, damit Er dem Satan die Herrschaft nehme und die Seelen aus seiner Tyrannei befreit werden.» Dies sagte Josef mit starker Beklommenheit und so mitleidsvoll, dass seine Eltern weinten und Gott um das baldige Kommen des Messias anflehten.

Oftmals erbat Josef für Kranke, die in Sünden verstrickt waren, die Gesundheit. Er flehte zu Gott, Er möge diesen die Gesundheit wiederherstellen, damit sie ihre Sünden bereuen und dann gerettet werden. Um diese Gnade zu erlangen, verbrachte er ganze Tage in Gebet und Fasten. Es kam selten vor, dass Josef die erbetene Gnade nicht erhalten hätte. All seine geistigen Werke waren nur Gott offenbar, den Menschen aber verborgen.

Wie angenehm Gott die Gebete Josefs und seine Liebe zu den Sterbenden war, konnte er an sich selber erfahren. Gott unterließ nicht, ihn zu erhören und mit Tröstungen zu erquicken. Oft durfte Josef die Lieblichkeit und Wonne seines Gottes in einer Weise verkosten, dass er bisweilen ganz darin vertieft war und mit dem heiligen König David sagte: «Mag Leib und Geist mir schwinden, du bist mein Herzensgott, mein Anteil du auf ewig» (Psalm 72,26). Erfüllt von der Liebe und Freude in Gott bedurfte er tagelang keiner Speise; er fühlte eine wunderbare Sättigung und wusste nichts anderes zu sprechen und zu denken als über Gott und Seine unendliche Liebe.

Josef nimmt zu an Gottesliebe und Weisheit

Mit zunehmendem Alter machte Josef auch große Fortschritte in der Liebe zu Gott sowie in allen Tugenden. Er studierte fleißig in den Heiligen Schriften. Die Psalmen Davids konnte er beinahe alle auswendig, um sie öfters zu wiederholen. Diese Lebensweise verbrachte Josef fünfzehn Jahre hindurch. Sein ganzes Streben galt der Verherrlichung Gottes, der Liebe zu Ihm und zu den armen Mitmenschen. Niemals bereitete er Gott ein Missfallen. Josef bewahrte immer seine Unschuld und war darauf bedacht, auch den geringsten Schatten einer Sünde zu fliehen. Er nahm sich zu Herzen die Mahnung des Heiligen Geistes: Wer die kleinen Fehler gering achtet, fällt in schwere. Deshalb war Josef auch in kleinen Dingen sehr gewissenhaft. Er war nie neugierig; wusste er doch, wie David und andere dadurch in die Sünde gefallen sind. Je mehr sich Josef bemühte, Gott treu zu sein, umso mehr Gnade bekam er und desto inniger wurde seine Liebe zu Ihm, dem Ziel all seiner Wünsche. Wenn es aber Josef manchmal einfiel, dies oder jenes Ergötzliche anzuschauen, was jedoch im Herzen den Hang zu einer Sünde verursachen könnte, erhob er sogleich seine Augen zum Himmel und betrachtete die Schönheiten Gottes. So erfuhr er immer mehr, dass der Wandel mit Gott die höchste Freude bringt.

Josef erkannte, dass seine Eltern ihm all ihre Liebe zuwandten. Er befürchtete, dass dadurch ihre Liebe zu Gott beeinträchtigt werde. Bei Gelegenheit sprach er mit ihnen hierüber und sagte ihnen, dass er ihre Herzlichkeit wohl mit Freude annehme, sie mögen aber an erster Stelle ihre Liebe Gott schenken. Er allein verdiene, über alles geliebt zu werden. An diesen Worten ihres Sohnes konnten sich die Eltern erbauen. Sie bemühten sich fernerhin, ihre überschwängliche Liebe in gewissen Schranken zu halten. Josef war darüber beruhigt und dankte Gott, dass die Eltern seine Mahnung gut aufgenommen haben.

Der Heilige wollte seine Frömmigkeit und Tugendhaftigkeit nie zur Schau stellen, alles tat er im Verborgenen. Niemals schickte er sich an, mit jemandem gelehrte Erörterungen über die heiligen Schriften zu machen, obschon er im mosaischen Gesetze sehr gelehrt war. Und so hielten ihn die Leute für einen Minderbegabten. Der demütige Josef war hierüber zufrieden.

Josef wollte auch nie hören, noch darüber sprechen, was in der Stadt Neues vor sich ging. Er sagte, dies nehme ihm die Beflissenheit, die er sowohl für Gott als für das religiöse Studium haben müsse. Tatsächlich lebte der Heilige sehr zurückgezogen. Er vermied alles, was irgendwie seinen Verkehr mit Gott hätte stören können. In dieser Beziehung wurde Josef erleuchtet. Er erkannte klar, wie er leben müsse, um sich der Freundschaft mit Gott erfreuen zu dürfen. Josef unterließ tatsächlich nichts, wodurch er seinem Gott Freude bereiten konnte.

Auch wurde Josef mit einer bewundernswerten Art, die Betrübten zu trösten, begabt. Wenn er mit einem Leidtragenden zu sprechen kam, hatte er so aufrichtende Worte, dass derjenige große Erleichterung verspürte. Hierauf bat er auch Gott um Trost für die betreffende Person. Im Ort wurde es bald bekannt, dass Josef eine so liebevolle Art eigen sei, die Bedrängten zu trösten, weshalb viele zu ihm ins Haus kamen. Der Heilige ermutigte sie in ihrer Drangsal. Er sagte ihnen, sie mögen sich ganz Gott anempfehlen und von Ihm alles Gute erhoffen, denn Er allein vermag jedem reichlich zu geben. Dann empfahl er ihnen, Gott zu bitten, dass Er in Seiner Huld alsbald den im Gesetze verheißenen Messias sende, der allen Menschen Heil bringen werde. So mancher Notleidende, der ob seiner großen Armut niedergeschlagen war, wandte sich vertrauensvoll an Josef. Da bat er seine Eltern in Ergebenheit um Hilfe für den Betreffenden; waren sie doch ihrem Sohne in allem gefällig. Oft bekam er von seinem Vater Münzen, damit er selber die Not solcher Menschen lindern konnte. Josef verteilte sie mit großer Freude und sagte dabei zu den Armen:

«Erkennet dies als Gabe Gottes an, denn deshalb gibt der gütige Gott mir Geld durch meinen Vater, damit ich es Euch schenken kann. Darum müsst sowohl ihr wie auch ich Gott, dem Geber alles Guten, danken.»

Mit solchen Worten wollte Josef es vermeiden, für die Werke seiner Nächstenliebe gelobt zu werden. Auch er bezeichnete sich als Armen, aber von Gott mit Wohltaten überhäuft, damit Gott allein von allen diesen Lob und Dank erwiesen werde. Diese Beschenkten liebten Josef und lobten ihn in der Stadt. Dies gab wieder einigen Anlass zum Neid. Sie schmähten Josef, dass er alles tue, um gelobt und geschätzt zu werden. Der Teufel benützte diese Bösartigen, um die Güte Josefs in schlechtes Licht zu stellen. Aber Josef kränkte sich nicht im Mindesten darüber. Es missfiel ihm jedoch, dass sie dadurch Gott beleidigten und er bat Ihn um Erleuchtung für diese Menschen. Wenn Josef diesen Verleumdern begegnete, benahm er sich höflich, und bot sich ihm Gelegenheit, ein Gespräch anzuknüpfen, sagte er: «Gebt acht, dass ihr Gott nicht missfällt, im übrigen macht es wenig, wenn ihr mich beleidigt.» Einige von diesen Bösen gingen in sich. Josef übte in allem Demut und Bescheidenheit. Wer mit ihm Umgang hatte, konnte erkennen, dass er vom göttlichen Geist beseelt war und viele wurden ihm zugetan.

Josef verharrte fest im Glauben an die Verheißungen, welche Gott ihm seinerzeit durch den Engel gemacht hatte, obgleich es schien, dass diese noch lange nicht in Erfüllung gehen würden. Er bat jedoch immer wieder darum und ahmte so Abraham im Glauben nach.

Wie Josef mit solchem Erfolg auf dem Wege der göttlichen Gebote wandelte und seine Seele voll der Freude war, wurde er in seiner Treue geprüft. Gott entzog ihm die Erleuchtung, den inneren Trost, ja sogar den besonderen Beistand des Engels. Alsbald befand er sich in Angst und Traurigkeit; er fürchtete sehr, Gott beleidigt zu haben. Ganze Nächte brachte er im Gebet zu und immer wieder bat er Gott, dass der Engel ihm die Ursache dieser Verlassenheit wissen lasse, damit er die schuldige Genugtuung leiste. Josef verblieb einige Monate in dieser Bedrängnis. Er ertrug sie mit Starkmut und in der festen Hoffnung, dass Gott sich ihm wieder zuneigen werde. Je mehr er sich verlassen fühlte, desto mehr erstarkte sein Glaube und das Vertrauen auf Gott und umso liebevoller und ergebener schmiegte er sich an Ihn im Gebete. Oft sagte er zu Gott, dass er dieses Verlassensein verdiene infolge schlechten Entsprechens gegenüber Seiner Gnade.

In dieser Zeit wurde der Heilige besonders von Seiten des Teufels mit Versuchungen und Misstrauen gequält. Aber er blieb stark und vertraute stets auf die große Güte Gottes.

Nachdem Josef geduldig und ergeben diesen Zustand ertragen und die Angriffe des höllischen Feindes überwunden hatte, gefiel es Gott, Sich seinem getreuen Diener wiederum mitzuteilen. Als er eines Nachts sehr betrübt war und betete, vernahm er die innere Stimme seines geliebten Gottes. Er bekam nun die Gewissheit, dass Gott ihn sehr liebe und ihm mittels Seiner Gnade immer zur Seite war. Durch diese göttliche Stimme, durchdrungen von umfangender Liebe wurde Josef gestärkt und sein Geist erleuchtet. Er weinte voll der inneren Freude, er lobte Gott und dankte Ihm für den wunderbaren Trost und den wiedererlangten Frieden.

Josef verweilte eine Zeitlang in Dank und herzlichem Gespräch mit Gott, dann begab er sich zur Ruhe. Jetzt sprach auch der Engel wieder zu ihm. Er sagte zu Josef, dass er in dieser Prüfung durch Standhaftigkeit, Liebe und Treue Gott viel Freude bereitet habe. Da erwachte Josef, erfüllt von Trost und Zufriedenheit und er bat seinen Engel, Gott für ihn den gebührenden Dank darzubringen, denn er hielt sich dessen für ungenügend.

Als Josef sich wieder in diesem glückseligen Zustand befand, und Gott seine Seele aufs Neue mit Licht und Erkenntnis erfüllte, lobte er immer wieder dessen Güte und bei jeder Gelegenheit sprach er über die göttlichen Herrlichkeiten, wobei die Liebe in ihm so entflammt wurde, dass seine Augen leuchteten. Besonders bemerkten dies seine Eltern, die oft untereinander sprachen, welches Glück ihnen durch ihren Sohn zuteil geworden ist.

Als die seligste Jungfrau Maria geboren wurde, sagte der Engel zu Josef im Traume, er möge Gott danken für eine ganz große Wohltat, die Er am heutigen Tage den Menschen, insbesondere aber ihm erwiesen habe. Josef stellte keine Fragen an seinen Engel, um Näheres zu erfahren. Er erhob sich sogleich vom Schlafe, um Gott für das große Geschenk zu danken. Dabei geriet er außer sich vor Glückseligkeit. In diesem Zustand wurden ihm viele Geheimnisse über die Ankunft des verheißenen Messias und dessen Mutter geoffenbart. Umso inniger sehnte er sich jetzt nach dem Kommen des Messias und seine Bitten darum wurden immer inniger. Damit bereitete Josef seinem Gott viel Freude. Es gefällt dem Allerhöchsten, wenn die Menschen mit viel Bitten Ihn anflehen, auf dass Er Gnade in reichem Maße schenken kann. In dieser Beziehung erfüllte Josef den göttlichen Willen vollauf.

Josefs Eltern sterben – Schwere Prüfungen

Als Josef achtzehn Jahre alt war, gefiel es Gott, seine Eltern von dieser Welt zu nehmen. Zuerst starb die Mutter. Ihre Krankheit war langwierig und schmerzlich. Dadurch sollte sie, von allen Fehlern gereinigt, an den Ort der Gerechten kommen. Gott schenkte ihr diese Gnade auf die Fürbitte ihres Sohnes hin. Josef stand seiner Mutter so liebevoll bei, er tröstete sie und bat Gott inständig, dass Er ihr Geduld in dieser schweren Krankheit verleihen wolle. Josef wachte oft nächtelang bei der kranken Mutter, teils um ihr Beistand zu leisten, teils für sie betend. Und wie er ihr stets dankbar war für alles Gute, so war jetzt sein Verhalten zu ihr einzigartig. Er verließ sie niemals und wurde nicht müde, ihr mit einer wahrhaft kindlichen Liebe zu dienen. Dies gereichte der kranken Mutter zu großem Troste und immer wieder segnete sie ihren Josef. Sie bat auch Gott, dass Er ihn stets mit Seinem Segen erfülle. An einem ihrer letzten Lebenstage kniete Josef vor seiner Mutter und bat sie, ihm alles zu verzeihen, wodurch er sie beleidigt haben könnte. Die gute Mutter segnete ihn und sagte, er möge in der Art wie bisher seine Lebensweise fortsetzen und bedacht sein, im Dienste und in der Liebe zu Gott immer mehr fortzuschreiten. Sie dankte Josef für seine liebevolle Fürsorge. Ebenso dankte der Sohn seiner Mutter und dann sagte er zu ihr, sie möge gerne sterben, denn er hoffe ganz sicher, dass ihre Seele zu den Heiligen kommen werde. Dies gereichte der Mutter sehr zum Troste. Sie segnete ihren Josef aufs Neue und bat Gott, dass Er ihren Segen mit dem Seinigen bekräftige. Da ließ Gott sie zum Zeichen der Erfüllung ihrer Bitte ein helles Licht auf dem Antlitz ihres Sohnes wahrnehmen.

Bald darauf verschlimmerte sich der Zustand der Kranken sehr und sie schien bereits im Sterben zu liegen. Josef stand ihr bis zum letzten Atemzug in heldenmütiger Weise bei und tröstete auch den tiefbetrübten Vater.

Sogleich nach dem Tode der Mutter zog Josef sich in sein Zimmer zurück und weinte bitterlich. Er wandte sich an Gott um Trost und Stärke. Da ließ Gott ihn die Stimme vernehmen, dass seine Wünsche und gerechten Bitten für die Mutter erfüllt seien. Josef dankte seinem Gott innig und begab sich zum Vater, der durch die trostvollen Worte seines Sohnes sehr gestärkt wurde.

In der folgenden Nacht sprach der Engel zu Josef im Traume. Er sagte ihm, dass seine Mutter bei den heiligen Vätern sei und dass er auch bald seinen Vater verlieren werde. Er brauche aber keine Furcht zu haben, denn Gott werde ihn auf allen Wegen beschützen und verteidigen. Josef ergab sich ganz dem göttlichen Willen, aber er fühlte nun aufs Neue den großen Schmerz, in Bälde auch seinen Vater verlieren zu müssen. Er war jedoch bereit, alles mit Hochherzigkeit und Geduld aus den Händen Gottes anzunehmen.

Josef hatte also seine Mutter verloren und sah den Vater in großer Betrübnis. Deshalb richtete er ihn immer wieder auf. Er ließ ihn nie allein in dieser Trübsal, sondern tat stets, was die Pflicht eines guten Sohnes ist. Es dauerte nicht lange, da wurde der Vater von einer tödlichen Krankheit befallen. Da Josef durch die aufopfernde Pflege an seiner Mutter noch sehr geschwächt war, empfand er viel Schmerz. Darum wandte er sich jetzt innigst an Gott um Kraft und Starkmut, um dem Vater in seiner letzten Krankheit beistehen zu können. Gott tröstete Josef und gab ihm soviel Kraft, dass er sich ganz der Pflege seines Vaters widmen konnte. Er stand ihm Tag und Nacht mit ganzer Hingabe bei. Immer wieder ermutigte er ihn, die Leiden und Beängstigungen geduldig zu ertragen. Der Vater litt wohl mit Edelmut und staunenswerter Geduld, aber der Gedanke, dass er Josef allein zurücklassen müsse, der nun vielen Drangsalen ausgesetzt sein werde, bereitete ihm große Betrübnis. Josef sagte jedoch zu seinem Vater, er könne ruhig sterben, denn Gott werde ihm in jeder Not beistehen.

So beruhigte sich der Vater in der Zuversicht, dass Gott für Josef Sorge tragen werde, denn er erkannte ja, dass Gott ihn sehr liebte. Dann überließ er Josef den ganzen Besitz und alles Vermögen mit den Worten, es nach seinem Gutdünken zu gebrauchen. Als guter Vater gab er Josef auch noch viele geistige Andenken. Besonders empfahl er ihm die Gottesfurcht und Gottesliebe sowie die Liebe zu den Mitmenschen. Josef hörte mit tiefer Ergebenheit auf die Weisungen seines Vaters, er dankte ihm mit dem Versprechen, alles zur Ehre Gottes und zu seinem Nutzen zu verwirklichen. Dann sagte ihm der Vater noch folgendes: «Mein Sohn! Ich sterbe zufrieden, denn ich weiß, dass du ein gutes Leben führst und Gott liebst. Ich lasse dich zurück als Erbe vieler Güter, wodurch du dich in deinem Stande erhalten kannst und deinen Wünschen entsprechend auch Almosen zu geben vermagst. Deine Sorge sei, mir vor Gott die Vergebung meiner Sünden zu erbitten, dass ich an den Ort des Heiles komme. Vergiss nie deine Eltern! Du weißt, wie wir dich geliebt und dir eine besondere Sorge zugewendet haben. Nun gebe ich dir meinen Segen. Und du bitte Gott, dass Er mit Seinem Segen den meinigen bekräftige und dich immer mit Seiner Gnade bereichern möge.» Auf diese Worte hin kniete sich Josef vor seinem Vater nieder und bat ihn um den Segen, noch inniger aber bat er Gott darum. Nun wurde er mit diesem Segen erfüllt.

Hierauf dankte Josef unter Tränen dem Vater für alles Gute, das er ihm erwies, die fromme Erziehung und das gute Beispiel, das er ihm gegeben. Dann bat Josef um Vergebung für alles, was er gegen den Willen seines Vaters getan oder auf welch immer eine Art er ihn beleidigt haben könnte. Da aber der Vater von seinem Sohn niemals gekränkt, im Gegenteil nur Freude und Trost empfangen hatte, sagte er, er wüsste nichts, was er ihm zu verzeihen hätte. Josef wollte sich aber nicht früher erheben, bis der Vater ihm die Versicherung gab, dass alles verziehen sei. Dann bat er den Vater um die Erlaubnis, das Vermögen den Armen und an den Tempel geben zu dürfen. Der Vater ließ ihm hierüber volle Freiheit. Josef bedankte sich wiederum und sagte, er werde seine Eltern nie vergessen; er könne ruhig und sorglos sterben.

Der Zustand des kranken Vaters verschlimmerte sich zusehends. Josef verdoppelte seinen Eifer in der Betreuung. Inniger und öfter als bisher betete er zu Gott um das ewige Heil seines guten Vaters; ja, er war sogar bereit, die Schmerzen seines Vaters, welche dieser zur Tilgung seiner Sündenschulden zu leiden hatte, auf sich zu nehmen. Und er bat Gott, diese Sühne an Vaters Statt leisten zu dürfen, auf dass seine Seele sogleich nach dem Tode zu den heiligen Vätern kommen könne. Gott erhörte diese Bitte Josefs, worauf er nun mehrere Stunden hindurch die furchtbarsten Schmerzen erlitt. Er ertrug sie mit größter Ergebung, denn umso mehr wurde ihm die Versicherung zuteil, dass die Seele seines Vaters nach ihrem Heimgang in den Schoß Abrahams gelangen werde. Voll des Dankes erhob Josef seine Hände zum Himmel, sein Herz jubelte und er lobte die göttliche Güte.

Es kamen nun für den Vater die letzten Stunden. Mit großer Liebe stand Josef ihm bei, ihn ermutigend, auf die Güte und Barmherzigkeit Gottes zu vertrauen. Josef sagte ihm, er möge sorglos von hier scheiden, denn er halte es für sicher, dass ihm dann Friede und Freude zuteil werden. Diese Worte gereichten dem sterbenden Vater sehr zum Troste und alsbald entschlief er in Ruhe und hoffnungsvoll auf das ewige Heil.

Nach dem Hinscheiden des Vaters zog sich Josef zurück, um in seinem Schmerze zu weinen. Sah er sich doch eines Vaters verlustig geworden, der überaus gütig und liebevoll war und ihm eine so gute Erziehung hatte angedeihen lassen. Dann kniete er – sich allzeit der Gegenwart Gottes bewusst – nieder und betete unter Tränen zu Ihm: «Ach, Gott Abrahams, Isaaks und Jakobs! Mein Gott! Sieh, wie ich nun meines Vaters und meiner Mutter beraubt bin. Es hat dir gefallen, beide von dieser Erde zu nehmen. Nun bitte ich dich, du wollest in deiner Güte mich in deinen Schutz nehmen. Ich schenke mich dir von neuem und ergebe mich ganz deinem Willen, wie ich es immer getan habe. Nun bin ich niemandem unterworfen als dir, mein Gott! Ich bitte dich, du wollest mir deine Fürsorge angedeihen lassen. Gib mir die Gnade, dass ich mit dem Propheten David sagen kann: Mein Vater und meine Mutter haben mich verlassen, der Herr aber hat mich aufgenommen (Psalm 26,10). Von nun an sei du mein Vater, mein Beschützer, meine Mutter, meine Zuflucht! Mache mit mir und meinem Hab und Gut, was dir gefällt. Lasse mich stets auf deinen Willen achten, denn ich bin bereit, ihn vollkommen auszuführen.»

Während Josef so betete, breitete sich ein tiefer Friede über seine Seele, denn Gott ließ ihn Seine Stimme vernehmen, er möge ganz ruhig sein, Er habe sein Flehen erhört und werde ihn immer mit väterlicher Liebe beschützen und verteidigen. Hierauf sagte Josef seinem Gott innigen Dank.

Es kamen dann viele Drangsale über den heiligen Jüngling. Da alle seine Güte erkannten, erfrechten sich viele, ihm dies oder jenes einfach zu nehmen. Am meisten taten dies die Dienstboten des Hauses; sie nahmen sich von seinen Sachen, was ihnen gefiel. Josef zürnte deshalb nicht, aber er ermahnte sie, sich dadurch nicht mit Sündenschuld zu belasten. Josef war von Natur aus gütig und liebevoll, weshalb diese auf seine Ermahnungen nicht achteten und weiterhin seine Güte missbrauchten. So erlaubte er ihnen, die widerrechtlich angeeigneten Sachen zu behalten, damit Gott durch die Sünden des Diebstahles nicht weiterhin beleidigt werde. Dafür beschimpften und misshandelten sie ihn noch. Der Teufel wütete nämlich sehr gegen den Heiligen und hetzte diese Leute umso mehr auf. Josef aber erduldete alles Unrecht mit heldenmütiger Tugendhaftigkeit.

Auch die Verwandten seines Vaters kamen nun. Sie wollten Josef alle Güter wegnehmen und ihn dafür in ihrem Hause haben. Er ging aber auf diesen Wunsch um keinen Preis ein, denn schon hatte Josef den Entschluss gefasst, seinen Wohnsitz in Jerusalem aufzuschlagen, um oft zum Tempel gehen zu können. Da wurden die Verwandten sehr zornig und da sie Josef auch mit Schmeicheleien von seinem Vorhaben nicht abbringen konnten, versuchten sie es mit Drohungen und Misshandlungen. Er aber ertrug auch all das mit Ruhe. Die Verwandten beraubten ihn sodann fast all seiner Habe. In dieser Bedrängnis flehte Josef zu Gott um Hilfe und Erleuchtung, was er tun solle. Da sagte ihm der Engel des Nachts, er solle das noch Vorhandene verkaufen. Vom Erlös möge er einen Teil den Armen geben, einen Teil im Tempel opfern, den geringeren Teil aber für sich behalten; denn Gott wolle, dass er arm lebe. Er solle sich in Jerusalem niederlassen und die Zimmermannsarbeit erlernen, um sich den Lebensunterhalt zu erwerben. Diese Lebensweise möge er solange führen, bis Gott es gefalle, in anderer Art über ihn zu verfügen. Auch solle er jungfräulich bleiben, wie er es Gott versprochen hatte. Er könne versichert sein, dass Gott ihm immer beistehen und mit Segen erfüllen werde. Dies alles führte Josef mit Bereitwilligkeit aus. Er verkaufte jetzt den Rest seines Besitzes, weshalb er heftige Vorwürfe und große Verfolgungen über sich ergehen lassen musste. Sobald er das Haus verließ, war er Beschimpfungen und Misshandlungen ausgesetzt. Man nannte ihn einen Verschwender der väterlichen Güter, man schrie ihm zu: «Du Tor, du Narr, du Taugenichts, du Landstreicher, du Müßiggänger!» Josef ließ alles über sich ergehen und handelte gemäß dem göttlichen Willen, wie sein Engel es ihm kundgetan hatte.

Als die Verwandten bemerkten, dass er den übriggebliebenen Besitzteil verkauft hatte, fassten sie ihn und schlugen ihn. Mit großer Geduld ertrug Josef diese schweren Verfolgungen. Er warf sich im Gebet vor Gott nieder und flehte, dass Er ihn aus den Händen seiner Gegner befreien möge wie Er einst David und so viele andere in Seiner Güte beschützt und verteidigt hat.

Während Josef so betrübt war, tröstete Gott Seinen getreuen Diener. Er sprach in seinem Herzen zu ihm und versicherte ihn Seines Schutzes. Gott ermutigte ihn, diese Drangsale edelmütig zu ertragen, denn es werde ihm eine überaus reiche Belohnung zuteil werden. Durch diese Verheißung wurde Josef gestärkt und er wäre bereit gewesen, noch Ärgeres zu dulden. Aber Gott ließ nicht zu, dass er noch mehr bedrängt wurde; hatte er doch seine Treue und Geduld hinreichend bewiesen. Man ließ ihn jetzt in Frieden. Nachdem Josef sein Letztes verkauft hatte, brachte er ein Opfer dar. Für sich wollte er nichts behalten, wenn es Gott so wohl gefalle.

Des Nachts sprach der Engel abermals zu Josef, er solle sogleich nach Jerusalem abreisen. Wenn er dort im Tempel angekommen sei, werde er ihm sagen, was er tun müsse.

Abreise von Nazareth – Die ersten Jahre in Jerusalem

Frühmorgens legte Josef ein kleines Bündel mit Kleidern zurecht. Hierauf betete er: «Siehe, mein Gott, ich verlasse nun meine Heimat. Arm wie ein Bettler begebe ich mich nach Jerusalem, um dort deinen Willen zu erfüllen. Je ärmer ich mich sehe, desto zufriedener bin ich, weil es dir so gefällt. Strafe nicht meine Verwandten und Landsleute, weil sie mich geschlagen und meines Erbes beraubt haben. Ich verzeihe allen und wünsche ihnen jegliches Gute. Wenn es dein Wille ist, dass man mich an meinem neuen Wohnort geradeso behandelt, bin ich bereit zum Ertragen. Ich bitte dich nur innigst um deine Hilfe und dein Wohlwollen, dann fürchte ich nichts. Ich bitte dich nun um deinen Segen, der mich auf meinem Weg behüte. Es halte mich deine allmächtige Rechte! Ich gebe mich ganz in deine väterlichen Arme!»

Nachdem Josef so zu Gott gesprochen hatte, erhob er sich freudig; war er doch Seines Segens versichert worden. Er nahm sein Bündel und reiste am frühen Morgen von Nazareth ab, ohne dass jemand ihn sah. Der Heilige ging allein des Weges in der Richtung nach Jerusalem. Dabei betete er mit frohlockendem Geiste etliche Psalmen Davids. Er lobte Gott und sagte wiederholt: «Siehe mein Gott, nun komme ich, um deinen Willen zu erfüllen. Ich werde oft zu deinem Tempel gehen, wie ich es von Herzen wünsche!» Während Josef so des Weges dahin schritt, freute er sich immer mehr auf die Ankunft in Jerusalem. Bald verbreitete sich in

Nazareth die Kunde, dass Josef abgereist sei; aber niemand suchte nach ihm. Viele freuten sich sogar, die widerrechtlich angeeigneten Güter Josefs jetzt in Ruhe genießen zu können. So war er in seiner Heimatstadt bald von allen vergessen.

Als Josef in Jerusalem angekommen war, ging er geradewegs in den Tempel, um dort Gott anzubeten und für Seine Hilfe auf dieser Reise zu danken. Er schenkte sich Gott aufs Neue mit der Bitte, ihm Seinen Willen kundzugeben. Hier im Tempel vernahm Josef wiederum die Stimme Gottes in seinem Inneren, was er tun müsse. Nachdem er Gott noch um den Segen gebeten hatte, verließ er freudig den Tempel. Josef, von der weiten Reise sehr ermüdet, begab sich nun in eine Herberge, um zu essen und sich bald der Nachtruhe hinzugeben. Im Schlafe bekam er vom Engel die Gewissheit hierüber, was Gott zu ihm gesprochen hatte. Er befahl ihm, zwei Drittel seines mitgebrachten Geldes im Tempel zu opfern und ein Drittel für sich und die Armen zu verwenden. Und Josef tat so.

Morgens erhob er sich frühzeitig und ging zum Tempel, um dort das Geld zu spenden. Josef tat es mit großer Freude; er kniete alsdann nieder und dankte Gott für die Offenbarung Seines Willens und lobte Ihn. Nachdem er eine Zeitlang im Gebet zugebracht hatte, schickte er sich an, den Armen Almosen zu geben gemäß der Weisung des Engels. Josef ging dann hin, um einen Zimmermann aufzusuchen, der ihn die Arbeit lehre und mit dem nötigen Lebensunterhalt versorge. Gott fügte es, dass Josef bald einen guten, frommen Meister fand. Mit Leichtigkeit erlernte Josef diese Arbeit, denn das Bewusstsein, hierin den göttlichen Willen zu erfüllen, ließ ihn alles leicht und angenehm vorkommen. Obschon Josef jetzt in einem Arbeitsverhältnis stand, unterließ er nie das Beten. Er war auch seinem Meister in allem sehr ergeben, genau und pünktlich. Deshalb und auch wegen der Tugendhaftigkeit liebte ihn der Meister. Josef schaute auf ihn als seinen Herrn. Niemals sprach er von seiner Abstammung; er redete nur das Notwendige und war ganz darauf bedacht, das Handwerk zu erlernen. Josef ging auch niemals auf Vergnügen aus. Wollte er zum Tempel gehen, bat er seinen Meister stets um die Erlaubnis dazu.

In der Werkstatt bot sich Josef viel Gelegenheit zu heldenmütiger Tugendübung. Oft kamen Landstreicher und Müßiggänger, die ihn beschimpften und verspotteten. Sie sagten, so lange habe er gebraucht, um sich zu einem Handwerk zu entschließen, bis dahin sei er ein Faulenzer, ein Taugenichts gewesen. Josef erwiderte auf solche Beleidigungen nichts. Wenn der Meister anwesend war, rügte er jene Boshaften und jagte sie davon. In seiner Bescheidenheit war Josef einzigartig. Niemals wollte er Sensationelles sehen oder hören. Sein Weg war der zum Tempel und wieder zurück in seine Behausung. In der Werkstatt benahm er sich nicht wie ein Jungmann, der ohnedies sein Kostgeld zahlt, sondern wie ein Untergebener, der seinem Herrn selbst in den niedrigsten Dienstleistungen zuvorkommt.

Da der Meister bemerkte, wie sein Lehrling den Armen Almosen austeilte, sagte er eines Tages zu ihm, er möge doch bedenken, dass er selber arm und bedürftig sei. Aber Josef entgegnete ihm: «Lassen Sie mich diese Armen beschenken, denn Gott ist es, der für meine Bedürfnisse sorgt.» Josef hatte eine unerklärbare Freude in der Ausübung seines Handwerkes und dass er Untergebener sein konnte. Es gefiel ihm, arm und unbeachtet unter den Menschen zu sein, weil der Engel ihm sagte, dass er so von Gott sehr geliebt sei.

Josef war nun zwanzig Jahre alt und in der Gottesliebe bereits sehr fortgeschritten. Sein Geist wandte sich niemals von Gott, dem einzigen Gegenstand seiner Liebe, ab. Ja sogar während der Arbeit betrachtete er oft die göttlichen Vollkommenheiten. Auch übte er sich viel im Fasten und betete nächtelang, ganz in Gott versunken. Josef vergaß nie die Sterbenden. Konnte er ihnen während seiner Lehrzeit nicht persönlich beistehen, tat er dies doch mit seinen Gebeten für sie. Als Josef seine Lehrzeit beendet hatte, war er unschlüssig, ob er selbstständig arbeiten oder weiter bei seinem Meister in der Werkstatt verbleiben solle. Er erwartete, dass der Engel ihm diesbezüglich eine Weisung gebe. Der Meister wurde bald sterbenskrank. Glückselig beendete dieser sein Leben; stand doch Josef ihm so liebevoll bei, als wäre er sein Vater gewesen. Josef bat Gott um das ewige Heil seines Herrn und Gott erhörte seine Gebete.

Nachdem der Meister gestorben war, ging Josef in den Tempel und betete zu Gott, Er möge ihm Seinen Willen offenbaren, auf welche Weise er Ihm dienen solle. In diesem Gebete wurde Josef große Erleuchtung und innerer Trost zuteil. In der folgenden Nacht sprach der Engel zu ihm im Traume, was er nun tun müsse, um den göttlichen Willen zu erfüllen.

Josef sollte sich in eine eigene Werkstätte zurückziehen und dort selbstständig arbeiten. Hiezu solle er sich das notwendige Werkzeug kaufen. Im Übrigen möge er seine einfache Lebensweise fortsetzen. Josef ward durch die Botschaft des Engels sehr getröstet. Sogleich erwachte er und kniete zum Gebet nieder, um Gott zu loben und Ihm für die Weisung durch den Engel zu danken.

Josef wird selbstständiger Zimmermann

Nachdem Josef erfahren hatte, wie er Gott dienen und sich erhalten solle, mietete er sich in der Nähe des Tempels eine kleine Werkstätte und besorgte das nötige Werkzeug. In diesem Raum arbeitete er, schlief er und nahm dort auch seine karge Mahlzeit ein. Die Werkstatt verließ er eigentlich nur, wenn er in den Tempel ging oder Notwendiges zu erledigen hatte. Seine Nahrung bestand meistens aus Brot und Früchten, er trank wenig Wein und diesen sehr vermengt mit Wasser. Seine Lieblingsspeise waren gekochte Kräuter und Hülsenfrüchte, die er aber selten zu sich nahm. Tatsächlich führte Josef hier ein sehr karges Leben. Aber Gott erfüllte ihn immer mit himmlischer Freude. Man sah auch niemals Leute in dieser Werkstatt, die etwa zur Unterhaltung mit ihm gekommen wären, denn Josef mied unnützes Gerede. Da man ihn für einen einfältigen, ja törichten Menschen hielt, lebte er in Frieden und Einsamkeit. Insofern kamen Leute und schafften Arbeiten an, als diese dabei ihren Nutzen fanden; denn Josef überließ die Bestimmung des verdienten Lohnes ihrem Gutdünken. Und wenn er das Geld für seine Mühen erhielt, nahm er es dankend wie eine Liebesgabe entgegen. Er behielt davon nur soviel für sich, als er für seine Bedürfnisse brauchte, das Übrige verteilte er unter den Armen; denn so hatte es ihm der Engel befohlen.

Josef geriet aber auch manchmal in Not. In solchen Fällen ging er zum Tempel und flehte Gott an, Er möge ihm Seine Fürsorge angedeihen lassen. Und Gott kam Seinem Diener zu Hilfe. Josef erhielt oft Arbeitsaufträge, wenngleich er in seiner Bescheidenheit keine Reklame machte. Und wenn es ihm wieder an Arbeit mangelte, wandte er sich vertrauensvoll an die göttliche Vorsehung, die ihn niemals verließ.

Wie nun Josef in dieser kleinen Werkstatt war, warf er sich oft zur Erde und empfahl sich Gott mit diesen Worten: «Siehe, mein Gott, ich bin ganz dein. Es gibt nichts, was mich von dir trennen könnte. Ich habe nichts als dich. Du bist mein ganzes Erbe, meine einzige Stütze. Du bist meine Freude, mein Alles. Von dir erwarte ich Hilfe und Stärkung. Außer dir will ich nichts. Gerne erwähle ich Armut, Erniedrigung, Leiden, denn dadurch werde ich dir, mein Gott, gefallen, der du mein einziger Herr und vollkommener Herrscher über mich bist!» In dieser Weise sprach Josef mit Gott, wodurch ihm viel Freude zuteil wurde. Er hielt sich auch oft im Tempel auf, um zu beten. Gott fügte es, dass er von niemand beobachtet wurde.

Zu dieser Zeit befand sich die heilige Jungfrau Maria in der Tempelschule. Ihr frommes und überaus tugendhaftes Leben bewunderten alle Tempeljungfrauen, besonders jene, denen sie zur Erziehung anvertraut war. Josef aber wusste nichts von dieser Begebenheit. Eines Nachts jedoch offenbarte ihm sein Engel im Traume, dass im Tempel ein Mädchen sei, das Gott wegen seiner wunderbaren Reinheit und Tugendhaftigkeit überaus liebe. Ja, man könne die Liebe Gottes zu diesem Menschenkinde und Sein Wohlgefallen an ihm gar nicht fassen. Dieses Mädchen sei Maria, die Tochter Joachims und Annas, welche er beide ja gut kenne. Der Engel teilte Josef dies mit, auf dass er Gott hiefür lobe und Ihm danke für die Gnaden und Gunsterweise, die Er Maria geschenkt hat. Der Engel sagte zu Josef, er möge sich freuen, dass es auf Erden ein Geschöpf gebe, das so heilig und Gott so teuer ist. Josef erwachte voll Freude über diese Botschaft, er dankte Gott und lobte Ihn. Dabei fühlte er in seinem Herzen eine heilige Liebe zu dieser Jungfrau sich entzünden, so dass er sehr oft zum Tempel ging, bewogen von der Liebe zu ihr. Wenngleich er sie niemals sah, liebte er sie doch wegen ihres tugendhaften Lebenswandels. Im Tempel betete er und dankte Gott, dass ein so heiliges Menschenkind auf Erden sei. Josef bat Gott, dieses Mädchen immer mehr mit Gnaden zu bereichern und er möge es mit zunehmendem Alter auch stets in der Tugend reifen lassen.

Gott nahm die Gebete unseres Josef mit Wohlgefallen an. Hierüber gab Gott auch Maria eine klare Erleuchtung, worin sie die Frömmigkeit Josefs erkannte und wie dieser für sie bete. Nun betete auch Maria zu Gott,

Er wolle Josef mit Seiner Liebe und Gnade erfüllen. Und Gott erhörte in wunderbarer Weise die Bitten Marias. Sowohl Josef als auch Maria empfahlen sich gegenseitig Gott. Durch den Zeitraum von beinahe zehn Jahren erfreuten sie sich der Früchte ihrer Gebete füreinander. Sie liebten sich ganz in Gott, ohne sich jemals gesehen zu haben und wussten alles durch göttliche Offenbarung. Nur einige Male versicherte der Engel Josef im Traum, dass Maria viel für ihn bete, worüber er sehr erfreut war. Auch teilte der Engel ihm mit, dass Maria sich Gott ganz hingegeben und ein jungfräuliches Leben gelobt habe, was höchst demselben überaus teuer sei. Als der Heilige dies vernahm, wurde er ganz begeistert, Maria hierin nachzuahmen. Da aber ein derartiges Gelöbnis bis dahin unbekannt war, wusste Josef nicht, ob ihm dies erlaubt und Gott wohlgefällig sei. So begab er sich in den Tempel, um Gott zu bitten, dass er ihm in dieser besonderen Angelegenheit seinen Willen kundtun wolle. Nach vielen Bitten würdigte Sich Gott, Sein Wohlgefallen darüber kundzugeben, wenn auch Josef Ihm ein jungfräuliches Leben gelobe, und Er versicherte ihn Seiner besonderen Gnade dazu.

Sogleich versprach nun auch er seinem Gott, immer jungfräulich zu bleiben. Während er dieses Gelöbnis machte, erfüllte Gott ihn mit unaussprechlicher Freude zum Zeichen Seines Wohlgefallens daran. Von göttlichem Licht erleuchtet, erkannte Josef nun auch die vielen Vorzüge dieser erhabenen Tugend und schätzte sie umso mehr. Innigst dankte er jetzt seinem Gott und voll Freude im Herzen ging er in seine Werkstatt heim.

In der folgenden Nacht versicherte ihn der Engel nachdrücklich des besonderen Wohlgefallens Gottes an seiner Lebensweihe zur Nachahmung der heiligen Jungfrau Maria. Er sagte ihm auch, dass Maria ganz aufgehe in der Sehnsucht nach dem Messias; sie flehe Gott ununterbrochen an. Diese Bitten seien Ihm überaus willkommen. Mit Sicherheit werde dadurch das Kommen des Messias auf diese Welt beschleunigt. Auch er möge in dieser Beziehung Maria nachahmen, um so Gott immer wohlgefälliger zu werden. Als der Heilige erwachte, erhob er sich sogleich, und inniger denn je bat er nun Gott, dass Er den verheißenen Messias bald senden wolle. Hierauf begab er sich zum Tempel und wiederholte diese Bitte. Josef erhielt damals eine große Erleuchtung, worin er viele göttliche

Geheimnisse erkannte in Bezug auf die Eigenschaften und Tugenden des Messias in seinem Wandel unter den Menschen. Dadurch steigerte sich in ihm umso mehr die Sehnsucht nach dessen Ankunft. Er wünschte glühend, Ihn zu sehen und mit Ihm zu verkehren. In seiner Demut hielt er sich aber dafür zu gering; doch er vertraute sehr auf die Güte Gottes, die er schon so wunderbar an sich erfahren hatte.

Mit Gottes Gnade und durch die Gebete Marias gelangte Josef zu einem Lebensstande, dass er ein Engel des Paradieses zu sein schien. Sein Geist war immer mit Gott beschäftigt, seine Liebe zu Ihm immer glühender; ja, sein ganzes Verlangen ging dahin, Gott in all seinem Tun Freude zu bereiten. Oft vergaß er zu essen, da er sich gesättigt fühlte durch die Freude, die er im Gespräch mit Gott empfand. Wiederholt sagte er: «Mein Gott, wie schenkst du mir, einem armen Geschöpf, so große Gnaden und Gunsterweise? O, wie ist deine Güte zu mir so überreichlich! Wie freigebig bist du, wie treu in deinen Verheißungen! Was soll ich für dich, mein Gott, tun? Wie kann ich mich erkenntlich zeigen? Vorläufig kann ich nichts anderes tun, als mich selbst und meinen Dienst dir ganz zu weihen. Ich bin bereit, mich dir vollkommen als Opfer hinzugeben!»

Josef hatte große Sehnsucht, viel für die Ehre Gottes zu tun. Er empfand Herzeleid, denn es schien ihm, dass er dieses Verlangen nie erfüllen könne. Eines Nachts aber redete der Engel zu ihm von einer Zeit, wo er sich für Gott allein sehr abmühen werde. Diese Botschaft erfüllte Josef mit höchster Zufriedenheit und er sehnte sich nach dieser glücklichsten Zeit seines Lebens. Tatsächlich mühte er sich später mit seiner Hände Arbeit, um das Leben des Mensch gewordenen Sohnes Gottes zu erhalten.

Obgleich Josef bis jetzt nicht wusste, auf welche Weise er sich für Gott betätigen werde, freute er sich dennoch schon sehr darauf. Er lebte in staunenswerter Einfalt. Niemals forschte er nach dem näheren Inhalt der göttlichen Verheißungen, die ihm durch den Engel gegeben wurden. Er wartete mit kindlicher Ergebenheit und verlegte sich vielmehr darauf, Gott um das Versprochene zu bitten; denn er wusste, dass Gott gebeten werden will. Josef bereitete durch seine Lebenshaltung dem Allerhöchsten immer Freude; er war bestrebt, in allem den göttlichen Willen zu erfüllen. Erkannte er ja mit höchster Dankbarkeit die Gunsterweise seines Gottes, wofür er sich Ihm ohne Vorbehalt hingab.

Josefs Starkmut in verschiedenen Prüfungen

Als Josef sich in besonderer Weise der Gnade und Freundschaft Gottes erfreute und die Wonnen Seiner Liebe verkostete, ließ Gott es zu, dass er von Menschen durch den Teufel aufgestachelt – gequält wurde. Der Heilige sollte Gelegenheit haben, sich größere Verdienste zu erwerben und seine Treue und Liebe Gott auch in Verfolgung und Drangsal zu beweisen.

Der Teufel hasste Josef sehr, denn er konnte sein heiliges, tugendhaftes Leben nicht ertragen. Darum suchte er immer wieder, ihn zu beunruhigen und seine Geduld zu Fall zu bringen. Zu diesem Zweck hetzte er einige Nachbarn Josefs auf. Diese hegten nun eine solche Abneigung gegen ihn, dass sie ihn nicht mehr sehen konnten. Ging Josef zum Tempel oder musste er seiner Arbeit halber andere Wege gehen, verhöhnten ihn diese Leute. Da er sie aber nicht beachtete, wurden sie wütender und beschimpften ihn ohne jede Ursache. Sie nannten ihn einen Dummkopf, einen Müßiggänger, den niemand haben wolle. Unter dem Deckmantel der Tugend sei er ein Kopfhänger, ein Heuchler. Der Heilige antwortete auf derartiges niemals. Das Haupt zur Brust geneigt, ging er zum Tempel, um zu beten und Gott um Vergebung zu bitten für diese seine Gegner.

Es ereignete sich, dass einem dieser Bösewichte etwas gestohlen wurde. Sogleich schrieben sie die Tat Josef zu. Voll Wut gingen sie in seine Werkstatt und brachten dort alles in Unordnung. Sie sagten, er solle die gestohlene Sache herausgeben. Sie drohten ihm mit Züchtigungen und ihn als Dieb anzuklagen. Josef aber rechtfertigte sich nicht; doch sagte er ihnen, sie seien im Irrtum. Diese Böswilligen hörten nicht auf, ihn zu beschimpfen und zu beschuldigen. Schließlich sagte Josef, Gott werde seine Sache verteidigen. Da diese Verfolger die unbesiegbare Geduld Josefs sahen, zogen sie sich zurück mit der Drohung, ihn bei Gericht anzuklagen, wenn der Dieb nicht aufgefunden würde; denn sie halten ihn mit Sicherheit dafür. Josef war sehr betrübt, als er sich so beschuldigt sah. Umso mehr kränkte er sich, als durch dieses Unrecht Gott beleidigt wurde. Er begab sich in den Tempel und flehte zu Gott, Er wolle ihn aus dieser Drangsal befreien. Alsbald wurde der Dieb ausfindig gemacht, jene Anschuldiger aber fühlten sich beschämt. Sie bewunderten nun die Geduld Josefs und ihre Abneigung wandelte sich um in Hochschätzung seiner Person.

Der höllische Feind ließ sich dennoch nicht verscheuchen. Er hetzte nun einige ausgelassene Jungen gegen Josef auf. Diese sahen ihn öfter zum Tempel gehen. Die Frömmigkeit Josefs und seine Bescheidenheit gereichten ihnen zum Vorwurf. Eines Tages verabredeten sie sich, zur Werkstatt zu gehen und Josef zu tadeln. Tatsächlich taten sie es mit großer Frechheit. Sie trafen Josef bei der Arbeit an, während welcher er seine Gedanken auf Gott gerichtet hatte. Die Jungen fragten ihn um einiges Sonderbare. Josef gab ihnen keine Antwort. Da sie noch einige unverschämte Fragen stellten, sagte er, sie sollen ihn in Frieden lassen und anderswohin gehen, wenn sie eine derartige Unterhaltung wollen, denn er sei mit seinem Handwerk beschäftigt. Da belästigten sie ihn noch mehr. Josef entgegnete nichts, er wandte seine Aufmerksamkeit Gott und der Arbeit zu. Nun drängte sich ein besonders Frecher an Josef heran, um ihn zu schlagen. Der Heilige sagte zu ihm nur: «Gott verzeih dir, mein Bruder! Ich verdiene dies zwar wegen meiner Fehler, aber ich habe dir keinen Anlass gegeben, dass du mir dies antust.» Während dieser Josef schlug, klatschten die anderen Beifall. Nachdem sie ihn genug misshandelt hatten, gingen sie weg. Josef grollte nicht, aber hilfesuchend wandte er sich an Gott mit den Worten: «Mein Gott, du hast mir versprochen, mir beizustehen und mich in allen Umständen zu verteidigen. Du weißt, dass ich niemand habe als dich, deshalb nehme ich zu dir meine Zuflucht, damit du mir hilfst und mich gegen meine Feinde verteidigst!»

Schon in der folgenden Nacht sandte Gott seinen Engel zu Josef mit der Trost bringenden Botschaft, dass er bei diesem Vorfall sich große Verdienste erworben und durch sein Verhalten Gott ein Wohlgefallen bereitet habe. Der Engel machte ihn aufmerksam, dass der Teufel ihn sehr hasse und quälen wolle. Gott aber werde ihm beistehen, Er lasse dies nur geschehen, um ihm Gelegenheit zu Verdiensten zu geben und seine Treue zu prüfen. Daraufhin beruhigte sich Josef und fasste neuen Mut, das Kommende standhaft zu überwinden.

Da der Feind alles Guten auch bei dieser Gelegenheit niedergeschlagen wurde und die Tugenden Josefs immer mehr hervorleuchteten, wütete er umso heftiger und hetzte bald diesen, bald jenen gegen Josef auf. Ja, er stellte sich sogar hinter geschätzte Persönlichkeiten, um ihn in Verruf zu bringen. So hatte Josef einmal eine Arbeit für einen angesehenen Herrn zu machen. Als er dieselbe zustellte, beschimpfte man ihn, dass sie weder schön noch fachgemäß sei. Jener nahm den Gegenstand wohl an, entließ Josef aber mit Schimpfen und ohne Bezahlung. Josef ertrug diese Schmähung mit großer Geduld; er ging geradewegs zum Tempel und flehte Gott um Fürsorge an. Der Allerhöchste erhörte das Rufen Seines treuen Dieners, indem Er jenem Herrn eingab, Josef den verdienten Lohn für seine Mühe zu geben. Tatsächlich ging der Betreffende in sich, bezahlte seine Schuld und bat Josef um Verzeihung wegen dieses schmählichen Handelns. Der Heilige nahm den Lohn wie ein Almosen dankend entgegen, während er im Herzen Gott an erster Stelle für Seine Fürsorge dankte. Bei dieser Begebenheit erwarb sich Josef wiederum vor Gott ein hohes Verdienst und ward gleichzeitig in seiner Not versorgt. Jener hohe Herr konnte sich am Verhalten Josefs sehr erbauen. Der Teufel jedoch, immer mehr bloßgestellt, machte Josef viele solche Streiche. Sie dienten aber nur dazu, den Heiligen an Verdiensten zu bereichern und sein Ansehen bei den Menschen zu fördern.

Auf eine ganz andere Art versuchte jetzt der Feind, Josef nachzustellen. Er beeinflusste nämlich einige, ihn unter dem Vorwand der Liebe und des Mitleids zu verheiraten, damit er mehr Bequemlichkeit habe und nicht so verlassen sei. Diese suchten ihn zu überreden, er werde leicht ein Mädchen finden, sei er doch ein fleißiger, strebsamer Mensch. Da aber Josef dem Allerhöchsten ein jungfräuliches Leben gelobt hatte, missfiel ihm dieser Vorschlag sehr. Er gab einfach die Antwort, dass er in seinem Stande überaus zufrieden sei.

Diese Leute hatten bereits ein Mädchen für ihn ausfindig gemacht. Doch Josef äußerte immer mehr seinen Widerwillen, so dass sie nicht mehr wussten, wie sie ihn beeinflussen könnten. So kamen sie eines Tages darin überein, ihn unter dem Vorwand einer Arbeitsbeschaffung in das bestimmte Haus zu führen. Als Josef das Maß für die Arbeit genommen hatte und weggehen wollte, hielten sie ihn zurück und führten ihm jenes Mädchen vor mit den Worten: «Wisse, Josef, dieses Mädchen sollst du heiraten. Du darfst nicht widersprechen, denn es ist mit Tugend und Güte ausgezeichnet.» Josef, der sein Gelöbnis vor Gott im Herzen trug, war dieses Ereignis sehr peinlich, weshalb er sich rasch aus dem Hause entfernte. Jene Heiratsvermittler waren verdutzt und belästigten ihn fernerhin nicht mehr. Bald darauf teilte ihm der Engel mit, dass er durch diese seine Standhaftigkeit Gott ein großes Wohlgefallen bereitet habe.

Nachdem der Teufel mittels der Menschen den Heiligen hinreichend versucht hatte, ließ Gott es zu, dass er auf andere Weise belästigt werde; denn Josef sollte immer reicher werden an Verdiensten. Nun schickte sich der Feind aufs Neue an, die unüberwindliche Tugendkraft Josefs zu erschüttern. Zuerst versuchte er dies mit dem Ehrgeiz. Er stellte Josef seine Frömmigkeit, seine Güte, seine Treue zu Gott vor Augen; alle guten Werke, alle Mühen, die er bereits auf sich genommen und wie er für all das eine große Belohnung von Gott verdiene. Er redete ihm ein, dass es keinen Menschen gebe, der ihm gleich sei in seiner mustergültigen Lebensführung. Vor diesen Einflüsterungen schreckte Josef zurück. In seiner wahren Demut wandte er sich an Gott im Gebet, denn er erkannte wohl, dass dies eine teuflische List war. Durch Akte tiefster Ergebenheit und niedrige Dienstleistungen überwand er diese Anreizungen zu Hochmut und Selbstgefälligkeit.

Dann sollte Josef zur Genusssucht verlockt werden. Er bekam ein Verlangen nach delikaten Speisen. Aber auch diesem Reiz trat er durch Fasten und mancherlei Verzichte entgegen. Auch einen Hass gegen seine Beleidiger wollte ihm der Versucher ins Herz legen; doch Josef wünschte ihnen alles Gute von Gott. Satan griff Josef sodann im Glauben an. Er gab ihm ein, dass die Kundgebungen des Engels nur Täuschung und dessen Mitteilungen sinnlos seien. Trotzdem verharrte Josef unerschütterlich im Glauben an die Botschaft seines Engels. Dann wieder stellte der Versucher ihm vor Augen, wie viele Güter er verlassen habe und dass er alles wieder erwerben könne. Hiermit wollte er die Gier nach dem verlorenen Reichtum in ihm wecken. Josef aber beteuerte, dass ihm die Gnade und das Wohlwollen von Seiten Gottes das Kostbarste sei und ihn vollauf zufriedenstelle.

Diese vielfältigen Bedrängnisse ertrug und überwand unser Josef mit Gebet und Willenskraft. Alle Anschläge des Bösen machte er so zunichte. Ganz beschämt zog sich dieser endlich zurück, Josef schwörend, dass er ihm immer Kampf bereiten werde.

Der Heilige fürchtete sich nicht, denn voll Zuversicht konnte er mit David sprechen: «Der Herr ist mein Licht und mein Heil: Wen soll ich fürchten? Der Herr ist meines Lebens Beschützer: Vor wem soll mir grauen? Ich fürchte kein Unheil; du bist ja mit mir» (Psalm 26,1-3 u. 22,4).

Nicht allzu lange erfreute sich Josef der Ruhe; denn Gott selber wollte Seinen Diener aufs Neue prüfen. Er entzog ihm die Erleuchtungen, die Begeisterung, die innere Freude, Josef befand sich jetzt in tiefster Verlassenheit. O welch großes Leid ertrug er in der Befürchtung, seinem Gott missfallen zu haben. Er sah sich nun von seinem Allerliebsten gleichsam verstoßen. Welche Angst stand er dabei aus! Wie innig empfahl er sich Gott, wie viele Bitten sandte er zum Himmel, wie viele Tränen weinte er! Ganze Nächte verbrachte er im Gebet, Gott möge es ihn wissen lassen, wenn er Ihn beleidigt habe, auf dass er seinen Fehler gutmachen könne. Aber der Himmel war seinem Flehen gegenüber gleichsam verschlossen; auch der Engel kam nicht mehr. Josef hatte niemand, dem er sein Herzeleid ausschütten konnte. Deshalb wandte er sich immer wieder an Gott mit den Worten: «O Gott Abrahams, Isaaks und Jakobs! Mein Gott! Von dir habe ich soviel Gutes empfangen, du bist mein ganzer Schatz, mein Trost, meine Kraft! Habe Erbarmen mit deinem unwürdigen, armseligen Diener! Du hast mir deine Hilfe, deine Gunst versprochen, jetzt ist es Zeit, dass du mich in meinem tiefen Schmerz tröstest. Was habe ich verschuldet, dass du mich verlassen hast? Lass es mich doch erkennen! Ach, es ist wahr, dass ich dich oft beleidigt habe; aber du bist so gut und barmherzig! Deshalb flehe ich dich an, du wollest mir verzeihen. Es ist wahr, dass ich deine Huld nicht verdient habe, aber weil du so gut bist, hoffe ich auf Vergebung.»

Dieses Beten Josefs gefiel dem Allerhöchsten. Aber Josef musste noch warten, bis Gott ihn erhörte und Sich ihm wieder offenbarte. Er ertrug diese schwere Prüfung mit ganzer Ergebung.

Eines Tages war Josef so niedergeschlagen, dass es schien, er könne nicht mehr leben. Mit starkem Glauben und Vertrauen ging er zum Tempel und wandte sich abermals in heißem Flehen zu Gott, dass Er Sich würdige, ihn zu trösten. Er bat nun Gott, im Hinblick auf die Verdienste der heiligen Jungfrau Maria, die hier im Tempel weile und Ihm soviel Freude bereite, möge Er ihm huldreich sein. Zur selben Zeit betete Maria für Josef, denn Gott ließ sie seine Leiden erkennen. Auf die Bitten Marias und Josefs ließ Gott Sich herab und offenbarte Sich Seinem treuen Diener mit großer

Klarheit. Er erfüllte seinen Geist mit Licht und sein Herz mit göttlicher Liebe. Gott ließ ihn dabei die Worte vernehmen: «Josef, Mein treuer Diener und Freund! Fürchte dich nicht, denn Ich bin mit dir, Ich habe dich niemals verlassen. Ich versichere dich Meiner Liebe und Gnade.»

Josef kam außer sich vor Freude; er genoss eine Zeitlang die Wonne der Gegenwart Gottes, der mit sehr großem Gönnen Sich seiner Seele mitteilte. Dabei wurden ihm viele Geheimnisse der göttlichen Weisheit geoffenbart, darunter auch dieses: Gott lässt es zu, dass Seine Freunde bedrängt werden, damit Er sie dann desto reicher beschenken kann.

Josef erkannte auch, wie Maria bei Gott in Gunst stand und wie sie ihm die Gnade erbeten hatte, dass Gott Sich seiner Seele offenbarte und diesen Drangsalen ein Ende bereitete. Der Heilige sagte Gott viel Dank und weihte sich Ihm von neuem. Er bat auch für Maria, dass Gott ihre Liebe belohnen möge; denn umso inniger fühlte er sich nun ihr zugeneigt. Josef bestaunte immer mehr die Güte und Liebe seines Schöpfers, er verdemütigte sich vor Seiner Gegenwart und bat Ihn um Seinen beständigen Schutz. Nach diesen Gebeten ging er ganz freudig vom Tempel weg. Immer wieder kamen aus seinem Munde die Worte Davids: «Wie gütig ist Gott gegen Israel und gegen alle, die geraden Herzens sind!» Und: «Wenn auch der Leiden Menge mir im Herzen wühlte, so wurde meine Seele wieder froh durch deinen Trost.» Der Heilige betete auch viele andere Psalmverse, entsprechend der Lebenslage, in der er sich befand.

In der Nacht kam auch wieder der Engel und sagte ihm, dass er Gott viel Freude bereitet habe durch seine Standhaftigkeit und Geduld in dieser schweren Prüfung. Der Engel ermutigte ihn, sich in diesen Tugenden immer mehr zu üben, denn Gott werde im weiteren Verlauf seines Lebens viele und sehr schwere Leiden über ihn kommen lassen; er möge stets bereit und furchtlos sein. Aber auch ganz große Freuden, die über seine Fassungskraft hinausgehen, werde Gott ihm schenken. Josef fühlte sich durch diese Engelsworte so gestärkt, dass er sich darbot, alles zu ertragen, wenn nur Gott ihn nicht verlasse.

Der Heilige machte sich Gott sehr lieb im Ertragen vieler Leiden, durch die Geringschätzung aller vergänglichen Werte, durch Übung der Demut, ja sogar durch Freude an der Verachtung, die er wegen seiner Gottesliebe von den Menschen erfahren musste. Josef ist eine Leuchte geworden über anderen Heiligen; denn diese hatten Christus zum Vorbild, wogegen er in seiner Jugendzeit den Sohn Gottes in menschlicher Gestalt noch nicht gesehen, noch Seine Lehre gehört hatte. Dennoch war Josef so erhaben in den Tugenden und vollkommen in seinen Handlungen.

Josef wünscht das Heil aller Menschen

Die Liebe und Treue Josefs zu seinem Schöpfer war so groß, dass er dafür mit Gnaden und Verdiensten bereichert wurde. Ja, Gott offenbarte Sich ihm oft so klar, dass er viele Geheimnisse der göttlichen Wesenheit verstand. So begriff er, dass Gott wegen Seiner allerhöchsten Würde über alles geliebt werden muss und darum wurde auch seine Liebe immer glühender, getragen von der Sehnsucht, dass alle Geschöpfe mit ganzem Herzen Gott lieben möchten. Gott ließ ihn erkennen, wie die meisten Menschen in der Liebe zu den Geschöpfen und vergänglichen Dingen ganz aufgehen. Josef empfand hierüber großen Schmerz. Er hätte für den Mangel aller Ersatz leisten wollen. Seine Unzulänglichkeit erkennend sagte er zu Gott:

«O mein Gott! Warum habe ich nur ein einziges Herz, um dich zu lieben? Hätte ich doch die Herzen aller Menschen, um sie dir, du unendliche Güte, in Liebe zu weihen! Du bist unser Vater, der uns mit so großer Liebe geschaffen hat, du erhältst unser Leben, auf dass es nur deiner Güte zugewandt sei. Wo aber ist die Liebe, die wir als deine Kinder dir leisten sollen? O wie können deine Geschöpfe dich vergessen, sind sie doch das Werk deiner Hände und haben sie doch die Ähnlichkeit mit dir! Ach, ich kann es nicht verstehen, wie die Geschöpfe dich, den besten Vater, vergessen und ohne dich dahinleben können!»

Bei diesen Worten verzehrte sich gleichsam seine Seele in dem Verlangen, dass alle Menschen Gott lieben und Ihm dienen möchten. Gott gefielen die Wünsche Seines treuen Dieners und Er bekundete dies, da Er in solchen Stunden Sich selbst der Seele Josefs mitteilte. Er erfüllte ihn mit göttlicher Wonne und ließ ihn dabei auch oft Seine Stimme im Innersten des Herzens vernehmen.

Manchmal überkam den Heiligen die Furcht, Gott zu beleidigen. Sie entsprang seiner Gotteserkenntnis und Liebe. Oft bat er deshalb den Allerhöchsten, dass Er ihn eher sterben lasse, als dass er Seiner unaussprechlichen Güte nur das geringste Missfallen bereite. Als ihn eines Tages dieser Gedanke besonders peinigte, ging er zum Tempel, um sich Gott anzuempfehlen. Er betete lange Zeit und flehte unter Tränen, Gott möge es nie zulassen, dass er jemals Seine Freundschaft verliere. Josef erhielt die Versicherung, dass ihm die Gnade niemals entzogen und er sich bis zum Tode unschuldig erhalten werde. Diese Gunstbezeugung brachte ihm eine unfassbare Freude. Alle Tage seines künftigen Lebens dankte er für diese Verheißung. Aber trotzdem war Josef bei all seinem Tun immer auf der Hut, dass er Gott nicht beleidige.

Einmal sagte ihm der Engel, dass Gott sehr erzürnt sei wegen der vielen und großen Beleidigungen von Seiten der Menschen; er solle oft um Verzeihung bitten für die Sünder, damit sie nicht so strenge bestraft werden, wie sie es verdienten. Der Engel teilte ihm mit, dass auch Maria diesen Dienst leiste und Gott ob ihrer Fürbitten die Züchtigungen zurückhalte. Josef weinte oft bitterlich wegen der Sünden der Menschen; er betete manchmal einen ganzen Tag und einen guten Teil der Nacht um ihre Bekehrung. Er sprach zu Gott: «O Herr, ich bin armselig und verdiene es nicht, erhört zu werden. Aber ich vereinige meine Bitten mit jenen der Jungfrau Maria, denn ich weiß, dass ihre Gebete dir wohl gefallen. So wirst du zum Erbarmen bewogen mit jenen, die ins Verderben laufen. Du wirst ihnen Licht zur Erkenntnis ihres Irrtums geben und die Gnade, sich zu dir zu bekehren.» Diese Fürbitten waren Gott sehr willkommen. Denn als Josef einmal lange Zeit um die Bekehrung eines ihm bekannten Sünders betete, erhielt er von Gott die Zusicherung: «Es sei dir gewährt, worum du bittest.» Und tatsächlich ging jener in sich. In seiner Liebe und Dankbarkeit machte Josef dieses Angebot: «Mein Gott! Siehe mich bereit, Strafen und Drangsale auf mich zu nehmen, wenn ich dadurch verhindern kann, dass du beleidigt wirst.»

Und wenn er sagen hörte, dass ein verstockter Sünder im Sterben liege, betrübte es ihn sehr, er weinte bitterlich und betete fast ununterbrochen, Gott wolle jenem die Gesundheit und Gnade zur Bekehrung oder einen tiefen Reueschmerz über seine Sünden geben. Er flehte: «Mein Gott, lass es niemals geschehen, dass eine Seele, die du nach deinem Ebenbild geschaffen hast, zugrunde gehe!» Außerdem tat Josef verschiedentlich Buße und fastete tagelang bei Brot und Wasser.

In Jerusalem waren viele Stämme und Nationen vertreten, die den wahren Gott nicht erkannten, wohl aber die Götzen verehrten. Dies schmerzte Josef zutiefst in seiner Seele. Mit tränenvollen Augen bat er um den verheißenen Messias, der die Menschen den Einen wahren Gott erkennen lassen und den Weg des Heiles lehren werde.

Josef hatte Gott immer vor seinem Geiste gegenwärtig. Auch während der Arbeit sprach er mit Ihm. Alle Flehrufe um den verheißenen Messias, welche die Erzväter und Propheten zum Himmel sandten, hatte er seinem Gedächtnis eingeprägt und wiederholte sie mit Sehnsucht, besonders wenn er auf dem Weg zum Tempel war. Wie oft sagte er: «O selig die Augen, die den Messias sehen werden, selig die Ohren, die Seine göttliche Lehre hören werden! Noch seliger das Herz, das Ihn lieben und sich Ihm schenken wird!»

Die Gottes- und Nächstenliebe des Heiligen

Die Liebe zum Allerhöchsten war in Josef bereits so groß, dass er gleichsam aufging, wenn er nur Seinen Namen aussprechen hörte. Es steigerte sich ständig sein Verlangen, Großes für Gott zu tun. Darum sehnte er schon jene Zeit herbei, da er gemäß der Verheißung des Engels sich ganz auf den Dienst Gottes verlegen werde und oft kam es über seine Lippen: «Gott Abrahams, Isaaks und Jakobs, mein Gott! Wann kommt jene glückliche Zeit, da ich mich nur für dich verwenden darf? Wann wird sich diese Verheißung erfüllen? Ach, wie sehne ich mich danach, dir allein dienen zu dürfen! Höre doch meine Bitten und erfülle meine Wünsche!»

Als Josef eines Tages wieder im Tempel stand und auf diese Weise zu Gott rief, da vernahm er deutlich die Stimme seines Geliebten: «Josef, Mein Diener und Freund, sei guten Mutes, denn bald wird deine Sehnsucht erfüllt werden.» Ob dieser Worte geriet Josef außer sich vor Freude. Ganz in Gott versenkt, erhielt er die Offenbarung, er werde in Bälde eine Gefährtin bekommen, mit welcher er über die göttlichen Geheimnisse sprechen könne. Gleichzeitig ließ Gott ihn die Schönheit ihrer Seele erkennen. Noch ganz befangen von dieser erhabenen Gunstbezeigung betete Josef seinen Gott an und dankte Ihm innigst mit den Worten:

«O Gott, du Unermesslicher, du Unbegreiflicher! Wer bin ich, dass du mich so begünstigst? Wie kannst du, Herrlichster, dich herablassen zu mir, dem niedrigsten Geschöpf und mir so große Erweise deiner Güte zuteil werden lassen? Wenn es schon etwas Staunenswertes ist, du dich den Propheten und unseren Vätern geoffenbart hast, so kann ich es gar nicht begreifen, dass du mit mir, deinem niedrigsten Diener, verkehren willst. Ach, wie schlecht entspreche ich deiner Liebe, deiner Güte und Herablassung! Mein Gott, siehe mich ganz dein! Verfüge über mich nach deinem Wohlgefallen! Ich habe dir nichts anderes zu schenken als mein Wesen und jeden Augenblick meines Lebens. Siehe, ich bringe mich dir aufs Neue dar! Und wenn ich über die Herzen aller Geschöpfe verfügen könnte, so würde ich sie dir schenken und deiner Liebe weihen. Du unermesslicher, unendlicher, unbegreiflicher Gott! Nimm an das kleine Opfer deines geringen Dieners, der sich dir ganz in Liebe schenkt!»Auf diese Weise dankte Josef für die göttlichen Hulderweise, er lobte und pries die Größe und Barmherzigkeit seines Gottes.

Nachdem Josef im Tempel so Großes erleben durfte, kehrte er wonnetrunken in seine Werkstatt zurück, wo er abermals Gott Dank sagte. Er schickte sich an zu arbeiten, seine Seele aber verweilte noch ganz in der göttlichen Gegenwart, so dass er an diesem Tage auch keiner Speise bedurfte. In der folgenden Nacht beglückwünschte ihn der Engel zur baldigen Erfüllung der großen Verheißung und rief ihn zu wiederholtem Danke. Josef erhob sich, um mit den Psalmen Davids und dem Preisgesang der Jünglinge von Babylon alle Geschöpfe zum Lobe Gottes einzuladen. Den Gesang dieser Jünglinge im Feuerofen verrichtete Josef täglich, wobei sein Geist besonders erfreut wurde, und er dankte Gott, dass er Seine Geschöpfe eine so herrliche Weise Ihn zu loben, gelehrt hat.

In stiller Ergebenheit wartete Josef auf die Erfüllung der Verheißung, welche Gott ihm gemacht hatte. Aber niemals suchte er zu erforschen, worin sein besonderer Dienst für Gott bestehen oder welche Gefährtin Er ihm zuführen werde. Er hatte ja die Gewissheit, dass Gott alles mit höchster Vorsehung und unendlicher Liebe tut. Oft sagte Josef bei sich:

«Welch ein Glück wird es für mich sein, Umgang pflegen zu dürfen mit einem Geschöpf, das Gott mir geben wird, um über Seine Herrlichkeit, Seine Güte, Liebe und all Seine Vollkommenheiten sprechen zu können. Und diese tugendhafte Gefährtin wird meine Minderwertigkeit, meine Armut, meine Unwürdigkeit nicht verschmähen. Wie gut bist du, mein Gott, wie getreu erfüllst du die Wünsche desjenigen, der auf dich vertraut und sich dir anheim stellt!» Josef lobte Gott und nahm alles wie ein großes Geschenk von Ihm dankbarst entgegen.

So wie in Josef die Gottesliebe zunahm, steigerte sich in ihm auch die Liebe zu den Nächsten. Wie schmerzte es ihn, wenn er da oder dort einen Notleidenden wusste, dem er nicht helfen konnte. Er empfahl dann diesen Armen Gott an, dass Er ihn mit dem Nötigen versorge. Oftmals entbehrte er selber das Notwendige, um zu helfen. Und wenn er den Lohn für eine Arbeit bekam, verschenkte er denselben größtenteils an die Armen. Mit Leid tragenden Menschen hatte Josef inniges Mitleid. Er bat Gott inständig, sie zu trösten; ja, er verharrte solange im Gebet, bis er bemerkte, dass Gott ihnen zu Hilfe gekommen war. Am liebsten hätte er allen Bedrängten in ihren geistigen und materiellen Nöten geholfen. Da ihm dies nicht möglich war, trug er Gott folgende Bitten vor: «Mein Gott, du kennst meine Armut und Unzulänglichkeit. Ich kann meinen Nächsten nicht soviel Gutes tun, als ich möchte. Komme du allen Notleidenden zu Hilfe, du bist ganz Liebe und deine Barmherzigkeit ist ohne Grenzen. Tröste die Betrübten, hilf den Bedürftigen; du vermagst ja alles! Ich freue mich, dass ich arm und unzureichend bin, denn du bist der Reichste und kannst alle versorgen!»

Gott hatte Gefallen an diesen Gesprächen Seines Dieners und Er erfüllte diese Bitten. Josef dankte Gott aber auch im Namen aller, die Seine Fürsorge erfahren hatten. In dieser Weise wirkte er auch für die Kranken. Immer wieder bat er Gott um ihre Gesundheit für Seele und Leib. Er besuchte und tröstete sie; er machte ihnen Mut, die von Gott geschickten Leiden geduldig zu ertragen. Diesen Dienst leistete Josef nur den Armen. Da er selber zur niederen Volksklasse gehörte, wagte er es nicht, zu reichen, angesehenen Persönlichkeiten zu gehen. Wohl aber empfahl er auch diese Gott an; denn seine vollkommene Liebe erstreckte sich auf alle Menschen.

In dieser Lebensführung brachte Josef mehrere Jahre zu und wuchs dabei wundervoll in der Gottes- und Nächstenliebe. Er übte eifrig alle Tugenden, so dass er sich nicht nur in den Augen der Menschen, sondern selbst den Engeln wunderbar erwies. Groß war seine Liebe, seine Reinheit, seine Demut und Loslösung von allem Vergänglichen. Die Geringschätzung seiner selbst war derart, dass er sich als das niedrigste von allen Geschöpfen betrachtete. Er schaute auf alle mit großer Liebe und allen Leidtragenden wandte er sein Mitleid zu. Er betete für alle und wünschte ihnen jegliches wahre Gute von Gott.

Sooft im Tempel Festlichkeiten stattfanden, sah man Josef ganz freudig und mit tiefer Andacht den gottesdienstlichen Verrichtungen beiwohnen. Er ergötzte sich nicht an dem festlichen Gepränge, wie die übrige Menschenmenge; sein Geist weilte in Gott, erfreute sich der himmlischen Schönheit. Bei solchen Gelegenheiten erleuchtete ihn Gott mehr als sonst. Er ließ ihn die höchsten Geheimnisse begreifen, Seine Seele genoss die göttlichen Gunstbezeigungen als reichlichen Lohn für den Verzicht auf irdische Freuden. So wurde er Gott immer angenehmer und fähiger zur Aufnahme der Offenbarung Seiner Herrlichkeit.

Die erste Begegnung mit Maria

Josef hatte das dreißigste Lebensjahr vollendet. Er war reich an Verdiensten bei Gott, er hatte den Glanz seiner Unschuld bewahrt und war geübt in allen Tugenden. Es nahte die Zeit, da es Gott gefiel, ihm die reinste Jungfrau Maria zur Braut und Gefährtin zu geben. Maria war um diese Zeit vierzehn Jahre alt. Wenngleich das bisherige Leben des Heiligen eine ununterbrochene Vorbereitung zum Empfang einer so erhabenen Gunstbezeigung war, wollte Gott dennoch, dass Josef sich in diesen letzten Tagen vor der Vermählung besonders darauf einstelle. Gott ließ ihm des Nachts im Schlafe durch den Engel sagen, er möge sich auf den Empfang einer großen Gnadengabe vorbereiten, indem er Ihm seine Herzenswünsche und Bitten noch inniger darbringe. Nachdem Josef erwacht war, fühlte er ein heißes Verlangen nach diesem himmlischen Geschenk. Voll der Liebe zu Gott rief er aus: «Wie gut bist du, o Gott Israels!

Wie getreu bist du in deinen Verheißungen. Wie sehne ich mich nach der versprochenen Gnade, aber umso mehr nach glühender Liebe zu dir und nach einer größeren Verherrlichung deines Wesens in all meinem Tun.»

Auf diese Weise von der Liebe bewogen, begab er sich zum Tempel. Dort betete er Gott an, lobte Seine unendliche Güte und flehte um die große Gnade, die ihm zuteil werden sollte. Obschon er nichts Näheres wusste, bezeichnete er diese Verheißung als ein erhabenes Geschenk, denn so hatte es der Engel ihm verkündet. Er war überzeugt, dass Gott große Dinge zu tun vermag, die Seiner Würde entsprechen. Während dieses Gebetes im Tempel entzündete sich in seinem Herzen eine überaus innige Liebe zur heiligen Jungfrau Maria. Gleichzeitig wurde ihm offenbar, dass Maria viel für ihn bete und ihre Gebete sehr großes Wohlgefallen finden bei Gott. Josef freute sich überaus und seine Liebe zu Maria steigerte sich so sehr, dass er im Gedanken an ihr einzigartiges Wesen von höchster Seligkeit erfüllt wurde. Er sagte dann bei sich: Jungfrau Maria, du Heilige und in jeder Tugend Vollkommene! Du betest so viel für mich, den Geringsten. Was kann ich für dich tun? Wohl nichts anderes, als dich unserem Gott innigst anzuempfehlen, auf dass Er dich immerdar mit Seinen Gaben beschenke und mit Gnade erfülle.»

Während Josef auf diese Weise geistige Zwiesprache mit Maria hielt, sehnte er sich sehr, sie einmal zu sehen und wirklich mit ihr zu sprechen. Viele selige Stunden verbrachte Josef im Tempel und wenn er wegging, schien es ihm, als könne er sich von diesem geliebten Heiligtum gar nicht mehr entfernen. In diesen Wochen verweilte er beinahe ununterbrochen dort. Auch durch Fasten bereitete sich Josef auf den Empfang jenes von Gott verheißenen Geschenkes vor. Er litt Hunger, Durst und jede Unbequemlichkeit bereitwilligst, ja sogar mit Frohsinn. In dieser Zeit kümmerte er sich wenig um die Arbeit, vielmehr verlegte er sich auf das Beten, wobei sich seine Sehnsucht nach dieser Gabe des Himmels wunderbar steigerte.

Niemals kam es Josef in den Sinn, dass Maria ihm zur Braut gegeben werden könnte. Sie hatte bereits das Alter zur Verehelichung erreicht. Der Vorstand der Tempeljungfrauen traf die Vorbereitungen in dieser Hinsicht, indem er alle Jungmänner aus dem Stamme Davids verständigen ließ, sich im Tempel einzufinden. Jener, der nach Gottes Willen zum Mann Marias bestimmt sei, werde sie zur Braut bekommen. Josef war darüber sehr verwundert, denn er wusste längst durch seinen Engel, dass Maria ihre Jungfräulichkeit Gott gelobt und auch er dasselbe versprochen hatte. In dieser Verfügung dennoch den göttlichen Willen erblickend, rief er aus: «O selig jener, dem solch ein Glück zuteil wird!» Nach verschiedenen Erwägungen dachte er, dass ihm ein so schönes Los nicht zukommen werde. Aber er empfahl sich Gott auch in dieser Angelegenheit und bat Ihn um Sein Wohlwollen.

Die Vermählung Josefs mit der heiligsten Jungfrau

Für Josef war ein großer Tag angebrochen. Frühmorgens kniete er in seinem kleinen Gemach und betete zu Gott: «O Gott Abrahams, Isaaks und Jakobs! Mein Gott, mein höchstes Gut! Ich weiß, dass du mir in meinem Leben immer zur Seite gewesen bist. Du hast mich stets verteidigt und mich in allen Bedrängnissen getröstet. Niemals habe ich deiner Vorsehung misstraut, habe ich doch immer erfahren, dass du der Getreueste und Barmherzigste bist. Darum bitte ich um dein Wohlwollen und deinen Beistand auch in dieser Angelegenheit. Ach, ich bin gar nicht wert, an einem so großen Geschehen teilzunehmen, noch viel weniger der erhabenen Gunst, dass du mir diese heilige Jungfrau zur Gefährtin geben würdest. Du ließest mich aber aus dem Stamme Davids geboren werden, aus dessen Nachkommenschaft gemäß deiner Verheißung der so sehr ersehnte Messias kommen wird. Ich bitte dich daher, führe dieser tugendhaften, liebenswürdigen Jungfrau einen Bräutigam zu, der ihrer wert und nach deinem Herzen ist. Mir aber wollest du deine Gnade und Liebe immer reichlich schenken. Ich gebe mich ganz in deine gütigen Hände. Verfüge über mich nach deinem Wohlgefallen. Ich wünsche einzig und allein, dass dein heiligster Wille an mir erfüllt werde.»

Nach diesem Gebet erfüllte Josef eine heiße Liebe zu Gott und gleichzeitig empfand er eine so innige Liebe zu Maria, dass er die Stunde der Begegnung mit ihr kaum erwarten konnte. Sollte er doch endlich jene sehen und kennen lernen, die ihm schon so viel Gnade von Gott vermittelt, und die er auch schon jahrelang in seine Gebete eingeschlossen hatte. Er sagte bei sich: «Ich kann das Glück nicht fassen, ein so gottgeliebtes

Menschenkind kennen zu lernen. Ach, selig jener, dem das herrliche Los, ihr Bräutigam zu werden, beschieden sein wird! In meiner Armut und Niedrigkeit darf ich an eine solche Auserwählung gar nicht denken. Ich würde mich schon glücklich schätzen, ihr Diener zu sein.» Inzwischen ging Josef zum Tempel und betete. Sein Flehen wurde immer inniger.

Mittlerweile hatten sich auch die übrigen Männer aus dem Stamme Davids eingefunden. Der diensthabende Priester erklärte nun, dass Maria mit einem Manne aus dem Hause Davids verheiratet werden müsse. Er machte folgenden Vorschlag: Um zu erkennen, welcher von Gott zum Bräutigam einer so Würdigen Jungfrau bestimmt sei, soll jeder von ihnen einen dürren Zweig in der Hand halten. Man möge Gott bitten, den Zweig desjenigen erblühen zu lassen, der zum Bräutigam Marias bestimmt sein. Dieser Vorschlag des Priesters wurde mit allgemeiner Zustimmung angenommen und ausgeführt. Indessen flehte Maria in ihrem Gemach zu Gott um Seinen Beistand und Seine Gnade, dass Er ihr einen jungfräulichen Bräutigam zur Seite gebe, der ihre gottgeweihte Jungfrauschaft in Ehren halte. Schon sah sie durch höhere Erleuchtung, wie ihr Josef zugewiesen werden wird. Höchst erfreut sagte sie ihrem Gott innigsten Dank.

Der Priester verrichtete mit allen Anwesenden ein Gebet, das sich auf den guten Ausgang der Sache bezog. Josef stand dabei an letzter Stelle, da er sich für unwürdig erachtete. Da, auf einmal sah er seinen Zweig mit weißen Blüten bedeckt werden. Die Umstehenden sahen sogleich dieses Wunderzeichen und waren bestürzt vor Staunen. Über dieses Zeugnis von Seiten Gottes waren alle höchst erfreut und man hatte einmütig die Gewissheit, dass Josef von Gott zum Bräutigam der liebenswürdigen Jungfrau Maria auserwählt war.

Welche Gefühle haben nun das Herz des demütigen Josef durchflutet! Während er noch seine Unwürdigkeit fühlte, überkam ihn ein solcher Jubel, dass er außer sich geriet.

Immer wieder rief er aus: «Mein Gott! Woher ist mir eine so große Gnade geworden, wann habe ich jemals ein solches Geschenk verdient? O mit Recht hat mir der Engel gesagt, dass du mir etwas ganz Großes zugedacht hast. Die reinste, die schönste Jungfrau Maria hast du mir zur Gefährtin gegeben. Sie ist meine Braut, meine Taube. Mit Hilfe deiner Gnade werde ich ihr Beschützer sein.»

Indessen wurde Maria herbeigeholt, damit sie durch den Priester mit Josef vermählt werde. Alle anderen blieben hier, um dies zu sehen. Nun schritt, sie heran. Beim Anblick ihrer Erscheinung staunte jeder wegen ihrer seltenen Schönheit, Anmut und einzigartigen Bescheidenheit.

Alle beneideten Josef um seine Auserwählung. Josef war ganz entzückt, als er Maria sah und er weinte vor Freude. Er sah das Antlitz seiner reinsten Braut von wunderbarem Glanz umflossen. In seinem Herzen vernahm er jetzt die Stimme Gottes: «Josef, mein Getreuer, siehe hier das verheißene Geschenk. Ich gebe dir das teuerste Geschöpf, das Ich auf Erden habe zur Braut, auf dass du ihr Beschützer seiest. Sie wird deine treueste Gefährtin sein. Ihr werdet beide die Jungfräulichkeit bewahren. Ist es eben diese Tugend, die euch in heiliger Liebe zu mir vereinigt. Ich bin der Mittelpunkt eurer Liebe. Ich bin das Ziel all eurer Wünsche.»

Josefs Herz jubelte in übergroßer Freude. Von inniger, weihevoller Liebe angezogen, verehrte und bewunderte er die Schönheit und Lieblichkeit ihres Antlitzes. Er fühlte sich nicht würdig, an ihrer Seite zu sein. Wiederholt sagte er: «Mein Gott, wie konntest du mir eine so erhabene Gunst erweisen?»

Unterdessen nahm der Priester die Vermählung vor, wie sie in jener Zeit gebräuchlich war. Während dieser Feier sahen die heiligen Brautleute, wie ihre Liebe gleich einer einzigen Flamme zum Himmel stieg. Gott bestätigte mit diesem Zeichen, dass ihre Liebe, in diesem heiligen Bund vereint, ganz Ihm gehören werde. Hierauf übergab der Priester Maria in die Obhut ihres Bräutigams. Nun verließen alle den Tempel; nur Maria und Josef blieben, um zu beten. Beide waren mehrere Stunden im Gebete ganz in Gott versenkt, worin ihnen hohe Geheimnisse geoffenbart wurden.

Josef bekam immer mehr Einblick in die Schönheiten der Seele seiner heiligen Braut, wie auch Maria die Tugenden und Verdienste ihres Bräutigams klar erkannte. Beide dankten der göttlichen Güte, die sie so begünstigt und in heiligster Liebe verbunden hatte. Nach Empfang des göttlichen Segens verließen sie den Tempel. Josef führte Maria mit sich wie einen Schatz aus Gottes Hand. Er gewahrte ihre Klugheit und Bescheidenheit und beachtete die Anmut ihrer Schritte. Josef sprach zu seiner Braut mit ehrfurchtsvollster Liebe. In wenigen Worten teilte er ihr mit, dass er keine eigentliche Wohnung habe, sondern nur ein kleines Gemach, das zugleich seine Arbeitsstätte sei. Sie möge sich zufriedengeben, wenn er sie jetzt dorthin führe, dann würden sie beschließen, was sie unternehmen könnten.

Die demütigste Jungfrau antwortete ihm, er möge sie in seine Werkstatt führen, um sich dort zu besprechen und dann auszuführen, was Gott von ihnen will. Sie wollen Gott bitten, ihnen diesbezüglich Seinen Willen zu offenbaren. Der Heilige war sehr zufrieden über die Antwort Marias. Er führte sie in seine kleine Unterkunft. Es war bereits zu vorgerückter Stunde. Nachdem sie den Raum betreten hatten, lobten Sie Gott gemeinsam und dankten Ihm von neuem für das gegenseitige Glück, indem Er sie zusammengeführt hat. Josef weinte, da er sich einer passenden Wohnung so bar sah; er konnte seiner Braut keinen geeigneten Platz anweisen, wohin sie sich hätte zurückziehen können. Maria aber ermutigte und tröstete ihn. Sie stärkten sich mit Brot, Wasser und etwas Obst. Dann sprachen sie über die Güte und Herrlichkeit Gottes.

Josef war ganz vertieft, als er die Worte seiner heiligen Braut vernahm. Er weinte dabei, denn sein Herz strömte über vor Freude. Er erzählte ihr auch, wie oft er die Güte Gottes in seinem Leben erfahren und dass Gott ihm einen Engel gesandt, der ihm geoffenbart habe, dass sie ihre Jungfräulichkeit Gott geweiht habe. Um sie in dieser Tugend nachzuahmen, habe er dieses Gelöbnis gemacht. Maria freute sich hierüber und sie sprachen nun über die Erhabenheit und den Wert dieser seltenen Tugend. Wie Josef so ihren Worten lauschte, die ganz von der Liebe zu Gott durchdrungen waren, staunte er sehr über ihre Gnade und Weisheit. Die ganze Nacht brachten sie in diesen Unterredungen zu. Josef war dabei so selig und hingerissen, dass ihm diese Nacht wie ein Augenblick vorkam.

Als der Morgen angebrochen war, sagte die heilige Jungfrau zu Josef, dass in Nazareth, ihrer beider Heimat sich ein kleines Haus befinde, das für sie beide bestimmt sei. Es genüge ja ihrer Liebe zur Armut jede kleine Unterkunft. Wenn er damit einverstanden und es der Wille Gottes ist, sich in Nazareth niederzulassen, sei sie ganz bereit, mit ihm dorthin zu gehen. Josef nahm den Vorschlag seiner Braut gerne an. Sie beschlossen, im Tempel Gott zu bitten, Er möge ihnen in dieser Angelegenheit und bezüglich ihrer künftigen Lebensweise Seinen Willen kundgeben.

Obschon Maria durch höhere Erleuchtung diesbezüglich alles klar erkannte, hielt sie dieses Geheimnis verborgen und wartete darauf, dass Gott ihrem Bräutigam Seinen Willen offenbare, denn sie wollte in allem seinen Befehlen und Anordnungen vollkommen ergeben sein. Maria bat Josef, er möge ihr mitteilen, was Gott ihm eingegeben habe. Der Heilige erzählte seiner Braut alles und beteuerte, dass er auch bereit sei, alles zu tun, was Gott ihr kundgetan habe. Maria bestätigte, was Josef ihr mitgeteilt hatte, nämlich dass Gott es gefalle, wenn sie sich nach Nazareth zurückziehen. Sie lobten nun Gott und dankten Ihm für die gütige Offenbarung Seines Willens.

Hierauf beschlossen sie die Abreise für den nächsten Tag. Josef mietete ein gewöhnliches Lasttier und bürdete diesem seine nötigen Handwerkzeuge samt seiner geringen Habe auf. Umso leichter war es für ihn, seinen Wohnsitz in Jerusalem aufzugeben, da er alle übernommenen Arbeiten erledigt und hier sonst nichts mehr zu tun hatte.

Am folgenden Morgen begaben sich Maria und Josef in den Tempel, um zu beten. Sie sprachen nochmals mit dem Priester, der sie vermählt hatte und baten ihn um den Segen. Maria nahm auch Abschied von ihren Lehrern und jenen Jungfrauen, mit denen sie im Tempel beisammen gewesen war. Nachdem sie Gott aufs Neue Lob und Dank dargebracht hatten, verließen sie die heilige Stätte. Obschon Josef immer die Sehnsucht hatte, wegen des Tempels seinen ständigen Aufenthalt in Jerusalem zu haben, reiste er jetzt doch sehr gerne ab. Es genügte ihm die Gunst, seine gottbegnadete Braut bei sich zu haben; er konnte sich kein größeres Glück auf Erden wünschen. Wiederholt sagte er zu Gott: «.Mein Gott! Du hast mir deine reichste Huld erwiesen, da du mir deine geliebte Jungfrau Maria zur Behütung anvertraut hast. Ich kann mir nichts Schöneres wünschen, denn mein Herz findet in ihr alles, was es zu ersehnen vermag; ihre Worte bringen mir jeglichen Trost. Maria ist ein Kleinod, das ich immer mehr schätzen werde, denn ich erkenne ja immer mehr ihre Würde und ihre einzigartigen Tugenden, womit du sie ausgestattet hast.»

Dann wandte er sich zu Maria und sagte: «Meine geliebte Braut! Gott hat mir eine sehr große Gnade geschenkt, indem Er dich zu meiner Gefährtin bestimmt hat. Ich habe nun keinen Wunsch mehr, als jederzeit den Willen Gottes zu erfüllen und mich ganz Seinem Dienste anheim zu stellen. Wie glücklich werde ich sein, dich durch meiner Hände Arbeit zu erhalten. Wenn es Gottes Wille ist und auch der deine, werde ich mich in meinem erlernten Handwerk betätigen, um unseren Lebensunterhalt zu verdienen. Wenn ich mich aber mit einer anderen Arbeit beschäftigen soll, bin ich zu allem gerne bereit.»

Maria antwortete ihm hierauf mit Klugheit und tiefer Demut; sie war ja stets dem Willen des Allerhöchsten und dem ihres Bräutigams ergeben. Josef war gerührt über ihre weisen und doch sehr bescheidenen Antworten. Er bewunderte immer wieder ihre Einzigartigkeit, so dass er oft bei sich sagte: «Wenn ich nicht wüsste, wer meine Braut ist, wenn ich sie nicht als die Tochter Joachims und Annas erkennte, würde ich sagen, sie sei ein überirdisches Wesen. Es scheint mir, dass ein menschliches Geschöpf für so große himmlische Begabungen nicht fähig ist.» Und er dankte Gott, dass Er in Seiner Güte Maria so sehr begnadet und vor allen anderen Geschöpfen bevorzugt hat.

Die Verlobung hatte bei den Juden eherechtlichen Charakter. So galten denn auch Josef und Maria in der Folgezeit ihren Mitbürgern und Landsleuten als Eheleute und die letzteren gaben dieser ihrer Überzeugung Ausdruck, dass sie Josef und Maria für die Eltern Jesu hielten. (Mat 13,55; Luk 4,22; Joh 6,42 u.a.)

Der Heilige Geist selbst aber bestätigt die Auffassung des Volkes als zutreffend. Denn durch einen inspirierten Autor (Mat 1,26) nennt er Josef den Mann Mariä, d.i. Ehemann und Gemahl im eigentlichen Sinne (Schindler, St. Josef, dargestellt nach der Heiligen Schrift, Seite 34).

Maria und Josef reisen nach Nazareth

Maria und Josef hatten für ihre Abreise alles vorbereitet. Vor Beginn der Wanderung wünschte die heilige Jungfrau den Segen ihres Gemahls; übte sie doch bei jeder Gelegenheit die schöne Tugend der Demut, welche sie sehr hoch einzuschätzen wusste. Josef, der ebenso untertänig war und das unvergleichliche Verdienst Mariens erkannte, entschuldigte sich, dies zu tun. Doch konnte er ihre Bitte nicht abschlagen und so ließ er sich herbei, sie zu segnen, indessen er auch Gott um Seinen Segen bat. Dann reisten sie mit großer Freude ab in dem Bewusstsein, hierin den göttlichen

Willen zu erfüllen. Sie gingen zu Fuß, während das Lasttier ihre ärmlichen Sachen trug. Den heiligen Josef erfasste Herzeleid, da er sich so arm sah und seiner Braut keine Erleichterung auf der Reise verschaffen konnte. Er gab ihr diesen seinen Schmerz kund. Die heilige Jungfrau aber sprach ihm ermutigend zu, dass sie damit ganz zufrieden sei, ja sich freue, arm zu sein; sie sehne sich einzig und allein nach dem Reichtum der göttlichen Gnade. Und sie Sagte: «Weißt du, je größer unsere zeitliche Armut ist, desto mehr wird Gott uns mit Seinen Gütern bereichern und umso angenehmer werden wir Ihm sein.» Es tröstete Josef sehr, diese Worte von seiner geliebten Braut zu hören.

Unter vielen Entbehrungen und Mühseligkeiten reisten die zwei größten Persönlichkeiten der Welt, obgleich dieser unbekannt. Sie waren allein, ohne Gefolge. Aber eine Schar von Engeln begleitete die heilige Jungfrau; war sie ja bereits von Gott auserwählt, die Mutter Seines eingeborenen Sohnes zu werden. Sie allein hörte die Harmonien der Engel. Nachdem sie eine Strecke des Weges zurückgelegt hatten, waren sie müde und ruhten eine Zeitlang aus. Wenn sie Rast hielten, ließ Gott es einige Male zum Trost des heiligen Josef zu, dass die Vögel in Scharen sich um Maria herum niederließen und sangen. Josef wunderte sich hierüber, zugleich aber freute er sich. Die heiligen Wandrer nahmen davon Anlass, die Güte Gottes zu lobpreisen. Und Josef bat Maria, auch sie möge zum Lobe Gottes singen, da es ihm vorkomme, diese Tierchen würden sie dazu einladen. Nun besang sie die Wunder der göttlichen Macht ihres Schöpfers. Darüber staunten selbst die Engel des Himmels, umso mehr aber Josef, der ganz entzückt war. Dann sagte er: «O meine Braut, meine Taube! Welch eine Seligkeit bereiten mir deine Lieder, die du mit solcher Anmut unserem Gott darbringst. Immer mehr muss ich die Schätze der Gnade bewundern, die Gott in dich gelegt hat. Du kommst mit entsprechender Liebe der göttlichen Freigebigkeit entgegen. Ich will dir Gesellschaft leisten, ich werde immer Gott lobpreisen, der dich mit so herrlichen Gnadengaben bereichert hat. Dies tue auch du für mich, da Gott mich von so vielen auserwählt hat, deine liebliche, wünschenswerte Gesellschaft zu genießen.»

Maria aber bekannte sich als die niedrigste Magd. Sie alles Lob auf Gott, indem sie zu ihrem Bräutigam sagte: «Wenn du an mir Gutes erkennst und bewunderst, dann bedenke, dass dies alles ein Geschenk Gottes ist. Seine Güte hat mir dies verliehen, ich habe kein Verdienst daran. Wenn du also an mir eine Gnade bemerkst, dann spende sogleich Gott, dem Geber alles Guten, das Lob; Er ist unermesslich reich und gut. Er zeigt Sich so freigebig zu Seinen Geschöpfen, besonders zu mir, dem geringsten unter ihnen.» Josef staunte ob der wunderbaren Gesinnung seiner Braut; er freute sich, dass Gott sie mit so herrlichen Gaben ausgestattet hat und dennoch die Tugend der Demut in ihr so tief begründet war.

Unsere heiligen Wanderer setzten ihren Weg fort, Gott lobend und preisend. Josefs Herz jubelte. Wiederholt bat heilige Jungfrau, Gott an seiner Statt zu danken für die unvergleichliche Gnade seiner Berufung, denn er wisse nicht, wie er dies gebührend tun solle. Es schien ihm, dass er außer dem Besitz seiner Braut nur noch eines erleben könnte, nämlich den Tag, da er mit eigenen Augen den Messias sehen und sich ganz Seinem Dienste widmen dürfte. Er dachte aber nie und nimmer, dass er der Pflegevater des verheißenen Messias werden würde. Josef war ganz beglückt, eine Gefährtin zu haben, die über die Herrlichkeiten Gottes zu sprechen verstand, die ihm in der Übung der Tugenden beistehen und zum Erwerb noch größerer Gottesliebe verhelfen konnte. Gerade dies ersehnte er so sehr in seiner gesamten Lebensführung.

Die heiligen Brautleute kamen zu später Stunde in Nazareth an. Sie trachteten, sich sogleich in jenes kleine Haus zu begeben, das Maria gehörte. Zuerst lobten sie Gott und dankten Ihm, dass Er ihnen auf der Reise beigestanden und sie an diesen Ort geführt hat. Im Häuschen sah es nicht sehr wohnlich aus. An diesem Abend hatten sie die Armut zu Gast. Sie stillten ihren Hunger mit ein wenig Brot, das sie noch bei sich hatten; auch fanden sie Trinkwasser, was dort nicht überall vorkommt. Maria freute sich, denn sie liebte die Armut.

Es tat ihr aber Leid, Josef so bedürftig zu sehen. Sie tröstete ihn mit herzlichen Worten, woran er sich mehr erquickte als an der köstlichsten Speise. Er sagte zu Maria, dass er sich nun gestärkt fühle. Dann lobten sie Gott aufs Neue. Hierauf teilten sie die Wohnräume auf. Josef sagte zu seiner Braut, sie möge sich die Kammer wählen, wohin sie sich zurückziehen wolle, um zu beten und zu ruhen. Maria aber wollte dies nicht nach eigener Wahl tun, obschon das Haus ihr gehörte. Vielmehr bat sie Josef, ihr einen Raum anzuweisen; ihm stehe ja das Befehlen und Anordnen zu. Der Heilige bestimmte also einen Raum für Maria, einen für sich, einen dritten als Werkstätte. Dieser war viel tiefer gelegen als die anderen. Es befand sich dort noch ein kleiner Raum, der zum Kochen geeignet war. Maria zeigte sich über diese Einteilung sehr zufrieden. Nachdem sie mit Josef ein längeres Gespräch zur Ehre Gottes geführt hatte, bat sie um die Erlaubnis, sich in ihre Kammer zurückziehen zu dürfen. Sie kamen noch darin überein, am folgenden Morgen die Tagesordnung ihrer Lebensart entsprechend festzusetzen. Hierauf zog sich Maria zurück. Auch Josef begab sich zur Ruhe. Diese Nacht schliefen sie auf bloßer Erde; hatten sie doch vorläufig nichts, da sie von Jerusalem nur das nötige Werkzeug mitgenommen hatten.

Die heilige Jungfrau verbrachte nahezu die ganze Nacht im Gebete. Josef war sehr müde und schlief. Der Engel sagte ihm im Traume, es sei der Wille Gottes, dass sie in Armut leben; sie sollten deshalb nicht traurig sein. Er möge mit seiner Hände Arbeit für das Nötige sorgen, nicht darüber hinaus, aber sich Gott immer dankbar erweisen für die liebenswürdige, heilige Braut. Beim Morgengrauen erwachte Josef und verrichtete wie immer seine Gebete.

Dann befiel ihn Langeweile, da Maria ihr Gemach nicht verließ; er wagte es aber nicht, sie zu rufen. Und so schickte er sich an, mit den wenigen Werkzeugen, die er mitgebracht hatte, seine Arbeitsstätte einzurichten. Nachdem alles geordnet war, ging er wieder nach oben, um Maria zu begegnen. Da sie aber noch immer säumte, begab er sich nahe an die Türe, um die Ursache ihres langen Verweilens zu erfahren. Von Liebe zu ihr erfüllt, sehnte er sich, sie zu sehen und mit ihr zu sprechen. Da bemerkte er plötzlich durch die Spalten der Türe, dass der Raum von hellstem Licht erfüllt war. Er nahm auch einen sehr angenehmen Duft wahr und gleichzeitig überkam ihn eine ruhevolle Seligkeit. Daraus erkannte Josef, dass seine begnadete Braut mit Gott sprach. So wartete er geduldig auf ihr Kommen. Niemals mehr nahte er sich in Zukunft der Kammer Mariens, damit er sie nicht etwa im Gebete störe. Vielmehr freute er sich über ihr Glück und sagte bei sich: «Selig bist du, o Maria, da du dich der Heimsuchungen Gottes wahrhaftig würdig erweisest, denn du bist tatsächlich heilig und vollkommen in allen Tugenden.

Nach dem Gebete verließ die heilige Jungfrau ihr Gemach, vor dem sie Josef wartend fand. Er sah, dass sie noch schöner war und anmutiger denn je, so dass er es kaum wagte, sie anzusprechen. Maria begrüßte ihn herzlich. Wiederum lobpriesen sie Gott. Dann berieten sie sich wegen des nötigen Lebensunterhaltes, denn sie waren jeder Sache bar. Josef besaß etwas Geld, das er früher in Jerusalem verdient hatte. Von diesem Ersparnis kaufte er das Nötigste für ihren Unterhalt. Diese Sachen übergab er Maria. Sie dankten nun wiederum ihrem Gott, dass Er sie so versorgt hatte. Josef bekam auch Arbeit.

Es kamen die Nachbarn, um Maria zu beglückwünschen. Da sie Maria so arm fanden, brachten ihr einige liebevolle Leute das, was sie zu ihrer Betätigung brauchte. Die heilige Jungfrau nahm dies als Almosen gerne an. Sie zeigte sich in allem sehr bescheiden und dankbar gegenüber ihren Wohltätern. Maria sprach nicht viel, aber ihre Worte hatten das Gepräge der Anmut und Bescheidenheit. Alle wurden ihr zugetan.

In dieser ersten Zeit empfing sie Besuche, später aber war sie diesbezüglich zurückhaltend, obschon sie sich dabei einzigartig lieb verhielt. Maria unterhielt sich jedoch gerne mit jenen frommen Jungfrauen, die Gott liebten. Sie beschäftigte sich also auch mit Heimarbeiten und trug auf diese Weise zum Erwerb des Lebensunterhaltes bei. Maria und Josef dankten immer wieder der göttlichen Vorsehung und ermutigten sich gegenseitig, den göttlichen Wohltaten zu entsprechen. Dabei nahmen sie auch wundervoll zu in der Liebe zu Gott.

Vor der Menschwerdung des Gottessohnes

Das Häuschen war mit dem Notwendigsten eingerichtet. Maria und Josef setzten nun die Zeit fest, wann sie sich dem Gebet und der Arbeit widmen und wann sie sich in Gesprächen unterhalten wollen. Alles bestimmten sie weise und in schönster Ordnung, denn die heilige Jungfrau tat alles dem Wohlgefallen Gottes entsprechend. Morgens beteten sie einen Teil der Psalmen Davids, dann ging Josef zur Arbeit. Maria bereitete inzwischen das Essen, wozu sie kurze Zeit verwendete, da ihr Lebensunterhalt sehr einfach war. Meistens hatten sie mittags ein wenig

Suppe und etwas Obst oder ein Fischlein. Letzteres war selten. Manchmal bereitete Maria für Josef mehr, der sich ja bei der Arbeit sehr anstrengte. Sie nahm aber nicht mehr zu sich und sagte ihrem Bräutigam, er möge sie nicht nötigen, Fleisch zu essen, es genüge ihr die wenige Speise. Josef ließ seiner Braut hierin den freien Willen; er erkannte ja, dass sie alles mit Klugheit und Weisheit tat.

Hatte Josef seine Arbeit beendet, begab er sich sogleich zu Maria. Wiederum verrichteten sie die göttlichen Lobgebete, hierauf nahmen sie die nötige Speise zu sich. Während des Essens sprachen sie so manches zur Ehre Gottes. Es kam vor, dass Josef durch die Worte seiner Braut so getröstet wurde, dass er zu essen aufhörte. Nach der Mahlzeit sagten sie Gott den schuldigen Dank. Sie unterhielten sich dann in Gesprächen. Auch dafür war eine bestimmte Zeit gewählt, die Josef sehr ersehnte, da er doch seine geliebte Braut sprechen hörte, was ihm jedes Mal zur größten Freude gereichte. In diesen Stunden erzählte auch Josef so manches aus seinem früheren Leben: von den Gnaden, die er von Gott empfangen und von dem, was der Engel zu ihm im Traume gesprochen. Dann sagte Josef: «Weißt du, meine Braut, dass der Engel jetzt nicht mehr so oft zu mir spricht. Ich bin aber deshalb nicht traurig. Es genügt mir, eine Gefährtin zu haben, mit der ich über die Herrlichkeiten Gottes sprechen kann. Oft habe ich mich nach einem solchen Menschen gesehnt und der Engel hat mir die Erfüllung dieses Wunsches versprochen. Ich glaubte aber niemals, dass mir dieses glückliche Los zuteil würde, mit dir umzugehen und deine Worte zu hören, die so sehr von himmlischer Weisheit erfüllt sind.»

Maria nahm davon Anlass, Gott umso mehr zu loben und sie sagte zu Josef, wie treu Gott in Seinen Verheißungen ist; auch sie müssen daher in der Liebe zu Ihm und in Seinem Dienste treu sein. Josef fragte eindringlichst, was er für Gott tun solle. Maria antwortete ihm einfach, dass es Gott gefalle, Ihm in Liebe und Treue zu dienen; er möge in allen seinen Handlungen darauf achten, den göttlichen Willen zu erfüllen. Sie begann nun über alle Tugenden zu sprechen, wodurch die Seele sich fähig macht, die Gnaden Gottes zu empfangen und Ihm angenehm zu werden. Josef wurde durch die Worte Mariens von der Liebe zu Gott ganz entzündet. Ihre Worte hatten eine solche Kraft, dass die Herzen der Zuhörer hingerissen wurden. Josef freute sich sehr, sie zu hören, am liebsten hätte er die meiste Zeit in diesen Gesprächen mit seiner Braut zugebracht. Wenn er bei der Arbeit müde und betrübt wurde, ging er oftmals zu Maria, um sich neuen Mut zu holen. Schon ihr bloßer Anblick war für ihn beseligend. Sie tröstete ihn mit viel Anmut und sagte: «Wenn man schon so großen Trost empfindet, sobald man nur von Gott spricht, welch eine Freude wird es erst sein, mit ihm Umgang zu pflegen und in Seinem Reiche die selige Schau zu genießen! Bitten wir daher innigst unseren Gott, dass Er uns bald den verheißenen Messias sende, damit wir durch ihn würdig werden, in den Himmel zu kommen, um dort Gott auf ewig zu genießen.»

So kamen sie ins Gespräch über den Messias. Maria brannte so sehr in der Sehnsucht nach Seiner Ankunft, dass sie dadurch auch in Josef das Verlangen noch mehr entzündete. Und sie sagte: «Bitten wir mit großer Inständigkeit und mit lebendigem Glauben, denn so gefällt es unserem Gott.» Dann teilte Josef ihr mit, dass er von seiner Kindheit an ein lebhaftes Verlangen nach dem Messias habe und Gott stets innigst darum gebeten habe. Er erzählte ihr auch von der Offenbarung des Engels, dass Gott diese Bitten angenommen hat und Er weiterhin darum gebeten sein wolle. Obschon Maria bereits davon wusste, freute sie sich, dies abermals zu erfahren und ermunterte Josef mit den Worten: «Wir wollen sehr oft und inständig um diese Gnade bitten, um so mehr, da Gott unsere Bitten annimmt und Er es so will.» Und sie baten zusammen um die Ankunft des Messias. Der Allerhöchste nahm mit Wohlgefallen ihr Flehen und die heißen Wünsche ihrer Herzen an.

Während unser Josef eine solche Glückseligkeit im Umgang mit seiner heiligen Braut empfand, hatte er auch Trübsal durchzustehen. Wenn er in seiner Werkstatt arbeitete, kamen einige, um ihm vorzuwerfen, dass er deshalb in Armut geraten sei, weil er das väterliche Erbe verschwendet habe. Sie verletzten ihn sehr und behandelten ihn wie einen Menschen, der keinen Verstand hat. Josef aber ertrug alles mit Ruhe und Geduld. Sie sagten, er könne darauf nicht antworten, da er sich seiner Schuld bewusst sei. Der Heilige opferte Alles Gott auf; aus Liebe zu Ihm war er ja arm geworden und aus Liebe zu Ihm ertrug er alles. Dann ging er zu Maria und erzählte es ihr. Sie ermutigte ihn zum Ertragen dieser Drangsal, denn er bereite dadurch Gott Freude. Josef teilte nun seiner Gemahlin alles mit, was sich beim Tode seiner Eltern zugetragen und wie er in diese große Armut gekommen sei. Sie hatte Wohlgefallen daran, dass er schon in jungen Jahren so gütig war zu den Notleidenden und selber arm sein wollte aus Liebe zu Gott. Und sie tröstete ihn wiederum. Manchmal gebrach es Josef an allen Lebensmitteln und jeglichen Bargeldes. Es schmerzte ihn, dass er seiner Gemahlin nicht den nötigen Unterhalt verschaffen konnte. Maria aber ermutigte ihn in erhabener Weise, sich über diese gottgewollte Armut eher zu freuen als zu betrüben, so dass er ihre Hochherzigkeit bewunderte und ganz zufriedengestellt wurde. Dankbaren Herzens wandte er sich zu Gott, dass Er ihm eine so heilige und in jeder Tugend vollkommene Gefährtin gegeben hat.

Wenn Maria und Josef nichts zu essen hatten und auch jede Verdienstmöglichkeit fehlte, sagte die Jungfrau ihrem Gemahl, er möge sich zu Tische setzen. Auch sie begab sich zu Tisch und bat Gott,' Er möge in Seiner Güte Josef trösten, der so sehr in Armut und der Speise bedürftig sei. Dann fingen sie an, von den herrlichen Eigenschaften Gottes zu sprechen. Maria sprach davon mit so hoher Erkenntnis und Erhabenheit, dass beide in Gottes Wesenheit versenkt wurden. Gott ließ sie Seine Lieblichkeit und Wonne in einer Weise verkosten, dass es ihnen hierauf vorkam, als hätten sie die köstlichsten Speisen genossen. Dies gereichte der heiligen Jungfrau zum Anlass, ihren Bräutigam zu ermutigen, dass er sich freue, wenn sie aller lebensnotwendigen Dinge entbehren müssen, denn Gott selbst werde sie dann mit Seiner Gnade sättigen. Josef staunte über die Macht und Güte Gottes. Er bewunderte auch immer mehr die Heiligkeit seiner Gemahlin; ja er war überzeugt, dass Gott ihn im Hinblick auf Maria begünstigt und sich ihm so freigebig gezeigt hat. Wenn sie in äußerster Not waren und ihnen auf anderem Wege keine Fürsorge zuteil werden konnte, kam es öfters vor, dass sie den Tisch mit Brot und Obst gedeckt fanden, was die Engel ihnen bereitet hatten. Wenn ihnen aber solches geschah, verwendeten sie die übrige Zeit des Tages, um Gott ununterbrochen zu loben und zu danken.

Maria und Josef waren sehr beflissen in allen Tugenden. Sie verdemütigten sich vor dem Angesichte Gottes, sie leisteten sich gegenseitig pünktlichen Gehorsam, sie ertrugen viel Armut und Unannehmlichkeiten. Maria war wohl in allem einzigartig, so dass selbst die Engel sie bewunderten. In ihren vielen Gesprächen über Gott entzündeten sich ihre Herzen immer mehr, so dass allen ihren Gedanken, Worten und Werken das Bestreben für die Ehre ihres Schöpfers zugrunde lag, den allein sie innigst liebten.

Obschon selber arm, spendeten sie auch noch Almosen. Wenn sie für eine Arbeit Geld bekamen, gaben sie immer einen Teil davon den Armen und dies mit viel Freude. Die heilige Jungfrau wollte für ihre Heimarbeiten nie Geld annehmen: sie ließ es ihren Gemahl in Empfang nehmen, damit er nach seinem Belieben darüber verfüge. Sie empfahl ihm nur, den Notleidenden etwas zu geben. Josef entsprach gerne dem Wunsche seiner Braut, hatte er doch eine besondere Vorliebe zum Schenken; er behielt sich nur so viel, als für ihren Unterhalt nötig war. Sie gaben das Almosen in der Absicht, Gott zu gefallen und Ihn zu bewegen, dass Er bald den verheißenen Messias sende. In dieser Hinsicht beteten und fasteten sie auch. In der Tat erwiesen sich Maria und Josef in allem vollkommen. Sie erhielten von Gott auch klare Beweise Seines Wohlgefallens an ihrem treuen Dienste und ihren guten Werken.

Der höllische Feind knirschte gegen diese heiligen Personen. Er konnte ein so starkes Licht in der Welt nicht ertragen, denn seine finstere Macht wurde dadurch sehr geschwächt. Insbesondere schadete ihm die glühende Liebe zu Gott, die in den Herzen beider herrschte. Er erlitt Einbuße durch ihre Demut, Reinheit und Enthaltsamkeit; doch wagte er es nicht, sich ihnen zu nahen, eine höhere Gewalt hielt ihn zurück. Der Feind wütete und suchte auf schlaue Weise ausfindig zu machen, wie er Streit zwischen Maria und Josef hervorrufen könnte, denn er meinte, wenn die gegenseitige Liebe gebrochen wird, werde er seine Absichten leicht erreichen können. Zu diesem Zwecke hetzte er einige Nachbarn auf. Diese erfasste der Neid, da sie die Eintracht und Liebe dieser heiligen Eheleute sahen. Sie begaben sich öfter zu Josef, um Missstimmung gegen seine Braut in ihm hervorzurufen. Sie sagten, dass sie gar so viel zurückgezogen sei, so wenig arbeite und sich um ihn nicht viel kümmere. Diese Hetzer betonten all dies mit solchem Nachdruck, dass ihre Aussagen nicht nur wahr erschienen, sondern hinreichend gewesen wären, Josef zum Zorn gegen Maria zu reizen.

Der Heilige antwortete ihnen jedoch in einer Weise, dass sie beschämt davongingen. Und somit wurde der Teufel besiegt. Josef lobte nämlich mit wenigen Worten seine Gemahlin, worauf diese Neider es nie mehr wagten, von ihr zu sprechen. Andere hinwieder kamen zu Maria und brachten Böses gegen Josef vor. Die heilige Jungfrau aber, erleuchtet und alles durchschauend, beschämte mit ihren Worten diese Verleumder nicht nur, sondern bewirkte auch, dass sie ihren Irrtum bereuten. Ganz verändert gingen sie heim; sie staunten über die Klugheit und Heiligkeit der Gemahlin Josefs. Der Böse aber wütete mehr denn je, sah er sich doch durch die Tugenden Marias sehr geschwächt. Er versuchte es bald auf diese, bald auf jene Art, sie zu verwirren, was ihm niemals gelang. Satan konnte es nicht durchschauen, wieso Maria eine solche Macht über ihn hat. Er betrachtete sie eben als ein Geschöpf wie alle anderen, denn er wusste nichts von der göttlichen Kraft und Gnadenfülle in ihrer Seele. Wenn sie gewahrte, dass der Feind mehr denn je gegen sie und ihren Gemahl arbeitete, machte sie Josef aufmerksam, dass er auf seine Trugkünste achthabe. Dann beteten sie umso mehr, fasteten und betätigten sich in vielen guten Werken, so dass der Widersacher ihnen nichts anhaben konnte.

Sobald Josef von jemandem bedrängt wurde – der Teufel benützte ja die Menschen, um ihn zu verwirren – ging er zu Maria und erzählte ihr alles. Sie tröstete und ermutigte ihn zum geduldigen Ertragen alles dessen, denn so bereite er Gott Freude. Tatsächlich wurde Josef durch ihre Worte gestärkt, diese Anfeindungen ruhig zu überwinden. Immer mehr wuchs in ihm die Liebe und Hochachtung zu seiner Braut. Wenn Josef durch die Anstrengungen in seinem Handwerk manchmal sehr ermüdet war, ging er zu Maria und bat sie, ihm einige Erleichterung zu verschaffen, indem sie ihm ein Lied zum Lobe Gottes vorsinge. Die heilige Jungfrau entsprach seiner Bitte und sang so innig die göttlichen Lobgesänge, dass Josef dabei oft außer sich kam vor Freude. Dann sagte er: «Meine Braut, dein Gesang allein genügt schon, jegliches betrübte Herz zu trösten. Welche Erquickung bereitest du mir in meiner Müdigkeit! O welch ein Glück ist mir beschieden, dich singen und sprechen zu hören! Wenn schon dein Blick mir Trost bringt, so kannst du glauben, wie sehr ich erfreut bin, wenn ich dich singen oder sprechen höre! Wie werde ich es Gott jemals vergelten können, dass Er mir eine so große Gnade geschenkt hat?»

Maria gereichten diese Worte zum Anlass, Gott, den Geber alles Guten, zu loben. Dann sagte sie zu ihrem Gemahl: «Deshalb gießt Gott in mein Herz diese Gnaden, damit du in deinen Trübsalen getröstet wirst und in deinen Bedrängnissen Erleichterung findest.» Die Liebe und Dankbarkeit des Heiligen Gott gegenüber steigerte sich dadurch aufs Neue und er bestaunte die Tugenden seiner heiligsten Braut.

Josefs Sehnsucht nach dem Messias – Dessen Menschwerdung in Maria

Im Herzen der heiligen Jungfrau entzündete sich immer mehr die Sehnsucht nach der Ankunft des Messias, so dass sie in innigstem Flehen zu Gott ganz aufging. Sie sprach mit Josef immer wieder davon, welch glühendes Verlangen sie danach habe. Da Josef erkannte, wie sehr Maria sich nach dem Erlöser sehnte, wurde auch in ihm diese Sehnsucht immer größer. Voll Vertrauen wandte er sich oft zu Gott mit den Worten: «O mein Gott! Es ist nunmehr Zeit, dass dein Wille erfüllt werde und du der Welt den erwarteten Messias sendest, auf dass Er dein Volk und die ganze Welt erlöse, die in der Sklaverei der Sünde lebt. Du siehst, dass es nur wenige sind, die dich erkennen und lieben. Darum ist es notwendig, dass du uns den sendest, der die Menschen deinen Namen, deine Macht, deine Güte, deine Barmherzigkeit und alle deine herrlichen Vollkommenheiten erkennen lässt. Nur dein Eingeborener wird allen den rechten Weg zeigen können, der zum Himmel führt.» Hierauf sagte er zu Maria: «Du meine Braut, meine Taube, flehe inständig zu Gott, denn Er liebt dich ja sehr. Es ist nicht möglich, dass Er deine Bitten nicht erhört.» Maria gab nun ihr brennendes Verlangen kund mit den Worten:

«Wir sind einig in dieser Bitte, hören wir nicht auf, Gott anzuflehen, denn Er ist gut und wird uns erhören.» Josef begann, ihr alles zu erzählen, was der Engel ihm oftmals im Traume über den kommenden Messias und Seine göttlichen Eigenschaften gesagt hatte. Sie hörte ihrem Gemahl mit großer Freude zu und wünschte, er möge ihr oft solches mitteilen, denn sie empfinde dabei viel Trost. Mit diesen Gesprächen verbanden sie das Beten, Fasten und Almosengeben. Manches Mal sagten sie unter sich: «Wenn wir jemals das Glück haben, zu erfahren, dass der Messias zur Welt gekommen ist, werden wir gewiss sogleich zu Ihm gehen, Ihn anbeten und Ihm unseren Dienst anbieten. Wir werden Ihn bitten, Er möge uns aufnehmen, wenn wir auch nur Seine geringsten Diener sein dürfen. Welch ein Glück wird es für uns sein, wenn Er uns annimmt! Wo immer Er auch ankommen mag, wir werden uns sogleich auf den Weg machen, um Ihn ohne Verzögerung zu finden. O wie glückselig werden wir sein, wenn unsere Augen Ihn sehen und unsere Ohren Seine Worte vernehmen werden!»

Auf die ununterbrochenen Bitten der heiligsten Jungfrau, die wie mächtige Flammen zum Throne der Allerheiligsten Dreifaltigkeit emporschlugen, ließ Gott Sich rühren und beschleunigte die Zeit der Ankunft des Messias. Auch die Bitten des heiligen Josef waren Gott überaus wohlgefällig. Es kam aber weder Maria noch Josef in den Sinn, dass ihnen dieses größte Geschenk des Himmels zuteil würde, nämlich dass der Messias im Schoße der reinsten Jungfrau Maria das menschliche Fleisch annehmen werde. Da beide sehr demütig waren, hielten sie sich kaum würdig, auch nur Seine Diener zu sein.

Als die von Gott bestimmte Zeit gekommen war, der Welt Seinen Eingeborenen Sohn zu senden und auch die glühende Sehnsucht der heiligsten Jungfrau den Höhepunkt erreicht hatte, wurde das ewige Wort des Vaters im Schoße dieser reinsten Jungfrau Mensch, wie dies bereits der ganzen Welt bekannt ist. Das, was sich bei der Menschwerdung in Maria vollzog, wird in diesem Buche nicht berichtet; denn darüber ist viel geschrieben worden, insbesondere in der Lebensbeschreibung der heiligen Jungfrau Maria. Hier wird nur geschildert, was Josef in dieser Stunde begegnet ist:

Beinahe den ganzen vorhergehenden Tag brachte er in himmlischen Gesprächen mit seiner reinsten Braut zu, wobei ihn ein heißes Verlangen nach der Ankunft des Messias erfüllte. Als er sich dann zurückgezogen und zur Nachtruhe begeben hatte, sprach sein Engel zu ihm: «Josef! Erhebe dich sogleich und flehe innigst zu Gott, denn Er hat beschlossen, der ganzen Welt ein großes Gut zu schenken.» Der Engel aber sagte nicht, was dieses Geschenk sei. Der Heilige erwachte sogleich, erhob sich und kniete zum Gebet nieder. Er konnte nur die eine Bitte aussprechen: Gott möge in Seiner Huld den verheißenen Messias senden! Auch Maria flehte zu Gott in ihrer Kammer; sie hatte die ganze Nacht hindurch gebetet.

Während der Menschwerdung des Gottessohnes wurde Josefs Geist ganz zu Gott emporgehoben und er erkannte in dieser Stunde große Geheimnisse über diese Menschwerdung. Es wurde ihm aber nicht geoffenbart, dass seine Braut die glückliche Mutter des Sohnes Gottes geworden war. Ihm wurde wohl klar, wie teuer und wohlgefällig sie Gott sei und dass ihr heißes Flehen Gott bewogen habe, der Welt seinen Sohn zu senden.

Als Josef wieder zu sich gekommen war, sagte er Gott innigsten Dank. Ihm schien jede Stunde so lang wie tausend, um hinzugehen und Maria dieses wunderbare Erlebnis mitzuteilen, damit auch sie sich freue und Gott in seinem Namen danke für die herrliche Gunstbezeigung.

An diesem Morgen säumte die heilige Jungfrau eine Zeitlang, aus ihrer Kammer zu gehen. Sie war ganz versenkt in die göttlichen Freuden, in die Anbetung der Gottheit und im Danken für dieses Wunder der göttlichen Liebe. Josef, der davon nichts wusste, dachte, dass Maria beten werde, weshalb er es nicht wagte, sie zu stören. Mit viel Geduld und Ergebenheit wartete er, bis seine heilige Gemahlin ihr Gemach verlasse. Indessen empfahl er sie Gott, auf dass Er sie immer mehr mit Gnaden und himmlischen Gaben bereichere. Josef erkannte, dass Maria dies verdiene; sah er doch, wie sie die schönsten Tugenden übte und bestrebt war, Gott immer wohlgefälliger zu werden.

Während Josef so dastand, wartend, seiner geliebten Braut alles zu erzählen, was ihm in dieser Nacht begegnet war, kam sie aus ihrer Kammer, sie, die durch den Heiligen Geist die Mutter des göttlichen Wortes geworden war. Maria aber verhielt sich so wie immer, sie gab Josef nichts zu erkennen von dem großen geheimnisvollen Geschehen. Sie wartete darauf, dass Gott es ihm zur rechten Zeit offenbare.

Der Heilige sah Maria beim ersten Anblick über alle Begriffe schön. Ihr Antlitz war von einer Helle umflossen, dass er staunte und die größte Verehrung vor ihr in sich fühlte. Er glaubte, dass sie im Gebet die Herrlichkeit Gottes geschaut habe und fragte nicht weiter. Maria grüßte zuerst wie immer, obschon sie sich bereits im erhabensten Zustande befand.

Die heilige Jungfrau hielt in ihrem Schoße den Eingeborenen des göttlichen Vaters eingeschlossen, wodurch sie in ein Meer von Freuden getaucht war. Diese Freude strahlte auch nach außen: Es funkelten ihre Augen; aber die behutsame Braut schlug ihren Blick zu Boden, damit Josef ihr nicht wundernehme. Sie hielt das Aufwallen der Liebe zurück, um nicht nach außen die Freude ihres Geistes und den Jubel ihres Herzens zu zeigen.

Josef grüßte Maria verehrungswürdiger als zuvor, denn er bewunderte in ihr die Herrlichkeit der göttlichen Gnade. Sogleich begann er zu erzählen, was der Engel ihm im Traume gesagt und welch wunderbare Erkenntnisse ihm im Gebete zuteil geworden waren. Dann sagte er weiter zu Maria: «Ich glaube, dass auch du mehr als sonst von Gott begünstigt worden bist, denn ich bemerke an dir klare Zeichen. Wenn ich, der Armselige, von Gott so sehr begünstigt worden bin, um wie viel mehr erst du, die Er so liebt und mit Gnaden ausgestattet hat!»

Auf diese Worte hin neigte Maria das Haupt und bat Josef, er möge zusammen mit ihr Gott loben und Ihm danken für alle ihnen erwiesenen Gnaden. Der Heilige war über diese Einladung höchst erfreut und sie sangen nun zusammen die göttlichen Lob- und Dankeslieder. Maria fuhr dann fort: «Da der Engel dir sagte, dass Gott der Welt eine große Wohltat erwiesen hat, müssen wir Ihm besonders dafür danken. Wir müssen dies auch im Namen aller Menschen tun, denn wer weiß, ob jemand Gott dafür dankt; zumal wenn diese Wohltat nicht offenbar ist. Da der Engel dir über dieses große Geschenk nichts Näheres gesagt hat, wird es gewiss auch den übrigen Menschen verborgen sein. Darum danken wir Gott im Namen des ganzen Menschengeschlechtes.» Josef freute sich sehr über diese Worte. Die heiligste Jungfrau stimmte sogleich Lob- und Dankeslieder an und sang zusammen mit ihm. Auf diese Weise unterhielten sie sich längere Zeit. Josef bewunderte die Gnade, wie sie in Maria wirkte. Bei sich lobte er Gott und dankte Ihm für alles, was Er seiner Braut geschenkt hat. Hernach begab sich Josef zur Arbeit. Obwohl Maria sich jetzt als die wahre Mutter des Gottessohnes erkannte, verrichtete sie die gleichen Hausarbeiten wie zuvor und diente Josef mit Genauigkeit. Sie erwies sich immer als ergebene Magd.

Während Josef mit seiner Arbeit beschäftigt war, fühlte er sich oft angezogen, zu Maria zu gehen. Er hatte eine innige, ehrfurchtsvolle und immer heiligere Liebe zu ihr; deshalb konnte er nicht längere Zeit von ihr entfernt sein, ohne sich Gewalt antun zu müssen. Sein Mensch gewordener Gott – eingeschlossen im Schoße Mariens – zog ja seinen Geist an Sich. Wenngleich Josef dieses Geheimnis verborgen war, so bewirkte es doch die starke Liebe, dass sie öfter zusammenkamen, um sich im gegenseitigen Anblick und in heiligen Gesprächen zu erfreuen.

Josef verkostete in der Unterhaltung mit seiner heiligen Gemahlin eine unvergleichliche Wonne. Es gefiel dem Mensch gewordenen Gott, diesen treuen Diener ehrfurchtsvoll vor Sich zu sehen und das göttliche Kind erfüllte ihn mit viel Gnade. All dies erkannte die heiligste Mutter und auch sie freute sich hierüber. Josef bat seine Gemahlin, sie möge es ihm verzeihen, wenn er ihr ob seiner Besuche lästig falle und sie störe; aber er fühle sich mit Gewalt angezogen, denn in ihrer Gegenwart empfinde er eine ungewöhnliche Tröstung wie nie zuvor. Maria war überaus freundlich und sagte, er solle ohne Bedenken öfter zu ihr kommen, sie würden dann jedes Mal Gott ein Lied singen, auf dass Er gelobt werde und sie dadurch Seine Gnade und Gunst erwerben. Sooft Josef seine Gemahlin aufsuchte, kam sie ihm schöner und heiliger vor, weshalb er ihr immer größere Verehrung darbrachte.

Nur kurze Zeit dauerte für Josef dieses Glück. Da der Engel bei der Verkündigung der Menschwerdung des Gottessohnes zu Maria gesagt hatte, dass ihre Verwandte Elisabeth bereits sechs Monate gesegneten Leibes sei, wollte sie diese besuchen, zumal sie erkannte, dass der Sohn Gottes seinen Vorboten – Johannes, den Täufer – schon im Mutterschoße heiligen wollte. Josef erhielt im Traume vom Engel die Weisung, Maria zu Elisabeth, die ein Kind erwarte, zu führen; sie möge bis zur Geburt dort verbleiben und ihr beistehen. Diese Botschaft traf das Herz Josefs schmerzlich; sollte er doch Maria so lange entbehren müssen. Er teilte nun seiner Braut die Worte des Engels mit.

Maria sagte, dass auch sie diesbezüglich den Willen Gottes erkenne und bat ihn, sie alsbald zu ihrer Base zu führen. Als sie Josef so betrübt sah, ermutigte sie ihn mit den Worten:

«Fürchte dich nicht, ich werde dich ständig im Gedächtnis behalten. Ich werde es nie unterlassen, dich Gott anzuempfehlen. Nach drei Monaten werden wir wieder beisammen sein, um Gott zu loben und Ihm zu dienen. Indessen werden unsere Herzen nicht getrennt sein in der Liebe zu Gott, unserem Geliebtesten. Ist doch Er allein aller Liebe, alles Lobes und getreuen Dienstes wert. Nun will Er uns mit dieser Trennung prüfen, ob wir Ihm ganz ergeben sind. Wir sind verpflichtet, uns Ihm am getreuesten zu erweisen, da wir mehr als alle anderen Geschöpfe uns Seiner Gunst und Gnaden erfreuen.»

Diese Worte stärkten Josef sehr und er war bereit, durch den Verzicht auf die Anwesenheit seiner geliebten Braut den Willen Gottes zu erfüllen. Er hatte jedoch Bedenken, Maria auf so schlechten Wegen in eine unwirtliche Gegend zu führen, da sie zart war und darunter leiden werde. Diese Sorge teilte er ihr auch mit. Sie aber gab Josef die Versicherung, dass die Reise glücklich vonstatten gehen werde, da sie hierin den Willen Gottes erfülle und Er deshalb nicht unterlassen werde, ihr beizustehen und für sie zu sorgen. Maria zeigte sich sehr sehnsüchtig, alsbald abzureisen.

Josef, der dies bemerkte, fragte, warum sie mit solcher Fröhlichkeit sich auf diese beschwerliche Reise begeben wolle. «Willst du etwa die Unannehmlichkeiten erleiden, die man beim Reisen zu ertragen hat?» sagte er. «Nicht wahr, du hast das Verlangen, aus Liebe zu Gott zu leiden?» (Man denke an die damaligen Wege und Reiseverhältnisse!) Die heilige Jungfrau antwortete ihm, dass sie hierin mit ganzer Bereitwilligkeit den göttlichen Willen zu erfüllen suche.

Da nun Josef den Beweggrund ihrer Sehnsucht erfuhr, kamen sie darin überein, sich schnell auf die Reise zu begeben. Sie empfahlen sich Gott und baten Ihn um Seinen Segen. Maria erbat sich auch noch den Segen ihres Gemahls. Der Heilige konnte ihr dies nicht verweigern; er war ganz gerührt, als er die anmutsvolle Jungfrau zu seinen Füßen knien sah und segnete sie mit großer Innigkeit seines Herzens.

Josef begleitet Maria zu Elisabeth

Maria und Josef machten sich hierauf sogleich auf den Weg. Die heilige Jungfrau beschleunigte ihre Schritte, denn sie wurde mit Leichtigkeit geführt vom Geiste jenes Gottes, der in ihrem Schoße weilte. Auch Josef beeilte sich, ohne eine Unannehmlichkeit oder Müdigkeit zu verspüren; im Gegenteil, er fühlte große Herzensfreude. Er sprach mit seiner Braut über die göttlichen Geheimnisse und Vollkommenheiten. Dabei legten sie eine große Strecke zurück, ohne dass sie es merkten. Manchmal staunte Josef über das rasche Vorwärtskommen und brachte dies seiner Gemahlin gegenüber zum Ausdruck. Sie nahm dies gleich zum Anlass, Gott zu lobpreisen und sagte zu Josef: «Du siehst, wie gut Gott ist, wie Er unsere

Werke segnet, wie Er uns Kraft und Gnade gibt, das zu tun, was Er von uns will. Lobpreisen wir Ihn also zusammen!» Voll Freude schickten sie sich nun an, die göttlichen Lobgebete zu verrichten. Hierauf bat Josef seine Braut, sie möge noch einige Lieder zum Preise Gottes singen, da sie ja hier in der Einsamkeit niemand höre. Sogleich sang sie in lieblicher Weise zur Ehre des göttlichen Sohnes, der als Kind in ihrem Schoße eingeschlossen war. Der glückliche Josef wurde ob des wunderbaren Gesanges der Sinnenwelt entrückt; er ging viele Meilen ganz und gar in Gott versunken. Die heiligste Mutter sang auch noch andere Lieder zum Danke für die Wohltat, die durch die Menschwerdung des göttlichen Wortes ihr und der ganzen Welt zuteil geworden war.

Unsere Wanderer wurden von einer Engelschar begleitet, die dem Gotteskind und seiner Mutter Loblieder sangen, welche aber Josef nicht vernahm. Auch die Vögel flogen oft scharenweise mit und sangen wunderschön. Darüber wunderte sich Josef und er sagte zu Maria: «Siehe, wie diese Tierchen mit ihrem Gesang uns einladen, Gott zu loben.» Josef glaubte, dass Gott diese Wunderzeichen aus Liebe zu seiner Braut wirke. Immer wieder nannte er sich glücklich, Maria zur Gefährtin bekommen zu haben und er sagte dem Allerhöchsten aufs Neue Dank. So machten sie diese Reise mit großer Freude. Des Nachts ließen sie sich nieder an Stellen, die sie hiezu geeignet fanden. Sie erquickten sich mit wenig Brot und Wasser. Josef nahm mehr Speise zu sich, je nachdem er Bedürfnis hatte, und dies auf Wunsch seiner liebevollen Braut. Sie verrichteten hierauf die göttlichen Lobgebete und dann setzten sie sich zur Nachtruhe nieder. In dieser Stellung schlief Josef wenige Stunden.

Die heilige Jungfrau aber hielt meistens Zwiesprache mit dem göttlichen Kinde unter ihrem Herzen; sie schlief sehr wenig. Auch im Schlafe liebte sie Gott. Als sie am Ziel ihrer Wanderung waren, gingen sie geradewegs in das Haus des Zacharias. Josef trat mit Maria ein; er blieb stehen, um Zacharias zu begrüßen. Elisabeth eilte Maria entgegen und umarmte sie. Dabei wurde sie vom Heiligen Geiste mit glühender Liebe erfüllt und erleuchtet, so dass sie beim ersten Anblick Mariens erkannte, dass diese ihre Verwandte die Mutter des Mensch gewordenen Sohnes Gottes war. Die heiligste Jungfrau begrüßte zuerst Elisabeth; sie nannte sie die Mutter des großen Propheten und Vorboten des Messias. Und Elisabeth begrüßte

Maria als die Mutter des Messias: «Woher wird mir die hohe Ehre, dass die Mutter meines Herrn zu mir kommt?» Dies hörte aber niemand, denn alle Hausleute unterhielten sich mit Josef und Zacharias. Letzterer war zur Zeit stumm und konnte sich nur durch Zeichen verständigen. Deshalb standen alle um ihn herum, damit sie Josef zu verstehen gaben, was Zacharias ihm durch Zeichen mitteilte. Maria sprach nun den herrlichen Lobgesang – das Magnifikat. Während dies alles vor sich ging, offenbarte Sich der göttliche Sohn – verborgen im Schoße der heiligsten Jungfrau – Johannes. Von Seinem göttlichen Vater hatte Er Johannes die Gnade erbeten, dass er schon im Mutterschoße geheiligt werde und den Vernunftgebrauch erhalte. Nachdem Johannes dieser Gnade teilhaftig geworden war, erkannte er deutlich den Messias im Schoße Mariens. Er frohlockte und betete den Mensch gewordenen Gott an. Johannes dankte für die große Gnade, die ihm nun zuteil geworden war. Er brachte sich seinem kommenden Messias bereits zum Opfer dar. Dieser aber dankte Seinem göttlichen Vater anstelle des Johannes.

Mit dem Kommen der heiligen Brautleute kehrte unvergleichliche Freude in das Haus ein. Elisabeth zog sich hierauf mit Maria zurück, um sich mit ihr in heiligen Gesprächen zu unterhalten. Die heilige Jungfrau blieb hier drei Monate zum Troste ihrer Verwandten.

Josef schickte sich zur Rückreise nach Nazareth an; dies missfiel den Hausleuten, denn sie wünschten, dass er hier bei seiner Gemahlin verbleibe. Doch Josef wollte abreisen, wusste er ja, dass dies der göttliche Wille sei. Er empfahl seine geliebte Braut ihrer Base Elisabeth und bat auch die Hausleute, ihr alle Sorge angedeihen zu lassen; er sagte ihnen, sie sei sein ganzer Schatz und mit ihr lasse er auch sein Herz zurück. Josef sprach dann noch mit Maria und bat sie, sie möge seiner nicht vergessen. Er sagte ihr, dass er traurig weggehe, da sie sein ganzer Trost sei. Maria aber ermutigte ihn sehr und versicherte ihn ihres ständigen Andenkens.

Josef machte sich also auf den Weg, unterstützt von der Gnade Gottes und den Gebeten seiner heiligen Braut. Sie unterließ es nicht, ihn Gott immer wieder anzuempfehlen, damit er das Entferntsein von ihr leichter ertragen könne. Und Gott erhörte diese Bitten. Josef erfuhr Seinen besonderen Beistand sowohl auf der Reise als auch die übrige Zeit seines Alleinseins. Solange er das Haus des Zacharias sehen konnte, wandte er seine Blicke dahin, was ihn tröstete in dem Bewusstsein, dass seine geliebte Braut sich dort befinde. Auf der Reise betrachtete der Heilige besonders ihre Tugenden und es schien ihm, als ob er im Gedanken an seine Braut sie gegenwärtig hätte, wodurch sein Geist beseligt wurde. Diese Gunst erbat sie ihm und er dankte Gott dafür. So hatte Josef auf dieser Reise auch manchen Trost, obschon er allein war. Auch der Gedanke, Maria bald wieder nach Hause führen zu können, milderte den Schmerz, den er ob der Trennung von ihr fühlte.

Nach der Ankunft in Nazareth unterließ Josef nicht im Mindesten seine gewohnten Arbeiten. Er verbrachte auch viel Zeit mit dem Lobe Gottes und betete insbesondere um das Kommen des Messias. Josef gab auch Almosen nach Möglichkeit. Eine liebevolle Nachbarin bereitete ihm das Essen; übrigens fastete er häufig. Wenn er während der Arbeit müde oder infolge seiner Einsamkeit betrübt war, begab er sich in jenes Kämmerlein, wo Maria sich aufgehalten hatte. Er kniete nieder und dachte darüber nach, wie sie hier die meiste Zeit in innigem Gebete zugebracht hatte und er begann sehr zu weinen. Josef empfahl sich Gott an und bat Ihn um Seine Hilfe. Da erfüllte wieder Ruhe und Trost seine Seele. Sooft Josef in Betrübnis sich hierher begab, wurde er wieder froh. Dies merkte er bald und er glaubte, dass dieser Ort geheiligt sei, weil Maria sich hier aufgehalten hatte. Tatsächlich war es auch so; aber hier teilte Gott in besonderer Weise Seine Gnaden aus im Hinblick auf die Menschwerdung Seines Sohnes. Um dieses Geheimnis wusste Josef noch nicht.

Während Josef allein in Nazareth war, blieben ihm die Belästigungen von Seiten Übelgesinnter nicht erspart. Man wusste es in der Umgebung, dass sich Maria bei ihrer Verwandten aufhielt. Viele gingen – vom Teufel aufgestachelt – zu Josef in die Werkstatt und beschimpften ihn, dass er seine Gattin in einem fremden Haus zurückgelassen habe. Der Heilige ertrug dies mit Geduld; er gab keine Antwort, noch fühlte er sich ob dieser verletzenden Worte getroffen. Andere kamen zu ihm unter dem Vorwand des Mitleids und Wohlwollens. Sie tadelten seine Gemahlin, dass sie ihn allein lasse und er deshalb viel zu leiden habe. Diese Worte trafen sein Herz; solches konnte er nicht hören. Josef entließ diese Leute in vornehmer Weise und ermahnte sie, in ihrem Sprechen vorsichtig zu sein und Gott nicht zu beleidigen. Er erlitt viele solche Drangsale während der drei Monate, die er allein zubrachte. Maria aber hatte bereits all dies durchschaut. Sie empfahl ihren Josef Gott innig an und erbat ihm Starkmut und Geduld.

In dieser Zeit sprach der Engel zu Josef sehr oft im Traume und machte ihm Mitteilungen über seine Braut. Er versicherte ihn des Beistandes ihrer Gebete und sagte ihm, dass Maria in den Tugenden, in der Liebe zu Gott und in Seiner Gnade immer mehr zunehme. Daraufhin bemühte sich Josef, Maria nachzuahmen, obschon sie von ihm weit entfernt war. Er hatte große Sehnsucht, sie bald wiederzusehen und mit ihr zu sprechen. Oft seufzte er nach ihrer Rückkehr. Die heiligste Mutter unterließ es nicht, auch die Engel, die sie ehrten, einzuladen, dass sie durch ihre Einsprechungen Josef in seiner Betrübnis trösten mögen. Den größten Trost erfuhr er jedoch, wenn er in ihrem Gemach betete, wobei sein Geist oft befähigt wurde, viele göttliche Geheimnisse zu verstehen. Durch die Mitteilungen des Engels wurde Josef sehr beruhigt. Er erkannte, dass Gott in Seiner Güte und durch die Verdienste Mariens ihm viele Gnaden schenkte und zeigte sich dankbar. Auch er war beflissen, Gott um immer größeren Reichtum an Gnade für Maria zu bitten.

Manchmal unterhielt sich der Heilige mit jener liebevollen Nachbarin, die ihm das Essen bereitete. Da diese Person sehr gottesfürchtig war, erkannte sie einigermaßen die Heiligkeit Mariens und Josefs und war ihnen zugetan. Sie lobte die Tugendhaftigkeit seiner Braut, wenn sie mit Josef sprach. Das gereichte ihm zu großem Tröste und er weinte dabei vor Freude und Sehnsucht, Maria bald heimführen zu können. Oft sagte er bei sich:

«O meine geliebte Braut, meine Taube! Wann werde ich dich wieder daheim sehen und mich mit dir unterhalten können! Du weilst entfernt, aber mein Herz ist bei dir! Ich liebe dich so sehr, denn du bist wahrhaft heilig! Gott hat in dir den Schatz so großer Gnaden niedergelegt. Ich glaube, dass meine innige Liebe zu dir Gott nicht missfällt, denn ich liebe dich ja deshalb, weil die Fülle der göttlichen Gnade in dir ist. Da Gott in dir durch die Liebe wohnt, so beabsichtige ich, in deiner Person Gott, Seine Gnade und Seine Liebe zu lieben. Ich wünsche deshalb so sehr deine Rückkehr, um immer mehr in der Liebe zu Gott zu wachsen; sind doch deine Worte wie Funken, welche die Gottesliebe entzünden. Deine wunderbaren Tugenden sind meinem Herzen so mächtige Antriebe zum Fortschreiten in der Vollkommenheit!»

Maria wusste um all dieses Lob, das Josef ihr aus der Ferne spendete. Sie bezog alles auf Gott; bekannte sie sich ja immer als Seine Magd. Die heiligste Jungfrau betete für ihren Gemahl und erflehte ihm neue Gnaden und Gunsterweise. Josef erkannte dies und sagte Gott dafür Dank.

Niemals unterließ Josef seine Hilfeleistung für die Sterbenden, wie er es seit seiner Jugend getan hatte; vielmehr führte er diese mit desto größerer Vollkommenheit aus. Mit Inständigkeit bat er Gott um ihr ewiges Heil, um ihre Befreiung von den Angriffen des höllischen Feindes und um die Kraft, diese zu besiegen. Er betete auch innigst für die Sünder, damit sie sich zur Buße bekehren und die Sünde meiden. Mit den Gebeten verband Josef auch Nachtwachen, Fasten und Almosengeben. Er flehte oft mit Tränen um das Heil so vieler Seelen, die sich in der Finsternis des Götzendienstes befanden. Immer sehnsüchtiger wünschte er die Ankunft des Messias, auf dass alle jene von Seiner göttlichen Weisheit erleuchtet würden, die da im Schatten des Todes dahinsiechten. Gott nahm die Bitten Seines getreuen Dieners mit Wohlgefallen an; Er belohnte ihn dafür mit besonderen Gunsterweisen. Immer mehr ließ Er ihn die Sehnsucht nach der Bekehrung der Sünder und nach dem Kommen des Messias fühlen, um ihn für diese Gnaden würdig zu machen.

Josef führt Maria wieder heim

Die bestimmte Zeit des Aufenthaltes der heiligen Jungfrau bei ihrer Verwandten Elisabeth ging dem Ende zu. Josef hatte sich bereits mit dem Gedanken beschäftigt, seine Gemahlin wieder heimzuführen; er wollte jedoch den Befehl durch den Engel abwarten. Eines Nachts sprach der Engel zu ihm, er solle nun hingehen und seine Braut nach Nazareth zurückführen, denn so habe es Gott angeordnet. Wie sehr freute sich Josef über diese Botschaft! Sein Herz jubelte, da er die Zeit des ersehnten Trostes gekommen sah. Er hielt sich nun nicht mehr länger auf, sondern machte sich sogleich bei Tagesanbruch – nachdem er die üblichen Gebete verrichtet hatte – auf den Weg. Mit großer Freude brach er auf in der

Zuversicht, dass seine Gemahlin ihm von Gott die Gnade erbitten werde, glücklich zu ihr zu kommen; denn der Weg war weit und das Wandern so manchen Gefahren ausgesetzt. Tatsächlich betete Maria für ihren treuesten Gemahl, dass er auf dieser Reise von der göttlichen Gnade unterstützt und beschirmt werde. Josef erfuhr auch einen besonderen Beistand und wurde mit vielen Gnaden begünstigt. Er beschleunigte seine Schritte, wurde aber mehr von der Liebe und dem Wunsche getragen, seine heilige Braut bald wiederzusehen. Josef weilte mit seinen Gedanken bei Gott, dem höchsten Ziel seiner Liebe. Oft dachte er an Maria, die er in Gott liebte und sie als ein Geschöpf betrachtete, das von Gott überaus geliebt und mit einzigartigen Gnaden begünstigt wird.

Josef blieb öfter stehen und sah zum Himmel, wo sein ganzer Schatz war. Er betrachtete die Werke der göttlichen Macht und Weisheit. Dann wieder besah er die Bäume, die Felder und bunten Wiesen. Während er dabei dachte, wie die göttliche Weisheit alles in so harmonievoller Ordnung schafft, rief er staunend aus: «O mein Gott, du Allmächtiger, du Weisester, du Unbegreiflicher, du Unermesslicher, du Unaussprechlicher! Wie bist du würdig, geliebt zu werden! Warum lieben dich nicht alle Geschöpfe? Warum lieben sie nicht eine so große Güte? Ist es möglich, dass sich ein so unglückliches Herz findet, das deine Güte nicht liebt? Du liebst uns doch so sehr, du hast alles zu unserer Freude und zu unserem Nutzen geschaffen! Und das vernünftige Geschöpf, das du erschaffen hast, damit es dich liebe, kann es dir seine Liebe verweigern? Ist dies möglich? Ach, mein Gott, ist es doch wahr, dass so viele dich nicht lieben?»

Und Josef begann zu weinen ob des Schmerzes, den er empfand weil Gott nicht von allen geliebt wird. Er fühlte sich ja bereits vom zarten Kindesalter an zu Gott sehr hingezogen. Es war stets sein heißester Wunsch, Gott selbst einmal zu sehen. Wie sehnte er sich danach, in den Himmel zu kommen! Darum bat er immer wieder, dass die Ankunft des Messias beschleunigt werde. Innigst wiederholte er die Flehrufe der Glaubensväter und Propheten. Dabei erfüllte Gott sein Herz mit Trost und erleuchtete seinen Geist, wodurch er viele Geheimnisse verstand und die feste Hoffnung hatte, dass der verheißene Messias bald kommen werde. Er sagte: «Es ist unmöglich, dass du, mein Gott, die innigen Bitten, die meine Gemahlin Maria stets an dich richtet, nicht erhörest; denn ich weiß, dass sie dir sehr teuer und angenehm ist und dass du sie sehr liebst. So hoffe ich, dass du sie bald erhören wirst!» – In solcher Weise sprach Josef zu Gott auf dieser Reise.

Eines Tages, nachdem er eine große Strecke des Weges zurückgelegt hatte, hielt er inne und blickte zum Himmel; dann beschaute er das Land, soweit es sich seinen Blicken darbot. Hierauf wandte er sich zu Gott mit den Worten: «Du, O Gott, bist der vollkommene Herrscher über alles, was ich nun schaue. Dir gehören Himmel und Erde, das Meer und die Flüsse; alles ist deiner Herrschaft unterworfen. Obschon du ein so großer Herr bist, wird es dir nicht zu niedrig sein, unter den Menschen zu wohnen! O, wer wird das Glück haben, mit dir auch in einem Heim Umgang haben zu können? O großer Herr! O großer Herr!»

Während Josef dabei ganz in Gott versenkt wurde, erhielt er die Offenbarung, dass der kommende Messias nicht nur unter den Menschen wohnen, sondern auch viel erniedrigt werden wird. Er werde mit einfachen, armen Leuten verkehren. Josef wurde von Trost erfüllt und sagte: «Wenn Er also zu unseren Zeiten kommt, wird Er Sich nicht schämen, mit uns umzugehen, wenngleich wir arm und niedrig sind. O wir Glücklichen! Wie selig sind wir, wenn wir eines solchen Glückes teilhaftig werden!» Seit jener Stunde sehnte sich Josef noch heißer nach dem Kommen des Messias. In seinem Herzen verspürte er eine wundersame Ruhe; hoffte er doch, dass der Messias es nicht verschmähen werde, auch mit ihm Umgang zu pflegen.

Josef fand sich bald am Ziele ein, ohne es zu merken. So groß war seine Liebe zu Gott und die Freude, wenn er die Werke Gottes betrachtete und Ihm die Wünsche seines Herzens darlegte. Der glückliche Josef begab sich geradewegs in das Haus des Zacharias, wo Maria und alle Hausgenossen ihn erwarteten. Es war ja das übereinkommen getroffen worden, dass er nach drei Monaten zurückkehren werde, um seine Braut Maria abzuholen. Josef wurde mit viel Herzlichkeit empfangen, besonders von Maria, die ihm den innigsten Willkommgruß sagte. Wie jubelte sein Herz, als er sie wiedersah! Er bewunderte sie als immer schöner, anmutiger und gnadenvoller. Tief verneigt begrüßte er Maria und sagte zu ihr: «Meine Braut! Wie sehr habe ich mich danach gesehnt, dich wiederzusehen. Mit welch großer Sehnsucht habe ich diese Reise gemacht! Nun ist meine Sehnsucht gestillt. Da Gott dich mir zur getreuen Gefährtin gegeben hat, kann ich nicht ohne großen Schmerz ferne von dir leben.» Maria lud Josef ein, Gott für all die Gnaden zu danken. Und nun lobten sie zusammen Gott und dankten Ihm für den erhaltenen Trost und die Begünstigungen, die Josef auf seiner Wanderung zuteil geworden waren.

Josef fand Johannes vor als ein Kind, das bereits mit der Gnade Gottes beglückt worden war. Es erkannte Josef und verneigte sein Köpfchen, gleichsam um ihn zu begrüßen und die Freude zu zeigen, die es beim Anblick des Heiligen empfand. Josef beglückwünschte die Eltern zu ihrem Sprössling, den Gott ihnen nach so langer Zeit noch geschenkt hat. Er sagte ihnen auch, dass er am Kinde bereits Außergewöhnliches bemerkt habe, was auf eine hohe Berufung schließen lasse; er glaube, dass es einmal groß sein werde vor Gott und den Menschen. Nun lobten und dankten sie Gott.

Maria und Josef bereiteten sich sodann auf ihre Abreise vor. Elisabeth und Zacharias tat es Leid; sie wünschten, dass diese in ihrem Hause verblieben. Die heiligen Brautleute aber zeigten sich in diesem Punkte ablehnend; sie wollten ja den göttlichen Willen erfüllen, demgemäß Nazareth zu ihrem Aufenthaltsort bestimmt war, und sie entschuldigten sich in höflicher Weise. Zacharias und Elisabeth wollten ihnen aus Dankbarkeit auch Geschenke machen. Maria und Josef nahmen aber nur soviel an, als sie nötig hatten; wollten sie doch in Armut leben.

Am Tage der Abreise weinte man viel im Hause des Zacharias; denn jeder, der hier wohnte, hatte von der heiligen Mutter Trost und Erleuchtung bekommen. Elisabeth hatte das größte Leid, da sie ja wusste, dass ihre Verwandte Maria den Mensch gewordenen Sohn Gottes in ihrem Schoße trug. Sie sagte oft zu Josef, er sei so selig ob des Glückes, die heiligste Jungfrau Maria zur Gefährtin zu haben. Josef bat sie, Gott in seinem Namen für diese große Gunst Dank zu sagen.

Als man sich verabschiedet hatte, begaben sich Maria und Josef mit großer Freude auf den Weg. Die Hausleute aber waren sehr betrübt; immer wieder lobten sie Maria und sprachen von ihren einzigartigen Tugenden. Die heiligen Brautleute wanderten in der Richtung nach Nazareth. Sie waren fröhlich und zufrieden in dem Bewusstsein, dass sie hierin den göttlichen Willen erfüllten. Josef freute sich besonders, denn er führte seine geliebte Braut mit sich wie einen großen Schatz. Tatsächlich hatte er ihn bei sich: den König und die Königin des Himmels und der Erde. Wie jubelte sein Herz! Wie frohlockte sein Geist! Wer könnte dies jemals schildern? Nur Josef erlebte es. Er erzählte seiner Gemahlin nun alles, was ihm auf der Wanderung zu ihr begegnet war: wie Gott ihn auf diesem Wege so sehr begünstigt hat, was er über den verheißenen Messias vernommen habe und wie dieser Sich würdigen werde, mit einfachen, armen Leuten umzugehen. Josef sagte zu Maria: «Meine Braut! Wir sind arm. Wenn Er also zu unseren Lebzeiten auf die Welt kommt, so wird Er sich nicht schämen, auch mit uns Umgang zu pflegen. O welch ein Glück wird uns zuteil werden!» Wie freute sich Maria – den Sohn des göttlichen Vaters bereits in ihrem Schoße tragend – als Josef so sprach; war es ihm doch verborgen, wie bald seine innigsten Wünsche in Erfüllung gehen würden...

Seine Worte waren ihr Anlass, die Güte Gottes zu loben. Dadurch entzündete sie immer mehr die Liebe im Herzen Josefs. Nun bat er seine Gemahlin, sie möge so manches Lied zum Lobe Gottes singen. Sie entsprach dieser Bitte und sang Jubellieder, die ihr erhabenster Geist zur Ehre des Schöpfers und Seines Mensch gewordenen Sohnes ihr eingab. Auch die Vögel kamen scharenweise, um die herrlichen Gesänge der heiligsten Mutter zu hören. Als Maria ihre Lieder beendet hatte, erhoben diese Tierchen einen lieblichen Schargesang, als wollten auch sie ihren Schöpfer loben. Josef staunte darüber; all dies bezog er auf die Heiligkeit seiner Gemahlin. Und als dann ringsumher alles still war, sagte er zu ihr: «Siehst du, wie sehr Gott dich liebt! Welche Gunsterweise lässt Er dir doch zuteil werden! Sogar offensichtlich beweist Er dir Seine Liebe; lässt Er doch dies alles zu deiner Freude geschehen. Sicherlich preisen diese Tierchen ihren Schöpfer, sie loben aber auch dich, denn nur dir bereiten sie diese Aufwartung.» Tatsächlich waren diese Geschöpfe der heiligsten Mutter ganz zugetan und ließen sich zu ihren Seiten nieder. Sie sagte zu Josef, dass Gott dies auch zulasse, um sie auf dieser Wanderung zu erfreuen und einzuladen, dass auch sie immer wieder Gott loben und preisen; sie sollten immer mehr die göttliche Güte zu ihnen bewundern. Sicherlich lasse Gott dies auch als Zeichen Seiner Liebe zu. Dann sagte Maria:

«Wenn Gott uns so deutliche Zeichen Seiner Liebe gibt, wie müssen dann wir Ihm unsere Liebe beweisen!» Und sie fuhr dann fort, welche

Liebe sie Gott schulden. Dabei wurde ihr Antlitz von diesem Liebesfeuer gleichsam entzündet. Josef bemerkte dies und er verehrte sie immer mehr. Ihre Worte entflammten auch sein Herz aufs Neue in der Liebe zu Gott.

Maria und Josef spürten auf dieser Reise keine Müdigkeit, denn sie unterhielten sich auf diese Weise; dadurch wurde ihnen der an sich beschwerliche Weg leicht. Josef konnte das Glück nicht fassen, seine geliebte Gemahlin wieder in seiner Gesellschaft zu haben. Die heiligen Wanderer begegneten verschiedenen Leuten. Maria gereichte allen zum Troste. Sie vermittelte ihnen Gnaden, je nach deren Bedürfnis. Ihr göttlicher Sohn – noch verborgen in ihrem Schoße – bediente Sich ihrer wie eines Werkzeuges, um den Menschen Wohltaten zu erweisen. Maria bat Ihn für die Menschen, welche sich in Not befanden, besonders für die Sünder, die sie wohl erkannte; war Er doch gekommen, um das Heil zu bringen. Sie flehte ihren göttlichen Sohn an, dass Er diese erleuchte, ihnen Schmerz über ihre Sünden geben möge und ihnen verzeihe. Der Erlöser entsprach den Bitten Seiner geliebtesten Mutter; Er gewährte ihr jede Gnade, um die sie Ihn bat.

Oft empfahl sie Ihm auch die Seele ihres Bräutigams Josef, auf dass er immer mehr mit Gnade bereichert werde. Und so wurde Josef zusehends vollkommener und seine Liebe zu Gott nahm fortwährend zu. Er erkannte auch, wie Gott ihn auf ihre Fürbitte hin begünstigte; er fühlte es, wie in ihm der selige Liebesbrand sich steigerte und sagte zu Maria: «Ich erkenne, dass du mir diese Gnaden verdienst, denn seitdem dich Gott mir zur Gefährtin gegeben hat, wird mein Herz von der Liebe zu Ihm gleichsam aufgelöst und mein Geist findet an Ihm allein Trost und Ergötzen. Ich wünsche auch sonst nichts; in Liebe zu Ihm möchte ich mich ganz verzehren. Ich fühle, dass in meiner Seele etwas ist, was ich nicht begreife und es dir in Worten nicht sagen kann. Gott lässt mich Seine Liebe in einer überaus erhabenen Weise wahrnehmen; viel mehr als früher. Ich habe die feste Überzeugung, dass mir dies alles auf deine Bitten hin zuteil wird, denn Gott liebt dich sehr.» Als Maria ihren Gemahl so sprechen hörte, fing sie an, die Güte Gottes zu lobpreisen. Sie sagte zu Josef: «Du weißt, wie gut Gott ist und wie freigebig zu denen, die Ihn lieben. Du sehnst dich danach, Ihn unendlich zu lieben und wünschest, in Seinem Dienste ganz aufzugehen. Du bist bestrebt, in allem Seinen Willen zu tun. Wundere dich also nicht, wenn Gott dir gegenüber so freigebig und liebenswürdig ist. Weißt du nicht, dass Er ein großer Herr ist, der viel mehr geben kann, als wir empfangen können?» Da rief Josef aus: «O großer Gott, o guter Gott! O unendlicher Gott! Wann werde ich, dein Diener, dich so lieben können, wie es dir gebührt? Wann wird der Tag kommen, an dem ich ganz in deinem Dienst stehen darf?» Bei diesen Worten geriet er außer sich vor Freude.

Maria sah mit Wohlgefallen auf Josef; wie freute sie sich, zu sehen, wie die Gottesliebe sich immer mehr in ihm entfaltete! Sie lobte Gott und dankte Ihm im Namen ihres Gemahls. Josef bat sie auch öfter: «Danke und lobe du Gott für mich, da du dies besser zu tun verstehst, denn du bist weiser und mit Gnade ausgestattet!» Als Maria dies hörte, verdemütigte sie sich vor Gott und erhob die Güte und Herrlichkeit ihres Schöpfers. Sie lobpries Seine Freigebigkeit und sagte zu Josef: «Loben und danken wir zusammen unserem Gott, denn wir sind mehr als alle anderen Menschen dazu verpflichtet. Wenn Gott bis zur Stunde Sich den Geschöpfen in so bewundernswerter Weise freigebig gezeigt hat, umso wohltätiger hat Er Sich uns gegenüber erwiesen und wird es immer mehr sein, indem Er uns unter so vielen ausgezeichnet und zu den Seinigen erwählt hat.»

Nun lobten sie gemeinsam die göttliche Huld und Güte und dankten dafür. Maria und Josef sprachen auf dieser Heimreise sozusagen immer von Gott, von Seinen Herrlichkeiten, von Seiner unendlichen Güte und Liebe. Diese Gespräche waren dem Allerhöchsten sehr wohlgefällig. Er freute Sich über die Ehre und Verherrlichung, die sie Seiner göttlichen Majestät darbrachten. Der Sohn des Ewigen Vaters – eingeschlossen im Schoße seiner heiligen Mutter – offenbarte ihr, wie angenehm Ihm die glühende Sehnsucht des getreuesten Josef sei, wie reich seine Seele an Gnaden und Verdiensten und wie Er geneigt ist, ihm immer mehr zu schenken. Dafür dankte die heiligste Mutter an Stelle Josefs. Hierauf sagte sie zu ihm, er möge sich immer bemühen, in der Liebe und Sehnsucht zu wachsen, denn Gott sei bereit, ihm noch mehr Gnaden zu geben. «Ermüden wir niemals», sagte sie, «Ihn zu bitten, denn ich hoffe, dass wir viele Gnaden empfangen werden. Fahren wir fort, unseren freigebigsten Herrn zu loben und Ihm zu danken, denn Er verdient es und hat Wohlgefallen an der Dankbarkeit. Wir können nichts Besseres tun, als Ihm in allem getreu sein,

Ihn ununterbrochen loben und Ihm danken, denn immerdar spendet Er uns Seine Gnaden. Wenn wir Gott danken, dann machen wir uns zum Empfang neuer Gnaden und Gunsterweise fähig.» Josef war ganz darauf bedacht, die Worte seiner heiligen Gemahlin zu hören. Diese prägten sich seinem Herzen tief ein und entzündeten ihn aufs Neue in der Liebe und Dankbarkeit zu Gott.

Maria und Josef beendeten mit großer Glückseligkeit und Tröstung des Geistes ihre Reise. Sie bemerkten kaum, was für einen weiten Weg sie zurückgelegt hatten. Sie lobten und dankten Gott nun auch für diesen Erweis Seiner Güte und für alle Gnaden, die sie aus Seiner Hand empfingen.

Wieder daheim – Die ersten Tage

Nach der Ankunft in Nazareth waren Maria und Josef sehr zufrieden, ihr kleines Haus wieder betreten zu können. Die heiligste Jungfrau war so glücklich, weil sie in Andacht daran dachte, wie hier auf wunderbare Weise die Menschwerdung des göttlichen Sohnes bewirkt worden war. Josef, obwohl um dieses große Geheimnis nicht wissend, wurde mit reichem Troste erfüllt, weil er an diesem Orte besondere Gnaden und Gunsterweise von der Freigebigkeit Gottes erfahren hatte. Wie sie nun angekommen waren bat er seine Braut, sie möge ihn in ihr Gemach führen, damit sie dort gemeinsam Gott loben und ihm danken für die glückliche Rückkehr in ihre Heimat. Diese Bitte gefiel Maria. Sie knieten nun nieder, beteten Gott an und dankten Ihm.

Gott tröstete Josef mit einer erhabenen Verzückung, worin er die Wonnen des göttlichen Geistes verkostete und Bedeutungsvolles in Bezug auf die Heiligkeit Mariens begriff. Gott offenbarte ihm, wie teuer und angenehm Maria Ihm sei. Auch die heiligste Mutter wurde mit vielen Gnaden begünstigt. Josef befand sich eine Zeitlang in diesen Freuden; hierauf sah er, wie Maria ganz von Licht umstrahlt war. Er betrachtete sie eine Weile und schaute in ihr die Gnaden des Herrn.

Maria war ebenfalls zur höchsten Beschauung erhoben. Josef freute sich, sie von Gott so begünstigt zu sehen. Und er dankte Gott von neuem, dass Er ihm eine so heilige Gefährtin gegeben hatte; er weinte vor Freude und sagte bei sich: «O meine teure, geliebte Braut! Wie habe ich es verdient, mich deiner so wünschenswerten Gesellschaft zu erfreuen? O, niemals konnte ich mir diese Gunst erwerben. Nun deine unermessliche Güte, mein Gott, hat sie mir geschenkt! Du bist so freigebig mir gegenüber, obwohl ich nur dein geringer Knecht bin!»

Indessen kehrte auch die heiligste Mutter zu ihren Sinnen zurück und sie begann nun mit Josef von der Güte und Freigebigkeit des Schöpfers zu sprechen. Hierauf sang sie ein erhabenes Lied, wie es ihrer Weisheit entspross. Josefs Seele war übervoll der Freude und ganz hingerissen in der Liebe zu Gott. Immer inniger wurde auch seine Verehrung und Liebe zu Maria. Dann erzählte er ihr, was während ihrer Abwesenheit in dieser Kammer sich zugetragen hatte; wie er hierher ging, um zu beten; dass Gott ihm an diesem Orte viele Gnaden geschenkt und dass er hier soviel Trost in seinen Drangsalen erfahren hatte. Obschon die heiligste Mutter all dies durchschaut hatte, hörte sie Josef mit soviel Aufmerksamkeit zu, als wüsste sie nichts. Sie freute sich über diese Mitteilungen. In ihrer Demut sagte sie zu ihm, er möge alles der Freigebigkeit Gottes verdanken; denn Gott teile an manchen Orten reichlicher Seine Gaben aus und auch sie habe hier viele Gnaden erhalten. Josef war von den Worten Mariens ganz überzeugt und er bat sie, dass er ab und zu in dieses Gemach gehen dürfe, um zu beten; besonders aber, wenn er in Betrübnis sei, damit er hier Trost und Kraft von Gott erhalte. Und er sagte zu ihr: «Meine Braut! Obschon du mir genügst, mich in meinen Bedrängnissen zu trösten, so sehne ich mich dennoch, auch hierher gehen zu dürfen, um zu beten. Ich will aber nicht haben, dass dir dies zum Überdruss wird. Deshalb möchte ich es tun in der Zeit, wenn du damit beschäftigt bis, das Haus zu reinigen oder die nötige Speise zu bereiten. Aber keineswegs will ich dich stören.»

Maria neigte das Haupt und willfuhr bereitwilligst dieser Bitte. Darüber war Josef sehr erfreut. Er begab sich also manchmal auf kurze Zeit in dieses Kämmerlein, wo Gott Sich mehr als sonst seiner Seele wahrnehmen ließ. Oftmals fühlte sich Josef innerlich angezogen, wenn Maria dort betete. Um sie nicht zu stören, blieb er vor der Tür, kniete an der Schwelle nieder und bat Gott, Er möge ihm an dieser Stelle eine Erleichterung geben im Hinblick auf die heiligste Jungfrau Maria, die Er ihm zur Gefährtin gegeben hat. Gott säumte nicht, ihn zu trösten, indem Er Sich seiner

Seele reichlich mitteilte. Da Josef sich sehr unwürdig erkannte, bat er oft um Gnade ob der Verdienste seiner heiligen Gemahlin; wusste er doch, wie teuer und angenehm sie Gott war. Wenn Maria betete oder in einer Stellung war, dass Josef sie nicht sehen konnte, verneigte er sich öfters vor ihr. Er tat dies aus innerem Antrieb und meinte, dass dies von ihrer hohen Heiligkeit verursacht werde. Freilich war es eine andere Veranlassung, die er nicht wusste: Der eingeborene Sohn des göttlichen Vaters zog den Geist Josefs zu Sich, auf dass er Ihn im jungfräulichen Schoße Mariens verehre und anbete.

Josef bemerkte, wie in Maria immer mehr Anmut und Schönheit sich kundgab; er erkannte sie geschmückt mit den herrlichsten Tugenden. Er staunte und glaubte, dass Gott wegen ihrer Heiligkeit ihr immer neue Gunsterweise und Gnaden mitteile; und so war es auch. Vor allein aber ließ das göttliche Kind in ihrem reinsten Schoße Sein Licht in ihrer äußeren Erscheinung aufleuchten, um Seinen geliebten Josef zu stärken und zu erfreuen.

Wie bereits erzählt, hatten Maria und Josef folgende Lebensführung: Sie verrichteten die göttlichen Lobgebete, dann wieder arbeiteten sie, um mit ihren Mühen sich den nötigen Lebensunterhalt zu erwerben. Oft auch sprachen sie über die Herrlichkeit und Güte Gottes, was die Propheten über die Ankunft des Messias gesagt haben und was in den heiligen Schriften steht. Sie sprachen über vieles, was Josef bis dahin nicht verstanden hatte. Gerne ließ er sich von Maria aufklären, denn er gewahrte, dass sie sehr gut unterrichtet und weise war.

Wenn Maria von den wunderbaren Eigenschaften sprach, die der Messias haben werde, weinten beide vor Rührung. Die heiligste Mutter weinte aber auch deshalb, weil sie eine klare Erkenntnis davon hatte, was ihr göttlicher Sohn zur Erlösung des Menschengeschlechtes leiden werde. Sie hielt jedoch diese Schmerzen ihrer Seele verborgen; nie erzählte sie Josef davon, um ihm nicht große Betrübnis zu bereiten. Dieses Herzeleid trug sie ganz allein, ohne Mitleid zu suchen. Josef sah, dass seine Gemahlin oft weinte, wenn er mit ihr über die Ankunft des Messias sprach. Es fiel ihm auch auf, dass sie ihn nicht mehr ermahnte, den göttlichen Vater um das baldige Kommen des Messias zu bitten; aber er wagte es nicht, sie deswegen zu fragen. Josef dachte, dass Maria von Gott hierüber bereits Bescheid erhalten habe, dass ihre Bitten erhört worden seien und der Erlöser bald zur Welt kommen werde. Er bemerkte auch, dass im Angesicht Mariens eine wunderbare Helle erglänzte, sobald sie über den kommenden Messias sprach. Dies konnte er sich nicht erklären. Oft hatte er den Wunsch, die Ursache hievon zu erfahren; doch er erkannte sich für unwürdig, es zu wissen und sprach sich hierüber mit seiner Gemahlin nicht aus. Josef dachte aber, dass Gott großes Wohlgefallen an den Gesprächen mit Maria habe und dass Er zum Beweis hiefür diesen Glanz in ihrem Angesicht aufscheinen lasse. Über all dies freute sich der Heilige; aber er hielt sich einer so großen Gnade nicht wert. Er konnte auch beobachten, wie Maria oft in Göttliches versunken war, wie sie darin ganze Tage zubrachte, ohne zu essen. Josef meinte, Maria tue dies, um Gott zur baldigen Sendung des Messias zu bewegen. So war auch er bestrebt, sich der Speise zu enthalten, so dass er das zum Leben Notwendige sehr spärlich zu sich nahm. Maria aber ermahnte ihn, zu essen, um nicht die körperlichen Kräfte zu verlieren. Er antwortete in bescheidener Weise, sie möge sich zufriedengeben und ihn fasten lassen, denn das, was sie trotz ihrer Enthaltsamkeit nähre, sättige auch ihn.

Die heilige Mutter nahm davon Anlass, Gott zu loben. Dann sangen sie zusammen Lob- und Danklieder und sprachen unter sich von der göttlichen Wohltätigkeit. Josef wurde dadurch in seinem Geiste in besonderer Weise erneuert. Er bekam einen so tiefen Herzensfrieden, wie nie zuvor. Es schien ihm, in seinem Hause einen so großen Schatz zu haben, dass er nicht wusste, warum er weiterhin die Enge des Himmels um ihre Seligkeit beneiden sollte. Er schaute nicht mehr zum Himmel; es genügte ihm, seine Augen auf Maria zu richten, wobei sein Herz vollauf getröstet wurde. Josef wusste nicht, woher dies komme.

Manchmal überkam ihn eine gewisse Unruhe und er sagte bei sich: «Vielleicht liebe ich dich, mein Gott, nicht mehr aus ganzem Herzen wie früher. Ist etwa dies die Ursache, dass ich nicht mehr zum Himmel schaue, wo du wohnst, um so die Sehnsucht meines Herzens zu stillen?» Sorgfältig erforschte er sein Gewissen, aber er fand, dass er Gott über alles liebte. Dann wandte er sich wieder zu Ihm und sagte: «Ach, mein Gott! Du bist meine einzige Liebe, mein Gut, mein Alles. Mein Herz wünscht nur dich! Ich liebe meine Gemahlin nur insoweit, als ich sie voll deiner

Liebe und Gnade erkenne. Ich beabsichtige, dich in ihr zu lieben, denn ich sehe, wie du in ihr mittels deiner Gnade wohnst. Du selber hast sie ja mir zur getreuen Gefährtin gegeben und mir befohlen, dass ich sie liebe. Wahrlich, sie verdient es, geliebt zu werden, ist sie doch so heilig, so reich an Tugend und Gnade!» So beruhigte sich Josef und freute sich über die Gunsterweise von Seiten Gottes.

Als er unter so großen Tröstungen des Geistes die Tage verbrachte, mangelte es nicht an Drangsalen, die ihm von böswilligen Menscher bereitet wurden. Während er in seiner Werkstatt arbeitete kamen öfters Müßiggänger, um mit ihm zu sprechen und die Zeit totzuschlagen. Da aber der Heilige mit seinen Gedanken meistens ganz in Gott versunken war, schenkte er ihnen kein Gehör, weshalb sie ihn verlachten und beschimpften. Josef ertrug alles mit Edelmut. Manchmal fragten sie ihn, was mit seiner Gemahlin sei, wie sie es aushalten könne, mit ihm umzugehen, da er doch so albern sei. Diese Männer waren vom Teufel aufgestachelt, der alle Mittel versuchte, um Josef in Zorn zu bringen. Ihm aber gereichte dies nur zu noch größerer Tugendübung; er verabschiedete diese Männer in höflicher Weise und ermahnte sie, insoweit er erkannte, dass sie mit ihrem boshaften Gerede Gott beleidigten. Sobald sie sich entfernt hatten, zog Josef sich zurück, um zu beten. Er bat den Herrn, dass Er in Seiner Güte sie erleuchten und ihnen ihren Irrtum verzeihen möge. Auf diese Weise übte der Heilige Demut, Liebe und Geduld. Der höllische Feind knirschte immer mehr gegen Josef, noch mehr aber gegen seine heilige Gemahlin. Er wusste nicht mehr, wie er es anstellen sollte, um Unruhe und Zwietracht unter sie zu bringen; er war sehr niedergeschlagen und von ihnen ferngehalten durch göttliche Macht und auch durch die Kraft der Tugenden Mariens und Josefs, besonders durch ihre überaus tiefe Demut, Reinheit und innige Gottesliebe. Josef teilte seiner Braut mit, wie er in seiner Werkstatt oft so bedrängt werde. Sie ermutigte ihn, all dies mit Geduld zu ertragen, denn dadurch bereite er Gott viel Freude. Sie beteten alsdann für jene, welche sie verfolgten.

Gott wollte Seinen Diener aber bald mit einer Drangsal prüfen, wie er sie bis jetzt noch nicht erduldet hatte. Darum stärkte Er ihn zuvor mittels Seiner Gnade und vieler Gunsterweise.

Josef erleidet furchtbare Beängstigungen

Der Heilige war in der Gesellschaft Mariens überaus zufrieden und getröstet. Er war sehr glücklich, weil Gott ihm so viele Erweise Seiner Güte geschenkt hatte. Eines Tages nun beobachtete er mit größerer Aufmerksamkeit seine Gemahlin. Da erkannte er an ihr die deutlichsten Anzeichen der Schwangerschaft. Josef wurde sehr erschüttert und von einem heftigen Schmerz getroffen. Er wollte sich einreden, dass diese Zeichen von einer Krankheit kämen. Doch da er sie in der gleichen Frische und Geistesverfassung sah wie immer, sagte er bei sich: «Wenn Maria eine Krankheit hätte, würde sie nicht so gesund aussehen.» Und er fuhr fort: «O mein Gott, was ist dies, was ich an meiner Gattin bemerke? Träume ich oder bin ich wach? Vielleicht sehen meine Augen falsch. Ach, was sehe ich nun? Ich wage es nicht, sie darüber zu fragen, ist sie dir, Gott, doch so wohlgefällig. Man sieht aber deutlich, in welchem Zustand sie sich befindet. O mein Gott! Hilf mir, deinem Diener, und erleuchte mich, um dies zu verstehen, denn ich kann nichts anderes erkennen, als das, was ich mit meinen Augen deutlich sehe!» – Die heiligste Mutter hatte bereits diese Drangsal ihres Josef erkannt und bat Gott inständig, Er wolle ihm mit Seiner Gnade beistehen.

Josef zog sich für diesen Abend zurück. Er war vom Schmerz ganz überwältigt und dachte, was dies nur sein könnte. In dieser Nacht war für ihn die Ruhe sehr kurz. Als er erwachte, schien ihm jede Minute so lang, denn er sehnte sich so sehr, Maria wiederzusehen, um sich zu überzeugen, ob er sich getäuscht habe. Darum begab er sich frühzeitig in die Nähe ihrer Kammer, um dort zu warten, bis sie herauskomme; dabei war er ganz ängstlich.

Die heiligste Mutter verließ nun ihr Gemach und begrüßte Josef herzlich wie immer. Er sah sie an und fand sie schöner und anmutiger denn je. Im Übrigen aber bemerkte er an ihr die gleichen Anzeichen wie am vorhergehenden Tage. Da wurde sein Herz aufs Neue vom Schmerz getroffen, denn er sah, dass er sich nicht getäuscht hatte. Und er sagte: «Mein Gott! Wie tröstet mich die Schönheit und Anmut meiner Gemahlin, aber wie wird mein Herz getroffen, da ich an ihr die deutlichen Anzeichen der Mutterschaft sehe. Ach, mein Gott! Komm deinem Diener in diesem großen

Leid zu Hilfe! Mein Schmerz reicht hin, mir den Tod zu bringen, wenn nicht du mir Kraft gibst und mich mit deinem mächtigen Arm hältst!» – Die heiligste Mutter betete viel für Josef. Tatsächlich empfand er einige Erleichterung. Er dachte, die Sache ein wenig auf sich beruhen zu lassen und abzuwarten, wie es sich im Laufe der Zeit fügen werde. Josef nahm sich vor, sich nun nicht mehr so zu ängstigen; hatte er doch die Gewissheit, dass Gott ihn nicht verlassen werde. Der Allerhöchste werde es ihm schon offenbaren und selbst dafür sorgen. Er sagte zu sich: «Ich bin mir sicher, dass meine Gemahlin sehr heilig ist und Gott sie überaus liebt. Ich kann von ihr nichts Böses vermuten. Es ist besser, wenn ich eine Zeitlang warte, bis man den Ausgang der Sache sieht.» So suchte sich Josef zu beruhigen, was ihm freilich nicht ganz gelang; denn sooft er Maria sah, wurde sein Herz aufs Neue getroffen. Sie selbst zeigte sich mehr als je freundlich und liebevoll. In ihrem Innern bemitleidete sie Josef in seiner Angst.

Jeden Morgen wartete Josef mit großer Sehnsucht auf Maria, um zu sehen, ob die Zeichen der Schwangerschaft an ihr deutlicher würden. Und da dies der Fall war, ängstigte er sich so sehr, dass er anfing, sich zu verzehren, als wäre er von einer Krankheit befallen gewesen. Tatsächlich war dies für Josef ein viel größeres Leiden als jedes andere Übel, das ihn hätte treffen können; denn dieser Schmerz verwundete sein Herz und hielt ihn in überaus kummervoller Angst. Viele Gebete sandte Josef zu Gott empor. Er fastete, er gab Almosen zu dem Zwecke, dass Gott ihn trösten und erleuchten möge. Mit großer Liebe und innigem Mitleid schaute er auf Maria. Oft sagte er bei sich: «Meine Gemahlin, da du meine Freude bist, darum bist du nun auch die Ursache meines heftigen Schmerzes. Ach, wenn du wüsstest, in welchen Ängsten ich mich befinde, würdest du es nicht unterlassen, mir die Ursache deines Zustandes zu offenbaren.» – Die heiligste Mutter durchschaute die Gedanken ihres betrübten Josef. Auch sie empfand bitteren Schmerz; dennoch schwieg sie und ertrug alles mit Geduld, wartend, dass Gott Sich zum Mitleid bewegen lasse und Seinen Diener in dieser großen Angst tröste; darum bat sie Gott innigst. Doch der Allerhöchste wollte die Treue Seines gehorsamen Josef prüfen und ihm Gelegenheit geben, sich Verdienste zu erwerben.

Endlich entschloss sich Josef, seine Gemahlin zu fragen, wieso an ihr diese Zeichen erscheinen. Öfters fasste er diesen Entschluss, aber niemals brachte er ihn zur Ausführung; denn wenn er die Frage an Maria stellen wollte, hemmte ihn daran die tiefe Ehrfurcht vor ihr. So wurde seine Betrübnis immer größer und er sagte: «Ach, was ist das, mein Gott, was ich durchmache? Ich sehe deutlich, dass meine Gemahlin schwanger ist, aber sie zeigt sich mir gegenüber so liebevoll und geht mit mir so freundlich um. Ich könnte sie wegen dieser Anzeichen fragen; ich bin sicher, dass sie mir die Ursache nicht verschweigen würde. Und doch kann ich diese Frage nicht über meine Lippen bringen, um von diesem Schmerz befreit zu werden. Was dies sein mag? Ich kann es nicht verstehen. Nur du, o Gott, kannst mich trösten; deshalb nehme ich zu dir meine Zuflucht und lege dir mein großes Herzeleid dar.» Gott aber schwieg auf diese Bitten hin; Er ließ es zu, dass Sein Diener in diesen Ängsten blieb.

Maria bemühte sich, Josef mit verschiedenen Herzlichkeiten zu trösten. Sie diente ihm aufmerksam; sie bat ihn, er möge Speise zu sich nehmen. Sie fragte ihn, worin sie ihm Erleichterung verschaffen könne. Oft sang sie ein Lied, um ihren geliebten Gemahl zu erfreuen. Doch er konnte ihr nur das eine sagen, dass sein Herz sich in Traurigkeit befinde. Und er sprach zu ihr: «Meine Braut! Du bereitest mir viel Erleichterung in meiner Trübsal; doch weicht von meinem Herzen der Schmerz nicht. Bitte Gott, Er möge Sich mir erbarmungsvoll zeigen.» – Der betrübte Josef hätte so gerne noch mehr gesagt und ihr all sein Leid klar geoffenbart; doch er konnte es nicht. Er sagte bei sich: «Ist es möglich, dass Maria nicht weiß, warum ich mich in solcher Drangsal befinde? Ach, sie wird es nur zu gut verstehen, aber es vielleicht nicht offenbaren können!»

Josef verdemütigte sich sehr und weinte oft im Angesichte Gottes. Er sagte, dass er diese Heimsuchung wohl verdiene, denn er wäre für die vielen Wohltaten von Seiten Gottes undankbar gewesen. Und wie er sich als den glücklichsten Menschen der Welt erkannte, da er eine so heilige, liebenswürdige Braut bekommen hatte, so erachtete er sich nun in seinem Leid als den Bedrängtesten, den es je gegeben hat. Sein Schmerz wurde immer größer, denn er erkannte, dass das Kind, das Maria in ihrem Schoße trug, bald zur Welt kommen musste. Josef wurde oft ganz verwirrt; er fand in seinem Herzeleid keine Ruhe. Manchmal machte er seinem Schmerze Luft, indem er bei sich über seine Gemahlin klagte und seufzend ausrief: «Ach, wie kannst du es übers Herz bringen, mich in so großer Angst zu lassen? Wodurch habe ich dich jemals beleidigt oder dir Missfallen bereitet, dass du so hart sein kannst? Du hast für jetzt dein Verhalten mir gegenüber geändert. Du, die du so tröstend und liebenswürdig warst, bist jetzt ohne Erbarmen. Du weißt doch die Ursache meines Herzeleides und dennoch hältst du mir alles verborgen!» Die Mutter des göttlichen Kindes vernahm die Klagen ihres geängstigten Josef. Sie hatte Mitleid mit ihm und war betrübt; doch sie konnte ihn von seiner Angst nicht befreien. Sie schwieg, da sie ihm das Geheimnis nicht enthüllen durfte; hatte sie doch von Gott keinen Auftrag, es zu offenbaren. Maria unterließ es aber nicht, für ihren Gemahl viel zu beten.

Josef begab sich dann zur Arbeit, doch verließen ihn die Kräfte und er bekam öfters Ohnmachtsanfälle. Deshalb kehrte er in sein kleines Gemach zurück und sagte: «Ach, Gott, wohin soll ich gehen, um Trost zu finden, da Maria, die früher meine ganze Freude war, jetzt die Ursache all meines Schmerzes ist? Denn wenn ich sie in diesem Zustand nur sehe, wird mein Herz aufs Neue vom Schmerz durchwühlt. Und dennoch fühle ich mich heftig angezogen, zu ihr zu gehen und mit ihr zu sprechen. – Und Josef ging nun zu ihr; aber er schlug die Augen zu Boden, um sie nicht zu sehen. Maria sprach zu ihm mit solcher Liebe und Anmut, dass sein Herz große Erleichterung empfand. Doch als er unwillkürlich seinen Blick auf sie richtete, wurde er abermals vom Schmerze getroffen. – Nun nahm sich Josef vor, seiner Gemahlin gegenüber ein ernstes Gesicht zu machen und sich soviel als möglich ferne von ihr aufzuhalten. Dies aber brachte er nicht zustande; denn wenn er sie sprechen hörte, fühlte er sich von ihrer Liebe ganz hingerissen. Infolgedessen zeigte er sich – wenn auch betrübt – doch sehr freundlich. Viele Entschlüsse fasste Josef, ohne dieselben zu verwirklichen. Ja, so manches wollte er unternehmen, doch die göttliche Gnade in seiner Seele bewirkte, dass er ihr entsprechend handelte.

Josef fühlte sich von Gott verlassen und auch der Engel gab sich ihm nicht mehr kund. Immer hatte er die Ursache seines Schmerzes gegenwärtig; aber dennoch übte er sich in der Geduld, Ergebung, Liebe und Bescheidenheit in erstaunlicher Weise. Niemals sagte er seiner Gemahlin etwas von seinem Leid, wenngleich er ihren Zustand deutlich erkannte. Er vermutete nichts Böses, er bildete sich kein Urteil, er gab sich nicht der Verzweiflung hin, sondern wartete ganz ergeben, dass Gott ihn trösten und ihm die Herkunft dieser Mutterschaft offenbaren werde. In dieser Zeit übte Josef in heldenmütigster Weise viele Tugenden und wurde dadurch würdig, die große Gnade zu empfangen, dass der Engel ihm zur bestimmten Zeit das erhabenste Geheimnis der Menschwerdung des ewigen Wortes in Maria offenbaren durfte.

Während Josef sich in tiefster Betrübnis befand, sprach er bei sich: «Es zeigt sich deutlich, dass meine Gemahlin nicht mehr lange auf die Geburt eines Kindes warten muss. Was soll ich tun? Anklagen, wie es das Gesetz vorschreibt, darf ich sie nicht, denn ich bin sicher, dass sie heilig ist; ich kann nichts Böses von ihr denken. Da ich aber von der Herkunft dieses Kindes nichts weiß, habe ich nicht den Willen, es als das meinige anzuerkennen; habe ich doch keinen Teil an ihm. Es wird besser sein, wenn ich fortgehe und umherirre und so meine Tage in Bitterkeit und Schmerz beschließe. Aber es ist unmöglich, dass ich ferne von Maria leben kann. Wie werde ich den Mut haben, sie zu verlassen? Ist sie doch so heilig, so liebenswürdig, so reich an Tugenden! Und dennoch werde ich dazu genötigt sein, um mich von dieser furchtbaren Angst zu befreien.»

Josef fasste also den Entschluss, Maria zu verlassen; untröstlich weinte er. Sein Herz war in ein Meer von Schmerz und Bitterkeit getaucht; er fand keine Stärkung in seinem schweren Kummer. – Als es Abend geworden war, zog er sich in sein kleines Gemach zurück. Dort kniete er nieder und flehte Gott um Seine Hilfe an mit den Worten: «O Gott Abrahams, Isaaks und Jakobs, o mein Gott! Du hast mich von meiner Kindheit an behütet und mir verheißen, mir beizustehen und mich auf allen meinen Wegen zu bewachen. Ach, ich bitte dich, du mögest ob deiner unendlichen Güte, Allmacht und Weisheit, sowie um der Liebe willen, die du mir immer erwiesen und die du zu meiner Gemahlin Maria hast, die Verheißung deines ständigen Beistandes einhalten. Ach, verlasse mich nicht in dieser größten Bedrängnis! Ich werfe mich ganz in deine väterlichen Arme. Mache mit mir das, was deiner göttlichen Majestät gefällt. Ich empfehle dir meine Gefährtin, die du mir zur Betreuung anvertraut hast. Bis zur Stunde habe ich mich bemüht, meine Pflicht zu erfüllen; nun aber überlasse ich Maria deiner väterlichen Sorge. Ich entferne mich von ihr aus dem Grunde, den du weißt, ist doch deiner Majestät alles bekannt. Ich habe diese Strafe verdient, denn ich verstand es nicht, aus den heiligen

Beispielen und Ratschlägen Mariens Nutzen zu ziehen. Ich will nun für meine Sünden büßen.

Wenn es mir auch vorkommt, dass ich dieselben nicht erkenne, so sind sie dir doch bekannt. Deshalb bitte ich dich um Verzeihung und um die Kraft, einen so heftigen Schmerz ertragen zu können. Ich habe nicht den Mut, mich von meiner Gemahlin zu verabschieden; darum flehe ich zu deiner Güte, du wollest sie in dieser großen Bedrängnis trösten und auf jeden Fall verteidigen. Indessen bitte ich dich: Segne mich und lenke meine Schritte, damit ich mich zuerst nach Jerusalem begeben kann, um dort im Tempel dich anzubeten und auf deinen Willen zu hören, wenn es dir gefällt, mir denselben zu offenbaren. Ich bitte dich, schau auf die Not meines Geistes und die Bedrängnis meines Herzens und habe Erbarmen mit mir!»

Nachdem Josef seinen Schmerz vor Gott ein wenig ausgeschüttet hatte, wandte er sich im Gedanken an seine Braut und beklagte sich liebevoll bei ihr: «Ach, meine Taube!» sprach er, «meine unschuldige Taube! Siehe, ich entferne mich von dir. O! Wie kannst du es übers Herz bringen, mich in solcher Bedrängnis zu sehen und mir nicht einen Tropfen Trostes von Gott zu erflehen? Warum teilst du mir die Ursache deiner Mutterschaft nicht mit? Hast du mir doch immer eine so große Liebe erwiesen. In dieser schweren Sache aber scheinst du mich vergessen zu haben. O, was werde ich ferne von dir tun, die du mein ganzer Trost bist? Meine teure, geliebte Braut! Sieh, ich verlasse dich. Wer weiß, ob ich das Glück haben werde, dich wiederum zu sehen. Ich lasse dich allein, Geliebteste! Ach, wenn mein Herz auch verschmachtet vor Schmerz, weil ich dich verlasse, so muss ich dies doch unter diesen Umständen tun; denn ich weiß keinen anderen Ausweg, um dich von der Strafe zu befreien, die vom Gesetz angedroht ist. Es scheint mir auch, dass ich mich auf keine andere Weise von dieser Drangsal losmachen kann.»

Unter bitterem Weinen erhob sich Josef vom Gebete und nahm, was er für seine Wanderung für notwendig hielt. Er richtete ein kleines Bündel zusammen. Alsdann begab er sich ein wenig zur Ruhe und wartete auf das Nahen des Tagesanbruches. Er war entschlossen, am frühesten Morgen abzureisen, damit seine Gemahlin ihn nicht bemerke und auch keine Nachbarin oder sonst jemand. – Indessen sandte Maria innigste

Flehrufe zu Gott, Er möge den betrübtesten Josef trösten, denn auch sie befand sich in tiefer Traurigkeit.

Der Engel verkündet Josef die Menschwerdung des Gottessohnes

Nachdem Josef eingeschlafen war, erschien ihm der Engel und sprach zu ihm im Traume: «Josef, Sohn Davids, fürchte dich nicht, Maria als Gattin zu dir zu nehmen; denn der Sohn, den sie in ihrem Schoße trägt, ist durch das Wirken des Heiligen Geistes empfangen worden. Deine Gemahlin wird diesen Sohn gebären, Ihm sollst du den Namen Jesus geben. Er wird das Heil Seines Volkes und der ganzen Welt sein. Er kommt, um die Welt von der Knechtschaft der Sünde zu erlösen. Mögest du die erhabene Gnade anerkennen, die Gott dir geschenkt hat, indem Er aus Maria den verheißenen Messias geboren werden lässt. Sieh, wie heilig und würdig deine Gemahlin ist. Du willst sie verlassen, während Gott sie zur Mutter Seines Eingeborenen Sohnes erwählt hat?»

Der Engel entschwand und Josef wurde durch die Heftigkeit der Freude wach. Es bedurfte eines Wunders der göttlichen Macht, dass Josef im Übermaß dieser Freude nicht seine Seele aushauchte. Mit erhobenen Händen rief er nun aus: «O Gott! Mein Gott! O Gott, von unermesslicher Güte! Wie habe ich das verdient? Wer hätte jemals gedacht, dass deine Majestät mir eine so große Gnade schenken würde?» Dann warf sich Josef zur Erde und unter heißen Tränen bat er Gott um Verzeihung, dass er den Entschluss gefasst hatte, Maria zu verlassen. Er beweinte dieses Vorhaben und sagte: «O mein Gott! Wie undankbar bin ich gewesen gegenüber der größten Wohltat, die du mir erwiesen, indem du mir ein so würdiges Geschöpf zur Gefährtin gegeben hast! Ich war verwegen, unüberlegt; ja ich wollte meine Braut vergessen und sie verlassen. Hättest du mir nicht dieses große Geheimnis geoffenbart, wäre ich abgereist und hätte all mein Glück verloren. Was wäre aus mir, dem Armseligen, geworden? O, wie gut bist du, mein Gott, wie freigebig mit deinen Gnaden mir gegenüber, der ich so undankbar bin! Ich glaube aber zuversichtlich, dass du mich um der Verdienste und Fürbitten Mariens willen so getröstet hast. Deshalb bitte ich dich nun, du mögest ob ihrer Verdienste mir den begangenen Fehler verzeihen!» – Noch immer lag der demütige Josef am Boden und bat Gott um Vergebung. Da ließ der Allerhöchste Sich dem Herzen Josefs vernehmen. Er versicherte ihn nicht nur der Verzeihung, sondern auch Seiner Liebe, indem Er zu ihm sprach: «Josef, mein getreuer Diener, Ich liebe dich!» Der Heilige war nun über die Maßen getröstet. Sogleich sagte er Gott innigsten Dank und jubelnden Herzens wiederholte er die Worte des Psalmensängers: «Wenn auch der Leiden Menge mir im Herzen wühlte, so wurde meine Seele wieder froh durch deinen Trost!»

Hierauf hatte Josef die größte Sehnsucht, Maria bald wiederzusehen. Er sagte bei sich: «Ach, meine teure Gemahlin! Du würdigste Mutter des Sohnes Gottes! Wie soll ich vor dir erscheinen? Mein Herz sehnt sich danach, dich wiederzusehen, aber ach! Ich fürchte, dass du mich von dir weisest; das könntest du mit Recht tun; hast du doch meine Undankbarkeit bereits durchschaut. Wenn aber Gott mir verziehen hat, hoffe ich, dass auch du mir verzeihest, denn auch du bist voll Güte und Milde. O heiligste Mutter, es wundert mich nicht, dass ich in dir soviel Licht gesehen habe. Du trägst ja in deinem Schoße den Sohn des Allerhöchsten und ich, der Erbärmliche, habe mich von dir in allem Nötigen bedienen lassen. O, warum hast du meine Verkehrtheit, meine Verwegenheit nicht getadelt? Ach, geliebte Braut! Wie kann ich nun vor dir erscheinen? Aber mein Herz verlangt danach, dich wiederzusehen, um dich um Verzeihung zu bitten und in dir die Majestät meines Gottes anzubeten.»

Indessen begab sich der überglückliche Josef vor die Kammer, worin die heiligste Mutter weilte. Er kniete an der Tür nieder, um sie zu erwarten, auf dass er ihr die Ehrfurchtsbezeigungen leiste, wie sie der Mutter des göttlichen Sohnes gebührten. Josef kam nun in Verzückung, worin er seine heiligste Braut im Gebete sah. Er schaute auch das Mensch gewordene, göttliche Wort in ihrem allerreinsten Schoße und betete es an. – Seine Seele war von höchster Freude durchflutet. Zur selben Zeit wurden ihm die erhabensten Geheimnisse dieser heiligsten Menschwerdung geoffenbart. Als Josef nach dieser wunderbaren Schau wieder zu sich gekommen war, hatte die heiligste Mutter ihr Gemach noch immer nicht verlassen. Mittlerweile schickte er sich an, das Haus in Ordnung zu bringen und das Bündel auszupacken, das er sich für die Abreise zurechtgerichtet hatte.

Dann kniete er sich wieder an der Schwelle nieder, um auf Maria zu warten. Nun schritt sie ganz von Licht umflossen aus ihrer Kammer; sie war über alle Begriffe schön und anmutig. Der glückselige Josef betete aufs Neue den Mensch gewordenen Gott an. Er machte eine tiefe Kniebeugung und weihte sich ganz Seinem Dienste. Hierauf brachte er der heiligsten Mutter seine Ehrenbezeigung dar und bat sie um Verzeihung wegen des gefassten Entschlusses. Er bot sich ihr als ergebenster Diener an und sagte unter Tränen des Schmerzes und der Freude: «Du heiligste Mutter des göttlichen Sohnes! Ich verehre dich und bitte dich um Verzeihung. Ich bin nicht würdig, mich in deiner Gegenwart aufzuhalten, vielmehr verdiene ich es, dass du mich abweisest.» Josef verdemütigte sich nun sehr; er bezeugte ihr seine große Ehrfurcht und betonte immer wieder, wie schmerzlich er es empfinde, dass er ihr gegenüber so schmählich gehandelt habe. Maria aber zeigte sich ihm untertänigst; sie versicherte ihn ihrer Liebe, sie bemitleidete ihn, dass er sie verlassen wollte. Maria nahm sein Angebot, ihr zu dienen nicht an; es war ihr Wille, dass man die bisherige Hausordnung nicht ändere.

Josef erzählte ihr, was der Engel ihm im Traume kundgetan hatte. Er war nun froh darüber, dass er in den vergangenen Wochen und Monaten so viele Beängstigungen und Schmerzen ausgestanden hatte; verdiente er sich doch dadurch die hohe Gunst, mit wissend zu werden um das höchste Geheimnis von der Menschwerdung des Gottessohnes. Und er sagte zu Maria: «Welch eine Freude ist in mir! Ich vermag dies gar nicht auszudrücken, doch wirst du es bemerken. Ich bitte dich, danke du unserem Gott von unendlicher Güte an meiner Statt.» Nun brachten sie zusammen Gott Lob und Dank dar.

Maria und Josef sprachen dann eine Zeitlang über die einzigartige Gnade, die Gott durch die Sendung Seines Sohnes der Welt erwiesen und erwogen dann die ihnen zuteilgewordene höchste Auszeichnung, dass der Messias in Maria das menschliche Fleisch angenommen hat. Josef sagte zu seiner Gemahlin: «Wer hätte jemals gedacht, dass der Messias von dir geboren werden und mit uns sein will? O welch ein herrliches Los ist uns zuteil geworden! Wer wird jemals eine so große Güte und Freigebigkeit gebührend loben und dafür hinreichend danken können? Ich bin hiezu ganz und gar unfähig, aber du, meine liebste Gemahlin, kannst dies in entsprechender Weise tun; bist du doch zur Mutter des Messias auserwählt worden.» Maria verdemütigte sich, als sie diese Worte hörte, denn sie erachtete sich dieser Auszeichnung nicht würdig. – Auf diese Erwägungen hin erfreuten sich beide der höchsten Erhebung ihres Geistes zu Gott. Hierauf erzählte Josef der heiligsten Mutter, welche Wunderzeichen er an ihr in den letzten Wochen bemerkt habe; wie er oft nicht umhin gekonnt habe, zu ihr zu gehen und vor ihrer Person eine tiefe Verbeugung zu machen, wenn sie ihn nicht sah.

«Es wundert mich nicht», sagte er, «wenn ich durch innere Anregung dazu gedrängt wurde; wohnt doch in dir Gottes Sohn, der meinen Geist anzog, um Ihn, den Ersehnten, anzubeten. Überdies erfuhr ich im Umgang mit dir eine so wunderbare Tröstung, dass ich dir nicht ferne sein konnte, ohne mir große Gewalt anzutun. – Ach, mein Gott! Du zogst mein Herz an wie ein feiner Magnet und ich wusste nicht, woher dies kam. Ich betete dich an, aber ich kannte dich nicht. Ich wünschte, immer in Deiner anbetungswürdigen Gegenwart zu sein, wusste jedoch nicht, wo du weiltest. Ich lobe und preise deine Heiligkeit, die ich nicht so angebetet habe, wie ich es schuldete, denn ich erkannte dich nicht. Aber dennoch hast du mir so große Gnaden geschenkt.»

Dann sagte er zu Maria, dass er ihr Angesicht oft von einem wunderbaren Licht umstrahlt gesehen habe; andere Male habe er einen so lieblichen Wohlgeruch wahrgenommen, dass er nicht wusste, womit er ihn vergleichen könne und sei dadurch sowohl der Seele als auch dem Leibe nach erquickt worden. Er habe auch gefühlt, wie er bei ihrem Anblick vor der Majestät erschrak, aber gleichzeitig von Zuversicht und Vertrauen beseelt wurde. «Ich glaubte aber», sagte Josef, «dass dies von der göttlichen Gnade herkomme, die sich in deine Seele überreichlich ergossen hat und weil du im Gebete mit Gott verbunden bist. Niemals aber habe ich es durchschaut, dass das göttliche Wort Sich herabgelassen hat, um in deinem Schoße Mensch zu werden. O, wenn ich das gewusst hätte, würde ich nicht so große Undankbarkeiten gegen meinen Mensch gewordenen Gott begangen haben! Ich hätte dich niemals im Hause die niedrigsten Dienste verrichten lassen. Ach, wie ganz anders wäre mein Verhalten gewesen; um wie viel öfter würde ich Gott in deinem reinsten Schoße angebetet haben.»

Maria antwortete, dass Gott es so zugelassen habe. Sie müsse auch fernerhin, obschon zur Mutter Seines Eingeborenen bestimmt, die Niedrigkeit erwählen und dienen wie bisher, da sich doch auch der Sohn des Allerhöchsten so verdemütigt und erniedrigt hat. – Josef war beschämt, als er die heiligste Mutter so sprechen hörte. Es tat ihm weh, dass er trotz seines Anerbietens, ihr zu dienen, seine Absicht nicht erreichen konnte. Er beklagte sich, dass sie von ihm nicht in allem bedient sein wolle. Oft sagte er: «Meine teuerste Gemahlin, lass mich dir dienen, denn ich will damit Gott selber diesen Dienst erweisen, der doch in dir wohnt.»

Maria entgegnete ihm liebevoll, er möge sich noch ein wenig gedulden; die Sehnsucht könne er stillen, sobald das göttliche Kind das Licht der Welt erblickt habe. «Dann werden wir Ihm gemeinsam dienen», sagte sie, «wir können Ihn dann in unseren Armen halten, die Ihm öfter als einmal zur Wiege dienen werden, darin Er seine Ruhe nehmen wird.» Bei diesen Worten brach Josef in Tränen der Freude aus und sagte: «O Mutter des Sohnes Gottes! Soll ich mich also wirklich in Bälde des Glückes erfreuen dürfen, meinen Erlöser an meine Brust zu drücken und in meinen Armen zu halten? O welch eine Gnade! Wieso wird mir dies zuteil?» Als Josef dies erwog, geriet er außer sich vor Freude, wobei sich die göttliche Liebe in ihm so sehr entzündete, dass sein Antlitz ganz gerötet wurde. Maria freute sich über das Glück ihres Gemahls und sagte Gott Dank an seiner Statt. In solchen Stunden erhielt Josef vom göttlichen Sohne viele Erleuchtungen über Seine erhabene Menschwerdung. Darüber sprach er dann mit der heiligsten Mutter. Sie war hocherfreut, als sie Josef so Wunderbares erzählen hörte und nahm das zum Anlass, die Herrlichkeit der Werke Gottes und Seine große Güte zu lobpreisen. Durch diese Gespräche wurden Josef und Maria in immer größeres Staunen versetzt, so dass sie zusammen ausriefen: «O unaussprechliche Güte unseres Gottes! O unermessliche Liebe! Wer würde jemals geglaubt haben, dass Gott von unendlicher Macht Sich würdigen will, mit uns zu leben, in solcher Armut und unbekannt vor der Welt?»

Maria lehrte dann Josef, dass es ihre Pflicht sei, Ersatz zu leisten für alle Geschöpfe, die den Mensch gewordenen Gott nicht erkennen. Ihnen beiden sei das Glück zuteil, Ihn zu erkennen und sogar Umgang mit Ihm zu haben. Deshalb müssen sie jederzeit den Sohn des Allerhöchsten loben,

Ihm danken, Ihm die höchste Ehre erweisen, Ihn lieben, ja einer solchen Auserwählung in allem so gut als möglich entsprechen.

Das Verhalten des Heiligen vor der Geburt Jesu

Nach diesen Gesprächen kamen Maria und Josef darin überein, ihre Lebensweise zu führen wie bisher. Die heilige Mutter entsprach mit Freude dem Wunsche Josefs, das göttliche Kind in ihrem Schoße anzubeten. Sie gestattete ihm, dass er dies tun dürfe, sooft es ihm gefalle. Darüber war Josef sehr zufrieden, denn er erkannte, dass dies der Wille Gottes sei. Er bedankte sich und begab sich hierauf ganz freudig zu seiner Arbeit; seine Gedanken aber weilten immer bei dem Mensch gewordenen Gott und sein Herz liebte Ihn gar sehr. Der Heilige konnte sich nicht lange Zeit allein aufhalten. Er begab sich oft voll Innigkeit zur heiligsten Mutter. Vor ihr kniete er nieder und betete Gott in ihrem Schoße an, wobei er immer mehr von göttlicher Liebe entzündet wurde. Manchmal begab er sich dann still gleich wieder zur Arbeit, besonders, wenn er erkannte, dass Maria ganz in Gott versunken war. Sobald er sie aber mit einer Arbeit beschäftigt fand, unterhielt er sich mit ihr in kurzen Gesprächen, die zum Lobe Gottes gereichten.

Der glückliche Josef erfuhr bei diesen Besuchen große Wirkungen in seiner Seele. Oftmals wurde er sogar in Verzückung hingerissen. In solchen Stunden sah er manchmal den Mensch gewordenen Gott unverhüllt im jungfräulichen Schoße Mariens. Er betete Ihn an und opferte sich Ihm auf. Das göttliche Kind aber schaute Josef mit großer Liebe an. Josef erzählte dann alles der heiligsten Mutter. Er schilderte ihr sogar die Gesichtszüge, die er während seiner Geisteserhebung am göttlichen Kinde bemerkte, indem er sagte: «Meine heiligste Gemahlin! Wie schön, wie anmutig, wie lieblich ist unser Mensch gewordener Gott! Ich halte es für gewiss, dass durch Seine Schönheit allein schon unser Herz in einem Paradies von Freuden leben wird und dass Er die Herzen aller Menschen an Sich ziehen wird. Wer könnte jemals Seiner Liebe widerstehen. Wer wird sich zurückhalten können, Ihn zu verehren? Wird doch schon im Gedanken an Seine Schönheit das Herz hingerissen. Und erst wenn Seine Schönheit unverhüllt zu sehen sein wird? Wir Glücklichen! Uns wird es zuteil, Ihn immer unter uns zu sehen und im Hause mit Ihm verkehren zu dürfen. Ach, selbst die Engel werden uns um dieses Los beneiden!» Während Josef dies sagte, weinte er vor Freude. Maria sang nun dem göttlichen Kinde Lieder, die ihrem Geiste entsprangen. Josef war von der Lieblichkeit dieser Gesänge entzückt. Er dankte Gott für die Gnaden, welche Er der heiligen Mutter gegeben.

Bevor Josef sich zur Arbeit begab oder das Haus verließ, um Besorgungen zu machen, kniete er vor seinem Mensch gewordenen Gott nieder und bat um den Segen, den er reichlich erhielt. Es tat ihm Leid, dass er seiner Gemahlin nicht das bieten konnte, was er gerne wollte. Josef war nicht nur bemüht, Maria zu dienen, er wollte ihr auch die Nahrung verschaffen, die ihrer zarten Natur entsprach. Deshalb sagte er öfter zu ihr: «Meine teuerste Gemahlin! Es schmerzt mich, dass ich dir nicht kaufen kann, wessen du bedürftest. Infolge meiner Armut bin ich genötigt, gewöhnliche Lebensmittel einzukaufen. Unser Gott, der Herr über alles Leben, muss daher von dir eine minderwertige Nahrung nehmen.» Ob dieser Worte lächelte Maria; sie ermutigte Josef, sich deshalb das Herz nicht schwer zu machen, denn ihr göttliches Kind sei damit zufrieden. Wenn Gott es anders wollte, wäre die Möglichkeit gegeben.

Bisweilen kamen sie ins Gespräch, welche Lebensweise der Gottmensch führen werde und wie Er leiden werde, da Er mit ihnen die große Armut teilen müsse. Dabei weinten sie. Maria erzählte manchmal Abschnitte aus der Heiligen Schrift und aus den Psalmen Davids, worin die Leiden des kommenden Messias vorhergesagt sind. Maria schilderte nach den Angaben der Heiligen Schriften das schmerzliche Leiden ihres göttlichen Sohnes zur Erlösung der Menschen. Sie tat dies aber mit großer Vorsicht, um Josef nicht so ergriffen zu sehen; denn wenn er solches hörte, wurde er nahezu ohnmächtig in tiefstem Seelenschmerz und weinte bitterlich. Maria offenbarte ihm auch nur dann teilweise, was Jesus leiden werde, wenn sie erkannte, dass dies der Wille Gottes sei. Gott wollte es, dass Josef inmitten der höchsten Freuden auch manchmal Bitterkeit erfahre. Wenn Josef mit Maria derartige Gespräche führte, erleuchtete ihn Gott, so dass er erkannte, wie das göttliche Kind sich ob der dem Vater zugefügten Beleidigungen bereits betrübte. Diese Tatsache schmerzte ihn zutiefst. Er teilte dies seiner Gemahlin mit, worauf beide weinten. Sie opferten dem göttlichen Vater ihr Mitleid auf, um Seinen Grimm gegen die sündige Menschheit zu besänftigen und flehten Ihn um ihre Bekehrung an. Josef rief zu Gott: «Ach, wie schrecklich und traurig ist es, dich mein Gott, so beleidigt zu sehen in einer Zeit, da du der Welt eine so große Barmherzigkeit erweisest, indem du zu ihrer Erlösung deinen Sohn sendest. Wie ist es möglich, dass eine solche Liebe mit soviel Undank vergolten wird? Aber, o weh! Die Welt weiß noch nichts von deinem Erbarmen. Ich habe bereits das Glück, um dieses große Heilsgeschehen zu wissen, weshalb ich für das Versagen aller Ersatz leisten sollte. Ich beteure dir, dass ich trotz meiner Armseligkeit und Unwürdigkeit mich danach sehne und die Absicht habe, dich im Namen aller Geschöpfe zu lieben, zu preisen und dir zu danken. Gib deinem Diener dazu Geist und Kraft, dies entsprechend zu tun.»

Gott nahm die Beteuerungen Seines geliebten Dieners Josef mit Wohlgefallen an und gab ihm dafür klare Beweise, indem er seinen Geist mit Wonne sättigte und sein Herz dermaßen mit Liebe erfüllte, dass sein Angesicht geradezu glühend erschien. An solchen Tagen hatte er auch kein Bedürfnis nach Speise; er war von diesen überirdischen Freuden an Leib und Seele gesättigt. – Josef war mit seinen Gedanken immer bei Gott, dem einzigen Gegenstand seiner Liebe, so dass er auf alle irdischen, nebensächlichen Dinge vergaß. Seitdem er um die wunderbare Menschwerdung des Gottessohnes wusste, hatte sein Geist nicht mehr die Fähigkeit, anderes in sich aufzunehmen. Er sprach sozusagen ununterbrochen mit seinem Mensch gewordenen Gott. Wie viele Akte der Liebe, der Dankbarkeit, der Ergebenheit brachte er Ihm dar! Infolgedessen sagte er zu den Leuten, die wegen Arbeitsanschaffung zu ihm kamen, oft nur das eine: «Loben wir Gott! Lasst uns Ihn immer loben! O wie wunderbar ist Er in Seinen Werken! O wie groß ist Seine Liebe!» Einige Gottesfürchtige erbauten sich an diesen Worten; andere hingegen, die in Sünden verstrickt waren, verspotteten ihn oder hielten ihn für betrunken, wie dies einst die Hebräer von den Aposteln behaupteten, als diese vom Heiligen Geiste erfüllt mit glühendem Eifer über Christus sprachen. Josef beklagte sich niemals über diese Spötter; er opferte Gott alle Verachtungen und Verhöhnungen auf und bat ihn, diesen Menschen zu verzeihen. Und er redete weiterhin von der unendlichen Güte und Herrlichkeit Gottes.

Der Heilige vervielfachte jetzt auch die Gebete für das Heil der Menschen, insbesondere für die Sterbenden. Wenn er erfuhr, dass in der Stadt ein Schwerkranker war, flehte er den kommenden Erlöser innigst an, dem Betreffenden entweder die leibliche Gesundheit oder das ewige Heil zu schenken. Und wenn Josef wusste, dass in der Nähe ein verstockter Sünder war, vergoss er heiße Tränen vor dem Mensch gewordenen Gott und bat solange, bis er dessen Bekehrung erlangt hatte. Auch die heiligste Mutter betete in dieser Angelegenheit; an ihren Fürbitten hatte Gott großes Wohlgefallen. Maria ward von der ewigen Weisheit – Gott – geleitet. Auch Josef wurde durch wunderbare Erleuchtungen und Eingebungen geführt. Er erhielt außerdem von Maria Unterweisungen, obschon sie in der Zeit ihrer Schwangerschaft meistens innerlich mit dem göttlichen Kinde sprach. Oft hatte er Sehnsucht, sie sprechen zu hören; er lauschte aufmerksam ihren Worten und erwog sie in seinem Inneren.

Wiederholt fragte Josef seine Gemahlin, wie er dem noch ungeborenen Sohne Gottes Freude bereiten könne. Er fügte hinzu, es möge sie diese Frage nicht wundern, denn sie werde es ja wissen, da sie das göttliche Kind unter ihrem Herzen trägt. Maria machte ihn bald auf diese, bald auf jene Tugendübung aufmerksam. Sie sagte öfters zu ihm: «Es bereitet unserem Mensch gewordenen Gott große Freude, wenn man Ihm das Herz schenkt. Schon damals, als uns so frühzeitig der Vernunftgebrauch zuteil wurde, haben wir uns Gott ganz hingegeben. Bringen wir Ihm nun wiederum unser Herz zum Opfer dar! Erneuern wir diese Hingabe öfter mit der Sehnsucht, Ihm alle Herzen zu schenken, wenn wir darüber verfügen könnten.» Diese Belehrung gefiel Josef. Er dankte Maria und bat ihr göttliches Kind, sie dafür zu belohnen. – Manchmal war Josef stärker als sonst von der göttlichen Liebe entflammt. In solchen Stunden machte er so manches Gedichtlein zum Lobe des Mensch gewordenen Gottes. Maria freute sich darüber und sie sang diese Verse im Namen Josefs dem in ihrem Schoße ruhenden Gottmenschen vor. Dabei wurde der Geist des überglücklichen Josef von Gott befähigt, zu schauen, wie auch das göttliche Kind hierüber frohlockte.

Bisweilen kam Josef auch in die Lage, dass er zuwenig Verdienstmöglichkeit hatte. In solchen Fällen empfahl er sich innigst dem gütigen Gott, auf dass Er Sich würdige, ihn mit der nötigen Nahrung zu versehen. Und er sprach zu Ihm: «O mein Herr, nicht meinetwegen, denn ich verdiene es nicht, sondern wegen meiner heiligen Gemahlin versorge mich, um ihr den nötigen Lebensunterhalt darbieten zu können.» Gott erhörte diese Bitte. Alsdann fand Josef den Tisch mit Brot, Früchten und anderen notwendigen Speisen gedeckt, je nach ihrem Bedürfnis. Josef anerkannte die Freigebigkeit seines Gottes und zeigte sich Ihm hiefür sehr dankbar. – Maria sagte zu ihrem Gemahl: «Gott liebt die Armut; Er hat sie freiwillig erwählt. Er will arm geboren werden und in Armut leben, wie du noch sehen wirst. Siehe, wie der Mensch gewordene Sohn Sich eine arme Mutter erwählt hat. Glaube sicher, wenn Er in Reichtum und Bequemlichkeit leben wollte, würde Er Sich eine wohlhabende Mutter auserkoren haben. Darum loben und danken wir Gott, dass es Ihm, dem Reichsten, dem Unendlichen gefallen hat, die Armut zu erwählen, um sie so der Welt zu lehren. Deshalb ist uns dieses herrliche Los zuteil geworden. Wären wir nicht arm, wer weiß, ob uns dann ein so großes Glück beschieden wäre.»

Josef staunte, als er Maria so sprechen hörte; zugleich wurde er sehr getröstet. Er dankte nun Gott für die Armut und überlegte, in seinem Herzen oft diese Worte. Josef bewunderte immer mehr die Tatsache, dass der Gottmensch es vorgezogen hat, in Armut zu leben. Er sagte bei sich: «Ach, wie oft werde ich es mit ansehen müssen, dass mein Erlöser Hunger und Durst erleidet! Wie wird dies mein Herz ertragen können? Doch wenn Er es so haben will, muss auch ich es wollen. O welch ein seltenes Beispiel von Armut, das die Menschen nun nicht begreifen! Ich hoffe aber, dass mit der Zeit viele meinen geliebten Herrn in Seiner Armut nachahmen werden.» Josef wünschte, dass alle Welt die einzigartige Wohltat der Menschwerdung des Gottessohnes erfahre und sich dafür dankbar erweise. Um diese Gnade flehte er den göttlichen Vater an. Oftmals wiederholte er die Bitte: «O fleischgewordenes Wort des Vaters! Offenbare dich bald der Welt, auf dass alle deine Güte loben, deine Barmherzigkeit preisen, deiner Liebe entsprechen!»

Josef hatte noch keine Ahnung, dass die Menschen ihren Erlöser so schlecht behandeln und Seine Liebe mit Beleidigungen und Undank vergelten würden. Die heiligste Mutter offenbarte ihm deshalb, dass ihr göttlicher Sohn von der Welt sehr verachtet werde. Da wurde das liebende Herz Josefs vom Schmerz getroffen und er rief aus: «Soll es möglich sein, mein Gott, dass die Welt dich schlecht behandeln und sich einer so unvergleichlichen Wohltat unerkenntlich zeigen wird? Ach, mein Herz wird dies nicht ertragen können; und doch wird es so kommen, da deine heiligste Mutter es bereits weiß. Sie wird mir dies alles offenbaren, damit ich mich darein schicke, einen so großen Schmerz zu ertragen. O mein Gott! Gib mir, deinem Diener, Stärke und Kraft! Wie könnte ich sonst jemals ein so schweres Unrecht, das man deiner unendlichen Liebe und Güte zufügen wird, mit ansehen?»

Durch das Mitwissen dieser Umstände wurde Josef in seiner Freude, die er ob der Gegenwart des Mensch gewordenen Gottes und im Umgang mit der heiligsten Mutter empfand, sehr getrübt. Welch ein Leid überkam ihn, wenn er darüber nachdachte, wie viel der göttliche Erlöser im Laufe Seines Lebens ertragen müsse. Daraufhin sagte er zu Maria: «Wie schenkt uns Gott in Seiner Huld so viel Trost und Gnade, indem Er bei uns sein und von dir, geliebte Gemahlin, geboren werden will! Doch muss ich nun soviel Bitterkeit verkosten, da ich durch dich von Seinem leidvollen Leben erfahren habe. Wird es möglich sein, dass die Menschen Ihn nicht erkennen und lieben wollen? O Gott in Menschengestalt! Du wirst der Welt unbekannt sein, du wirst mit Undank bezahlt werden? O mein Gott! O mein Gott!» Bei diesen Worten weinte Josef bitterlich, bis die heiligste Mutter ihn tröstete: «Fasse Mut, mein Gemahl! Danken wir der göttlichen Güte, dass wir Ihn erkennen und sind wir stets dankbar für diese hohe Gunst. Freuen wir uns über dieses schöne Los, das uns beschieden ist!» – Auf diese Ermutigung hin trocknete Josef die Tränen ab und sagte zu Maria: «Ja, ja, es ist wahr! Deshalb lobe du, meine Braut, den Herrn und sage Ihm Dank an meiner Statt, denn du kannst dies am besten.» Maria erfüllte seinen Wunsch. Sie sang voll Anmut Lob- und Dankeslieder; auch Josef stimmte mit ein. Das göttliche Kind frohlockte ob des Gesanges seiner Mutter. Es freute sich auch über die erhabene Stimmung Josefs und erfüllte sein Herz mit Jubel.

Wenn der Heilige in Erwägung brachte, dass Gott als Kind im jungfräulichen Schoße seiner Gemahlin ruht, ward er von tiefster Ehrfurcht ergriffen, aber auch von heftiger Liebe angezogen, vor Ihm niederzufallen. Dabei wurde sein Herz mit Zuversicht und Vertrauen beseelt. Darum unterhielt er sich oft in kindlichen Gesprächen und legte Ihm die Wünsche seines liebevollen Herzens dar. Josef sagte, wie er sich schon freue, seinen Gott als neugeborenes Kind zu sehen.

«Mein Gott», sagte er, wann werde ich das unfassbare Glück haben, dich mit meinen Augen zu sehen und dich in meine Arme zu nehmen? O, im Übermaß dieser Freude wird sich meine Seele vom Leibe trennen. Deine Allmacht wird mich am Leben erhalten müssen, wenn du willst, dass ich mich dieser Umarmung mit dir, mein Gott, erfreue! O großer Gott! Bald werde ich es also erleben, dich zu sehen, dich in meine Arme zu nehmen, dich mit meiner Hände Arbeit zu ernähren. Nun ist die langersehnte Zeit gekommen, da ich mich ganz für dich verwenden darf, wie du es mir einstens verheißen hast! O glückselige Zeit! O Gnade, die Gott mir bereitet, mir, Seinem geringsten, unwürdigen Diener! Hätte ich je gedacht, dass Gott mich vor allen anderen zu einem so erhabenen Stande erwählt? Wie viele unserer Väter, wieviele Propheten haben deine Ankunft auf dieser Welt heiß ersehnt und sind nicht gewürdigt worden, dich zu sehen. Und ich, der geringste Knecht, werde mit dir Umgang pflegen; ich werde für dich sorgen, dich auf meine Arme nehmen. O große Gnade! O unfassbares Glück!»

Bei diesen Worten erfüllte die göttliche Liebe das Herz Josefs so sehr, dass er in Verzückung kam. Das göttliche Kind ließ ihn nun eine Zeitlang in einem Paradies von Freuden. – Es kamen ihm dann die Worte seiner Mutter in den Sinn, als er noch ein Knabe war: «Mein Sohn, du Glücklicher!» «Ja», sagte Josef bei sich, «mit Recht nannte meine Mutter mich einen Glücklichen, denn nun ist es wirklich so. Sie war sehr weise und gottesfürchtig; sie konnte wohl wissen um mein herrliches Los, das mich treffen werde. Nicht umsonst hat sie mich immer wieder angeleitet, Gott mit Sehnsucht um die Ankunft des Messias zu bitten. Ach, wenn sie noch auf der Welt wäre, welche Freude würde sie haben!»

Josef erinnerte sich jetzt an sehr viel, was seine gute Mutter ihm einstmals gesagt hatte. Er bewunderte auch ihre Tugendhaftigkeit, ihre Klugheit, ihre Schweigsamkeit. Dann sprach er mit Maria folgenderweise: «Meine liebste Gemahlin! Wenn meine Mutter das Glück gehabt hätte, dich zu erkennen und jetzt, da du meine treueste Gefährtin bist, mit dir umzugehen, sie würde dir viel besser gedient haben als ich und dich deiner Auserwählung entsprechend geehrt haben. Aber Gott wollte es, dass wir arm und einsam geworden sind und dass du allen unbekannt bist. Ich jedoch, der ich das Glück habe, in deiner Gesellschaft zu sein, weiß dich nicht gebührend zu achten und dir so zu dienen, wie es deiner Würde entspricht. Ich bitte dich, habe Nachsicht mit meinem Unverstand und umso mehr mit meiner Unwürdigkeit. Ich bitte dich auch, du wollest in meinem Namen Gott den schuldigen Dank sagen, denn ich weiß es nicht gebührend zu tun.» Die heiligste Mutter verdemütigte sich sehr auf die herzlichen Beteuerungen Josefs hin und bat ihn, er möge nicht derartige Worte zu ihrem Lobe sagen. Obwohl Maria all dieses Lob auf die Ehre ihres Schöpfers bezog, wollte sie dennoch diese Ehrung nicht haben; sie hielt sich ja selbst für die niedrigste Magd.

Es tat Josef Leid, dass er sich nun zurückhalten musste, die Verdienste Mariens hervorzuheben; hatte er doch neben dem Lobe Gottes auch das seiner heiligsten Braut zum Ausdruck gebracht. Er pries umso mehr den Mensch gewordenen Gott, worüber die heiligste Mutter hocherfreut war. Josef unterließ es aber nicht, Maria in ihrer Abwesenheit zu loben; dies tat er jedoch mit Klugheit und Vorsicht. Wenn jemand ihn fragte, wie seine Gemahlin sich ihm gegenüber verhalte, gab er zur Antwort, dass er Besseres sich nicht wünschen könne; sie besitze alle Tugenden und guten Eigenschaften. Er verbreitete sich im Gespräch nicht weiter darüber, gemäß dem Wunsche seiner Gemahlin.

Vorbereitungen auf die Geburt Jesu

Da die Zeit der Geburt des göttlichen Kindes nahe war, dachte Josef darüber nach, was er zur Vorbereitung alles tun müsse. Er war sehr besorgt und fragte diesbezüglich die heiligste Mutter. Sein Herz war voll Liebe und Sehnsucht, den Messias geboren zu sehen. Maria sagte ihm freudigst, was sie für das Kind notwendig bräuchte. Sie selbst nähte an den Linnentüchlein. Josef gedachte, eine Ruhestätte zu verfertigen. Er sagte zu seiner Gemahlin: «Sicherlich werden unsere Arme dem göttlichen Kind als Ruheort dienen; aber dennoch erachte ich es für notwendig, Ihm ein Bettlein zu bereiten, damit es nachts und auch so manche Stunde des Tages, wenn wir mit Arbeiten beschäftigt sind, darin liegen kann.»

Maria wollte in dieser Sache nicht widersprechen. Und so arbeitete Josef eifrigst daran mit seinem ganzen Können. Manchmal hatte er Tränen der Freude in seinen Augen, wenn er bedachte, dass dieses Bettlein dem Mensch gewordenen Gott dienen werde. Er erhielt dabei auch öfters die Gnade, höchste Geheimnisse über das Leben des Mensch gewordenen Wortes Gottes zu erkennen.

Wenn ihm solches geschah, begab er sich dann sogleich zu seiner Gemahlin und erzählte es ihr. Sie lobten Gott und dankten Ihm vereint für so herrliche Gunsterweise. Josef ging meistens gleich wieder an die Arbeit. Er besorgte alles mit größtem Eifer; war er doch der Meinung, dass das göttliche Kind in diesem Hause das Licht der Welt erblicken werde. Gott hatte Wohlgefallen an seinem liebevollen Bekümmertsein. Auch Maria zeigte sich sehr zufriedengestellt.

In diesen Tagen, da Josef so freudvoll die Geburt seines Erlösers erwartete, hörte er vom Erlass des römischen Kaisers. Dieser lautete dahin, dass in seinem Herrschaftsgebiet sich jeder in seiner Vaterstadt aufschreiben lassen muss. Diese Botschaft traf das Herz Josefs. Musste er sich doch nun auf die Reise nach Bethlehem begeben. Er eilte zu seiner Gemahlin, um ihr diese Verordnung mitzuteilen und gab ihr die Angst seines Herzens kund, sich gezwungen zu sehen, in einer so rauen Jahreszeit die Reise zu unternehmen. Umso mehr schmerzte es ihn, da seine Gemahlin vor der Geburt ihres göttlichen Kindes stand.

Maria wusste wohl, dass der Messias in Bethlehem geboren werde. Sie sagte Josef zum Troste aber nur das eine, dass sie bereit sein müssen, den göttlichen Anordnungen zu gehorchen. Josef war in allem sehr ergeben. Er ängstigte sich nur, dass Maria auf der Reise sehr viel leiden und ihr göttliches Kind in dieser kalten Jahreszeit außerhalb des heimatlichen Hauses geboren und somit auch großen Leiden unterworfen sein werde.

Sie beteten nun, dass durch sie beide der Wille Gottes geschehe. Hierauf legte die heiligste Mutter ihre Meinung dar, die mit der Ansicht Josefs übereinstimmte. Er hatte nämlich die innere Anregung, Maria mitzunehmen.

In der Nacht sprach dann der Engel zu Josef im Traume, er möge ausführen, was er mit seiner Gemahlin beschlossen hat, denn das ist der Wille Gottes. Auf diese Botschaft hin war Josef ganz beruhigt und zufrieden. Auch Maria war über diese Mitteilung sehr erfreut. Sie dankten nun

Gott gemeinsam. Josef legte dann seine Meinung dar mit den Worten: «Ich glaube, dass unser Mensch gewordener Gott nicht früher geboren wird, bis wir wieder in unserem Hause sind; ist es doch Sein Wille, dass auch du mit mir nach Bethlehem gehst. Wohl haben wir dort Freunde und Verwandte, die uns gut aufnehmen werden. Aber ich glaube nicht, dass der Sohn Gottes dort zur Welt kommen will, zumal sich bei Seiner Geburt wunderbare Dinge ereignen werden.»

Die heiligste Mutter gab Josef nun keine eigentliche Antwort. Ergeben in Gottes Willen neigte sie das Haupt und sagte, dass der Ort und die Art der Geburt des Messias bereits vorherbestimmt sind. Ihnen kommt es jedoch zu, vorbereitet zu sein, um Ihn zu empfangen und anzubeten, wo immer Er geboren werde. Maria hielt es daher für gut, die nötigen Tücher mitzunehmen, die sie hergerichtet hatte.

Josef unterwarf sich dem Rate der heiligsten Mutter, denn er wusste, dass ihre Worte wohl überlegt waren. Doch es quälte ihn der Gedanke, dass der Messias, wenn Er außerhalb des heimatlichen Hauses geboren würde, viele Entbehrungen erleiden müsste, dies umso mehr, da es eine strenge Jahreszeit war. Er sagte dann zu seinem Erlöser: «Mein Gott, unseres Heiles wegen Mensch geworden, möge es doch nicht geschehen, dass ich dich außerhalb des Hauses geboren werden sehe und du soviel Unbequemlichkeiten erleiden musst! Lieber will ich alles Leid auf mich nehmen. Gib mir die Gnade, dass wir noch vor deiner Geburt in unser Heim zurückkehren. Wie könnte ich sonst deinen Nöten zu Hilfe kommen? Und wie könnte mein Herz jemals diese große Drangsal ertragen?» Josef war auch sehr betrübt bei dem Gedanken an die Leiden, welche Maria auf dieser Reise durchmachen werde. Er schüttete ihr dieses sein Herzeleid aus. Doch Maria ermutigte und tröstete ihn sehr.

Nun setzten sie die Zeit ihrer Abreise fest. Ehe sie sich auf den Weg machten, beteten sie noch miteinander und baten Gott um Seine Hilfe. Unterwegs sagte Josef: «Wie sicher und zufrieden können wir gehen, ist doch der Mensch gewordene Gott mit uns! Wer würde jemals denken, dass du, meine Gemahlin, den Sohn des Allerhöchsten in deinem Schoße trägst? O welch einen Schatz haben wir in unserer Mitte!»

Maria war ganz in Gott versunken. Sie schaute die Herrlichkeit des Sohnes Gottes und bereitete sich auf Seine wunderbare Geburt vor; sie wusste ja, dass diese ihr nahe bevorstand. Maria brachte Ihm mehr denn je Akte der Dankbarkeit, der Hingabe, der Liebe dar, wie sie ihrem Geiste und ihrer mütterlichen Liebe entsprossen. Sie trug dem göttlichen Kinde auch viele Bitten für die Menschen vor. Josef wunderte sich, dass seine Gemahlin beinahe immer in tiefem Schweigen war. Gott aber machte es ihm begreiflich, dass sie sich nun mehr als zuvor ihrem Kinde widmete; nahte doch schon bald die Stunde, da es ihren Schoß verlassen sollte. Es war selbstverständlich, dass Maria sich mehr als je über diese so innige Vereinigung freute und auf die Geburt vorbereitete.

Auf dieser beschwerlichen Reise von Nazareth nach Bethlehem trugen sie nur das mit, was die heiligste Mutter für notwendig hielt. Ganz in das göttliche Geheimnis versunken, und wissend um ihren unermesslichen Schatz gingen sie des Weges dahin. Der glückliche Josef warf sich oft auf die Erde und brachte seinem Gott die tiefste Anbetung dar. Auch die Vögel kamen oft in Scharen, um dem Schöpfer ihre Weisen zu singen. Josef erlebte überaus große Freuden; sein Herz wurde aber auch zugleich von heftigem Schmerz getroffen, da er sah, wie seine geliebte Gemahlin leiden musste. - Maria und Josef kamen manchesmal mit Wanderern zusammen, die ebenfalls der Volkszählung wegen nach Bethlehem gingen. Darunter waren einige, die Josef verlachten und wie einen dummen Menschen behandelten. Sie sagten: «Dieser führt seine Frau mit sich, obwohl er sieht, dass sie schon nahe vor der Geburt steht.» Ja, es mangelte nicht an solchen, die Josef taktlos und der Liebe bar bezeichneten.

Der Heilige gab diesen Leuten keine Antwort, doch bereiteten ihm diese Beschimpfungen tiefe Beschämung. Alle Verdemütigungen nahm er aus Liebe zu Gott auf sich. Nach solchen Zwischenfällen ermunterte ihn die heilige Mutter, noch viel mehr für seinen Mensch gewordenen Gott zu ertragen. Josef sagte hierauf: «Meine Braut! Diese Leute behandeln mich mit Recht so; haben sie doch keine Ahnung, dass es der Wille Gottes ist, dich mitzuführen. Ihre Worte aber sind für mich ebensoviele Schwerter, wenn ich erwäge, wieviel du leiden musst.»

Maria versicherte ihm, dass sie sich freue, aus Liebe zu Gott leiden zu dürfen. Manche wollten Maria einreden, dass sie zurückkehren und ihren Gemahl allein weitergehen lassen solle; sie sagten, er zeige so wenig Verstand. Sie verneigte sich nur und schwieg ebenfalls. Diese Leute verwunderten sich über ihr demütiges Verhalten. Die heilige Mutter erbat ihnen Erleuchtung und Gnade von ihrem göttlichen Sohn und eine glückliche Wanderschaft, die ihnen wohl zuteil wurde.

Maria und Josef machten öfters Rast und verrichteten die göttlichen Lobgebete. Auf die Landschaft blickend sagte Josef: «Meine teure Braut! Alles, was wir nun sehen, hat dieser Gott geschaffen, den du in deinem reinsten Schoße trägst. Ich bitte dich, lobsinge Ihm in meinem Namen, preise Seine Weisheit und Macht!» Dies gefiel der Gottesmutter. Sie sang so schön, dass Josef ganz hingerissen wurde.

Die heiligen Wanderer litten auf dieser Reise viel infolge ihrer Armut und wegen der kalten Jahreszeit. Das göttliche Kind erfüllte aber ihren Geist mit soviel Tröstungen, dass sie alles mit Freuden hinnahmen. Maria und Josef waren auch sehr zufrieden in dem Bewusstsein, dass sie hierin den göttlichen Willen erfüllen.

Die Bewohner von Bethlehem weisen Maria und Josef ab

Josef war nun mit Maria in Bethlehem angekommen und freute sich, dass sie ihr Ziel erreicht hatten. Sie dankten Gott für die glückliche Ankunft. Josef gedachte sogleich, eine entsprechende Herberge ausfindig zu machen, wo er mit Maria eine Stärkung einnehmen könne; denn beide waren von der Kälte sehr angegriffen und müde. Es war auch schon späte Stunde, als sie die Stadt betraten. Viele Fremde waren bereits hier.

Josef wollte für diesen Abend einen guten Platz suchen, wo Maria sich ausruhen könne. In der ersten Herberge war alles besetzt. Er ging zu einem anderen Haus; aber auch dort bekam er weder für Maria noch für sich einen Platz. Da wurde er betrübt, hatte aber noch immer Hoffnung, Aufnahme zu finden. Es war ihm sehr peinlich, die heiligste Mutter mit sich zu führen, denn er befürchtete, dass ihr diese Abweisungen Beschämung und Leid bereiten. Sie gingen weiter, aber auch da bat Josef vergebens. Diese Abweisungen setzten ihm schmerzlich zu; sah er sich doch ganz und gar ausgeschlossen. Maria und Josef waren von Kälte bereits durchschüttelt. Josef ging zitternd und traurig auf weitere Suche nach einer Unterkunft, fand aber keine. Nun schüttete er Maria all sein Leid aus und sagte weinend: «Ist es möglich, dass hier in Bethlehem keine Stätte zu finden ist, wo wir den Herrn der Welt unterbringen können? Ach, mein Herz verschmachtet vor Leid!» Doch sie tröstete ihn und sagte, dass Gott in Seinen höchsten Absichten dies alles zulasse. Josef entschloss sich nun, zu seinen Verwandten zu gehen, hoffend, dass er bei ihnen Aufnahme finden werde. Er glaubte zuversichtlich, dass er mit Maria wenigstens unter Dach sein könne. Doch auch diese Hoffnung ging fehl. Maria durchschaute bereits alles, aber sie schwieg. Sie ließ ihren Gemahl weiterhin auf Suche umhergehen, denn sie erkannte, dass dies der Wille ihres göttlichen Sohnes ist.

Josef klopfte an viele Türen, doch überall wurde er abgewiesen. Es waren nämlich alle Wohnräume besetzt und niemand nahm auf Maria und Josef Rücksicht, denn sie sahen so ärmlich aus. Da es bereits zu später Stunde und kalt war, wurden sie von so manchen wie Landstreicher behandelt und der Neugierde bezichtigt. Auch das ertrugen sie mit unüberwindlicher Geduld; im Herzen jedoch hatten sie tiefe Betrübnis. Ganz traurig wandte sich Josef zu seiner Gemahlin und bat sie, ihrem göttlichen Sohne zu sagen, Er möge in so banger Not Vorsorge treffen, denn da es bereits Nacht werde, wisse er nicht mehr, was er anfangen solle. Die heiligste Mutter tröstete ihn wiederum und ermutigte ihn, diese Drangsal und das barsche Abweisen der Bethlehemiten auf sich zu nehmen und die göttliche Weisung abzuwarten. Josef, ganz niedergeschlagen, fügte sich in diese Lage. Er sagte aber: «O! Wer hätte gedacht, dass wir unter so vielen Leuten die einzigen sind, die keine Unterkunft finden? Nur mit uns hat niemand Mitleid! Ach, welch eine Pein ist es für mich, dich teuerste Gemahlin, in so bitterer Not zu sehen und dir keine Erleichterung, keine Erwärmung verschaffen zu können! Doch wenn dies ein Gott erträgt, müssen auch wir es dulden.» Immer wieder tröstete und ermutigte die heilige Mutter ihren Josef, alles freudig und aus Liebe zu diesem Gott, den sie mit sich trägt, hinzunehmen. «O welch ein Leid wird das göttliche Kind haben», entgegnete Josef, «da es die Undankbarkeit dieser Stadt sieht und niemand hier ist, der Es aufnehmen will.»

Es war bereits Nacht geworden. Noch immer hatten sie keine Unterkunft gefunden. Wie betrübt standen sie da und wussten nicht, was sie tun sollten. Wie sehr Josef diese furchtbare Drangsal zu Herzen ging, ist unbeschreiblich. Wusste er doch, dass seine Gemahlin jene Mutter war, die den Sohn Gottes in ihrem reinsten Schoße trug. Maria war ganz versunken in den Gedanken an ihr göttliches Kind. Sie sprach innerlich mit ihm und sehnte sich danach, Es bald geboren zu sehen zum Heile der Welt. – Indessen beeinflusste Gott den betrübtesten Josef und erinnerte ihn, dass in der Nähe eine offene Höhle ist, die den Tieren als Unterstand dient. Er entschloss sich also, dorthin zu gehen, um nicht auf offener Straße bleiben zu müssen. Mit großer Traurigkeit teilte er dies Maria mit. Auch sie hielt es für angezeigt, sich dorthin zurückzuziehen. Und sie suchten nun die Höhle auf.

Josef weinte sehr und legte dem Mensch gewordenen Gott seine Betrübnis dar mit den Worten: «O mein göttlicher Erlöser! Wer hätte jemals gedacht, dass du mit deiner heiligen Mutter in ein so tiefes Elend kommen wirst. Von allen bist du abgewiesen und gezwungen, dich in einen Stall zu begeben. Ach, meine Unwürdigkeit wird vielleicht die Ursache sein, dass du so sehr verachtet wirst und soviel leiden musst!» Das göttliche Kind beruhigte Josef mit inneren Erleuchtungen und Tröstungen. Auch Maria ermutigte ihn zum Ertragen alles dessen. Sie sagte zu ihm, er möge in dieser Begebenheit die göttliche Zulassung erkennen.

Bei der Höhle angekommen, fanden sie diese frei und unbewohnt. Josef erkannte nun deutlich, dass es der Wille Gottes sei, dass sie hier ihr Obdach hätten. Er war einigermaßen getröstet und sagte mit Maria Gott Dank. Sie wurden dabei von innerer Freude erfüllt und waren ein wenig gestärkt.

Josef drückte nun seine Zufriedenheit aus. Dies veranlasste Maria, ihm zu sagen, dass er gerne, ja freudig alle Entbehrungen ertragen solle, denn Gott vergelte sie reichlichst. «Ja, es ist wirklich so», erwiderte Josef, «aber ich kann mich nicht damit abfinden, dich in so herbem Leid zu sehen. Wie sehr wünsche ich, dass alle Menschen Gott erkennen und verehren. Wenn ich nun sehe, dass Er überall abgelehnt wird und du, Seine würdigste Mutter, so unhöflich und undankbar behandelt wirst, schmerzt mich dies zutiefst. Alle müssten dir Ehrfurcht, Ergebenheit und Liebe erweisen und ich muss das Gegenteil sehen. Was meine Person betrifft, bin ich zufrieden, weil ich es so verdiene. Aber dass du mit deinem göttlichen Sohn solches erfahren musst, scheint mir zuviel und wird mir unerträglich. Ich kann mich nur dareinschicken in dem Gedanken, dass Gott in Seinen allerhöchsten Absichten alles so fügt, wie du mir gesagt hast.»

Josef hielt es für angezeigt, zur Erwärmung ein wenig Feuer zu machen. Er tat dies, so gut es unter diesen elenden Umständen möglich war. Dabei ergab er sich ganz dem Willen Gottes; er lobpries Ihn in seinem Herzen und empfand dadurch immer mehr Trost.

Die Geburt Jesu

Maria und Josef hatten eine Zeitlang in heiligen Gesprächen zugebracht und sich ihrer Armut entsprechend gestärkt. Hierauf zog sich die heilige Mutter in einen Winkel der Höhle zurück, um diese Nacht im Gebete und in Herzensgesprächen mit ihrem Kinde zuzubringen. Auch Josef widmete sich dem Gebet; dann nahm er kurze Ruhe auf bloßer Erde; war doch weder eine Liegestätte noch sonst ein geeigneter Platz dazu vorhanden.

Maria war in die höchste Beschauung versenkt. Sie merkte bereits, dass die Zeit gekommen war, da der Erlöser in diesem Stalle geboren werden wolle. Sie schaute nun das große Geheimnis...

Wie schon erwähnt, verharrte Josef eine Zeitlang im Gebete und schlief dann ein. Er hatte einen wunderbaren Traum, in dem er sah, wie das Gotteskind in diesem Stalle geboren wurde und zwei Tiere kamen, die es mit ihrem Hauch erwärmten. Als Josef erwachte, war es Mitternacht und der Engel sprach zu ihm: «Josef, steh schnell auf und bete den Erlöser der Welt an; Er wurde soeben geboren!» Zur selben Zeit ließ das göttliche Kind Sich vernehmen, es weinte. Josef war ganz ergriffen in seinem Innern. Jubel erfüllte ihn, aber auch Leid, dass er in dieser Stunde geschlafen hatte.

Er sah nun den Mensch gewordenen Gott, umflossen von strahlendstem Lichte. Ja, die ganze Höhle war vom Lichtglanz erfüllt. Bei diesem Anblick warf sich Josef zu Füßen des göttlichen Kindes, das auf der Erde lag, und betete Es an. Sein Herz war zu eng, um die Fülle der Wonne aufzunehmen, Tränen quollen aus seinen Augen ob der Freude und des Schmerzes, seinen Erlöser in solcher Armut geboren zu sehen und Ihm nicht helfen zu können. Sein Herz ergoss sich in Akten der Liebe, der Anbetung, der Ergebung, der Bewunderung und Dankbarkeit. Ganz außer sich sagte er seinem neugeborenen Gott Dank für das Heil, das der Welt geschenkt wurde.

Das göttliche Kind blickte mit innigster Liebe auf den seligen Josef. Dadurch wurde sein Herz von glühender Liebe entflammt. Während all dies sich in Kürze ereignete, kam Maria wieder zu sich. Sie sah nun ihren Sohn und wahren Gott vor sich liegen; sie betete Ihn in tiefster Ehrfurcht an, sie grüßte Ihn und schenkte Ihm alle Erweise der Liebe, wie sie ihr als Seiner Mutter entsprachen

Josef sah ununterbrochen auf das göttliche Kind. Er konnte nur staunen; sein Geist war trunken vor Freude; er konnte die Augen von seinem geliebten Gott nicht abwenden. Dabei musste er sehen, wie dieses Kind auf der Erde lag und vor Kälte zitterte. Er wagte es aber nicht, Es in seine Arme zu nehmen, sondern wartete, dass dies die heiligste Mutter tue; erkannte er ja in Ihm die Herrlichkeit und Majestät Gottes. Das göttliche Kind blickte sehnsüchtig Seine Mutter an. Es wollte hiemit zum Ausdruck bringen, dass sie Es in ihre Arme nehmen wolle. – Die Chöre der Engel sangen dem allerhöchsten Gott Lob und Preis und verkündeten den Menschen den Frieden. Josef konnte nur staunen über die Jubelgesänge der Engel und die himmlischen Melodien, die in dieser Nacht zur Ehre des Mensch gewordenen Gottessohnes erklangen. Er empfing auch große Erleuchtungen und begriff nun, warum der Messias in solcher Armut und unbekannt vor der Welt geboren werden wollte. Er bewunderte die Anmut, Klugheit, Demut und Liebe, womit Maria ihrem göttlichen Sohn diente und sagte bei sich: «O wie habe ich es verdient, die Mutter des Sohnes Gottes zur Gefährtin und Gemahlin zu haben und so staunenswerte Wunder zu sehen? Mein Gott, was kann ich tun, um mich deiner so großen Gunst und Freigebigkeit dankbar zu erweisen?»

Maria hatte ihr Kind in die Arme genommen und an die Brust gedrückt, worüber Josef ganz zufrieden war. Er kniete daneben und betete wiederum seinen Gott an. Das göttliche Kind lächelte Josef an und gab ihm dadurch kund, wie sehr Es zufrieden sei, Sich in den Armen Seiner teuersten Mutter zu befinden. – Wie freute sich Josef über das Glück seiner Gemahlin! Er sagte bei sich: «O wie wohl fühlst du dich, mein göttlicher Erlöser in den Armen deiner heiligsten Mutter! Wie hast du Maria ganz nach deinem Geiste gebildet! Wie hast du sie mit Gnaden und Tugenden bereichert! Ich freue mich über ihr herrliches Los und sage dir unendlichen Dank, dass du sie von allen Menschen auserkoren und zu einer so erhabenen Würde erhoben hast. Ich danke dir auch dafür, dass du mich, deinen geringen Diener erwählt hast, Euch beizustehen. Verleihe mir die Kraft, dass ich meinen Dienst gebührend ausüben kann.»

Josef hatte das innige Verlangen, es möchten alle Geschöpfe kommen und den Mensch gewordenen Gott anbeten, der ja aus Liebe zu allen und zur Erlösung aller in diesem Stalle geboren wurde. Da er aber diesen Wunsch nicht erfüllt sah, betete er das göttliche Kind im Namen und an Stelle aller mit solcher Ehrfurcht und Dankbarkeit an, wie es ihm nur möglich war. Dies gefiel dem göttlichen Kinde; Es neigte das Köpfchen und lächelte, um Josef dafür zu danken.

Der Heilige weihte sich dem neugeborenen Erlöser als Seinen Diener und sagte im Stillen: «Mein Gott! Wie großartig haben sich deine Verheißungen erfüllt. Wohl habe ich lange Zeit darauf gewartet, doch nun hast du sie überreich verwirklicht; ja viel mehr, als ich geglaubt habe! Immer erwartete ich von dir die große Gnade, die du mir in meiner Jugend durch den Engel versprochen hattest, aber niemals hätte ich mir vorgestellt, dass diese so herrlich, so erhaben sein würde. O wie treu, wie freigebig bist du in deinen Verheißungen!

Nun kommt es auf mich an, diesen großen Erweisen deiner Liebe und Güte zu entsprechen und dir treu zu sein in dem, was ich dir so oftmals gelobt habe. Schenke mir die Gnade, dass ich dies mit ganzer Vollkommenheit ausführen kann. Möchte ich doch in deinem Dienste, o mein teurer, geliebter Erlöser, ganz aufgehen!

Nun beglückwünschte Josef seine Gemahlin und sagte ihr mit ganzer Innigkeit: «Habe ich dir nicht gesagt, teuerste Braut, dass unser Mensch gewordener Gott ob Seiner einzigartigen Schönheit uns ein Paradies von Wonnen erleben lassen wird? O diese Holdseligkeit, diese Seine Majestät, wie reißt sie unser Herz hin zur Verehrung und Liebe!» Es gefiel Maria, ihren glücklichen Josef so dankbar zu sehen. Sie lobten und verehrten nun zusammen das göttliche Kind und Maria sang Ihm Jubellieder. Dabei ruhte das Kind so süß in ihren Armen. Sie wickelte es ein und legte es in die Krippe, weil sie erkannte, dass dies Sein Wille war. Es kamen dann zwei Lasttiere – ein Ochs und ein Esel – und ließen sich durch göttliche

Fügung hier nieder, um das neugeborene Kindlein mit ihrem Hauch zu erwärmen. Da staunte Josef. Er kniete sich vor der Krippe nieder und betrachtete das große Geheimnis, das in seiner Seele so wunderbare Wirkungen hervorbrachte.

Dann kamen auf die Einladung der Engel die Hirten. Josef verwunderte sich, als er sie mit soviel Innigkeit und Andacht kommen sah, um an einem so armen Orte das Kind anzubeten. Er betrachtete das wunderbare Geschehen um seinen Mensch gewordenen Gott. Immer lieber wurde ihm jetzt die Armut, immer mehr übte er sich in der Erniedrigung; sah er doch, wie der Sohn Gottes diese Tugenden so sehr erwählte. Josef beobachtete, wie das göttliche Kind den Besuch dieser einfachen Hirten freudigst entgegennahm, wie Es die Einfältigen liebte und sie aufnahm, dieser Gott von so großer Weisheit und Majestät. Er sagte dann: «Wie verschieden, mein Herr, ist deine Gesinnung von jener der Welt! Sie weiß nur Ehre, Eitelkeit und Prunk zu schätzen. Nun erkenne ich, dass du gekommen bist, um eine Lehre zu verkünden, die den Anschauungen der Welt widerspricht. Aber ach, wie wenige werden deinen Unterweisungen Folge leisten! Ich werde mich aber bemühen, deinem Beispiel zu folgen; darf ich doch dein Behüter sein und mit dir leben! Ich werde deine weise Lehre hören und hoffe, dein wahrer Schüler zu sein!»

Zu dieser Stunde beteten die Hirten das Gotteskind an. Wie innig schauten sie Es an und verkosteten dabei die Lieblichkeit ihres Gottes! Auch Josef betete.

Da bereits der Tag anbrach, entfernten sich die Hirten, um bei ihrer Herde nachzusehen. Sie waren übervoll der Freude.

Maria war in die Betrachtung und Anbetung ihres Kindes versenkt. Josef wollte dann in die Stadt gehen, um den nötigen Lebensunterhalt zu besorgen. Da Maria noch in Andacht vor der Krippe kniete, wartete er, um ihr dies zu sagen. Als sie abermals das Kind in die Arme nahm, kniete Josef vor ihr nieder und erbat sich den Segen. Sodann machte er sich auf den Weg in die Stadt. Immer wieder blickte er sich um nach der Höhle, wo er seinen teuersten Schatz wusste. Maria erfreute sich unterdessen der Unterhaltung mit dem Gotteskinde.

Josef machte seine Besorgungen und kehrte dann eilig zur Höhle zurück. Sein Herz bewegten meistens Gefühle der Liebe und Dankbarkeit.

Er weinte aus Mitleid mit seinem Erlöser, dann aber wieder frohlockte er ob der Freuden, die er genoss. Konnte er doch endlich denjenigen sehen, den er durch so viele Jahre ersehnt hatte. – In der Höhle angekommen, begrüßte er Maria und das Kind auf das Innigste; auch Josef wurde auf das Herzlichste empfangen. Maria dankte ihm für seine Mühen. Josef drückte ihr die aufrichtigsten Gefühle seiner Liebe aus und sagte ihr, mit welch großer Freude er darauf bedacht war, dem göttlichen Kinde und ihr zu dienen. Doch habe er in Ermangelung des nötigen Geldes nicht das bringen können, was er für entsprechend gehalten hätte. Daher sagte er auch öfter zu Maria: «Nimm an meine aufrichtige Gesinnung und meinen guten Willen!» Maria bekundete ihm ihr Wohlgefallen und erbat ihm Gnade von ihrem Sohne.

Hierauf bereitete Josef das Essen und richtete einen Platz zurecht, wo Maria sich niederlassen und stärken konnte; war sie doch sehr mitgenommen durch die beschwerliche Reise und das lange Suchen nach einer Herberge. Josef fand auch Holz, um Feuer zu machen. Gott fügte es, dass ihnen das Notwendigste für die bestimmte Zeit ihres Aufenthaltes in dieser Höhle nicht mangelte. Der glückliche Josef war Gott sehr dankbar für alles. Wenngleich er hier in solcher Armut lebte, kam es ihm vor, als befände er sich in einem Palast. Denn hier war seine ganze Freude, sein ganzer Schatz, sein voller Reichtum.

Wenn Maria ihr göttliches Kind trug, genoss sie Freuden, die kein menschlicher Geist begreifen kann. Josef aber war selig, seinen Mensch gewordenen Gott in den Armen seiner geliebten Gemahlin zu sehen. Hier betete er Ihn an, lobte und dankte Ihm und teilte Ihm die Wünsche seines Herzens mit. Er sehnte sich, dass auch er das Gotteskind in seine Arme nehmen dürfe. Da er sich aber dessen nicht würdig hielt, wagte er es nicht, Maria darum zu bitten. In seinem Herzen aber sprach er: «O Mensch gewordener Gott, wie sehr sehnt sich mein Herz danach, dich in meinen Armen zu halten! Du bist aber so wohl geborgen bei deiner reinsten Mutter, weshalb du bei ihr alle deine Freuden findest. Ich darf dich nicht deiner Wonne berauben. Aber da du nicht ungehalten bist, nein, es sogar haben willst, manchmal in diese ganz armselige Krippe gelegt zu werden, hoffe ich, dass du es nicht verschmähen wirst, auch einmal in die Arme deines unwürdigen Dieners zu kommen. Ach, wie wünschte dies mein Herz! Freilich bin ich dessen nicht würdig, aber du wirst dies tun ob der Verdienste deiner Mutter, die meine teure Gemahlin ist! Tröste daher deinen Josef, der dich liebt, dich ersehnt und erhofft!»

Das göttliche Kind vernahm mit Wohlgefallen die sehnsuchtsvolle Bitte Seines geliebten Josef. Auch Maria erkannte die Sehnsucht ihres Gemahls. Sie bat ihr göttliches Kind, Es möge ihn trösten. Nun gab Es Seiner heiligsten Mutter zu verstehen, Es in die Arme Josefs zu geben. Maria tat dies mit herzlichem Gönnen; sah sie doch dadurch ihren Josef hocherfreut, der diese Begünstigung so sehr verdiente.

Josef nahm nun kniend den neugeborenen Erlöser in Empfang. Ganz gerührt hielt er das Gotteskind in seinen Armen und schmiegte es an seine Brust. Es legte Sein holdseliges Köpfchen an den Hals des überglücklichen Josef und ließ ihn die süßesten Freuden des Geistes verkosten. Josef schien es, als wäre er im Paradiese. Ob der Fülle dieser Wonne kam er in die erhabenste Verzückung. Darin wurde ihm Bedeutungsvolles über das Leben des Erlösers geoffenbart. Josef verstand nun große Geheimnisse. In seiner Seele breitete sich die göttliche Gnade aus. Jetzt erkannte er auch klar die Erhabenheit seines Standes, Pflegevater des Gotteskindes und Gemahl der heiligsten Jungfrau Maria zu sein.

Mehrere Stunden verweilte Josef in dieser Verzückung. Maria betete indessen das göttliche Kind an, das noch immer in den Armen Josefs ruhte. Sie freute sich, da sie Josef von der Gnade so begünstigt sah und dankte Gott innigst.

Obschon sie bereits große Sehnsucht nach ihrem Kinde hatte, gönnte sie Josef noch diese Freude. Wenn Maria auf diese Weise allen Menschen eine Freude hätte machen können, wäre sie dazu bereit gewesen; so groß war ihre Liebe zu allen.

Indes war Josef wieder zu sich gekommen und sah das göttliche Kind, das lieblich an seiner Brust ruhte. Er weinte vor Seligkeit; war er doch noch ganz erfüllt von der Schau der Herrlichkeit dieses Gottes, den er in seinen Armen hielt. Das Kindlein erwachte und sah mit liebevollen Augen auf Seine Mutter. Es ließ durch Sein Gebaren erkennen, dass Es wieder in die Arme Seiner Mutter wolle. Josef bemerkte dies und übergab Es sogleich Maria, die Es am Boden kniend empfing. Sie nahm Es mit jubelndem Herzen entgegen. Josef dankte Gott und Maria für die erhabene Gunst, welche er in diesen Stunden genossen hatte. Dann sagten sie gemeinsam dem Erlöser Dank für die wunderbaren Erweise Seiner Huld. – So vermehrte sich die göttliche Gnade in der Seele Josefs und die Liebe zu seinem Gott wurde immer stärker; er nahm Ihn oft in seine Arme. Immer aber bereitete er sich mit heißer Sehnsucht darauf vor. Sooft er Ihn empfing, wurde er aufs Neue mit Gnade beschenkt und seine Liebe wurde immer inniger. Josef fühlte dies alles und war seinem geliebten Herrn überaus dankbar. Auch Maria erkannte die zunehmende Heiligkeit in Josef und dankte ihrem göttlichen Sohn in seinem Namen.

Bisweilen sah das Gotteskind Josef lächelnd ins Gesicht. Es ließ seinem Herzen die lieblichen Worte vernehmen: «Mein Josef, wie sehr liebe ich dich und wie gerne nehme ich deinen Dienst und deine Liebe an! Nach meiner teuren Mutter liebe ich dich am meisten.»

Josefs Seele wurde hierauf von Liebe und Dankbarkeit zu seinem Gott hingerissen. Er antwortete dem göttlichen Kinde in herzinnigster Liebe: «Mein Gott und Erlöser! Du bist meine ganze Liebe, mein ganzer Schatz, meine Zufriedenheit, mein Leben, meine Ruhe! Nach dir liebe ich deine Mutter, weil sie deine Mutter und das heiligste Geschöpf ist. Ich liebe sie, weil sie voll der Tugenden und Gnade ist. Ich liebe sie als meine Gemahlin und teuerste Gefährtin, die du mir in deiner Güte gegeben hast. Ich liebe alle Geschöpfe als Werk deiner Hände und alle liebe ich in dir und durch dich, der du mein Leben und mein einziges Gut bist.» Diese Worte gefielen dem Gotteskinde. Es blickte Josef so lieblich an und erfüllte seine Seele mit großer Freude. Josef lebte in dieser armseligen Behausung mit unfassbarer Tröstung seines Geistes in Gesellschaft der Gottesmutter und ihres holdseligen Kindes.

Ob ihrer äußersten Armut speisten sie überaus dürftig. Oft kamen die Hirten. Als sie Maria, Josef und das Kind so arm sahen, scheuten sie sich nicht, ihnen Speise zu bringen. Maria und Josef nahmen die Gaben dankbarst entgegen, behielten aber nur soviel, als sie nötig hatten. In diesen ersten Tagen nach der Geburt des göttlichen Kindes aßen sie selten. Sie waren ja meistens in die Betrachtung des großen Geheimnisses der Geburt des Erlösers versenkt. Die Schönheit, Anmut und Holdseligkeit des göttlichen Kindes erquickte sie an Leib und Seele. Oft kam es ihnen vor, als hätten sie die köstlichste Speise zu sich genommen. Es schien ihnen auch, sie könnten nichts anderes, als sich der Gegenwart ihres geliebten und so sehr ersehnten Gottes zu erfreuen.

Josef nahm die Sorge auf sich, für alle Bedürfnisse seiner Gemahlin und ihres göttlichen Kindes aufzukommen. Er zeigte sich sehr aufmerksam und umsichtig; niemals vernachlässigte er seine Pflicht.

Beschneidung und Namensgebung

Es war bereits der achte Tag seit der Geburt des göttlichen Kindes. Josef besprach sich mit der heiligen Mutter über die Beschneidung. Sie vergewisserten sich des göttlichen Willens, der dahin lautete, dass das Kind beschnitten und ihm der Name Jesus gegeben werden solle. Josef übernahm die Sorge, jemand dafür ausfindig zu machen und ihn in diese Höhle zu führen. Als jener Mann die Höhle betrat, staunte er über die Armut, in der sich die heiligen Personen befanden. Er bewunderte umso mehr die Schönheit und Anmut des göttlichen Kindes wie auch die Schönheit und Bescheidenheit der heiligsten Mutter.

Josef verhielt sich sehr zurückhaltend. Er war traurig darüber, dass sein Mensch gewordener Gott in diesem zartesten Alter schon so einen Schmerz durchmachen müsse. Deshalb stellte er an den Vollzieher der Beschneidung die Bitte, er möge dies in einer Weise tun, dass das Kind dabei nicht einen allzugroßen Schmerz ausstehen müsse. Während der Handlung stand Josef ganz aufmerksam da und sah in Liebe und Mitleid auf das göttliche Kindlein. Auf die Frage, welchen Namen sie dem Kinde geben wollen, wartete Josef, dass Maria ihn zuerst ausspreche; doch durch göttliche Fügung sprachen sie gemeinsam den Namen «Jesus» aus. Beim Aussprechen dieses Namens beteten alle himmlischen Geister Ihn an. Sogar die verworfenen Geister spürten die Macht dieses hohen Namens, aber sie durchschauten nicht deren Ursache. Maria und Josef empfanden beim Aussprechen des Namens Jesus eine ungewöhnliche Freude. Auch der Vollzieher der Beschneidung empfing großen Trost und fühlte sich veranlasst, diesem Namen höchste Verehrung zu bezeigen.

Das göttliche Kind weinte in Seinem Schmerz und opferte dem himmlischen Vater die Tränen und das Blut auf als Genugtuung für die Sünden der Menschen. Diese Aufopferung machten auch Maria und Josef; denn Gott erleuchtete sie in diesem Augenblick und ließ sie das Opfer des Erlösers erkennen. Josef weihte sich aufs Neue Gott dem Herrn mit der Bereitschaft, allezeit Seinen heiligsten Willen zu erfüllen.

Als jener, der die Beschneidung vollzog, sich entfernt hatte, unterhielt sich Josef mit der heiligsten Mutter, die das göttliche Kind in ihren Armen hielt, damit Es ausruhe. Sie sprachen über das Geschehene und wie der Sohn Gottes dadurch die Gestalt eines Sünders annehmen wollte – sie bewunderten die Demut des göttlichen Erlösers. Maria besang nun dieses Geheimnis und verherrlichte den heiligsten Namen Jesus. Dies bereitete dem göttlichen Kinde die süßeste Ruhe in den mütterlichen Armen. Josefs Geist kam nun in Verzückung. Es wurden ihm hierin Geheimnisse geoffenbart, welche er immer in tiefer Verehrung und Andacht in seinem Gedächtnis bewahrte. Er besprach dann alles mit seiner heiligsten Gemahlin. Sie dankten Gott gemeinsam für die vielen Gnaden und Gunsterweise und lobten Seine unbegreifliche Güte.

Josef machte sich nun Gedanken darüber, dass der Aufenthalt in dieser armseligen Höhle Maria und ihrem Kinde viele Leiden verursachen. Deshalb bat er Maria, sie möge darauf achten, ob es der Wille Gottes sei, dass sie nach Nazareth, ihrer Heimat, zurückkehren sollten, um ihren Verhältnissen entsprechend zu leben. Maria teilte ihrem Gemahl mit, sie sollten noch an diesem Orte verbleiben, denn der Allerhöchste werde sie in Bälde hier Wunderbares erleben lassen. Sie meinte damit die Ankunft der weisen Könige. Der heilige Josef neigte sein Haupt in Ergebenheit. Er sagte zu Maria: «Weißt du, was meine Person betrifft, bin ich gerne hier, denn diese Entbehrungen werden mir anderseits mit viel Freude vergolten. Aber es schmerzt mich, meinen Jesus und dich, Teuerste, hier soviel leiden zu sehen. Wenn aber Gott es so will, muss es auch mir recht sein, obschon es mir überaus weh tut, Euch in dieser Armut zu sehen.»

Maria nahm das liebevolle Erbarmen Josefs entgegen. Sie sagte ihm, dass er ihretwegen nicht traurig sein solle, denn auch sie sei inmitten dieser Entbehrungen überaus getröstet; er wolle all sein Mitleid vielmehr ihrem geliebten Jesus zuwenden. Josef dankte seiner Gemahlin für diese Worte und wandte nun all sein Erbarmen dem göttlichen Kinde zu. Sein Herz schmachtete gleichsam vor Leid, da er das Jesuskind in solcher Armut sah. Er kniete oft davor nieder und sprach zu Ihm, während Maria es in ihren Armen hielt. Josef schüttete vor Ihm seinen Schmerz aus, es in so großem Leid zu sehen. Das göttliche Kind aber blickte liebevoll auf Josef und sprach zu seinem Herzen. Es offenbarte ihm, wie gerne es den Willen seines himmlischen Vaters – zum Heile des Menschengeschlechtes zu leiden – erfüllt.

Das göttliche Kind sagte mit innerer Stimme zu Josef: «Es stehen mir noch andere Leiden bevor. Ich nehme sie schon jetzt an und sehne mich danach, der Welt zu zeigen, wie sehr ich meinen göttlichen Vater und die Menschen liebe; ich bin ja doch vom Himmel auf die Erde gekommen, um sie zu erlösen; ja, ihretwegen bin ich Mensch geworden. Ich werde viele Leiden und selbst den Tod erwählen, um das Werk der Erlösung zu vollbringen.» Als Josef diese innere Stimme vernahm, war er getröstet; es erfüllte ihn Glaube und Liebe. Aber da er nun wusste, dass Jesus viel leiden und zur Vollendung des Erlösungswerkes sogar sterben werde, betrübte er sich aufs Neue. So waren die Freuden Josefs immer von Trübsal begleitet. Er machte jedoch den Eindruck der Ruhe und Zufriedenheit, da er alles mit Gottergebenheit hinnahm.

Josef weinte fürwahr, wenn er seinen geliebten Jesus so leiden sah; er freute sich aber anderseits der göttlichen Gunstbezeigung, seinen Gott in Menschengestalt zu sehen. Wenn er die Schönheit des Gotteskindes betrachtete, wurden ihm oft himmlische Wonnen zuteil. Immerzu wollte er seine Augen auf Jesus, seine einzige Liebe, wenden und es tat ihm Leid, wenn er sich von ihm weg zur Arbeit begeben musste.

Josef sprach manchmal bei sich selbst: «O sieh, welch ein Glück dir zuteil geworden ist! Welch ein herrliches Los hast du erhalten, in Gemeinschaft mit der Mutter des Messias zu leben. ja, du darfst in Gesellschaft des Messias selber sein; du darfst sogar die Vaterstelle für den Sohn Gottes auf dieser Erde vertreten – o, welch eine Gnade! Wie viele Patriarchen und Propheten haben sich gesehnt, ihn zu sehen, wie viele haben nach seiner Ankunft geseufzt! Der König David wünschte ihn zu sehen und die Stelle zu verehren, wo seine Füße stehen werden, und du, Josef, darfst ihn nicht nur sehen, sondern dich auch im Umgang mit ihm erfreuen, ja noch mehr, du darfst ihn sogar in deine Arme nehmen und hast die hohe

Aufgabe, sein Behüter, sein Ernährer zu sein. Welch eine Gnade! Eine Gnade, die du dir niemals erdacht und auf keine Weise verdient hast!»

Als Josef so zu sich sprach, wurde er von Liebe und Dankbarkeit zu seinem Erlöser hingerissen. Er eilte sodann zu Maria, warf sich ihr zu Füßen und bat sie innig, in seinem Namen Gott Dank zu sagen für die unschätzbaren Erweise Seiner Huld und Güte. Er sagte zu ihr: «Du, die du die würdige Mutter des Messias bist, sprich für mich, Meine Gemahlin, erweise mir die Gnade, unserem Gott Dank zu sagen, dass Er sich gewürdigt hat, mich zu deinem Gefährten zu erwählen. Ich kann ihm nicht gebührend danken. Wohl sehe ich mich mit Gnaden und Gunsterweisen überhäuft, aber dennoch befällt mich Beschämung, da ich dies alles nicht verdiene. Ich weiß nicht, wie ich Gott danken soll. Bringe ihm meine ergebene Dienstbarkeit, mein ganzes Sein zum Opfer dar. Sage mir, was ich tun muss, um Gott Freude zu machen; denn ich komme außer mir, wenn ich an so große Wohltaten und herrliche Gnaden denke. Teuerste Gemahlin! Du weißt um meine Unzulänglichkeit, deshalb sprich du für mich!»

Es gefiel Maria, Josef so dankbar zu sehen. Sie versicherte ihm, dass diese Beteuerungen Gott sehr wohl gefallen. Und da er Seine Gunsterweise hochschätze, mache er sich fähig, neue Gnaden zu empfangen. Die heiligste Mutter versprach ihm, an seiner Statt der göttlichen Güte und Freigebigkeit zu danken.

Die Ankunft der weisen Könige

Der heilige Josef wünschte sehr, dass die einzigartige Wohltat Gottes – die Sendung Seines Sohnes zur Erlösung der Welt – von allen anerkannt werde. Deshalb schmerzte es ihn zutiefst, dass so viele nichts von Ihm wussten. Er bat Gott um die Gnade, alle Menschen möchten den Erlöser erkennen und Ihn anbeten. Josef sehnte sich auch danach, an diesem Orte noch Wunderbares zu sehen, wie es ihm Maria bereits angedeutet hatte.

Eines Nachts nun offenbarte der Engel Josef im Traume, dass Könige des Orients kommen werden, um das Gotteskind anzubeten und ihm kostbare Geschenke zu bringen. Durch dieses Ereignis werden seine Wünsche und gerechten Bitten einigermaßen erfüllt. Der Heilige frohlockte, als er erwachte; er lobte Gott und dankte Ihm.

Voll des Jubels teilte er die Botschaft des Engels seiner Gemahlin mit. Obschon sie im Geiste bereits alles vorausgesehen hatte, ließ sie nichts merken und freute sich mit ihm.

Nun fragte Josef abermals die heiligste Mutter, ob es der göttliche Wille sei, in dieser äußersten Armut zu verbleiben oder ob er eine bessere Unterkunft ausfindig machen solle. Obschon der Engel ihm geoffenbart hatte, dass die Könige zur Höhle kommen werden, wollte er wissen, ob er irgendwelche Vorkehrungen treffen solle. Maria bat Gott, Er möge Sich wiederum würdigen, in dieser Angelegenheit Seinen Willen kundzugeben. Das göttliche Kind ließ seine geliebte Mutter verstehen, noch an diesem Orte zu verbleiben; sie mögen darin die Fügungen des himmlischen Vaters anbeten und sich nicht betrüben. Die Könige werden in dieser äußersten Armut den Reichtum und die unermesslichen Schätze des allerhöchsten Königs anerkennen. Sie werden kommen, um Ihn anzubeten und sich Ihm zu unterwerfen. – Als Josef dies erfuhr, verdemütigte er sich. Er betete den Willen des Allerhöchsten an und bewunderte immer mehr Seine Werke.

Es kamen nun diese Weisen aus dem Orient, um Jesus, dem neugeborenen König zu huldigen. Josef staunte. Wie verzückt beobachtete er, was zwischen ihnen und dem göttlichen Kinde vorging. Er bewunderte die Demut, Andacht und Liebe dieser königlichen Personen; anderseits staunte er über die Herablassung und Liebe des Gotteskindes zu ihnen. Josef bemerkte, wie die Gnade in diesen Königen wirkte und wie sie in dieser Kindesgestalt die göttliche Majestät erkannten. Josef war überaus zufrieden., den Mensch gewordenen Gott geehrt zu sehen. Er freute sich auch über das Glück dieser Könige.

Nachdem sie dem göttlichen Kinde ihre Huldigung dargebracht und ihre Herzen sich seiner Gunsterweise erfreut hatten, beglückwünschten sie Maria und Josef. Es waren wenige, aber von Liebe durchdrungene Worte, die Josef zu diesen Königen sprach. Sie erkannten das große Verdienst des Heiligen und sahen, wie er in würdiger Weise seine Stellung ausfüllte. Dann baten sie ihn, der Majestät dieses Königs das Heil ihrer Seelen und ihrer Untertanen anzuempfehlen; habe er doch das Glück, immer in seiner lieblichen Gesellschaft zu sein und sich allezeit seiner anbetungswürdigen

Gegenwart zu erfreuen. Josef versprach ihnen, ihre Bitte zu erfüllen. Von ganzem Herzen freute er sich mit ihnen über die Gnade, den wahren Gott zu erkennen und anzubeten. Die Weisen brachten hierauf dem göttlichen Kinde ihre Geschenke dar. Maria und Josef unterrichteten sie kurz über den wahren Glauben, wobei sie sehr erleuchtet wurden. Dann machten sie sich auf die Reise in ihre Heimat.

Josef blieb mit Maria und dem göttlichen Kinde in der Höhle. Er warf sich in Ehrfurcht vor seinem Erlöser auf die Knie. Während er in die tiefste Anbetung versunken war, offenbarte Gott ihm unter anderem, wie im Laufe der Zeit alle Heiden zur Erkenntnis des wahren Gottes gelangen werden. Voll Freude sprach er dann hierüber mit Maria. Sie erwogen auch, wie diese Könige unter so vielen Nationen gewürdigt wurden, den Mensch gewordenen Gott zu erkennen und anzubeten. Vom hebräischen Volke, welches das Auserwählte war, seien nur die Hirten gewürdigt worden, den neugeborenen Messias zu erkennen. Maria und Josef bewunderten die Werke des Allerhöchsten. Sie dankten Ihm für alles und lobten Ihn.

Josef besah die Geschenke, welche die Könige dem göttlichen Kinde dargebracht hatten. Er verstand auch die Geheimnisse , die sie versinnbildeten. Über all das hatte er große Freude, denn es gereichte Gott zur Ehre, besonders der Weihrauch. Auch er verwendete ihn, um dem Mensch gewordenen Gott seine Anbetung zu bezeigen. Alles übrige schenkte er den Armen und dem Tempel zu Jerusalem. So erfüllte er den Willen des Allerhöchsten; dies gefiel auch Maria. Josef war über den Besuch der Könige hocherfreut, immer wieder dankte er Gott. Maria und Josef beteten viel für sie.

Während des vierzigtägigen Aufenthaltes in Bethlehem empfing Josef von Gott sehr viele Gnaden. Oft nahm er das Jesuskind in seine Arme und ließ es an seiner Brust ausruhen. Dafür liebkoste es den heiligen Josef. Das eine Mal sah Es ihn an, während dabei sein Angesicht die göttliche Majestät ausstrahlte; ein andermal schmiegte Es sich mit dem Köpfchen an den Hals seines Pflegevaters, dann wieder nickte es zum Zeichen der Dankbarkeit für alles, was er aus Liebe zu ihm tat. Bei diesen Liebkosungen erhielt Josef immer mehr Gnade und sein Herz strömte über vor Freude. Er verzehrte sich ganz in der Liebe zu seinem Gott. Manchesmal war er längere Zeit in Verzückung und Maria musste ihn zum Essen rufen.

Oftmals würde er nichts zu sich genommen haben, wenn seine heilige Gemahlin ihn nicht gebeten hätte.

Josef wollte allen, die kamen, um das göttliche Kind zu sehen, die wunderbaren Werke Gottes offenbaren und sie den wahren Gott erkennen lassen, damit sie Ihn lobten und Ihm dankten. Maria aber riet ihm in kluger Weise, er möge die göttlichen Geheimnisse verborgen halten und nur das sagen, was zum Wohl dieser Seelen notwendig sei.

«Unser Mensch gewordener Gott wird Selbst in diesen Seelen wirken», sagte sie, «Er wird Seine Liebe jenen offenbaren, die Seiner Gnade entsprechen; Er wird sie erleuchten, wie es Ihm gefällt. Für uns geziemt es sich bisweilen nur, zu staunen und zu schweigen, zu loben und anzubeten, zu danken und uns zu erfreuen. Wir müssen mit unserer Liebe und Dankbarkeit für den Mangel aller Ersatz leisten». Damit war Josef ganz einverstanden; er dankte seiner Gemahlin und bat sie, Gott, den Geber alles Guten, zu lobpreisen.

Maria und Josef sprachen oft über die Wunderwerke Gottes und betrachteten dann diesen Mensch gewordenen Gott in der Krippe. Sie empfanden tiefes Leid, Ihn so arm darinnen liegen zu sehen. Oft wartete Josef sehnsüchtig, dass das Kind Seiner Mutter eingebe, es in ihre Arme zu nehmen; denn er hatte die Gewissheit, dass es bei Seiner Mutter am wohlsten geborgen ist. So war es tatsächlich, und Josef war dann ganz zufriedengestellt. Aber Jesus wollte Sich schon im zartesten Alter oft dieser Freude entziehen, um der göttlichen Gerechtigkeit für die Sünden der Menschen Sühne zu leisten.

Wenn das Kind in der Krippe lag, sagte Josef manchmal: «Meine Gemahlin, wäre es nicht besser, wenn du mir deinen Sohn in die Arme gäbest, damit Er nicht soviel leiden brauchte?» Maria gab ihm in ihrer Anmut und Klugheit zu verstehen, dass Jesus diese Unbequemlichkeit ertragen wolle. Auch sie sollten sich mit seinem Leiden vereinigen, indem sie ihn voll Mitleid betrachten und auf die Freude verzichten, ihn auf den Armen zu tragen.

. Ganz ergeben antwortete Josef: «Was mich betrifft, so entbehre ich gerne diesen Trost, aber es schmerzt mich so sehr, wenn ich das zarte Kind in dieser Weise leiden sehe. Ich wollte gerne alles auf mich nehmen, wenn nur unser liebster Jesus nicht schon soviel durchmachen müsste.»

Die heiligste Mutter teilte mit ihm den Schmerz. Sie empfand diesen aber noch vielmehr, da sie ihr göttliches Kind am meisten liebte.

Dennoch tröstete sie Josef und ermutigte ihn, alles edelmütig zu ertragen, denn so gefalle er Gott. Und sie sprach zu ihm: «Josef, es ist etwas Wunderbares, dass Gott uns unter so erhabenen Tröstungen des Geistes diesen Schmerz ertragen lässt. Ja, dieser Schmerz ist wirklich groß für ein Herz, das liebt. Es ist sehr schmerzlich, mitansehen zu müssen, wie unser allerliebster Jesus leidet.»

Josef weinte und sagte dabei: «Umso größer ist mein Schmerz, da ich wegen der Leiden des Kindes auch dich in Schmerzen sehe. Liebe ich dich doch so sehr als die Mutter Jesu und meine getreueste Gemahlin! Ich liebe dich auch, weil ich durch dich soviel Gutes von Gott erhalten habe. Ich liebe dich, weil du mir immerfort Gnaden erbittest. Ich liebe dich, weil du mir immer so große Liebe entgegenbringst. Ich liebe dich als ein Geschöpf, das Gott so sehr liebt und begünstigt. Ich liebe dich, weil du voll der Gnade und mit so herrlichen Tugenden geschmückt bist. Siehe daraus, wie groß mein Schmerz ist, dich, die du so zart und liebenswürdig bist, in so bitteren Leiden zu sehen!»

Maria verdemütigte sich, als sie Josef so sprechen hörte. Sie zeigte ihm ihre Freude über seine Zuneigung und seinen guten Willen. Josef war glücklich, dass Maria diese seine Liebe entgegennahm, denn er erachtete sich ihrer nicht wert. Mariens Worte ermutigten ihn aber auch, und er sagte dann bei sich: «Wenn Maria meine aufrichtige Liebe annimmt, darf ich sicher hoffen, dass auch ihr göttlicher Sohn, mein Erlöser, sie nicht verschmähen wird. O wie glücklich bin ich, dass so heilige Personen meine Liebe und meinen guten Willen annehmen!»

Josef bei der Darstellung Jesu im Tempel

Als vierzig Tage nach der Geburt des göttlichen Kindes vorüber waren, erkannte Maria, dass es wünsche, im Tempel dargestellt zu werden, um die Vorschrift des Gesetzes zu erfüllen. In der vorhergehenden Nacht offenbarte der Engel dem heiligen Josef, es sei der Wille des Allerhöchsten, dass der Messias im Tempel dargestellt und mit der üblichen Geldsumme wie die anderen Kinder losgekauft werde. Er möge sich daher mit Jesus und Maria zum Tempel begeben. Als Josef erwachte, lobte er Gott und dankte Ihm für diese Offenbarung. Dann sprach er hierüber mit seiner Gemahlin, die durch göttliche Erleuchtung bereits alles erkannt hatte.

Maria und Josef beschlossen also, von Bethlehem abzureisen und nach Jerusalem zu gehen. Einerseits tat es ihnen Leid, diese Höhle verlassen zu müssen, weil sich hier die wunderbare Geburt des Gottessohnes vollzogen hatte und sie gerade an diesem Orte die höchsten Freuden mit ihrem geliebten Jesus erlebt hatten; anderseits waren sie froh, dass das göttliche Kind sich nun nicht mehr an einem so elenden Orte aufhalten müsse.

Vor der Abreise beteten sie noch gemeinsam und verehrten jenes Plätzchen, wo der Erlöser im ersten Augenblick nach Seiner Geburt lag. Sie sangen ihm neue Loblieder und baten, dass er sie segne. Hierauf nahm Maria das Jesuskind und schmiegte es an ihre Brust. Josef trug in einem Bündel die notwendigsten Sachen. So verließen sie diese Höhle und machten sich auf den Weg nach Jerusalem. Die heiligsten Wanderer wurden von einer Engelschar begleitet.

An diesem Tage war die Luft sehr angenehm und mild, obschon Winterszeit war. Maria und Josef gingen des Weges dahin, voll der Freude ob des unendlichen Schatzes, den sie mit sich trugen. Sie schauten verschiedene Wunderzeichen, die Gott wirkte: Es neigten sich die Bäume, gleichsam, um ihrem Schöpfer Ehrfurcht zu bezeigen; es kamen Scharen von Vögeln und sangen dem Herrn ihre Weisen. Josef beobachtete alles mit größter Verwunderung. Zur Gottesmutter sagte er:«Sieh‘ meine Gemahlin, wie die Blumen und unvernünftigen Tiere ihrem Schöpfer höchste Ehrfurcht bezeigen! Die Menschen aber, zu deren Erlösung Er gekommen ist, leben so gleichgültig dahin. Nur wenige sind es, die Ihn erkennen.»

Dies sagte Josef unter Tränen. Und er fügte hinzu: «O wir Glücklichen! Wir haben Ihn sogar in unserer Mitte! Wie sehr sind wir Gott zu Dank verpflichtet!» Hierauf begann Maria zu singen. – Sie machten manchmal Halt, nicht aus Müdigkeit, sondern weil das Jesuskind in den Armen Josefs ruhen wollte, um ihn vollauf zu trösten. Josef hatte dies im Stillen gewünscht, es aber nicht gewagt, seine Gemahlin darum zu bitten; nur im Innersten seines Herzens bat er Gott. Er empfing es kniend mit innigster Andacht und Liebe aus ihren Händen. In seinem Herzen entzündete sich dabei die Liebe so stark, dass sein Antlitz leuchtete. Oftmals sah Maria ihren Gemahl mit überaus schönem, geradezu leuchtendem Angesicht. Gott ließ Maria schauen, wie reich seine Seele an Verdiensten und Tugenden ist; dies gereichte ihr zu unsagbarer Freude. Maria dankte Gott, dass Er ihr einen so reinen, heiligen Gemahl zur Seite gegeben hat. Sie sagte oft zu Josef: «Wenn du wüsstest, Josef, wie schön ein tugendvolles und mit Gnade und Verdiensten bereichertes Herz ist, du würdest staunen!» Dann schilderte sie all die Schönheiten einer solchen Seele. Sie teilte ihm nicht mit, dass seine so beschaffen ist. Der Heilige hörte Maria mit ganzer Aufmerksamkeit zu. «O meine Gemahlin», rief er dann aus, «wie sehne ich mich danach, eine so schöne Seele zu werden! Ich bitte dich, flehe zu Gott, dass Er auch meine Seele so gestalten wolle!»

Sie ermunterte ihn mit den Worten: «Loben und danken wir zusammen Gott für die vielen Gnaden und Geschenke!» Maria vereinigte sich mit den Aufopferungen, die ihr Sohn dem Ewigen Vater machte; dazu lud sie auch Josef ein. Er bat sie wiederholt, sie möge ihn lehren, was Gott Freude bereitet und was Ihm wohlgefällig ist. Die Gottesmutter unterließ es nicht, ihm all das zu sagen. Josef fühlte sich Maria gegenüber zu größtem Dank verpflichtet. Während sie so des Weges wanderten, sangen sie zum Lobe Gottes; sie bewunderten Seine Werke und sprachen von Seiner Barmherzigkeit. In allem zeigten sie sich Gott dankbar für alles, was Er zu ihrer Freude und zum Heile der Menschen geschaffen hat.

In Jerusalem angekommen, bereiteten sie vor, was für die Darstellung und zum Loskauf des Kindes nötig war. Josef besorgte fünf Münzen, sowie zwei Tauben und zwei Turteltauben als Reinigungsopfer für Maria. Er bewunderte dabei ihre tiefe Demut, da sie die reinste, heiligste Mutter sich wie alle anderen Frauen dieser Gesetzesvorschrift unterwarf. Er bewunderte auch den Gehorsam seines Erlösers, der wie alle anderen Knäblein vorgestellt und losgekauft werden wollte. Über all das sann Josef oft in seinem Leben nach. Er erinnerte sich stets in Dankbarkeit, wieviel Gottes Sohn und Seine heiligste Mutter gewirkt hatten.

Als Maria und Josef mit dem göttlichen Kinde den Tempel betraten, kam Simeon, ein greiser Prophet, um sie zu empfangen. Er war auf Eingebung des Heiligen Geistes zum Tempel gekommen. Nun sollte er die Verheißung Gottes erleben, dass er noch vor seinem Tode den Messias sehen werde. Auch Anna, eine Prophetin, hatte sich eingefunden. Nach der gesetzmäßigen Reinigung nahm Simeon das Kind auf seine Arme, um es dem Herrn darzustellen. Er empfand dabei großen Trost und wurde vom Heiligen Geiste erleuchtet. Da erkannte er seinen Erlöser und rief aus: «Nun lässt du deinen Diener, Herr, nach deinem Wort in Frieden scheiden...» Simeon wünschte, nun nach Erlangung dieser Gnade zu sterben. – Josef beobachtete alles mit großer Aufmerksamkeit. Er sah das göttliche Kind von hellstem Lichte umstrahlt. Aus übergroßer Freude kam er für einige Augenblicke in Verzückung und schaute darin die Geheimnisse der Darstellung des göttlichen Erlösers.

Der Greis Simeon erfreute sich eine Weile des Mensch gewordenen Gottes. – Nachdem Maria das Gotteskind losgekauft hatte, gab er es in ihre Arme zurück. Simeon beglückwünschte Maria zu ihrer hohen Würde als Mutter des Messias und sagte dann noch: «Viele werden ihm widersprechen und deine Seele wird ein Schwert durchdringen!»

Bei diesen Worten wurde Josef von einem derartigen Schmerz getroffen, dass er ohnmächtig geworden wäre, hätte die Gnade Gottes ihn nicht unterstützt. Noch vielmehr wurde die heiligste Mutter vom Schmerze durchbohrt; sah sie doch im Geiste alles, was kommen werde. Dann sagte ihr auch die Prophetin Anna das Leiden und den Tod ihres Sohnes voraus, wodurch ihr reinstes, unschuldiges Herz von neuem getroffen wurde. Diese Prophezeiung verstand Josef nicht, sonst wäre er vor Leid gestorben. Schon die Worte des Propheten Simeon prägten sich so tief in sein Gedächtnis, dass sie zeitlebens seine Seele betrübten. Josef hatte Sehnsucht, mit Maria über alles zu sprechen. Sie hielten sich aber noch eine Zeitlang im Tempel auf. Maria brachte ihrem göttlichen Kinde Akte der Liebe, der Dankbarkeit und des Mitleids dar; sie bat es auch für den tiefbetrübten Josef.

Auf der Rückreise nach Nazareth

Maria und Josef hielten sich mit dem Jesuskinde noch ein wenig in Jerusalem auf. Sie gingen dann wiederum in den Tempel, wo sie auch die Geschenke darbrachten, die sie von den Königen des Orients erhalten hatten. Hier beteten sie nun besonders um die Erkenntnis des göttlichen Willens, ob sie nach Bethlehem oder nach Nazareth, ihrer Heimat, zurückkehren sollten. Es wurde ihnen kundgetan, dass sie in Nazareth ihren Aufenthalt nehmen sollten. Außerdem offenbarte es auch der Engel dem heiligen Josef so. Dies gereichte ihm einigermaßen zum Troste, denn er dachte, in Nazareth sei doch mehr Wohnlichkeit vorhanden. Er sprach Maria seine Zufriedenheit hierüber aus. Sie wusste jedoch bereits, was infolge der Nachstellung von Seiten des Herodes in Bälde kommen werde, hielt aber diese Kenntnis geheim, um die Freude ihres Gemahls nicht zu trüben. Josef erzählte ihr dann alles, was ihm im Tempel begegnet war. Er offenbarte ihr, welche Geheimnisse Gott ihn schauen ließ; er schilderte ihr unter Tränen seinen Schmerz über die traurige Prophezeiung Simeons.

«Ach, meine unschuldige Gemahlin», sagte er öfters, «wie groß wird der Schmerz sein, den du einmal durchmachen musst! Ich weiß nicht, was mit mir sein wird. Wenn ich aber bei deinen Kümmernissen zugegen sein soll, wie wird dies mein Herz ertragen können?» Und Josef weinte bitterlich. Maria tröstete ihn aber in folgender Weise: «Gott ist mit uns. Wir brauchen uns nicht zu fürchten; überlassen wir uns ganz Seinem heiligsten Willen. Freuen wir uns, dass wir Jesus losgekauft haben und Er nun ganz uns gehört. Nun dürfen wir uns seiner Gesellschaft erfreuen und seine Lieblichkeit verkosten. Der Gedanke, dass wir Jesus besitzen, muss uns jede Bitterkeit versüßen.» – Josef war ob dieser Worte sehr zufrieden.

Das Jesuskind wollte ihn aber noch vielmehr trösten und gab nun seiner Mutter ein, es in die Arme Josefs zu geben. Der Heilige empfing das Kind mit Herzensjubel, er umarmte es und sagte: «O Mensch gewordener Gott, nun gehörst du uns! Wir haben dich zum Heil aller Menschen losgekauft; doch gegenwärtig haben nur wir die Gnade, dich zu erkennen, uns deiner zu erfreuen, dich sogar in unseren Händen zu halten.»

Während Josef sich mit dem Jesuskinde in solchen Gesprächen unterhielt, schmiegte es sich herzlich an ihn, so dass er dabei paradiesische

Freuden genoss. Maria gönnte ihm diese Wonne von Herzen; sie dankte Gott an seiner Statt. Der überglückliche Josef heftete seine Blicke auf das göttliche Kind. Bei der Erwägung, dass ihm so herrliche Erweise der Gunst und Gnade zuteil geworden, weinte er. Das Gotteskind liebkoste ihn und sprach zu seinem Herzen; es beteuerte ihm, wie sehr es ihn liebe und wie wohlgefällig er ihm sei. Da rief Josef aus:

«Mein Jesus, was soll ich tun für die hohe Gnade, die du mir erweisest? O welch ein Glück für mich, dich in meinen Armen zu halten. Hätte ich es jemals geglaubt, dass du den geringsten Diener mit so großen Gnaden überhäufst? Nachdem Simeon dich auf seinen Armen getragen, verlangte er nichts anderes mehr als zu sterben. Ich aber habe das Glück, dich so oft zu umarmen und an meine Brust gedrückt zu halten. Was soll ich wünschen, mein Herr, was soll ich wünschen? Zu sterben verlange ich nicht, denn ich kann mich noch so lange Zeit deiner Gesellschaft erfreuen; ich darf mit dir sein und für deine Bedürfnisse sorgen. Was kann ich also wünschen, als dich immer mehr zu lieben, dir getreu zu dienen und zu sehen, dass alle Geschöpfe dich erkennen, dich lieben und dir dankbar sein werden für so viele Wohltaten; besonders dafür, dass du gekommen bist, um die Menschen zu erlösen! Nur dies kann ich wünschen, mein Jesus; danach sehnt sich mein Herz, darum bitte ich dich! O erfülle diese meine Wünsche und erhöre meine Bitten!»

Wie freute sich das göttliche Kind, dass Josef von Liebe zu Ihm so sehr entflammt war und sich so innig nach Seiner Verherrlichung und dem Wohle aller Geschöpfe sehnte. Es blickte ihn dafür liebevoll an und lächelte. Der Blick des göttlichen Kindes war zugleich hoheitsvoll. – Wenn Josef das Kind der heiligsten Mutter zurückgab, sagte er meistens:

«Nimm hin, reinste Jungfrau, deinen Sohn, unseren Gott in Menschengestalt! In deinen Armen geht es Ihm wahrhaftig gut. Da Er dich zu seiner Mutter erkoren hat, schenkte Er dir auch alle Gnaden, wodurch du ihm angenehm und liebenswert bist.» Die Gottesmutter bezog alles Lob auf die Güte ihres Schöpfers, indem sie jenen Lobgesang wiederholte, den sie bei ihrer Verwandten Elisabeth sang: «Hoch preist meine Seele den Herrn...»

Maria und Josef erlebten auf dieser Reise viele Freuden des Geistes; hatten sie ja das Gotteskind bei sich. Sie trugen es abwechselnd. Auch mannigfaltige Wunderzeichen konnten sie beobachten. Alle Geschöpfe, sogar die Vernunft losen leisteten dem Mensch gewordenen Gott ihre Ehrfurchtsbezeigung. Die Vögel begleiteten festlich die heiligen Wanderer; sie schwirrten umher und sangen. Josef beobachtete alles ganz aufmerksam. Voll Freude fing er immer wieder an, Gott zu preisen. «O Maria», sagte er, «siehe, nun kehren wir in unsere Heimat zurück, wo wir uns in Ruhe mit Jesus freuen dürfen. Wie froh werden wir sein, ihn nicht mehr soviel leiden zu sehen. Wir werden ihm ein angenehmes Plätzchen bereiten, wenn er nicht in unseren Armen sein will.»

Da neigte die heiligste Jungfrau das Haupt und sagte: «Wir gehen nach Nazareth, um den göttlichen Willen zu erfüllen. Seien wir allzeit bereit, die Anordnungen Gottes auszuführen. Er ist Mensch geworden, um zu leiden, nicht um sich zu freuen und Ruhe zu genießen. Er will, dass auch wir ihn nachahmen. « Josef antwortete ganz gottergeben: «Sieh mich bereit, den Willen des Allerhöchsten auszuführen.» Er verstand nämlich nicht den eigentlichen Sinn der Worte seiner Gemahlin und warum sie jetzt so zu ihm sprach. Die Gottesmutter aber erkannte, dass sie in Bälde ihre Heimat verlassen und in ein fremdes Land ziehen müssten, was ihnen große Leiden verursachen werde. Maria wollte Josef dies nicht mitteilen. Überhaupt hielt sie die göttlichen Geheimnisse verborgen und wartete immer, dass Gott selbst ihm Seinen Willen durch Eingebung oder durch den Engel offenbare.

Maria sang auch auf dieser Reise ihrem Kinde öfter Loblieder vor, was Josef ganz froh stimmte. Er sang im Geiste mit und war oft tiefbewegt von Freude, Liebe und Dankbarkeit. Er dankte dem Allerhöchsten auch für die vielen Gnaden- und Gunsterweise an seiner Gemahlin. Manchmal stimmte auch er zum Lobe Gottes ein Lied an und dies mit so feuriger Begeisterung, dass Maria sich verwunderte.

Der Heilige hatte auf dieser Reise viel Hunger, Durst und mancherlei Unannehmlichkeiten zu ertragen. Er nahm alles mit Edelmut entgegen und wollte so gerne auch die Leiden des göttlichen Kindes und seiner Mutter auf sich nehmen.

Endlich kamen sie nach Nazareth. Sogleich gingen sie in ihr Häuschen. Im kleinen Gemach der heiligsten Mutter knieten sie nieder an der Stelle, wo das wunderbare Geheimnis der Menschwerdung bewirkt worden war. Sie beteten Gott an und dankten, dass sie heil und gesund in ihre Heimat zurückkehren durften. Josef war der Meinung, er könne sich nun immer hier aufhalten und in Frieden mit Jesus und Maria leben. Er richtete gleich das Bettlein zurecht, das er für Jesus gemacht hatte. Josef ordnete alles mit großer Freude und Zufriedenheit. Nebenbei tat es ihm aber Leid, dass er für Jesus und seine Mutter nicht alles tun konnte, was er wünschte, da er arm war.

Während Maria sich mit ihrem göttlichen Kind unterhielt, besorgte Josef den nötigen Lebensunterhalt. Als er so durch die Stadt ging, fragten ihn viele, was ihm in Bethlehem begegnet sei. Er gab meistens nur die kurze Antwort, dass er dort den göttlichen Willen erfüllt habe. Daraufhin beschimpften ihn manche, weil er seine Gemahlin , obgleich sie nahe vor der Geburt ihres Kindes stand, so weit mitgeführt habe. Sie sagten, es sei eine große Dummheit begangen worden, ihm das zarte Mädchen Maria zur Gemahlin anvertraut zu haben; er kümmere sich nicht um sie, er lasse sie leiden und wisse sie nicht zu schätzen; ja, er werde schuld seih, dass sie wegen so vieler Leiden in Kürze sterben müsse.

Diese Worte waren für das liebende Herz Josefs ebensoviele Schwertstiche, denn er wusste, wie sehr er seine Gemahlin schätzte und wie dankbar er Gott für sie war. Diesen Lästerern antwortete Josef: «Ihr seid im Irrtum; ich schätze das Glück, eine so teure und würdige Gemahlin zu haben. Aber durch meine Armut kann ich für sie nicht alles tun, was ich ihr schulde; dies bereitet mir Schmerzen. Ihre Güte aber ist so groß, dass sie sich damit zufrieden gibt und nichts anderes wünscht.» Dies sagte Josef mit voller Ruhe. Niemals sah man ihn heftig, obwohl er dazu oft Anlass gehabt hätte. Gott ließ diese Anfeindungen zu, damit Josef in allen Tugenden voranschreite, besonders in der Demut, Geduld und Liebe. Der Heilige übte alle diese Tugenden mit Edelmut und Freude, um Gott zu gefallen und verdiente sich auf diese Weise immer mehr Seine Liebe und Gnade.

Die heilige Mutter freute sich, ihren Gemahl so heilig und tugendhaft zu sehen. Sie unterließ es nicht, Gott zu bitten, Er möge ihm beistehen und stets Gnade und Geist verleihen , insbesondere die Liebe. Gott erhörte ihre Bitten. So nahm Josef ständig zu an Verdiensten und erstarkte sehr in der Liebe zu Gott. Wie sehnte er sich danach, dass alle Menschen Gott lieben möchten! Oft rief er unter Tränen aus: «Mein Gott! Warum lieben dich nicht alle? Was könnte ich tun, dass alle Geschöpfe dich erkennten und liebten? Wie ist es möglich, dass du, die unendliche Güte und Herrlichkeit, nicht von allen geliebt wirst?» Bei diesen Erwägungen kam Josef außer sich. Er verblieb in diesem Zustand oft mehrere Stunden und erfreute sich an den Herrlichkeiten und Vollkommenheiten Gottes. Immer klarer erkannte er, wie sehr Gott es verdient, geliebt und verherrlicht zu werden. Von heiligster Liebe angetrieben, sagte er zu Maria, er habe das Verlangen, durch die ganze Stadt zu gehen, um die Herrlichkeit Gottes zu preisen und zu verkünden. Seine Gemahlin hielt ihn zurück und sagte: «Wir wollen Gott loben im Namen aller.» Sie sangen dem Allerhöchsten Lieder, und so wurde Josefs Sehnsucht einigermaßen gestillt. Dann wandte er sich zu ihr mit den Worten: «Selig bist du, Maria, denn du liebst Gott so sehr. Du tust recht, Er allein verdient es. Liebe Ihn immer mehr und leiste Ersatz für die vielen, die Ihn nicht lieben. Liebe Ihn auch für mich, weil du ein Herz hast, das fähig ist, Ihn sehr zu lieben; mein Herz ist klein und die Liebe, die es fasst, ist gering.»

Es gefiel Maria, ihren Gemahl von der Liebe zu Gott so erfüllt zu sehen. Ihr Herz verzehrte sich ja in der Liebe zu Ihm. Josef betrachtete sie oft. Er sah ihr Angesicht gerötet und wie von Licht durchdrungen. – Wenn die heiligste Mutter bemerkte, dass Josef sich in solcher Begeisterung befand, gab sie ihm das göttliche Kind in die Arme. Er drückte es an seine Brust und sein nach Liebe dürstendes Herz wurde vollauf gesättigt. Es kam auch vor, dass der Heilige mit dem Jesuskinde auf den Armen ausruhte. Maria erfreute sich bei diesem Anblick; sie sah, wie das göttliche Kind an seinem Herzen frohlockte. Sie erkannte aber auch, wie die Seele ihres Gemahls von himmlischer Ruhe erquickt wurde.

In die Verbannung

Während Josef in Nazareth ganz zufrieden war und im teuren Umgang mit dem Jesuskind und seiner geliebten Gemahlin soviel Trost fand, hörte er von der Verfolgung des Herodes und von den Befehlen, welche dieser stolze König erteilt hatte. Da wurde Josef von einem heftigen Schmerz getroffen; er wusste nicht, wie er sich davon befreien könnte. Er dachte jedoch, dass Gott für eine so große Drangsal auch eine besondere Vorsorge treffen werde. Josef sprach mit seiner Gemahlin, die ihn tröstete und ermutigte, sich nicht zu fürchten, sondern sich ganz den göttlichen Zulassungen zu ergeben. Er beruhigte sich einigermaßen.

Des Nachts befahl ihm der Engel im Traume, dass er mit dem Kinde und seiner Mutter nach Ägypten fliehen und dort solange verbleiben solle, bis er die Weisung zur Rückkehr erhalte. Der Engel tat ihm sehr deutlich kund, dass Herodes mit großem Eifer danach trachte, das Jesuskind töten zu lassen. Josef war ganz bestürzt, als der Engel ihn dieser Tatsache vergewissert hatte.

In dieser Betrübnis eilte er zu Maria und berichtete ihr weinend, was der Engel ihm befohlen hatte. Sie war hierüber traurig, doch ganz ergeben; auch Josef unterwarf sich dem Befehl. Sein einziger Schmerz war der Gedanke, dass das göttliche Kind und seine Mutter auf dieser Flucht so vielen Leiden ausgesetzt sein werden. Er sagte zur Gottesmutter: «Ach, wer hätte gedacht, dass wir, kaum in unserer Heimat angekommen, genötigt sein werden, uns von neuem auf die Reise zu begeben, noch dazu in dieser kalten Jahreszeit und in ein ungläubiges Land. Sicherlich bin ich die Ursache dieser Heimsuchung, weil ich den Gnaden und Wohltaten Gottes so gering entspreche. Ich nehme diese Strapazen gerne auf mich, aber es bricht mir das Herz, wenn ich daran denke, welche Leiden unser teurer Jesus und du, meine Gemahlin, erdulden werdet!»

Die heiligste Mutter tröstete Josef; sie sagte ihm, dass auch sie bitteres Weh empfinde ob der Leiden des Jesuskindes, doch sie müssten sich dem Willen Gottes gleichförmig machen. Und sie sagte weiters: «Habe ich dir nicht bereits gesagt, dass unser Erlöser zur Welt gekommen ist, um zu leiden, nicht aber um auszuruhen? Es ist eine große Gnade, dass wir an seinem Leiden teilhaben dürfen. Wir wollen ihm dafür dankbar sein und ihn loben.» – Josef war nun sehr getröstet. Mit großer Eile packte er das Notwendigste zusammen. Maria nahm die Tücher für das Kind und was sie sonst notwendig brauchte. Sie beteten Jesus an, der noch ruhte. Dann machten sie sich eilends auf den Weg.

Die armen Flüchtlinge beschleunigten ihre Schritte. Josef hatte große Furcht; es war nachts und er wusste nicht, welche Richtung er einschlagen musste, um nach Ägypten zu gelangen. Deshalb überließ er sich ganz der göttlichen Vorsehung, welche er mit Maria um Hilfe anflehte.

Die heiligste Jungfrau trug ihr göttliches Kind an der Brust und empfahl sich ihm innigst. Josef staunte immer mehr über die Zulassung Gottes, dass Sein Eingeborener flüchten muss, um der Verfolgung eines grausamen, gottlosen Königs zu entgehen. Auf dem Wege sprach er hierüber mit seiner Gemahlin. Maria antwortete ihm weise und machte es ihm begreiflich. Sie ließ ihn erkennen, wieviel Gelegenheiten sie dabei haben, Gehorsam, Ergebung und Geduld zu üben.

Durch diese ermutigenden Hinweise wurde Josef sehr getröstet und gestärkt. Er war darauf bedacht, diese Tugenden bei jeder Gelegenheit edelmütig zu üben. Er sagte auch zu Maria: «Ich glaube, dass unser Erlöser große Beispiele erhabenster Tugenden der Welt hinterlassen will, wenn schon, kaum geboren, damit anfängt! O wir Glücklichen, die wir die ersten sind, ihm nachfolgen und ihn nachahmen zu dürfen!» So ermutigte sie Josef zur Geduld.

Zum Jesuskind gewandt sprach er: «O mein geliebter Erlöser! Du bist der Meister, der den sicheren Weg zum Himmel lehrt! Du bist das Beispiel jeder Tugend! Gib mir die Gnade, dass ich dich vollkommen nachahme und in deiner Schule die wahre Wissenschaft erlerne. Du bist der Herr des Weltalls, du bist der höchste König! Du unterwirfst dich einem gottlosen Herrscher und musst vor ihm fliehen unter so großem Leiden. Und ich will mich beklagen –, das geschehe nie und nimmer! Ich bete deinen heiligsten Willen an; ich folge deinen Fußstapfen und ergebe mich dir ganz und gar!»

Josef legte seinem Mensch gewordenen Gott auch die Wünsche seines Herzens dar, die dahin gingen, Ihn sehr zu lieben und dass alle Geschöpfe Ihn lieben und anbeten möchten. Er sprach zum göttlichen Kinde: «Siehe, mein Jesus, wie sehr ich danach verlange, dass du erkannt und geliebt wirst! Aber ich muss nun erleben, wie du verfolgt wirst. Ich will alles tun, was in meinen Kräften steht, um dir Leiden zu ersparen. O, wie wird mein Herz verzehrt vor Schmerz, dass ich dich, mein Jesus, schon als zartes Kindlein auf der Flucht sehen muss bei solcher Kälte und unter soviel Entbehrungen! Was wird erst später über dich kommen! Ach, wie wird mein Herz es aushalten können, dich so furchtbar leiden zu sehen? – Josef brach dabei in bitterliches Weinen aus. Das göttliche Kind gab nun seiner heiligsten Mutter ein, es in die Arme ihres so überaus betrübten Josef zu geben. Maria war sogleich bereit, damit Josef getröstet werde. Es sprach nun zu seinem Herzen und bestärkte in ihm das Verlangen, aus Liebe zu Gott zu leiden. Mit dem Jesuskinde an der Brust ging Josef ganz getröstet des Weges dahin und sagte: «Welch schönes Los habe ich, den Schöpfer der Welt in meinen Armen zu tragen, den König des Himmels und der Erde! Ihr Himmel, ich beneide Euch nicht, Ihn unverhüllt zu genießen, ich halte den Mensch gewordenen Gott in meinen Armen und schmiege Ihn an meine Brust.»

Der Heilige fühlte sich auf dem Wege sehr beschwingt, wenn er das göttliche Kind trug und sein Geist erfuhr dabei eine wunderbare Tröstung. Dies teilte er seiner Gemahlin mit und er fragte sie, ob das Jesuskind auch in ihr diese Wirkungen hervorgerufen habe. Maria antwortete ihm herzlich: «Gott schenkt allen Seine Gnade mit Freigebigkeit umso mehr mir, Seiner geringen Magd, die Er Sich huldvoll zur Mutter auserwählt hat.» Da freute sich Josef, denn er konnte daraus schließen, welch eine Wonne ihr das göttliche Kind bereitet, wenn es schon ihm, der er sich für den niedrigsten Diener hielt, soviel Freude brachte.

Die heilige Familie musste auf dieser Flucht sehr viele Leiden durchmachen; es war nämlich eine überaus strenge Jahreszeit. Oft war sie genötigt, mitten auf freiem Felde zu übernachten. Josef war alsdann sehr betrübt, da er doch Jesus und die heiligste Mutter überaus liebte. Er suchte mit seinem Mantel ein Obdach zurechtzurichten. Darunter brachten sie die Nacht zu, teils Loblieder singend, teils die Herrlichkeit und Güte Gottes betrachtend, teils ein wenig schlafend. Sie waren von Kälte durchfroren und hatten keine Möglichkeit, sich zu erwärmen. Wenn es schien, solche Leiden nicht mehr durchhalten zu können, wurden sie durch die göttliche Vorsehung gestärkt. Während sie nämlich von der unendlichen Liebe sprachen, die Gott den Menschen zuwendet, wurden ihre Herzen in einer Weise davon entflammt, dass diese Wärme auch auf den Körper überging. Ja, sie erwärmten sich dadurch mehr, als wenn sie sich an einem Feuer aufgehalten hätten. Sie sagten dafür Gott innigen Dank, der sie mit so großer Liebe umgab.

Die armen Flüchtlinge litten auch viel Hunger und Durst, denn oft hatten sie tagelang nichts zu essen. Selten fanden sie Kräuter auf diesen Fluren und auch nur ab und zu Trinkwasser in einem Graben. Der gütige

Gott bewirkte aber sodann, dass ihnen dieses Wenige schmackhaft vorkam und sie wieder gestärkt waren. Einige Male kamen sie durch Gebiete, in denen Schnee lag. Sie litten sehr darunter. In solchen Fällen schickte ihnen Gott die nötige Speise durch Engel. Wie staunten sie über die wunderbare Vorsehung Gottes, die in bitterster Not für sie Vorsorge traf, wenn ihnen jede menschliche Hilfe fehlte. Oftmals aber hungerten sie und hatten nichts zu essen, was Gott zur Prüfung ihres Vertrauens, ihrer Geduld und Ergebung zuließ. Dann schenkte Er ihnen das Gefühl der Sättigung, als hätten sie reichlich gegessen. Sie lobten Gott gemeinsam für das Gute, wie auch für alles, was Er sie leiden und ertragen ließ.

Josef war ganz darauf bedacht, das Jesuskind soviel wie möglich vor Kälte zu schützen. Er bat, Maria oft, sie möge fühlen, ob es warm habe. Sie entsprach immer seinem Wunsche und tröstete ihn mit der Versicherung, dass es warm habe und gut zugedeckt sei. Manchmal aber traf es zu, dass das göttliche Kind fror, denn es wollte Kälte leiden. Da weinte Josef tiefbetrübt, da er keine Möglichkeit hatte, Feuer zu machen. Das Jesuskind wollte in seine Arme, um ihn zu beruhigen. Josef nahm es mit großer Innigkeit und wünschte dabei, ihm seine Wärme geben zu können, damit es nicht mehr friere. Nun nahm es tatsächlich seine Sehnsucht entgegen und erwärmte sich an seinem von Liebe glühendem Herzen. Josef teilte dies seiner Gemahlin mit. Nun waren beide froh und dankten ihrem Gott.

Es traf einige Male zu, dass sie gegen Abend in einer Ortschaft ankamen. Sie suchten eine Herberge auf, um nicht auf kalter, nasser Flur übernachten zu müssen. Dies taten sie aber erst, als sie die Grenze Ägyptens überschritten hatten. Die Herbergbesitzer sahen mit Verwunderung auf die Schönheit, Anmut und Bescheidenheit Mariens. Sie wandten sich gegen Josef und bezichtigten ihn der Rücksichtslosigkeit und jedes gesunden Urteils bar, dass er in so strenger Jahreszeit seine zarte Frau durch diese Gegenden führe. Sie schalten ihn als einen Landstreicher und behandelten ihn barsch. Josef entschuldigte sich nicht; er nahm Gott zuliebe alles schweigend hin. Bei sich aber sagte er: «Mein Gott, du weißt alles! Du weißt auch, dass wir umherirren, weil du es so willst. Gerne will ich diese schlechte Behandlung über mich ergehen lassen, wenn man nur Jesus und der heiligsten Mutter mit aller Ehrfurcht entgegenkommt.»

Josef zog sich mit Maria in die Herberge zurück; dort schüttete er sein Herzeleid aus. Er sagte zu ihr: «Die Beschimpfungen von Seiten dieser Leute haben mein Herz getroffen, da sie ja alle eigentlich die Wahrheit sagen. Ich führe dich zu dieser Zeit durch die weiten Lande, wodurch du soviel leiden musst. Es scheint wirklich so, als ob ich ein grausamer Mensch sei, der kein Mitleid hat mit deiner Zartheit. Ich muss jedoch den Anordnungen Gottes gehorchen, der es so befiehlt. Gerade dieser Umstand tröstet mich unter so großen Drangsalen. Nun denke, was sie sagen und mir antun würden, wenn sie wüssten, wer du bist und das Kind, das du auf deinen Armen trägst! Gewiss würden sie mich töten.» Die Gottesmutter sprach ihm Mut zu, er möge sich wegen dieser Bedrängnis nicht kränken, denn Gott wolle ihn prüfen und ihm Gelegenheit zu Verdiensten geben. Der Heilige nahm all dies in Demut und Ergebung hin, wodurch er sich vor Gott immer verdienstvoller machte.

Josef betätigte auf dieser Flucht auch die Liebe zu seinen Mitmenschen. Wenn er wegen Unterkunft ein Dorf betrat, bat er Jesus für diese Bewohner, insbesondere für die Kranken und Sterbenden. Und siehe, als das Kind in diese Orte kam, teilte es sogleich seine Gnaden aus. Freilich begriffen diese Leute nicht, wodurch ihnen die Wohltaten zuteil wurden. Wenn sie sich in Ortschaften der Heiden befanden, bat Josef das göttliche Kind, dort die Kranken gesunden zu lassen, denn er hoffte, dass sie sich im Laufe der Zeit bekehren und den wahren Glauben annehmen würden.

Der höllische Feind sah sich in seinen Kräften geschwächt. Umso mehr wütete er, da er nicht wusste, woher diese Macht komme. Der Feind wollte Josef aber auf jeden Fall nachstellen. Gott ließ es zu, damit Josef sich immer verdienter machen konnte. Er wurde so bedrängt: Wenn er sich einer Ortschaft oder Stadt näherte, hetzte der böse Feind die schlechtesten Personen auf, damit sie Josef niederträchtig behandelten. Tatsächlich musste der Heilige oft viele Grobheiten über sich ergehen lassen, ja, es kam so weit, dass man ihn mit Schimpfworten davonjagte. Anderswo wurde ihm ein Stücklein Brot verweigert. Aber er ertrug alles mit Starkmut. Der Feind musste sich beschämt zurückziehen; er ließ jedoch von seinen Anschlägen nicht ab, sondern lauerte auf einen stärkeren Angriff gegen Josef.

Einige Male kam es vor, dass die heiligen Wanderer vor Kälte, Hunger und Durst sehr geschwächt waren und sie weder Speise noch ein

Obdach ausfindig machen konnten. Dann zogen sie sich in irgendeine nahegelegene Höhle zuruck und setzten sich dort zu Boden, um ein wenig auszuruhen. Josef faltete seinen Mantel zusammen als Unterlage für das Jesuskind. So vor ihnen liegend, beteten sie es an. Das göttliche Kind sah mit liebevollen Blicken auf Maria und Josef. Sie betrachteten dieses göttliche Antlitz, dessen Schönheit sie entzückte. Dabei genoss ihr Geist die höchsten Freuden und sie verstanden die erhabensten Geheimnisse. Auch dem Leibe nach wurden sie erfrischt und gekräftigt.

Nach einer Weile machten sie sich wieder auf den Weg. Sie dankten Gott und Maria sang zu Seinem Lobe. Nun war Josef ganz gerührt vor innerer Freude. Er wurde auf dieser Reise aber auch oft überrascht vom herzhaften Weinen des göttlichen Kindes. Es litt viel; aber diese Tränen verursachten die Sünden der Menschen. Josef wusste diesen Umstand nicht; er glaubte, das Kind weine ob der vielen Leiden, besonders wegen der Kälte. Und er weinte aus innigstem Mitleid. Auch Maria weinte bitterlich. Sie teilte Josef mit, dass sie und ihr göttliches Kind wegen der Beleidigungen weinen, die dem himmlischen Vater zugefügt werden. Maria belehrte den heiligen Josef, auch er möge gemeinsam mit dem Jesuskinde seine Tränen dem Ewigen Vater aufopfern und Ihn um die Bekehrung der Sünder anflehen. Josef tat es aus ganzem Herzen und unter vielen Tränen. Er dankte der Gottesmutter für diese Unterweisung. Sie sagte ihm weiters, dass sie alle Lobgebete und Danksagungen Gott darbringe, denn auf Ihn allein müsse man alles beziehen; er allein ist der Urheber und Geber alles Guten. Der Heilige befolgte auch dies mit der ganzen Kraft seines Geistes.

Ankunft in Ägypten

Nach langer, gefahrvoller Reise, die Jesus, Maria und Josef so viele Leiden verursachte, kamen sie in einer Stadt Ägyptens an. Josef schauderte zurück, mit seiner Gemahlin und dem Jesuskinde unter einem Volke, das barbarisch war und den Götzen diente, Aufenthalt zu nehmen. Er befürchtete, dass diese Bewohner seine geliebte Gemahlin und das göttliche Kind schlecht behandeln werden. Er flehte innig zu Gott: «Lass es, mein

Gott, niemals zu, dass deinem Eingeborenen Sohn und Seiner heiligsten Mutter irgendeine Schmach angetan wird. Sieh hier meine Person; ich biete mich an, alles auf mich zu nehmen, damit sie selbst von Leiden verschont bleiben. Mein Gott, möge es nie geschehen, dass Jesus und Maria hier schlecht behandelt werden, denn ihre Unschuld, ihre Tugend und ihr Verdienst vor dir ist überaus groß.» – Dieses und noch mehr sprach Josef in seinem Herzen zu Gott. Er gab dann seine ganze Sorge der Gottesmutter kund. Sie beruhigte ihn: «Fürchte dich nicht Josef, wir haben Gott bei uns, wir vertrauen Ihm! Er hat uns hierher gesandt und Er wird uns seine Fürsorge zuwenden, wie Er uns diese bis zur Stunde überreich angedeihen ließ. Sooft haben wir schon erfahren, wie groß seine Sorge um uns ist. Warum sollten wir uns also fürchten? Gott ist mit uns; wir können unter allen Umständen und Gefahren ganz ruhig sein.»

Josef wurde ob dieser Worte ganz beruhigt, vielmehr aber noch durch die Gnade Gottes. Sie begaben sich also in die Stadt. Da fielen die Götzen um, die dort von dieser geistig blinden Nation angebetet wurden. Alle Bewohner kamen dadurch in Aufregung. Niemand wusste, dass nun der wahre Gott in ihre Stadt einzog, dessen Macht die falschen Götter zertrümmerte. Wie freute sich Josef, als die Götzenbilder fielen! Er bekam nun große Hoffnung, dass im Laufe der Zeit diese ganze Nation den wahren Gott anbeten werde. Er sprach seine Meinung zur Gottesmutter aus, welche sie weise bestätigte. Beide dankten Gott für Seine Wundertaten.

Der Teufel hatte bereits beschlossen, Josef und seine Gemahlin weiter zu verfolgen. Er spürte aber eine große Gegenmacht. Und als die Götzenstatuen zu Boden stürzten, musste er fliehen. Er knirschte in rasender Wut. Tatsächlich stachelte er viele gegen die heilige Familie auf, vermochte ihr aber nur geringen Schaden zuzufügen; denn da die Leute sie so arm und bescheiden sahen, dachten sie nicht daran, dass diese es wären, die das Einstürzen der Götzenbilder verursacht hätten.

Josef erfuhr zwar viele Grobheiten und Beschimpfungen. Andere aber bemitleideten und verteidigten sie und sagten zu Maria und Josef, sie mögen nur hierbleiben, sie würden schon auch eine Verdienstmöglichkeit finden. So sprachen sie aus Mitleid mit Maria, da ihnen ihre seltene Schönheit gefiel.

Beinahe alle beneideten Josef um das Glück, Maria in seiner Gesellschaft zu haben. Es kam aber keinem Mann in den Sinn, sie Josef wegzunehmen, noch hatte jemand einen anderen ungehörigen Gedanken. Alle sahen mit Verwunderung auf sie, die so weise, so schön und anmutig war.

Josef nahm ruhig alle Ungehörigkeiten hin, die sich einige Bösewichte erlaubten. Er nahm den guten Willen jener entgegen, die wegen seiner Gemahlin ihm Gutes erwiesen. Maria und Josef wussten nicht, wohin sie sich zurückziehen könnten; sie suchten ein abgelegenes Plätzchen, um ein wenig auszuruhen, fanden aber keines. Josef hatte Erbarmen mit dem Jesuskinde und der heiligsten Mutter. Er erinnerte sich, wie er auch in Bethlehem kein Obdach gefunden hatte, nicht einmal bei seinen Verwandten und Freunden. In dieser großen Not flehte er Gott um Hilfe an:

«Mein Gott, ich fand kein Obdach bei Gläubigen und Verwandten. Wie wird es mir unter Barbaren und Ungläubigen ergehen? Deine Hilfe, o Herr, brauche ich. Komme deinem Diener zuvor, damit er deinen Eingeborenen und seine Mutter, die du ihm zur Behütung übergeben hast, an einen sicheren Ort bringen kann.»

Gott erhörte dieses Flehen Es begegnete dem heiligen Josef bald ein Mann, der von Mitleid zu Maria gerührt war, da er sie so schön und zart aber so arm sah. Er bot sich an, ihnen eine Herberge ausfindig zu machen. In einem abgelegenen Stadtviertel fand er für sie eine kleine Unterkunft, wo sie mit mehr Ruhe leben konnten. Der Heilige nahm die Freundlichkeit dieser Leute an; er unterließ es nicht, Gott für sie zu bitten, dass Er ihnen ihre Liebe vergelte. Nachdem sich Josef mit Maria und dem Kinde in diese kleine Hütte zurückgezogen hatte, ruhten sie ein wenig aus und dankten Gott, dass Er sie mit dieser, wenn auch ärmlichen Behausung versorgt hatte.

Die ganze Stadt geriet in Verwirrung ob der Zerstörung der Götzen. Die heilige Familie war zurückgezogen. Josef wagte es nicht, an diesem Abend die Hütte zu verlassen, um etwas zum Essen zu erbitten. Er sagte zur heiligsten Jungfrau: «Was sollen wir tun, Maria, um den nötigen Lebensunterhalt zu finden? Man darf sich nicht auf die Straße wagen, denn dieses Volk ist ganz in Aufruhr. Ich halte es für besser, zurückgezogen zu bleiben, bis sie sich beruhigt haben; denn wenn ich mich jetzt sehen lasse, wer weiß, was sie mir antun?»

Maria sagte, er möge stark sein und alles Gott zuliebe ertragen, der soviel für das Heil der Menschen leidet. Der Heilige fasste Mut, aber trotzdem litt er sehr unter dieser Drangsal, da er dem Jesuskind und seiner Mutter in dieser Armut nicht helfen konnte. Er blickte in dieser Hütte herum und da es hierin so ärmlich aussah, seufzte er und sagte bei sich:

«Ach, dies ist doch nicht der Stall von Bethlehem. Dieser Ort hat wenigstens ein Dach. Wenn der Sohn Gottes Sich herablässt, an diesem armseligen Ort zu wohnen, muss auch ich zufrieden sein mit dem, was Er mir gibt. Es tut mir nur überaus Leid, dass Jesus und meine geliebte Gemahlin unter so großen Entbehrungen sich hier aufhalten müssen. Doch, wenn es Gott so gefällt, muss es auch mir recht sein.» Mit solchen Gedanken tröstete sich Josef. Diese Nacht verbrachten sie größtenteils im Lobe Gottes und in der Betrachtung des anmutsvollen, göttlichen Kindes, das Maria und Josef tröstete und mit Freude erfüllte. Nur kurze Zeit schliefen sie auf dem Boden. Der Mantel Josefs diente dem Jesuskinde als Bettlein, denn anderes stand ihnen nicht zur Verfügung.

Am folgenden Morgen, als sie die Lobgebete verrichtet hatten, fasste Josef Mut, in die Stadt zu gehen. Er ging durch die Straßen, um einiges zum Essen zu besorgen. Es fanden sich welche, die Mitleid hatten und ihn in seiner Not versorgten. Gott ließ dies zum Troste seines getreuen Dieners zu. Obschon Josef sich bei einem heidnischen Volke aufhielt, fand er doch jene Liebe, die er in Bethlehem bei seinen Verwandten nicht gefunden hatte. Er brachte die nötige Speise nach Hause und war dabei voll innerer Zufriedenheit. Maria freute sich; sie dankten vereint der göttlichen Vorsehung.

Josef sagte zur Gottesmutter: «Ich glaube, wir werden es in dieser Stadt, wenngleich sie heidnisch ist, gut haben. Wir werden hier viel bessere Lebensmöglichkeiten finden als in Bethlehem.» Maria nahm diese Worte zum Anlass, die Güte und Freigebigkeit Gottes zu preisen. «Sieh, wie es sich bewahrheitet», sprach sie zu Josef, «dass Gott eine besondere Sorge um uns hat. Obwohl wir in fremdem Lande sind, mangelt uns das Nötige nicht.»

Nun sprachen sie über das Glück jener, die sich in allen Lebenslagen Gott anheim stellen; denn Er verlässt keinen, der auf Ihn vertraut. Dann betrachteten sie wieder das göttliche Kind , das ganz freudig gestimmt war. Josef bemerkte, dass es fröhlicher war, wenn sie sich in großer Not befanden und nichts zu essen hatten. Er konnte daraus schließen, wie es schon in diesem Alter die Armut liebte und so war auch er stets bemüht es nachzuahmen. Josef freute sich geradezu ob des Mangels, den er in allen Dingen hatte.

Manchmal sagte der Heilige zu seiner Gemahlin: «Maria, ich habe das feste Vertrauen, dass Gott diesem Volk reichliche Gnaden spenden wird. Wer weiß, wie lange unser Mensch gewordener Gott hier weilen wird. Wenn Er schon bei seinem Einzug in die Stadt die Götzenbilder umstürzen ließ, wird Er während seines Aufenthaltes noch viel Größeres zum Heile dieses Volkes wirken. Diese Hoffnung ermutigt mich, mein Bitten nicht aufzugeben. Gott belohnt ja überreich auch das Geringste, was man aus Liebe zu ihm tut. Um wieviel mehr wird Er dieses Volk belohnen, das ihm eine Herberge gibt. Es gibt hier doch Gutgesinnte, die gerne Almosen geben und uns in dieser Armut bemitleiden.»

Maria hörte Josef mit Freuden an. Sie antwortete ihm mit Klugheit und Liebe. Sie bestätigte auch seine Ansichten, worüber er ganz zufrieden war. Umso mehr ermutigt, sagte er: «Weißt du, meine Gemahlin, wenn diese Leute unser bescheidenes Verhalten beobachten und deine Worte hören, werden sie nicht umhin können, dich zu lieben und dich zu besuchen. Es braucht nur eine Nachbarin mit dir kurze Zeit Umgang haben, dann werden bald viele deine wunderbaren Eigenschaften kennenlernen. So wirst du Gelegenheit haben, so manche, die mit gutem Willen kommen zu belehren, die es wieder anderen mitteilen werden. So können wir Gutes wirken an den Seelen jener, die Gott zu uns senden wird.

Er wird sie durch uns erleuchten und den wahren Gott erkennen lassen. Ich bin zwar arm und nicht geeignet, mit meinen Belehrungen Gutes hervorzurufen, aber ich hoffe dennoch, dass allmählich jene, mit denen ich Umgang haben werde, den wahren Gott erkennen und sich Ihm zuwenden werden. Gott wird uns die Fähigkeit verleihen, dies auszuführen. Er wird mir die rechten Worte in den Mund geben, welche die Herzen dieser Menschen durchdringen.»

Die Gottesmutter versicherte ihn des göttlichen Beistandes in all seinem Wirken. Dadurch wurde Josef in seiner Ansicht bestärkt und seine Sehnsucht nach der Bekehrung dieses Volkes steigerte sich sehr. Er hatte ja nur einen Wunsch: Dass Gott von allen Menschen erkannt und geliebt werde. Dieses Verlangen entspross seiner hohen Erkenntnis von Gott und seiner großen Liebe zu Ihm.

Aufenthalt in Ägypten

Josef richtete in dieser armen Behausung nach Möglichkeit alles zurecht. Hierauf ging er auf Suche nach Arbeit; musste er doch mit seiner Arbeit den Lebensunterhalt für den Mensch gewordenen Gott und dessen heiligste Mutter verdienen. Zuvor aber bat er Maria noch um ihren Rat, ob er sein Handwerk ausüben, oder etwas anderes tun solle.

Maria sagte, es sei Gottes Wille, dass er sich in seinem Handwerk abmühe. Josef musste sich daher umsehen, dass ihm jemand das nötige Werkzeug leihe, denn es fehlte ihm hier alles. Einigemale hatte er Glück, manchmal aber wurde ihm seine Bitte in grober Weise abgeschlagen. Letzteres ließ Gott zu, um seinen Diener in der Geduld und Ergebung zu prüfen. Tatsächlich verdemütigte sich Josef bei solchen Begebenheiten sehr; er kehrte immer wieder zurück und bat ergebenst von neuem, bis er das Nötige erhielt. Allen jenen, welche ihm diesbezüglich hilfsbereit entgegenkamen, bot er sich zur Dienstleistung an. Er gewann in seiner höflichen, bescheidenen Art bald die Zuneigung vieler.

Mit ganzer Bereitwilligkeit ging er nun an die Arbeit, woran es ihm nie mangelte; denn er arbeitete sehr gut. Außerdem überließ er die Höhe des Lohnes immer der Kundschaft. Und wenn seine Arbeit zu gering bewertet wurde, bedankte er sich ebenso wie für eine entsprechende Bezahlung.

Mit der Zeit verfertigte Josef auch die nötigen Einrichtungsgegenstände für das göttliche Kind, für seine Gemahlin und was er selber zu seinem Handwerk brauchte. Für das Essen gab er wenig aus, denn oft brachten ihnen liebevolle Nachbarinnen etwas.

Maria beschäftigte sich mit Handarbeiten, die ihr Josef oder eine Nachbarin brachten. Die in der Nähe wohnenden Frauen kamen sehr oft zu ihr, aber nicht wegen der Dringlichkeit dieser Arbeiten als vielmehr, um Maria zu sehen und mit ihr zu sprechen. Der Ruf ihrer Schönheit und Tugendhaftigkeit war bereits bekannt geworden. Man sprach besonders von der Lieblichkeit und Anmut ihres Kindes. Jeder, der Jesus sah, wurde von Liebe zu ihm hingerissen und beneidete das Glück der Mutter. Maria ließ die Besuche der Nachbarinnen zu, aber sie unterhielt sich mit ihnen nur kurze Zeit. Ihre Worte drangen in die Herzen dieser Frauen. Oft gingen sie von Reue ergriffen und getröstet weg und hatten Sehnsucht, bald zurückzukehren, um Maria und ihr liebes Kind wiederzusehen, dessen Schönheit sie bewunderten. Obschon diese Frauen ihre heidnischen Götter anbeteten, entfaltete sich in ihnen immer mehr die Verehrung und Liebe vor der Majestät des göttlichen Kindes; denn schon in diesem zarten Alter merkte man ihm etwas Einzigartiges an. Wenn Jesus sich auch kindlich liebevoll und fröhlich zeigte, war seine Erscheinung doch sehr ehrfurchtgebietend und würdevoll.

Josef gab den Armen Almosen, wenngleich er selber arm war. Maria bat ihn, dies zu tun, besonders dann, wenn er den Lohn für seine Arbeit empfing. Auch von der Entlohnung, die Maria für ihre Heimarbeiten erhielt, schenkten sie einen Teil den Armen. – Obwohl Josef arbeitete, unterließ er es niemals, seine üblichen Gebete zu verrichten und mit seiner Gemahlin Gott zu lobpreisen. Bisweilen wurde er von der anstrengenden Arbeit müde, weshalb er sich manchmal zu Maria begab. Sie legte alsdann das Jesuskind in seine Arme, denn das göttliche Kind gab es ihr so ein. Josef nahm es mit tiefer Ergebenheit und wenn er es umarmte, kam er wieder zu neuen Kräften. Er empfing von ihm soviel Liebkosungen, dass er vor Freude außer sich kam. Hingerissen von der Gewalt der Liebe, drückte er den kleinen Jesus an sich und küsste ihn bald an den Füßchen, bald auf die Brust. Das göttliche Kind lächelte ob dieser Liebeserweise. Der Heilige musste es oft plötzlich in die Hände Mariens geben, da er es im Übermaß der Liebe und Seligkeit, die sich seiner bemächtigten, nicht mehr halten konnte. Josef sagte dann zum Jesuskind: «Gib mir ein weites Herz, um die Fülle deiner Freuden und die Herrlichkeit deiner Liebe in mich aufnehmen zu können!»

Wenn Josef die Hütte betrat, traf er bisweilen die Gottesmutter an, wie sie liebkosend das Jesuskind in den Armen hielt. Sobald es Josef kommen sah, begehrte es sogleich zu ihm hinzueilen. Und Maria übergab es ihm freudigst. Ganz gerührt sagte er dann zu ihm: «O Jesus, meine Liebe! Wie kommt es, dass du mir Armseligem so überreiche Gnade schenkst?

Sobald du zu mir kommst, wenn ich dich darum bitte, ist dies ein großer Erweis deiner Liebe. Aber dass du dies aus eigenem Antrieb tust und deine Sehnsucht danach kundgibst, ist zuviel des Guten! Was kann ich dir, mein liebster Schatz, dafür geben? Siehe, ich schenke mich dir ganz und gar! Verfüge über mich nach deinem Wohlgefallen, denn ich bin ganz dein!» Während Josef so sprach, richtete das göttliche Kind seine liebevollen Blicke auf ihn und lächelte. Es zeigte ihm, wie lieb ihm diese Beteuerungen waren.

Josef machte ein Bettlein für das Kind, damit es besser ausruhen könne. Maria legte es hinein, wenn es an der Zeit war, das Essen zu bereiten. Während sie arbeitete, stellte sie das Bett in ihre Nähe, denn auch dann schaute sie auf ihr göttliches Kind und betrachtete es. Wenn Josef kam und das Kind liegen sah, warf er sich vor ihm zu Boden und betete es an. Sobald es aber schlief, betrachteten es beide und sagten: «Ja, dieses Kind ist der Eingeborene des Ewigen Vaters, das göttliche Wort, der Messias, der Herr des Weltalls! Hier ist Er in der sterblichen Hülle.» Zu Maria gewandt, sagte dann Josef: «Dir ist das Glück zuteil geworden, den Eingeborenen des göttlichen Vaters mit dem sterblichen Fleische zu umkleiden. Durch dich ist der leidensunfähige Gott leidensfähig geworden, der Unendliche ist durch dich begrenzt worden, der Unbegreifliche greifbar. Welch großes Glück, welch erhabene Würde ist dir eigen, die Mutter des Mensch gewordenen Gottes zu sein!»

Während Josef dies sagte, erwachte das Jesuskind. Es wandte seine liebevollen Blicke einmal auf seine teure Mutter, dann auf Josef. Es vereinigte sich in ihm das Hoheitsvolle, das Freundliche und Liebliche zugleich. Maria und Josef betrachteten die göttliche Majestät unter der Hülle der Menschlichkeit. Dann sangen sie beide dem Mensch gewordenen Gott ein Loblied, entsprossen der Weisheit Mariens.

Wenn sie im Begriffe waren, zu essen und Maria dabei Jesus in den Armen hielt, trug sich manchmal folgendes zu: Beide sahen in das allerschönste Antlitz des Kindes. Sie wurden bei dieser Betrachtung so hingerissen, dass sie vergaßen zu essen. Im Genuss übernatürlicher Freuden wurden sie so erquickt, als hätten sie reichlich gegessen. Die Gottesmutter wie auch der heilige Josef zeigten sich ihrem Jesus überaus dankbar für diese Erweise seiner Gunst.

Unter so reichen Tröstungen des Geistes mussten sie auch Bitterkeiten empfinden, denn Gott wollte sie mit großen Verdiensten bereichern, was aber nur durch Leiden geschehen kann. Deshalb kam es oft vor, dass das göttliche Kind in seinem Bettlein ruhen wollte. Somit enthielt es sich der Freude, in den Armen seiner Mutter oder Josefs zu sein; es weinte dabei im Stillen. Maria sah es mit Tränen überronnen; sie hatte aber von ihm innerlich die Weisung bekommen, es nicht in die Arme zu nehmen. Sie kniete sich zum Bettlein und weinte mit dem göttlichen Kinde. Josef war zutiefst betrübt, wenn er seine Liebsten in solchem Leiden sah. Er seufzte und wollte die Ursache ihres Weinens erfahren. Die Gottesmutter offenbarte ihm, dass sie dieses Opfer für die Sünden des Menschengeschlechtes dem göttlichen Vater darbringen, der so viel und schwer beleidigt wird.

Als Josef den unschuldigen Jesus so weinen sah, wurde sein Herz getroffen. Untröstlich darüber und eingedenk seiner eigenen Unwürdigkeit weinte auch er und bat seinen teuren Jesus um Verzeihung. Er bat ihn auch, er wolle diesen Schmerz ihn allein fühlen lassen und zu weinen aufhören, da sein Herz dies nicht ertragen könne. Wiederholt rief er aus: «O mein teurer Jesus, mein göttlicher Erlöser, höre zu weinen auf und gib alles Leid deinem Josef!» Dann opferte er dem himmlischen Vater die Tränen des Jesuskindes auf zur Sühne für die Beleidigungen, die Ihm von den Menschen zugefügt werden. Maria belehrte Josef in diesem Sinne.

Das weinende Jesuskind sah in bemitleidenswerter Weise auf Maria und Josef, als wolle es getröstet werden. Diese Blicke gingen Josef sehr zu Herzen. Er wollte den Schmerz des göttlichen Kindes stillen, wusste aber nicht wie. Sein Herz zerbrach gleichsam und er wandte sich an seine Gemahlin mit der Bitte, sie möge nachdenken, was Jesus wünsche und was man tun könne, um ihn zu trösten. Maria, alles erkennend, sagte ihm, Er sehne sich danach, dass sein göttlicher Vater von allen Geschöpfen erkannt und geliebt werde. Nun wurde dieses Verlangen auch in Josef noch lebhafter. Es schien ihm das Wirksamste, nun gemeinsam mit seiner Gemahlin Gott im Namen aller zu loben. Das gefiel dem göttlichen Kinde und es beruhigte sich.

Dann wollte es in die Arme seiner Mutter. Maria nahm es sogleich aus dem Bettlein; sie liebkoste es und drückte es an ihre Brust. Hierauf wollte es zu Josef. Auch er liebkoste es und schmiegte es an sich, wobei ihm Tränen der Freude über die Wangen rollten. Er beteuerte dem Jesuskinde, wie sehr er es liebe und welch inniges Mitleid er mit Ihm habe. Josef bat es, sich nicht so sehr zu betrüben, denn er könne solches nicht mitansehen und sagte: «Gib mir deine Betrübnis und all dein Leid, o mein teurer Jesus! Wenn ich dich so leiden sehe, werde ich vor Schmerz sterben!» Das Jesuskind ließ dem heiligen Josef merken, wie wohlgefällig ihm dieses Anerbieten sei. Es sprach zu seinem Herzen und offenbarte ihm, wie innig es ihn liebe und mit welch großer Freude es nun in seinen Armen weile. So verwandelte das göttliche Kind alle Bitternis des heiligen Josef in Süßigkeit.

Manchmal war Josef anwesend, wenn Maria ihr Kind von den Wickelbinden befreite. Er sah, wie dann das Jesuskind die Arme seitlich ausstreckte, zum Himmel schaute und in dieser Haltung einige Zeit unbeweglich verblieb. Es opferte sich dem himmlischen Vater auf. Die heiligste Mutter betrachtete es und vereinigte sich mit ihm in den Aufopferungen. Josef wurde ob dieser Haltung des Jesuskindes traurig und fragte seine Gemahlin, warum es so daliege. Maria antwortete ihm ganz betrübt, dass es sich seinem göttlichen Vater darbringe, bereit, alles zu ertragen, was Er für das Heil der Menschen von ihm haben will. Sie teilte ihm aber nicht mit, dass es sich aufopferte mit der Bereitwilligkeit, einst am Kreuze zu sterben, denn sie wollte Josef nicht so sehr betrüben. Er ahnte jedoch, was Jesus im Laufe der Zeit leiden werde – und er weinte bitterlich. Maria ermutigte ihn, dieses Leid hochherzig anzunehmen, denn so gefalle er dem himmlischen Vater. Josef beruhigte sich, ganz ergeben dem göttlichen Willen.

Nach diesen Aufopferungen und Bitten wandte das Jesuskind seine liebevollen Augen auf Josef. Es nickte mit dem Köpfchen und lud ihn ein, sich ihm zu nähern. Josef tat es mit tiefer Ehrfurcht. Das Kind streckte seine Händchen gegen das Antlitz Josefs und liebkoste ihn. Er kniete nieder, betete die Majestät des Gotteskindes an und erfreute sich seiner Zärtlichkeiten. Dann küsste er herzinnig die kleinen Füße seines Jesus.

Josef konnte die Lieblichkeit und Schönheit des Mensch gewordenen Gottes nie genug bewundern. – Wenn er besondere Gnaden empfing und mit seinem Geiste ganz in Gott versunken war, leuchtete sein Angesicht, dass jeder, der ihn sah, sich darüber verwunderte. Vielen gereichte er zum Troste und sie fühlten sich von seiner Person angezogen. Gott ließ solche Wunderzeichen zu, damit diese Heiden in ihrem Herzen bewogen würden, mit Josef Umgang zu suchen. Tatsächlich entsprachen einige dieser Gnade und näherten sich dem Heiligen. Josef bemühte sich, ihnen in einfacher Weise verständlich zu machen, dass es nur einen Gott gibt, der Schöpfer und Herr des Weltalls ist, wogegen sie leblose Götter anbeten. Er belehrte sie im geheimen und unterrichtete auch jene, die mit ihm vertraulich waren. Durch seine Worte erleuchtet, gelangten einige zur Erkenntnis des wahren Gottes, was aber in der Stadt nicht bekannt wurde, solange Josef dort weilte. Diese bemühten sich wiederum, ihren Freunden die wahre Gotteserkenntnis beizubringen. Die Tugendhaftigkeit Josefs und sein frommer Lebenswandel gereichten jedem zum Vorbild und seine Worte hinterließen in ihren Herzen tiefen Eindruck.

Josef wird verfolgt – Man will ihm Maria nehmen

Josef erlebte zwar viele Freuden mit Jesus und Maria, er hatte in dieser Zeit aber auch mancherlei Drangsale durchzumachen. Der Teufel hasste ihn tödlich. Mit allen Mitteln versuchte er, die Geduld des Heiligen niederzureißen und den Frieden seines Herzens zu stören. Deshalb hetzte er viele böse Menschen gegen ihn auf. Tatsächlich hassten sie Josef wegen seiner Frömmigkeit. Sie kamen überein, ihn zu misshandeln und aus ihrem Lande zu verjagen. Dies beabsichtigte der Teufel, denn er befürchtete die Bekehrung vieler durch das Beispiel und die Worte des Heiligen. Eines Tages gingen sie absichtlich einen bestimmten Weg, um eine Begegnung mit Josef herbeizuführen.

Als sie ihm nahekamen, beflegelten sie ihn und sagten: «Warum bist du nach Ägypten gekommen, was willst du in unserem Lande? Sicherlich bist du ein schlechter Mensch und wegen Verbrechen aus deiner Heimat vertrieben worden. Du bist nur hierhergekommen, um Böses zu tun.» Josef entgegnete ihnen: «Ich bin in diese Stadt gekommen, um den Willen Gottes zu erfüllen, nicht um Schlechtes zu tun. Mein Leben wird davon ein klares Zeugnis geben.» Darüber wurden diese Ruchlosen wütend und beschimpften Josef; er aber erwiderte nichts mehr. Nun drohten sie ihm, ihn zu schlagen wenn er ihr Land nicht verlasse, bevor er noch irgendein Verbrechen begangen hätte. Sie sagten, er möge sich hüten, denn wenn sie ihm wieder begegneten, würden sie ihn prügeln. Wenn er nicht abziehe, werden sie in seine Wohnung kommen und ihn vertreiben. Doch für jetzt ließen sie ihn in Ruhe.

Josef war keineswegs erschrocken; er wusste ja, dass sie ihm kein Leid antun können, wenn Gott es nicht zulässt. Aber er befürchtete, dass sie in seine Wohnung kommen und Maria erschrecken würden. Er empfahl sich seinem Gott, dass Er ihn von diesen Nachstellungen befreie und seine Gegner ihm in keiner Weise schaden können. Auf dem Heimwege sagte er zu Gott: «Mein Gott, du weißt warum ich hieher gekommen bin und warum ich mich hier aufhalte. Deshalb verteidige deinen eingeborenen Sohn, seine Mutter und mich, deinen Diener. Ich wünsche nichts anderes, als deinen heiligen Willen zu erfüllen. Wenn du aber willst, dass wir betrübt seien und verfolgt werden, so biete ich mich an, alles allein zu tragen. Alle Schmähungen und Schläge will ich auf mich nehmen, wenn nur Jesus und seine Mutter in Frieden gelassen werden. Lass es niemals zu, dass sie misshandelt werden, weder mit Worten noch in der Tat. Erhöre diese Bitte, sie ist gerecht.»

Gott tröstete Seinen Diener innerlich mit der Versicherung, ihn nicht der Wut der Ruchlosen zu überlassen, sondern ihn stets zu beschützen und zu verteidigen. Zu Hause angekommen, fand Josef seine Gemahlin mit dem Jesuskind auf den Armen. Es lächelte Josef sogleich an und wollte auch schon in seine Arme. Der Heilige empfing es mit großer Tröstung seiner Seele. Er wurde jetzt ganz froh, erfreute er sich ja der Wonnen mit seinem Mensch gewordenen Gott. Ihm erzählte er von seiner Drangsal und bat Ihn, diesen Verfolgern Erleuchtung und Gnade von Seinem göttlichen Vater zu vermitteln. So vergalt Josef das Böse mit Gutem. Er teilte das Vorgefallene auch seiner Gemahlin mit, die in höherer Erkenntnis bereits alles wusste. Sie sagte ihm, dass er sich nicht zu fürchten brauche; Gott wolle mit dieser Bedrängnis seine Treue prüfen und ihn noch verdienstvoller machen. Diese Ermutigung machte Josef stark und opferbereit.

Wenn er durch die Stadt gehen musste, um Notwendiges zu besorgen, war er immer darauf gefasst, Verfolgungen über sich ergehen zu lassen;

denn diese Ruchlosen redeten ihm Böses nach und hetzten die Leute gegen ihn auf. Aufgestachelt durch den Teufel, hassten sie ihn, obwohl jeder die Unschuld und Güte Josefs kannte. Ganz in sich gekehrt ging Josef durch die Straßen und redete nur das Nötigste. Aber jene Bösen verfolgten ihn aufs Neue und verunglimpften ihn mit Schimpfworten. Josef entgegnete ihnen gelassen, er werde abreisen, wann es Gott gefällt. Sie nahmen dies zum Anlass, ihn noch mehr zu misshandeln. Er aber bewahrte die Ruhe und schwieg. Josef betete viel für sie. Diese Rohlinge kamen niemals in seine Hütte; sie versuchten es zwar oft, wurden aber immer wieder irgendwie daran gehindert. Da sie die unbesiegbare Geduld Josefs erkannten, wurden sie es endlich überdrüssig, ihm nachzustellen.

Da aber der Satan von dieser verblendeten Nation angebetet wurde, versuchte er, Josef um jeden Preis aus dem Lande zu vertreiben. Er stachelte andere auf, dem Heiligen Seine Gattin zu rauben. Das war für Josef das ärgste Leid, das er bisher ausgestanden hatte. Es war bereits bekannt, dass die Gemahlin Josefs von einzigartiger Schönheit sei. Dies veranlasste mehrere dieser Schurken zu dem Vorhaben, sie ihm zu rauben, zumal sie Josef für einen beschränkten Menschen hielten. Sie sagten: «Dieser ist arm und hat ruhig zu sein.» – Von diesem ruchlosen Plan erfuhr Josef. Ein furchtbarer Schmerz traf seine Seele; nicht deshalb, weil er befürchtete, dass seiner Gemahlin irgendein Unheil widerfahren könnte; hatte er doch die Gewissheit, dass Gott sie beschützt und verteidigt. Aber Josef dachte sogleich daran, wie er seine Gemahlin damals verlassen wollte, als er ihre Mutterschaft bemerkt hatte und Gott nun zur Strafe diese größte Drangsal über ihn kommen lasse.

Ganz verwirrt ging er sogleich nach Hause, wo er Maria betend vorfand, während das Jesuskind schlief. Der geängstigte Josef wollte seine Gemahlin im Gebete nicht stören, deshalb stellte er sich abseits und betete ebenfalls. Er weinte bitterlich und sagte zu Gott: «O Herr, du weißt, warum ich Maria damals verlassen wollte. Ich wusste ja nicht, was in ihr vorgegangen war. Deshalb bitte ich dich, verzeihe mir und lasse es niemals zu, dass Maria mir genommen und ich ihrer teuren Gesellschaft verlustig werde.» Die Gottesmutter durchschaute bereits alles und betete für ihren Gemahl. Hierauf warf sich Josef ihr weinend zu Füßen und teilte ihr mit, was er erfahren hatte. «Ach, meine Gemahlin», seufzte er, «ich fürchte, dass Gott diese Drangsal zulassen will, weil ich dich damals verlassen wollte.» Maria hatte inniges Mitleid. Sie versicherte ihm, dass Gott dies niemals zulassen werde. Josef verdemütigte sich noch mehr. Er bat sie wiederholt um Verzeihung wegen des Gedankens, den er in jener Zeit gefasst hatte. Er sagte weiters: «Ich weiß, dass du mir vom Herzen verziehen hast. Erbitte mir die Gnade, dass ich deiner nie und nimmer beraubt werde. Was würde ich ohne dich tun? Ach, ich müsste meine Tage in Weinen und Bitterkeit beschließen. O, wie unglücklich würde ich sein!» Maria versicherte ihm aufs Neue, dass alles in Ordnung sei; er brauche sich nicht zu fürchten. Durch diese nachdrücklichen Worte beruhigte sich Josef. Sein Antlitz heiterte sich auf, vielmehr noch seine Seele, die auf das schmerzlichste getroffen war.

Indessen wurde das göttliche Kind wach. Es sah sogleich auf Josef und wollte in seine Arme. Der Heilige nahm es und drückte es mit großer Liebe an sich. Das Jesuskind erwies ihm viele Zärtlichkeiten. Der glückliche Josef kam vor Freude in Verzückung, worin er unter anderem erkannte, wie Gott ihn vielfach prüfen und immer vollkommener machen wolle. Eine Zeitlang genoss Josef dieses Glück, das Jesuskind in seinen Armen haltend. Hierauf dankte er Gott und auch Maria für ihre tröstenden Worte und sie sprachen zusammen die göttlichen Lobgebete.

Josef wurde von dieser bevorstehenden Bedrängnis befreit, denn das ganze schlechte Vorhaben dieser Ruchlosen wurde zunichte. Gott ließ nämlich ein so großes Unglück über sie kommen, dass sie nicht mehr daran dachten, Josef zu quälen. – Kaum hatte dieses Leid für Josef ein Ende, widerfuhr ihm schon wieder etwas anderes: Einem Manne, der das gleiche Handwerk ausübte wie Josef, wurden einige Eisenwerkzeuge und Holzstücke gestohlen. Sogleich beschuldigte man Josef des Diebstahls, indem man sagte: «Dieser wäre sicherlich nicht in unsere Gegend gekommen, wenn er nicht mit Schuld beladen wäre. Weil er arm ist, hat er in seinem Lande gestohlen, um leben zu können. Deshalb wird man ihn verjagt haben.»

Diese Verleumdungen flüsterte der Teufel den Leuten ein, damit Josef misshandelt und aus Ägypten vertrieben werde. Ein Gutgesinnter benachrichtigte Josef hierüber und gab ihm den Rat, sich in Sicherheit zu bringen, sonst könnte er wie ein Verbrecher gefangen genommen werden, da viele es für gewiss halten, dass er die Sachen gestohlen habe.

Diese unerwartete Botschaft erschütterte Josef in seinem Inneren. Er sagte diesem Manne freimütig, dass er diesbezüglich unschuldig sei und sich deshalb nicht zurückzuziehen brauche; er hoffe, dass Gott ihn verteidigen und alle seine Schuldlosigkeit sehen werden.

Josef nahm seine Zuflucht zu Gott, dass Er ihn aus dieser Drangsal befreie und die Verleumder den wahren Sachverhalt erkennen lasse. Er wurde jedoch von jenem bestohlenen Mann aufgegriffen und in frecher Weise zur Rede gestellt, wohin er die Sachen gebracht habe. Josef antwortete ihm ganz unbefangen und klar, dass er von diesem Diebstahl nichts wisse. Obschon auch die Umstehenden seine Unschuld erkannten, waren doch einige unter ihnen, die ihn beschimpften und ihm mit einer Strafe drohten. Josef sagte zu seiner Verteidigung nur das eine, dass er wohl sehr arm sei, sich aber dabei glücklich fühle und sich um fremde Sachen nicht kümmere. Es genüge ihm das Nötigste, was er habe. Und wollten sie ihn auch noch dieses Wenigen berauben, mache er sich deshalb keine Sorge, denn Gott werde ihm in seinen Nöten helfen.

Gott fügte es, dass sich auf diese Worte hin alle beruhigten und ihn in Frieden ließen. Josef begab sich gleich zu Maria und erzählte ihr alles. Sie tröstete ihn mit der Versicherung, dass er sich dadurch bei Gott sehr verdient gemacht habe. Und sie dankten der göttlichen Vorsehung für die Befreiung aus dieser schweren Drangsal. Alsbald wurde auch der Dieb ausfindig gemacht. Daraufhin wurden die Leute noch viel mehr von der Unschuld Josefs überzeugt. Der Heilige machte seinen Verleumdern keine Vorwürfe. Sie entschuldigten sich auch nicht, denn sie hielten ihn für einen minderwertigen Menschen. Auch bei diesem Vorfall wurde der höllische Feind geschlagen. Er wütete umso mehr gegen den Heiligen, da auch die ärgsten Verfolgungen seine Geduld nicht erschüttern konnten, sondern ihm alles zum Besten gereichte. Dennoch hetzte der Teufel bald diesen, bald jenen gegen ihn auf.

Wenn Josef seine Hütte verließ, traf er meistens irgend einen, der ihn verspottete oder misshandelte. Seine Geduld während des Aufenthaltes in Ägypten war staunenswert; denn er wurde fortwährend bedrängt. Er hegte gegen niemand einen Groll, noch beklagte er sich. Alles ertrug er mit Ergebung und Hochherzigkeit. Meistens sagte er zu seinen Gegnern nur das eine: «Gott verzeihe Euch!» Diese Worte bekräftigte Josef in der

Tat; denn er betete für sie und wünschte ihnen das wahre Gute, nämlich den wahren Gott zu erkennen. Er vergoss viele Tränen, um ihnen diese Gnade zu erbitten.

Josef wurde oft von großer Furcht befallen, was Gott zuließ, damit er sich im Vertrauen zu Ihm bewähren konnte. Da er sich unter einem barbarischen, dem wahren Gott fernen Volke befand, war er ständig in Angst, dass Maria oder dem Jesuskinde irgendeine Schmach angetan werden könnte. Dieser Gedanke quälte ihn sozusagen immer. Er sagte bei sich: «Diese wollen mir Böses zufügen. Um mir Schmerz zu bereiten, könnten sie meine Gemahlin oder ihr Kind misshandeln und sie aus der Hütte jagen, wenn sie allein sind.» Wenn Josef außerhalb seiner Behausung war, fühlte er immer diese Sorge in seinem Herzen. Jede Stunde dünkte ihm so lange und er konnte es kaum erwarten, nach Hause zu kommen, um zu sehen, ob seinen Liebsten etwa eine Unbill widerfahren sei. Obschon er die Gewissheit hatte, dass Maria unter dem besonderen Schutze Gottes stand, ließ Gott es dennoch zu, dass Josef dieses Angstgefühl stets in seinem Herzen hatte.

Der heilige Josef ertrug aber dies mit großer Ergebung; er machte immer den Eindruck höchster Zufriedenheit. Er sah auch jene, die ihn misshandelten mit ruhigem Blick an und verhielt sich so, als hätte er niemals eine Kränkung erfahren. Darüber staunten auch diese Barbaren. Sie verstanden nicht, wie Josef in allen Widerwärtigkeiten einen so wunderbaren Gleichmut bewahren konnte.

Armut und Not begleiten den hl. Josef in Ägypten

Josef lebte auch hier im fremden Lande in äußerster Armut, wie wir gesehen haben. Er musste mit seiner Hände Arbeit und mit dem, was Maria mit ihren Heimarbeiten verdiente, den Lebensunterhalt bestreiten. Oft kam es vor, dass ihm seine Schuldner den Lohn längere Zeit vorenthielten. Der Heilige wagte es nicht, das Geld dringend zu fordern; eher zog er es vor, mit seiner Gemahlin Hunger zu leiden. Gott ließ auch Derartiges zu, damit Josef sich in allen Tugenden üben konnte. Wenn die Not am größten war, entschloss er sich, den längst verdienten Lohn zu erbitten.

Meistens aber wurde er schnöde abgewiesen. In solchen Fällen kehrte Josef betrübt, aber gottergeben nach Hause zurück. Maria hatte großes Mitleid mit ihrem Gemahl. Sie ermutigte ihn, auf die göttliche Vorsehung zu hoffen. Beide riefen dann zu Gott um Hilfe. Er sandte ihnen Speise durch die Engel; aber oft erst dann, wenn Josef sein unerschütterliches Vertrauen bewiesen hatte. – Die Ägypter sahen diese ruhige Gemütsart des Heiligen und wie er alles geduldig ertrug. Deshalb getrauten sie sich, ihn zu schelten und keinerlei Rücksicht auf ihn zu nehmen; waren sie doch ein götzendienerisches Volk.

Josef wollte seine Gemahlin mit allem Nötigen versorgen; liebte er sie doch so sehr. Manchmal sah er, wie Früchte feilgeboten wurden, die sie gerne aß. O wie gerne hätte er Maria damit eine Freude gemacht! Er war sehr traurig, dass er kein Geld hatte, um sie zu kaufen.

In der strengen Jahreszeit litt Josef besonders; er zitterte oft vor Kälte. Am meisten aber litt er darunter, dass auch Jesus und Maria sich nicht erwärmen konnten. Er nahm seinen Mantel ab und deckte damit das göttliche Kind noch besser, zu. In seiner Hilflosigkeit wandte er sich an seine Gemahlin mit den Worten: «Dass ich leiden muss, ist gerecht. Aber dass du und das Kind auch leiden müsst, tut mir zutiefst im Herzen weh.» Maria suchte ihn zu trösten, indem sie ihn vergewisserte, dass sowohl sie als auch Jesus gerne leiden, da es der Wille des himmlischen Vaters sei.

Manchesmal war der Heilige besonders betrübt und von der Kälte angegriffen. Dann gab ihm die Gottesmutter das Kind in die Arme. Obschon es fror und vor Kälte zitterte, erwärmte es mit seiner göttlichen Liebesglut den armen Josef. Es zündete sich nun auch in der Seele Josefs die göttliche Liebe so stark, dass diese Wärme auf seinen Körper überging.

Oft hatten sie in der kalten Jahreszeit kein Brennholz. Josef litt darunter umso mehr, da er sich Gedanken machte und bei sich sprach: «Gott hat mich zum Versorger Seines eingeborenen Sohnes und dessen Mutter bestellt. Mir, steht es zu, sie mit allem Notwendigen zu versehen. Ich aber komme der Erfüllung meiner Pflicht nicht nach und lasse sie Not leiden.» Dann wandte er sich in seiner Ratlosigkeit an Gott: «O mein Gott! Du siehst, in welcher Lage ich mich befinde. Ich kann meine Aufgabe nicht erfüllen, wenn nicht du mir hilfst. Gib mir die Möglichkeit, dass ich meiner Pflicht nachkommen kann. Was kann ich tun ohne deine Hilfe? Ich sehe meine Gemahlin und deinen Eingeborenen soviel leiden und weiß nicht, wie ich ihren Nöten abhelfen kann. Jene, die mir den Arbeitslohn schuldig sind, schelten mich. Was kann ich also tun, wenn du mir nicht zu Hilfe kommst?» So legte Ihm Josef seinen Kummer dar. Gott unterließ es nicht, ihm immer wieder zu helfen.

Nicht weniger litt Josef in der Zeit, wenn tropische Hitze über dem Lande lag. Er strengte sich bei seiner Arbeit sehr an, schwitzte und litt viel Durst. Wenn er auch Wasser bekommen konnte, enthielt er sich oft dieser Erfrischung, um die heiligste Mutter, das Beispiel jeder Tugend, nachzuahmen. Sie gab ihm dann manchmal selber zu trinken, weil sie erkannte, dass Josef einer Erfrischung bedurfte. Er nahm diese Stärkung mit herzlichem Dank entgegen und sagte dabei: «Wie gut ist unser Gott, Er lässt dich sogar meine Bedürftigkeit erkennen und tröstet mich durch dich. Josef lehnte ein derartiges Anerbieten seiner Gemahlin nie ab. Er nahm alles mit großer Freude und Andacht an, zumal ihm die Gabe aus den wohlwollenden Händen Mariens gereicht wurde. Tatsächlich bereitete ihm dies eine so große innere Freude und Sättigung, dass es ihm vorkam, als hätte er ein vorzügliches Getränk genossen.

Einmal fragte er seine Gemahlin nach der Ursache dieser Wirkung und sie antwortete ihm in ihrer Anmut und Klugheit, dass Gott ihm für seine Entsagungen Gnade erteilt habe. Auch Josef war darauf bedacht, Maria eine Erleichterung zu verschaffen, wo es ihm nur möglich war. So betätigten sie gegenseitig die Nächstenliebe. Wenn sie es für notwendig erachteten, halfen sie sich immer gegenseitig. Obschon Josef auf seine Gemahlin sehr bedacht war, kam sie ihm in der Aufmerksamkeit doch zuvor. Sie zeigte sich Josef sehr dankbar und wandte alle erdenkliche Sorge für ihn auf. Wenn sie ihn bei der anstrengenden Arbeit abgezehrt und ermüdet sah, bemühte sie sich, ihm eine kräftige, wohlschmeckende Speise zu bereiten, damit er seinem Erwerb für den nötigen Lebensunterhalt nachgehen konnte. Der Heilige merkte die Liebe seiner Gemahlin und zeigte sich ihr dafür sehr dankbar. Er schätzte sie immer mehr und bewies auch Gott seinen Dank, der sie ihm gegeben hatte.

Das Verhalten Josefs zum heranwachsenden Jesuskinde

Das göttliche Kind wuchs wunderbar heran, sowohl dem Leibe nach als auch in der Gnade. Deshalb bekleidete Maria schon frühzeitig ihr Kind. Sie selbst verfertigte das Kleid mit einer Liebe und Aufmerksamkeit, wie es sich jeder vorstellen kann.

Unser Josef hatte großes Wohlgefallen daran. Schon lange sehnte er die Zeit herbei, da er seinen geliebten Jesus bekleidet schauen würde; denn es tat ihm Leid, ihn in den Banden der Windeln zu sehen; er ahnte doch, wie sehr Jesus darunter leiden musste, da er schon den vollkommenen Gebrauch der Vernunft hatte. Wenn Maria damit beschäftigt war, das Kleid zu machen, ging Josef oft hin, um sehnsüchtig zu sehen, ob es schon bald fertig würde. Josef freute sich sehr, seine Gemahlin mit soviel Anmut und Liebe bei dieser Arbeit zu sehen. Er sagte alsdann zu ihr: «Maria, bald werden wir unseren Jesus bekleidet sehen; er wird vor uns stehen und mit uns gehen, O du Selige! Dir ist das schöne Los beschieden, das Kleid zu machen, welches den Gottmenschen bedecken soll!»

Josef hatte Sehnsucht, auch etwas für Jesus zu tun. Maria erkannte dies und sagte zu ihm: «Du machst ihm ein Stühlchen.» Voll Freude ging Josef sogleich daran, eines zu machen, worauf das Jesuskind sitzen könne. Er verfertigte es mit sorgfältiger Genauigkeit und unter Tränen ob der heiligen Erwägungen, die er dabei machte. Dann half er Maria Verschiedenes vorbereiten, wessen das göttliche Kind nun schon bedurfte.

Bald kam der schöne Tag, an welchem Maria und Josef das Jesuskind mit einem Gewand bekleideten. Sie knieten dabei aus Ehrfurcht nieder. Das göttliche Kind sah mit liebevollen Augen auf seine Mutter und Josef, während sich zugleich seine Majestät kundgab. Seinem Kindesalter entsprechend rief es stammelnd Maria und Josef mit Namen. Dann verneigte es sich gar anmutig zum Zeichen der Dankbarkeit und erwies ihnen viele Herzlichkeiten; es liebkoste mit seinen Händchen ihr Angesicht.

Josef beugte sich, um die Füße seines kleinen Jesus zu küssen, die bereits mit Sandalen angetan waren. In seiner übergroßen Freude kam er dabei in Verzückung. In diesem erhabenen Zustand seines Geistes verstand er, warum die Ewige Weisheit als kleines Kind stammeln und das Gehen wie die anderen Kinder lernen wollte.

Während Josef dies alles erkennen durfte, sprach das göttliche Kind zu seiner heiligen Mutter. Es brachte ihr die Liebe und Dankbarkeit dar für alles Gute, das sie ihm erwiesen. Welche Freude Maria empfand, als sie die herzlichen Worte ihres allerliebsten Gotteskindes vernahm, lässt sich in Worten nicht ausdrücken.

Als Josef nach dieser überirdischen Schau wieder zu sich gekommen war, betete er das Gotteskind an. Er nahm es auf kurze Zeit in seine Arme und war selig in diesem Glücke. Dann nahmen Maria und Josef das Kind in ihre Mitte. Während sie es an seinen Händchen führten, machte es die ersten Schritte. – Wer könnte jemals schildern, welche Freude sie dabei hatten! Josef weinte; sein Herz war zu eng, um diese Seligkeit zu fassen und in seinem Antlitz leuchtete die himmlische Liebe auf.

Kaum war der kleine Jesus bekleidet, versuchte er auch schon niederzuknien, um seinen göttlichen Vater anzubeten. Er machte alle jene Akte der Anbetung, der Hingabe, der Dankbarkeit, der Sühne und Bitte, wie es uns im Buch «Das Innenleben Jesu» berichtet wird. Josef war darüber sehr verwundert. Er bewahrte die Erinnerung an alle diese Kundgebungen des Mensch gewordenen Gottes im Innersten seines Herzens, um dann während der Arbeit darüber nachzudenken. Der Heilige vereinigte sich mit Jesus in seinen Anbetungen und Aufopferungen. So lehrte es ihn Maria, denn ihr war alles offenbar.

Wenn das Jesuskind seinen göttlichen Vater anbetete, hielt es die Arme seitwärts ausgestreckt und brachte Sich Ihm dar, bereit einst den Kreuzestod zu erleiden. Als Josef den kleinen Jesus in dieser Stellung sah, wurde sein Herz von heftigstem Schmerz getroffen; er ahnte voraus, was kommen würde und weinte bitterlich. Die heiligste Mutter tröstete ihn, obschon sie der Schmerz noch viel tiefer traf; war sie doch Mitwissende von allem. Sie sagte zu Josef, er wolle sich deswegen nicht allzusehr betrüben, denn das Jesuskind werde öfter in dieser Stellung beten. Er möge aber den Gehorsam bewundern, den es seinem himmlischen Vater gegenüber bekundet. Josef wurde durch Maria einigermaßen getröstet. Er forschte für jetzt nicht weiter über dieses Geschehen nach; doch teilte er Maria die Betrübnis seines Herzens mit, sooft er Jesus in dieser Haltung sah.

Nachdem das göttliche Kind seinem Vater alle Akte der Huldigung und Ergebung dargebracht hatte, begab es sichin die Arme der heiligen Mutter.

Josef ging an seinen Arbeitsplatz. Während der Heilige arbeitete, weilte er mit seinen Gedanken bei Jesus und betrachtete sein wunderbares Wirken. Von Liebe anzogen, wollte er zu ihm gehen, um ihn mit Wohlgefallen anzublicken. Josef unterdrückte aber diese Sehnsicht, denn er befürchtete, dem Jesuskinde Überdruss zu bereiten. Wenn das Kind seinen geliebten Josef erfreuen wollte, lud Es ihn mit innerer Stimme ein. Dann konnte Josef nicht mehr widerstehen und eilte zu ihm. Das Jesuskind kam ihm bereits entgegen. Als dies zum ersten Mal geschah, ging es von seiner liebsten Mutter geführt und rief: «Vater!» Es liebkoste ihn mit seinen Händchen und begab sich in seine Arme.

Josef war zu Tränen gerührt, als Jesus ihn zum ersten Mal «Vater» nannte. Er hielt sich dessen nicht wert. Maria aber freute sich über die Ehre, die Josef nun zuteil geworden war. Sie dankten dem göttlichen Vater für die große Gnade, dass Josef auf Erden Seine Stelle vertreten durfte. Sooft das Jesuskind ihn «Vater» fühlte er sein Herz zu ihm hingerissen und immer mehr von seiner Liebe entzündet. Auch Jesus, obschon der Sohn Gottes, verschmähte es nicht, «Sohn Josefs» genannt zu werden.

Wenn das göttliche Kind seinen geliebte Josef «Vater» nannte, verspürte er verschiedene Wirkungen in seiner Seele: einerseits das Gefühl der Dankbarkeit, andererseits das der Unwürdigkeit. Oft sprach Josef mit seiner Gemahlin über die große Ehrenbezeigung, die das Jesuskind ihm dadurch erwies. Und er beteuerte ihr: «Meine Gemahlin, zu welchem Stande hat Gott mich erhoben! Wie herrlich sind die Gunstbezeigungen und Gnaden! Ich bin überzeugt, dass Jesus mir alles wegen deiner Verdienste zukommen lässt, denn ich bin dessen nicht würdig. Du aber, die du in seinem Angesichte die große Gnade gefunden hast, wahre Mutter des Messias zu sein, bist die Ursache meines Glückes. Durch deine Vermittlung ist mir dies alles zuteil geworden. Darum sprich du für mich bei deinem Sohn; danke dem Allerhöchsten und erbitte mir neue Gnaden, besonders diese, dass ich mich der unendlichen Liebe Gottes entsprechend dankbar erweise. Was aber werde ich für dich, meine Gemahlin, tun? Bin ich doch in allem so unzulänglich!»

Maria antwortete mit viel Anmut und machte ihn aufmerksam, alles der Güte und Freigebigkeit Gottes zuerkennen zu wollen. Hierauf sang

Maria Gott, dem Geber alles Guten, neue Loblieder. Dann sang sie diese zusammen mit Josef, wobei ihm höchste Freude zuteil wurde.

Josef wagte es aber nicht, Jesus mit dem Namen «Sohn» zu bezeichnen, obschon er sich dazu von väterlicher Liebe bewogen fühlte. Er stellte an Maria die Frage, ob er Jesus so nennen dürfe. Diesbezüglich vernahm Maria von Jesus folgendes: Da Er sich gewürdigt habe, Josef mit dem Vaternamen zu rufen und ihn anstelle eines Vaters auf Erden zu setzen, gewähre Er ihm auch die Gnade, dass er Ihn «Sohn» heiße; denn der himmlische Vater wolle, dass Jesus seinem Pflegevater unterworfen sei, als wäre er sein wahrer Vater. Maria teilte Josef dies alles mit. Er wurde dabei zu Tränen gerührt und dankte Gott im Verein mit ihr. Josef sagte dann bei sich: «Wahrhaft glücklich bin ich, den Mensch gewordenen Gott, den Sohn des Ewigen Vaters ‹Sohn› nennen zu dürfen.»

Er rief nun aus: «O Jesus, mein Sohn, o Sohn, mein Jesus!» Indessen kam er in Verzückung und erhielt die Offenbarung des Geheimnisses, warum er Jesus «Sohn» nennen darf und Jesus ihn «Vater» nennen will. Josef erzählte alles seiner heiligen Gemahlin. Sie hörte ihm aufmerksam zu, obschon Gott sie alle diese Geheimnisse kennen ließ.

Josef hatte das Bedürfnis, alles was in seiner Seele vorging, Maria mitzuteilen, denn er erkannte ihre Weisheit und Würde. Überdies hatte er längst erfahren, dass Maria durch ihre Worte ihn so gut zu trösten verstand; sie gab ihm auch immer die Versicherung, dass Gott ihn liebe. Josef wollte ihr seine innersten Geheimnisse auch deshalb offenbaren, damit sie ihm helfe, Gott zu loben und zu danken, da er sich hierfür unzulänglich erkannte. Josef hegte in seinem Innern stets eine überaus hohe Verehrung zu Maria, als der Mutter des eingeborenen Sohnes Gottes. Er hielt sich für unwürdig, zu ihr aufzublicken. Im Gespräch mit ihr fühlte er seine Unwürdigkeit. Er ließ aber Maria gegenüber von diesen Gefühlen nichts merken, denn er wusste, dass ihr irgendwelche Ehrenbezeigungen unangenehm waren; wollte sie doch nur eine demütige Dienerin sein.

Josefs große Liebe zu Jesus – Seine Sehnsucht nach dem Heil aller Menschen

Das göttliche Kind wuchs heran. Auch Josef nahm in der Liebe zu Jesus in einer Weise zu, dass sein Herz sich oft gleichsam verzehrte. Immer und immer wieder wollte er allerliebste Kind anschauen. Es kam ihm stets schöner und anmutiger vor; oft betrachtete er es und wurde dabei ganz hingerissen.

Das Jesuskind hatte großes Wohlgefallen an Josef. Es schenkte ihm viele Beweise seiner Liebe, obschon es dabei zurückhaltend war, weil Josef diese Überfülle von Freuden nicht in sich aufzunehmen vermochte. Manchmal rief er nur aus: «Mein teurer Jesus, mein geliebter Sohn!» Letztere Worte gebrauchte er selten, da sein Gemüt nicht imstande war, die Heftigkeit der Liebe, die sich dabei entfachte, zu bemeistern.

So groß seine Liebe war, so groß war auch sein Schmerz darüber, dass Jesus, der Sohn Gottes, von so vielen nicht erkannt wurde. Dieser Gedanke veranlasste ihn, über die Blindheit so vieler götzendienerischer Seelen ganze Nächte hindurch zu weinen. Er sagte bei sich: «O mein Mensch gewordener Gott! Ist es möglich, dass, obwohl du inmitten der Ungläubigen weilest, diese sich nicht zu dir bekehren?

Ach, habe Erbarmen und erleuchte sie mit deinem stärksten Lichte! Bewirke, dass sie dich erkennen und lieben!» Der heilige Josef wünschte, dass alle Ägypter, sobald sie Jesus sehen, von seiner Liebe ergriffen werden mögen. Deshalb sagte er oft zu seiner Gemahlin: «Ich kann kaum die Zeit erwarten, dass unser Jesus sich den Ägyptern zeigt. Es ist unmöglich, dass die Herzen dieses Volkes, wenn gleich es götzendienerisch ist, von seiner Liebe nicht getroffen werden. Dann werde ich wenigstens den Trost haben, dass unser Jesus geliebt wird, obschon man ihn nicht erkennt. O wie wird die Liebe alle fesseln, wenn sie Jesus durch die Straßen gehen sehen, so anmutig, so entzückend, so schön! Ich werde ihn an der Hand führen und viele werden mich um mein großes Glück beneiden!»

Wie freute sich Maria, zu vernehmen, dass Josef nur den einen Wunsch hatte, dass Jesus erkannt und geliebt werde. Und sie sagte ihm hierauf zum Troste: «Es wird die Zeit kommen, dass viele Jesus erkennen. Man wird ihm nachfolgen und ihn lieben; viele aber werden ihn auch verfolgen, denn die Blinden werden das Licht hassen. Du weißt ja die Voraussage des Propheten Simeon! Er sagte uns doch, dass Jesus zum Falle und zur Auferstehung vieler sein werde. Wir müssen mit Bestimmtheit glauben, dass dies eintreffen wird.»

Auf diese Worte hin betrübte sich Josef aufs Neue. Er betrachtete nun das Jesuskind und sagte zu ihm: «Mein teurer, geliebter Jesus! Wird es möglich sein, dass sich auf der Welt jemand befindet, der dich nicht liebt? Wie werden sie es zustande bringen, eine so erhabene Schönheit, eine so reizende Anmut, eine so große Güte nicht zu lieben? Wenn dein allerliebster Anblick die Liebe in den unvernünftigen Geschöpfen geweckt hat, wie erst recht müsste diese auch in den Menschenherzen hervorgerufen werden! Ach, welche Bitterkeit bereitet mir die Tatsache, dass dich, meine Liebe, so viele nicht lieben; im Gegenteil, dir widersprechen und dich verfolgen werden! Ach, möchte ich doch diese Zeit nicht erleben, wann du, mein teurer Jesus, verfolgt werden wirst! Ich will eher sterben, als dich misshandelt sehen, dich, mein Leben, der du der Huldigung und der Liebe aller würdig bist!»

Josef verbrachte viel Zeit im Nachdenken, wie er es anstellen könne, dass alle Menschen das Jesuskind liebten. Obschon seine innigste Sehnsucht ihm verschiedene Möglichkeiten eingab, kam er doch immer wieder zu dem Schluss, dass es jeder schon beim bloßen Anblick lieben werde.

Tatsächlich irrte sich Josef in dieser Hinsicht nicht; denn so einzigartig war die Schönheit und Anmut des göttlichen Knaben, dass jeder ihn bewunderte und sich ob seines Liebreizes angezogen fühlte. Wenige aber liebten das Jesuskind deshalb, weil sie es als Sohn Gottes erkannten und gerade das hätte Josef so sehr gewünscht.

Manchmal wurde sein Herz von der Liebe zu Jesus derartig hingerissen, dass er alles um sich vergaß und nicht fähig war, zu essen, noch sonst etwas zu tun. Maria erkannte dies und fragte ihn, was er habe, damit Josef seiner glühenden Liebe Luft machen konnte. Er begann ihr nun zu erzählen von all seinen Wünschen und von der Liebesglut, die er in seinem Herzen empfinde. Sie sprachen nun darüber, dass Jesus ob seiner Holdseligkeit und Würde wahrlich zu lieben ist. Dabei entzündete sich in ihnen die göttliche Liebe immer mehr. Oft sahen Maria und Josef ihren kleinen Jesus mit ausgebreiteten Armen am Boden knien. Wenn Josef ihn in dieser Stellung sah, fragte er seine Gemahlin, was Er dem göttlichen Vater sage. Die weise Mutter gab ihm zur Antwort, dass Jesus sich zum Heile des Menschengeschlechtes dem göttlichen Vater aufopfere. Dann warf auch Josef sich nieder und vereinigte sich in Demut und Ehrfurcht mit den Aufopferungen Jesu. Er brachte sich dem himmlischen Vater dar. In dieser Gebetshaltung verweilte er, bis der Jesusknabe sich erhob und zu Josef ging, um ihn zu liebkosen. Nun umarmte ihn der Heilige und bat ihn, er möge seinen Ewigen Vater um alle jene Gnaden bitten, wodurch er Ihm wohlgefällig werden könnte. Josef empfahl ihm auch alle Sünder, dass er ihnen von seinem Vater die Gnade der Bekehrung erflehe. Zum Schluss sagte er: «Mein Jesus, sage deinem göttlichen Vater, dass Er alle erleuchte, dass sie dich als Seinen Sohn erkennen und so lieben, wie sie es sollen.» Der kleine Jesus lächelte zu diesen Worten Josefs. Er gab ihm zu verstehen, dass er diesen Bitten überaus gerne entspreche, ja, dass er dies bereits getan habe. Da ward Josef überglücklich.

Der liebenswürdige Jesus ging schon geläufig und sprach mit viel Anmut. Auch betete er nun zusammen mit seiner Mutter und dem heiligen Josef die Lobespsalmen, und zwar mit solcher Innigkeit, dass beide dadurch oft in Verzückung kamen. Die Freude Josefs, wenn er mit seinem Jesus die göttlichen Lobgebete sprach, war unbeschreiblich. Die übrige Zeit während Josef arbeitete, kam ihm so lange vor, dass er die festgesetzte Stunde kaum erwarten konnte, wann sie dem himmlischen Vater gemeinsam Lob und Dank darbrachten. Alles was der kleine Jesus mit Maria und Josef tat – mochte er mit ihnen beten, sprechen oder essen – gereichte Josef zu größter Freude. Aber noch vielmehr Trost empfand sein Geist, wenn Jesus zu ihm von den Vollkommenheiten seines Ewigen Vaters sprach. Der Jesusknabe, obgleich in diesem zarten Alter stehend, sprach darüber so erhaben und weise, dass selbst die Engel des Himmels staunten. Josef seufzte dabei so tief, entbrannt von der Liebe zu Gott. Sein Herz konnte die Macht dieser Liebe nicht mehr aushalten und er rief aus: «O großer Gott! Du bist noch nicht erkannt, du wirst nicht geliebt! Ach, gib mir ein neues Herz, das dich lieben kann, denn das meine ist zu eng; es kann die Größe deiner Liebe nicht, fassen.»

Wenn Josef mit Jesus und seiner heiligen Gemahlin zu Tische saß, beobachtete er manchmal den kleinen Knaben, wie er mit so kindlicher

Anmut speiste. Josef wandte seine Blicke ganz auf ihn, so dass er vergaß, weiterzuessen. Wenn dies dem heiligen Josef passierte, rief ihn das Jesuskind an und sagte ihm mit viel Lieblichkeit, er möge essen. Da gab Es selbst ihm mit seinen heiligsten Händchen die Speise. Der glückliche Josef aß nun, wobei Tränen der Freude über seine Wangen rannen. Es kam ihm die Speise viel schmackhafter vor als sonst.

Dann wieder sah Josef das Jesuskind knien und zum göttlichen Vater beten; dabei vergoss es viele Tränen. Bei diesem Anblick wurde Josef von heftigem Schmerz getroffen. Er ging zu Maria und fragte sie: «Warum weint unser teuerster Jesus? Habe ich irgendeinen Fehler begangen? O er ist so sehr betrübt!» Die heiligste Mutter tröstete Josef und sagte zu ihm, er brauche sich keinen Vorwurf zu machen, denn Jesus weine ob der Beleidigungen, die der himmlische Vater von den Menschen erfährt. Er flehe die göttliche Barmherzigkeit an und besänftige den Zorn seines Vaters, der durch die schweren Sünden so sehr herausgefordert wird. Der Jesusknabe breitet seine Arme aus, weil er sich seinem Vater darbietet, den Kreuzestod für das Heil der Welt anzunehmen. – Nachdem der betrübte Josef dies gehört hatte, warf auch er sich nieder, um die göttliche Barmherzigkeit anzuflehen. Dabei quollen die Tränen aus seinen Augen ob der Beleidigungen, die Gott zugefügt werden. Seine Liebe zu Gott war so groß, dass er sich selbst anbot, alle Übel der Welt zu ertragen, wenn nur Gott nicht beleidigt wird.

In solchen Fällen war es notwendig, dass Josef getröstet wurde, sonst hätte er sich in Schmerz verzehrt und ununterbrochen geweint. – Der kleine Jesus ging zu ihm, um ihn zu beruhigen. Mit großem Liebreiz half er ihm vom Boden auf und sagte: «Mein Vater! Erhebe dich, es ist genug. Mein himmlischer Vater hat deine Bitten, deine Aufopferungen angenommen. Sei sicher, dass Ihn einst viele erkennen und lieben werden. Wenn deine Bitten auch jetzt nicht erhört werden, es wird die Zeit der Erfüllung kommen. Damit war Josef getröstet und er dankte dem Jesuskind, das ihn nun herzlich liebkoste. Bei diesen innigen Liebeserweisen wurde sein Herz wieder froh.

Als das Jesuskind schon größer war, sagte es mit viel Anmut zu Josef, er möge es mitnehmen, wenn er ausgehe, um den nötigen Lebensunterhalt zu besorgen. Der Heilige war hierüber sehr erfreut; auch Maria gefiel diese kindliche Bitte. – Jesus ging also zum erstenmal mit Josef aus dem Hause. Die Luft war an diesem Tage reiner und angenehmer als sonst, wo doch der Sohn des Schöpfers der Welt durch die Straßen ging. Alle Bewohner der Stadt hatten eine ungewöhnliche Freude, wussten aber nicht, woher ihnen diese kam. Der Knabe Jesus schritt fröhlich an der Hand Josefs einher. Josef hatte eine undenkbare Freude; er wusste doch, dass er den Sohn des Allerhöchsten mit sich führte. Viele begegneten ihnen und verwunderten sich über die Schönheit des Knaben; sie beglückwünschten Josef, dass er einen solchen Sohn habe. Andere wieder sagten: «O wie schade, dass dieses Kind der Sohn eines so armen Mannes ist, denn es ist in Wahrheit liebenswürdig und fein, es ist vornehm und von seltener Schönheit.» – Es begegneten ihnen auch Kinder. Jesus zeigte sich zu ihnen freundlich und lächelte sie an.

Bald wurde es bekannt, dass Josef einen so liebenswürdigen Sohn habe. Viele wünschten ihn zu sehen, aber sie wagten es nicht, in sein Haus zu gehen. Deshalb warteten sie sehnsüchtig, dass Josef den Jesusknaben mit sich nehme. Es kamen auch öfters Leute aus der Umgebung unter irgendeinem Vorwand oder mit Heimarbeiten zu Maria. Vor allem aber wollten sie den Jesusknaben und seine Mutter sehen. Auch sie wunderten sich über seine schönen Gesichtszüge und seine anmutige Gestalt. Maria und Josef empfingen diese Leute sehr höflich.

Die Gottesmutter verstand es, so mit ihnen zu sprechen, dass sie von Reue über ihre Fehler ergriffen wurden. Sie gewannen Maria und ihren Sohn sehr lieb. Wenn Josef allein aus dem Hause ging, fragten ihn manche nach dem Befinden seiner Gemahlin und ihres Kindes. Diese hatten oft Sehnsucht, Jesus und Maria zu sehen und sich mit ihnen zu unterhalten. Die heiligste Mutter unterrichtete viele im Glauben und in der Erkenntnis des wahren Gottes, besonders jene, die guten Willens und ihr zugetan waren.

Es kamen öfters Kinder, um den Jesusknaben aufzusuchen. Maria ließ sie die Hütte betreten. Der kleine Jesus spielte mit ihnen, er liebkoste sie und lehrte sie auch verschiedene Gebete zu seinem göttlichen Vater. Diesen unschuldigen Kindern machte es viel Freude, sich mit Jesus unterhalten zu dürfen; sie brachten ihm öfters Früchte und Brot mit. Der Jesusknabe segnete diese Gaben und verteilte sie wieder; auch er aß ein wenig davon und freute sich mit den anderen. Dies alles sah Josef. Er bat Gott, es mögen wenigstens diese unschuldigen Kinder von ihrem zarten Alter an den wahren Gott erkennen.

Wenn Josef bisweilen mit Jesus aus dem Hause ging, blieben die Leute stehen und blickten mit Wohlgefallen auf den Knaben. Oft schlossen sich ihm Kinder an und wenn sie sich an einem abgelegenen Platz befanden, schaute Jesus zum Himmel und wies mit dem Zeigefinger hinauf, wobei er sagte: «Seht, dort oben ist das Haus meines himmlischen Vaters.» Und alle anderen Kinder taten dasselbe und riefen: «Seht, dort oben ist das Haus des himmlischen Vaters.» Josef war darüber so erfreut, dass auch er zum Himmel schaute und die Herrlichkeit des göttlichen Vaters betrachtete.

Wenn er so mit dem Jesuskind durch die Straßen ging, baten ihn so manche vornehme Personen, in ihr Haus einzutreten; denn sie wollten sich ungestört an dem Kinde erfreuen. Josef entschuldigte sich jedoch öfter in höflicher Weise. Dort aber, wo auch Kinder waren und er erkannte, dass Jesus eintreten wollte, entsprach er der Einladung. Es kamen alle Hausbewohner, um den allerliebsten, schönsten Knaben zu sehen. Jesus benahm sich kindlich-froh, jedoch auch würdevoll und zurückhaltend in einer Weise, dass niemand es wagte, ihn so zu liebkosen, wie man dies sonst bei Kindern zu tun pflegt. Mit den Kindern aber, die da waren, ging Jesus ganz vertraut um. Alle diese waren ihm sehr zugetan und wollten ihn nicht mehr fort lassen; sie schickten sich an, ihm zu folgen. Josef führte sie mit sich.

Er bedankte sich bei den Leuten; sie aber beglückwünschten ihn, Vater eines solchen Sohnes zu sein. Nachdem Josef mit seinem Jesus weggegangen war, dachte er über die Freundlichkeiten nach, die diese vornehmen Leute ihm erwiesen und wie sie sich Jesus so sehr zugetan zeigten. Als er aber daran dachte, dass sie sich in einem so armseligen Zustand befinden, da ihnen die Erkenntnis des wahren Gottes fehlt, weinte er und bat das göttliche Kind, dass es ihnen Gnade von seinem Vater erflehe. Ähnliches vermittelte Josef jenen, die ihn freundlich grüßten und ihn zu seinem Sohne beglückwünschten.

Er sagte zu Gott. «O mein Gott, diese erkennen dich nicht. Was könnte ich tun, damit sie dich erkennen und lieben? Sieh mich bereit, auch mein Leben hinzugeben, wenn es für ihre Bekehrung notwendig ist.» Solch heiße

Wünsche trug Josef immer in seinem Herzen. Manchmal sahen ihn die Leute weinend und sie fragten ihn um die Ursache seines Kummers. Der Heilige antwortete, er sei traurig, weil er viele des wahren Gutes beraubt sehe. Die Leute begriffen nicht, was Josef damit meinte. Manche glaubten, dass er ihnen zeitliche Güter wünsche und sagten dann untereinander: «Wie einfältig ist doch dieser Mann. Da er selber so arm ist, glaubt er, dass auch die anderen Mangel leiden.» Wenn Josef besonders lasterhaften Personen begegnete, bemerkte er dies insofern, als der Jesusknabe traurig wurde. Er betrübte sich sehr wegen dieser Sünder und betete viel für sie.

Jesus in der Werkstätte des heiligen Josef

Als der göttliche Knabe soweit herangewachsen war, dass er dem heiligen Josef einen Dienst leisten konnte, ging Er selbst hin, um ihm bei der Arbeit zu helfen und ihn mit seiner lieblichen Gegenwart zu trösten. Josef glaubte niemals, dass sich der Sohn des Allerhöchsten so sehr erniedrigen und eine solche Arbeit verrichten werde. Als nun Jesus ihm seine Hilfsbereitschaft anbot, erschrak er und sagte, er werde dies niemals zulassen, außer wenn der göttliche Vater es so angeordnet hätte. Josef wandte sich zu Jesus und sagte:

«Warum willst du, die Ewige Weisheit, dich so tief erniedrigen? Wie kann ich, dein Diener, einverstanden sein, dich arbeiten zu sehen, dich, der du so zart bist, dich, der du ununterbrochen mit deinem göttlichen Vater über die wichtigste Angelegenheit, die Erlösung der Menschen, zu verhandeln hast? O wie könnte ich dich so erniedrigt sehen?» Der Jesusknabe beruhigte ihn mit dem Hinweis, dass der himmlische Vater es so wolle. Er sei ja zur Welt gekommen, um zu dienen, nicht um bedient zu werden; er müsse die Verachtung des Prunkes und des menschlichen Hochmutes lehren.

Josef machte sich den Anordnungen des göttlichen Vaters ganz ergeben. Er erwog nun, wie er das Glück haben werde, bei seiner Arbeit in der Gesellschaft des Mensch gewordenen Gottes zu sein. Zu Maria sagte er, es tue ihm Leid, dass sie in der Zeit, da Jesus sich bei ihm aufhalte, seiner teuren Gegenwart entbehren müsse. Maria, dem Willen Gottes allzeit ergeben und voll der Liebe, versicherte ihm, dass sie sich freue, ihn nun bei seinen Anstrengungen so getröstet zu sehen.

Josef war glücklich. Er führte seinen geliebten Jesus mit sich und erlebte dadurch eine Freude, wie es sich jeder vorstellen kann. Es kam ihm bei seiner Arbeit vor, als wäre er im Paradiese, da doch neben ihm der Sohn Gottes selbst stand, ganz darauf bedacht, ihm behilflich zu sein. Der Jesusknabe reichte ihm einmal das Werkzeug, dann wieder die Bretter. Obschon Jesus erst im Alter von fünf bis sechs Jahren stand, zeigte er die Sehnsucht, wie eine große starke Person zu handeln und mühte sich ab, die Bretter aufzuheben. Angesichts dieser Tatsache wurde der Heilige sehr ergriffen und war darauf bedacht, Jesus vor Anstrengungen zu bewahren. Doch der göttliche Knabe war so aufmerksam, dass Er ihm in allem zuvorkam, wessen er bedurfte.

Josef sah die Gottheit, die im Jesusknaben verborgen war und die sich oft nach außen hin wunderbar zeigte. Wenn Jesus dem heiligen Josef die Sachen reichte, nahm Er ihn manchmal an der Hand. Josef versenkte seinen Blick in die schönen, liebevollen Augen Jesu. Oft wurde er dabei von der Liebe so ergriffen, dass er bei der Arbeit innehalten musste. Er ließ sich dann auf eine Bank nieder. Der göttliche Knabe nahm ihn an der Hand und liebkoste ihn. Bei diesem wundersamen Nachlassen der Kräfte sagte er zu Jesus: «O mein geliebter Jesus! O teurer, geliebter Sohn! Woher kommt mir eine so hohe Gnade, dich in meiner Gesellschaft zu haben? Ach, meine Seele kann die Fülle der Freuden nicht mehr ertragen!»

Jesus antwortete ihm, dass diese Freude ein kleiner Teil sei von der unermesslichen Freude, die ihm im Hause seines himmlischen Vaters bereitet ist. Ob dieser Worte wurde der Heilige noch mehr getröstet und bekam die Hoffnung, durch eine Ewigkeit jene herrlichen Freuden zu genießen, die der menschliche Geist weder zu verstehen noch in sich zu fassen vermag.

Die Bewohner dieser ägyptischen Stadt bemerkten bald, dass der Knabe Jesus mit seinem Vater zur Werkstätte ging, um zu arbeiten und staunten, dass Er schon in diesem Kindesalter dazu fähig war. Sie bewunderten die Bescheidenheit, Schönheit und Freundlichkeit Jesu und seine Aufmerksamkeit, die sich darin zeigte, dass er Josef in allem zuvorkam, wessen er bedurfte. Sie lobten den Jesusknaben und nannten seinen Vater glücklich.

Andere aber tadelten den Heiligen, dass er es übers Herz bringen könne, seinen kleinen Sohn in der Werkstätte zurückzuhalten und ihn über seine Kräfte anstrengen zu lassen. Diese Worte taten dem Heiligen weh. Er wollte nicht antworten, dass er daran nicht schuld sei; er schwieg und opferte seinen Schmerz Gott auf.

Der Jesusknabe zeigte sich zu allen freundlich. Er erweckte dabei vor dem göttlichen Vater alle jene Akte, wie es uns in seinem «Innenleben» kundgetan wird. – In der Werkstätte fanden sich auch Kinder ein, um sich mit ihm zu unterhalten. Jesus beschäftigte sich mit diesen Kleinen und unterrichtete sie im wahren Glauben. Manchmal kamen Leute, die ihm zum Essen brachten. Er nahm diese Speisen mit freundlichem Danke an und teilte sie an Arme aus.

Andere kamen mit Arbeitsaufträgen, um Gelegenheit zu haben, Jesus zu sehen und sich mit ihm zu unterhalten. So hatte Josef immer zu tun und musste sich sehr anstrengen. Jesus unterstützte ihn fleißig und kam ihm mit vielen Gefälligkeiten zuvor, wie sie die Liebe ihm eingab. Er trocknete ihm sogar den Schweiß vom Gesichte. Die Hilfe, die Jesus dem heiligen Josef leistete, diente ihm zu großer Erleichterung. Durch das starke Einwirken der göttlichen Liebe wurde Josef oft matt; aber die Gnade seines Jesus stärkte ihn wieder.

Josef führte seine Arbeiten hervorragend aus; er stellte alle zufrieden. Wie bereits gesagt, betrug der Lohn, den er für seine Mühen empfing, soviel, als die Leute ihm freiwillig gaben. Davon behielt er für sich nur das Notwendigste; das übrige teilte er den Armen aus. Jesus hatte daran höchstes Wohlgefallen. Er ermutigte Josef zur vielen Arbeit, wodurch er den Armen zu Hilfe kommen konnte; für diese hatte er eine besondere Liebe.

In dieser Stadt gab es viele angesehene Persönlichkeiten, die zur Werkstätte Josefs kamen in der Absicht, ihn um seinen Sohn zu bitten. Sie sagten: «Der Knabe hat überaus vornehme Gesichtszüge und ist sehr zart. Es ist nicht angezeigt, das er in dieser Werkstatt arbeitet. Wir werden ihn erziehen und in den Wissenschaften unterrichten lassen; er wird es gut haben bei uns. Du bist arm, deshalb werden wir dir auch reichlich Almosen geben. Vertraue uns also dein Kind an. Wir übernehmen die Aufgabe, es in den Wissenschaften und Künsten ausbilden zu lassen.»

Bei diesen Worten erzitterte der Heilige und ängstigte sich sehr. Er dankte für ihren guten Willen und sagte ihnen, es ist sein ganzer Trost, Jesus bei sich zu haben; er ist sein Schatz, sein ganzes Erbe. Lieber gebe er sein Leben hin, als seines geliebten Sohnes beraubt zu werden. Hierauf antworteten sie: Du hast Recht, wir dürfen dich nicht belästigen.

Josef ward also wieder beruhigt und sagte dann zu Jesus: «Mein teurer Sohn! Lasse es niemals zu, dass ich deiner beraubt werde. Wohl verdiente ich es, weil id deiner großen Liebe zu mir nicht entspreche. Lass mich jedoch früher sterben, als dich verlieren. Ich weiß, dass du es bei diesen Leuten sehr gut haben würdest. Du aber suchst nicht Freuden und Bequemlichkeit, du liebst die Armut; deshalb hoffe ich, dass du bei mir, deinem armen Diener bleiben wirst.»

Jesus ermunterte Josef und versicherte ihn, dass Er ihm wie ein wahrer Sohn stets in allem gehorchen werde. Josef weinte über diese wunderbare Tröstung und dankte seinem Jesus auf das Innigste. Dann ging er zu seiner Gemahlin und erzählte ihr alles, was sich zugetragen hatte.

Der göttliche Knabe blieb auch öfter bei seiner Mutter, damit sie durch seine Gegenwart getröstet werde. In solchen Stunden hatte Josef ein heißes Verlangen nach ihm. Er dachte jetzt an seine Gemahlin und sagte bei sich: «O welch eine Liebessehnsucht muss Maria erleiden, wenn Jesus sich bei mir aufhält! Wie schmerzlich wird sie seine Abwesenheit empfinden, da sie Jesus, ihren wahren Sohn, noch viel inniger liebt als ich! Es ist recht, dass er seine Mutter tröstet und sich mit ihr unterhält.»

Manchmal geschah es, dass der heilige Josef bei diesen Gedanken von seiner Arbeit wegging, ohne es zu bemerken. Er befand sich auf einmal in der Hütte bei Jesus und Maria. Als er nun gewahr wurde, wo er sei, bat er die heiligste Mutter und ihren Sohn, sie mögen ihm verzeihen, denn die Sehnsucht habe ihn diese Schritte machen lassen, ohne dass er es bemerkt habe. In solchen Fällen hießen sie Josef herzlich willkommen und luden ihn ein, sich in Gesprächen mit ihnen zu unterhalten. Josef war dabei von heiligster Liebe hingerissen.

Dann sagte er Gott Dank dass Er dies zu seinem Wohle zugelassen hatte. Hierauf kehrte er zu seiner Arbeit zurück. Er über dachte dabei alles, was er bei diesen Gesprächen gehört hatte, und so spürte er keine Mühsal. Die Liebe ließ ihn seine Anstrengungen nicht wahrnehmen; im Gegenteil, er freute sich in dem Gedanken, dass er hierin den Willen Gottes erfülle. Überdies hatte er das selige Bewusstsein, dass er durch sein Arbeiten den Lebensunterhalt für Jesus und Maria verdiene und auch die Armen unterstützen können, wodurch er Gott und Maria viel Freude bereite.

Die heiligste Mutter gab Josef viele Erweise der Liebe und Dankbarkeit für alle Mühen, die er auf sich nahm. Einerseits freute er sich darüber, andererseits war er tief beschämt. Er sagte ihr in seiner Demut, dass er ihr Wohlwollen nicht verdiene; er sei verpflichtet, viel mehr als bis jetzt für sie zu tun. Josef schrieb sich nie ein Verdienst zu. Er schätzte das große Glück, sich für den Lebensunterhalt Jesu und Mariens abmühen zu dürfen. Wenn er Früchte oder Kräuter nach Hause brachte, eilte der Jesusknabe ihm entgegen und umarmte ihn mit solcher Herzlichkeit, dass Josef sich wunderte. Dabei sagte Er: «Mein himmlischer Vater wird deine Liebe belohnen.»

Der Befehl zur Rückkehr nach Nazareth

Die Heilige Familie war in Ägypten sehr zufrieden und sozusagen von jedermann geschätzt und geliebt. Obschon Josef in der ersten Zeit oftmals mit Maria über die Rückkehr nach Nazareth gesprochen und den Befehl hierzu abgewartet hatte, dachte er jetzt nicht mehr daran und war sehr glücklich in dem Lande, wohin Gott ihn gesandt hatte, um das Leben Seines Sohnes zu retten.

Da auf einmal sprach des Nachts der Engel zu ihm, er möge in seine Heimat zurückkehren, denn Herodes, der das göttliche Kind zu töten suchte, sei gestorben.

Josef erwachte; ganz glücklich ging er zu Maria und teilte ihr mit, was der Engel gesagt hatte. Die Gottesmutter wusste durch höhere Erkenntnis bereits davon. Beide beteten den heiligsten Willen Gottes an. Hierauf sprachen sie darüber mit Jesus, der sie mit viel Anmut und Weisheit über die göttlichen Anordnungen belehrte.

Josef war einerseits glücklich, in seine Heimat zurückkehren zu dürfen, anderseits aber schauderte es ihn, seine Gemahlin und den Knaben wiederum auf jenem weiten, schlechten Weg führen zu müssen; denn er dachte an die vielen Leiden, die ihnen nun wieder bevorstehen. Nachdem aber Jesus ihn über alle diese Zulassungen von Seiten seines himmlischen Vaters belehrt hatte, freute er sich und war bereit, diesen Befehl auszuführen. Er sagte jedoch zu Jesus: «Du aber, mein teurer Sohn, wirst auf dieser Reise viel durchzumachen haben, und dies tut mir überaus Leid!» Der Jesusknabe tröstete ihn mit den Worten des Lebens, dass Er sich am Leiden freue, denn Er erfülle dadurch den Willen des himmlischen Vaters.

Josef machte Ordnung mit seinen Arbeitsaufträgen. Er verkaufte seine Werkzeuge und gab den Armen reichlich Almosen. Seinen Freunden teilte er die Abreise in die Heimat mit. Viele weinten, denn sie liebten ihn wegen seiner guten Eigenschaften. Sie hatten auch große Zuneigung zu seinem schönen, liebenswerten Sohn. Auch einige Frauen, die Maria zugetan waren, betrübten sich sehr; sie waren ja durch sie erleuchtet und im wahren Glauben unterrichtet worden. Sie weinten bitterlich, denn sie sehnten sich danach, durch sie in der Liebe und Erkenntnis des wahren Gottes fortzuschreiten. Maria ließ ihnen viele geistige Andenken zurück und versprach ihnen, sie immer im Gedächtnis zu behalten und Gott für sie zu bitten. Ähnlich sprach Josef mit jenen, die er unterrichtet hatte. Viele waren traurig über ihre Abreise und mit Recht; denn Jesus, Maria und Josef hatten ihnen große Wohltaten an Leib und Seele erwiesen. In Krankheit und verschiedentlichen Nöten ließen sie ihre Liebe und Güte allen angedeihen, die zu ihnen kamen. – Die wenigen Einrichtungsgegenstände schenkte Josef den Bedürftigsten von ihren Bekannten. Die heilige Familie bereitete sich auf diese Reise vor ohne jegliches Gepäck, ganz auf die göttliche Vorsehung vertrauend. Josef behielt sich nur ein wenig Geld und auch dies hielt er bereit, um es irgendeinem Armen zu schenken, der ihm begegnen könnte.

Josef, der ein überaus empfindsames, mitleidvolles Herz hatte, konnte die Tränen nicht zurückhalten, als er den Jammer seiner guten Nachbarn hörte. Er bedankte sich innigst für alle Liebe, die sie ihm erwiesen.

Einige fragten Josef, warum er sie so plötzlich verlassen wolle. Er antwortete, er müsse den Willen Gottes erfüllen; der ihn hieher gesandt habe, rufe ihn nun in seine Heimat zurück. Die Ägypter baten inständig, Josef möge doch bei ihnen bleiben. Viele machten ihm Angebote, dass sie ihm in seinen Nöten zu Hilfe kommen wollen. Diesen sagte der Heilige herzlichen Dank und bekundete ihnen sein Wohlgefallen über ihre Zuvorkommenheit. – Hier war auch jemand, der Josef bat, ihm seinen Sohn zurückzulassen. Er führte verschiedene Vorwände an und betonte, dass Jesus ob seines Kindesalters und seines zarten Körperbaues sich der Gefahr aussetze, auf der weiten Reise krank zu werden. Dieser Mann drang in Josef sehr ein. Der Heilige lächelte zu dieser Bitte und sagte ihm klar, dass er niemals ohne seinen geliebten Sohn abreisen werde.. Er sei doch sein ganzer Trost. Und wenn Er nicht krank geworden war, als er Ihn neugeboren nach Ägypten brachte, umso mehr hoffe er, dass Er jetzt an seiner Gesundheit nicht Schaden leiden werde. Josef sagte ihm noch, dass er ganz auf Gott vertraue, der ihnen auf dieser Reise beistehen und sie beschützen werde. Mit solchen Worten beruhigte Josef alle und sie erkannten, dass er sich mit Recht weigerte, seinen Sohn in Ägypten zurückzulassen.

Maria und Josef setzten den Tag und die Stunde der Abreise fest gemäß dem Willen Gottes, den sie darüber erkannten. Bevor sie aufbrachen, beteten sie den göttlichen Vater an und dankten Ihm für alles, was Er durch sie in dieser Stadt zum Heile der Seelen gewirkt hat. Dann flehten sie Ihn an, dass Er ihnen auf dieser weiten, gefahrvollen Reise beistehe; sie baten Ihn auch, Er möge den Leuten alles Gute, das sie ihnen erwiesen, belohnen. Sie beteten für diese ganze Nation, dass sie zur Erkenntnis des wahren Gottes gelange und empfahlen Ihm besonders jene, die im Glauben an Ihn bereits unterrichtet waren.

Auf der Reise in die Heimat

Mit dem Segen des göttlichen Vaters reiste die heilige Familie des Morgens frühzeitig ab. Von allen Bekannten hatten sie sich schon am Vortage verabschiedet. Maria und Josef führten den Jesusknaben an der Hand. Sechs Jahre waren sie in Ägypten, das siebente hatte bereits begonnen.

Mit großer Sorgfalt und Liebe führte Josef den Jesusknaben und Maria. Er tat dies mit einer Freude und Zufriedenheit, die in seinen glänzenden Augen, ja in seinem ganzen Wesen zum Ausdruck kam. Obschon es frühmorgens war, begegneten sie einigen Ägyptern, welche die seltene Schönheit der heiligsten Mutter und ihres Sohnes bewunderten. Josef freute sich zu hören, wie Jesus und Maria gelobt wurden. Er dankte Gott von Herzen, dass Er ihn zum Beschützer dieser heiligsten Personen erwählt hat.

Auf dem Weg lobten sie einmütig den himmlischen Vater. Josef wandte seine Augen einmal auf Maria, dann wieder auf Jesus. Er passte sich ihren Schritten an. Die heiligen Wanderer wurden selbst von den Engeln bewundert. Es war ein schöner, klarer Tag und es hatte den Anschein, als jubelten alle Geschöpfe und feierten ein Fest auf ihre Weise. Ja es kam einem vor, als erfreuten sich alle Geschöpfe an dem Anblick ihres Schöpfers. Die Vögel begleiteten singend und jubilierend die heilige Familie. Josef beobachtete alles mit größter innerer Freude.

Der göttliche Knabe erweckte auf dieser Reise alle

Akte, die im «Innenleben Jesu» aufgezeichnet sind. Maria vereinigte sich mit dem Innenleben ihres Sohnes und gab Josef manches zu verstehen, damit auch er Ihn in seinen Gesinnungen begleite. Der Heilige tat alles mit großer Innigkeit und Freude seines Geistes.

Die heiligen Wanderer waren bereits eine Zeitlang gegangen. Josef war ganz besorgt und wünschte, dass Jesus und seine Mutter sich ein wenig ausruhen. Sie ließen sich zur Rast nieder. Der Jesusknabe spürte die Strapazen und sah ermüdet aus. Dies bereitete Josef größten Kummer. Er bat Ihn: «Mein geliebter Sohn, sage deinem göttlichen Vater, Er möge all das Leid und die Müdigkeit mich allein fühlen lassen. Mir steht es zu, dies zu ertragen, nicht dir und deiner Mutter, die Ihr unschuldig und heilig seid.» Jesus antwortete ihm liebenswürdig, Er sei vom Himmel gekommen, um zu leiden und so gemäß dem Willen des Vaters das Heil des Menschengeschlechtes zu bewirken. Dies sagte Er mit soviel Anmut, dass sowohl in Josef als auch in Maria das Verlangen nach Leiden in einer Art und Weise geweckt wurde, dass ihnen alles, was sie bis jetzt litten, sehr gering vorkam. – Nachdem sie ein wenig ausgeruht hatten, nahmen sie ihre Reise wieder auf. Wenn der göttliche Knabe bemerkte, dass Josef müde war, fing Er an, von den Herrlichkeiten seines himmlischen Vaters zu erzählen. Darüber empfanden Josef und Maria so große Freude, dass sie keine Müdigkeit mehr spürten, sondern den Weg, ganz in Gott versunken, fortsetzten.

Josef wusste nun nicht mehr den Weg, der nach Nazareth führte. Er fragte aber niemand, noch machte er sich Bedenken in der festen Überzeugung, dass er mit Jesus vom rechten Wege nicht abirren werde. Tatsächlich führte der göttliche Knabe sie auf den richtigen Pfaden. Nach einer Weile rasteten sie wiederum. Jesus ließ sie die Schönheit der Landschaft und die Unermesslichkeit des Himmels bewundern, indem er ihnen sagte: «Beobachtet die Ordnung aller Dinge und die Weisheit, mit der mein himmlischer Vater sie erschaffen hat.» Und Er begann über die göttliche Weisheit zu sprechen mit einer Anmut und Beredsamkeit, dass sowohl Josef als auch Maria in Verzückung kamen. Unterdessen,betete der Jesusknabe zu seinem Vater und flehte um das Heil der Menschen. Hierauf setzten sie die Reise fort, erfüllt von Jubel und Freude.

Diesen Tag brachten die heiligen Wanderer zu, ohne eine andere Speise zu verkosten als die übernatürliche Tröstung und die Gegenwart ihres allerliebsten Jesus, die sie sättigte. Josef sorgte sich aber sehr wegen des zarten Knaben, der Hunger hatte. Doch dieser flößte ihm Mut ein und sagte: «Mein teurer Josef, betrübe dich nicht; wir werden uns diesen Abend zusammen in einer Herberge stärken. Sei nicht traurig wegen meines Leidens, denn ich muss früh damit beginnen und im Laufe der Zeit noch viel mehr erdulden. Betrübe dich nicht wegen dieses geringen Schmerzes, den ich jetzt durchmachen muss, sondern danke mit mir dem göttlichen Vater, der mir Gelegenheit gibt, ein wenig zu leiden; dadurch kann ich Ihm die Liebe zeigen, die ich zu Ihm und zu den Menschen habe.»

Da es schon gegen Abend war, begannen sich unsere Pilger nach einer Stätte umzusehen, wo sie die Nacht verbringen und ein wenig ausruhen konnten. Josef sehnte sich schon danach in Anbetracht der Müdigkeit des göttlichen Knaben und seiner heiligsten Mutter. Deshalb beschleunigten sie ihre Schritte, um frühzeitig anzukommen. Josef befürchtete jedoch, dass Jesus und Maria dieses Eilen nicht vertragen würden. Es war aber notwendig, damit nicht die Nacht hereinbrach, ehe sie die Herberge erreichten. Josef hatte eben inmitten der Tröstungen auch immer Bedrängnisse, weil er sehen musste, wie seine geliebte Gemahlin und der zarte Knabe litten. Sie kamen noch rechtzeitig in der Herberge an. Nun stärkten sie sich mit Brot und Wasser und wenigen Früchten. Dann zogen sie sich in einen Raum zurück. Die Herberggeber bewunderten im Stillen die Schönheit und Bescheidenheit Mariens und ihres Kindes. Diese Nacht brachten Jesus, Maria und Josef größtenteils in Lobgebeten und in der Betrachtung göttlicher Geheimnisse zu; die übrige Zeit schliefen sie.

Des Morgens beteten sie vereint den himmlischen Vater an, dann begaben sie sich zeitig auf den Weg. An diesem Tage wurden sie von manchen beobachtet. Jeder schaute verwundert und herzlich auf den schönen, anmutsvollen Knaben. Josef bemerkte alles und freute sich. Immer wieder dankte er Gott für seine erhabene Auserwählung.

Manchmal, wenn sie müde waren, nahm Jesus seine Mutter und Josef an der Hand und ging inmitten von ihnen. Es kam ihnen dann vor, als würden sie getragen; sie spürten keine Müdigkeit. Josef sagte zu seinem geliebten Jesus gewandt: «Mein Sohn, du machst, dass ich anstatt Müdigkeit Trost empfinde. Doch wer nimmt dir die Schmerzen ab, die du auf dieser Wanderung verspürst? Du musst doch noch viel mehr leiden in diesem zarten Alter!» Der Jesusknabe antwortete ihm herzlich: «Die Liebe macht es, dass ich keine Müdigkeit fühle. Die Liebe versüßt mir jede Bitterkeit, sie lässt mich alles mit Freude ertragen. Durch die Liebe habe ich die Leichtigkeit im Gehen.» Als Josef von der Herrlichkeit der göttlichen Liebe sprechen hörte, wurde sein Herz so ergriffen, dass sie ein wenig Halt machen mussten. Dann setzten sie mit desto größerem Edelmut ihre Reise fort.

Nach längerer Zeit machten die Heimkehrenden Rast, denn sie waren jetzt einer Stärkung bedürftig. Da aber in dieser Gegend keine Nahrung zu finden war, kamen die Vögel und brachten Früchte in ihrem Schnabel, die sie in den Schoß des Jesusknaben fallen ließen. Maria und Josef aßen.

Sie dankten dem göttlichen Vater, dass Er sie mittels Seiner unvernünftigen Geschöpfe so wunderbar versorgt hatte. Dann sprach der Jesusknabe zu ihnen über die Güte des himmlischen Vaters. Er prägte damit immer mehr die Zuversicht auf Gottes Fürsorge in das Herz des heiligen Josef ein. – Ein anderes Mal, wenn sie ruhten, kamen Tauben mit Olivenzweigen und legten sie in ihren Schoß. Diese Tierchen gaben ihre Freude kund, indem sie mit den Flügeln schlugen und im Kreise schwirrten. Maria und Josef sahen, wie die Tauben dem Mensch gewordenen Gott gleichsam ein Fest bereiteten. Ja, auf dieser Reise kamen sogar die wilden Tiere, um ihrem Schöpfer die Huldigung zu leisten. Darüber war Josef ganz erstaunt.

Die heiligen Wanderer setzten ihren Weg fort. Es traf oft zu, dass sie auf freiem Felde übernachten mussten, da in diesen wüsten, verlassenen Gegenden kein Unterstand war. O, wie betrübte sich da Josef wegen der Leiden Jesu und seiner heiligen Mutter. Er bemühte sich, seinen Mantel so zurechtzurichten, dass alle darunter Platz fanden. Dies machte Josef mit soviel Geschick, dass es ihnen wirklich vorkam, als seien sie in einem kleinen Zelte. Darunter verbrachten sie die Nacht durchaus zufrieden. Josef aber war bange, Maria und ihren Sohn in solcher Armut zu sehen.

Es kam auch vor, dass sie Hunger und Durst hatten und die Not bis auf das Äußerste anstieg, wenn Gott Seinen Diener prüfen wollte. Dann wandte sich Josef in heißem Flehen und unter Tränen an Gott, Er wolle nicht auf die Unwürdigkeit Seines Dieners schauen, sondern auf Seinen eingeborenen Sohn und die heilige Mutter. Und zu Jesus sagte er: «Mein Sohn! Wie kann ich deiner Not zu Hilfe kommen! Ach, ich muss vergehen, weil ich dir nicht helfen kann. Bitte du deinen göttlichen Vater um Speise für dich und deine Mutter. Ich will gerne Hunger leiden.» Nach so strenger Prüfung versorgte der göttliche Vater die heilige Familie reichlich mit Speise. Dies geschah auch manchmal durch die Engel. Da ward Josef überaus getröstet und er bat seine Gemahlin, für dieses Geschenk ein Danklied zu singen. Maria sang zum Preise der Güte Gottes und zur Freude Jesu und Josefs.

Auf dieser Reise sah Josef den göttlichen Knaben öfters ganz traurig, wenn Er mit seinem himmlischen Vater sprach. Doch wagte er es nicht, ihn nach der Ursache zu fragen. Josef suchte dann in Erfahrung zu bringen, ob Er Schmerzen habe; aber Jesus deutete ihm nichts an. Dies war für Josef etwas Furchtbares. Er sagte bei sich: «Mein teurer Jesus, was bedrängt dich? Du unschuldiger Sohn, du, der Eingeborene des Ewigen Vaters, du unsere ganze Freude bist betrübt. Wie kann dies mein Herz ertragen? Ach, was habe ich gefehlt, wodurch habe ich dir Missfallen bereitet?» Je länger ihm der Knabe keine Antwort gab, umso mehr ängstigte sich Josef. Er ging ganz traurig des Weges dahin und wandte sich mit seinen Blicken zur heiligsten Mutter.

Auch sie sah er in Betrübnis. Sie hatte sich im Schmerze und Gebet mit ihrem göttlichen Sohn vereint. Maria ließ ihren Gemahl verstehen, dass der Jesusknabe mit seinem Vater Zwiesprache halte und sich betrübe ob der Beleidigungen, welche die Menschen Ihm zufügen. Nun beruhigte sich Josef einigermaßen. Auch er dachte nach, wie Gott durch die vielen Sünden in der Welt fortwährend beleidigt wird; er grämte sich und vergoss bittere Tränen. Josef wurde erst ganz beruhigt, als er Jesus zufriedengestellt sah.

Der Jesusknabe tröstete ihn sodann mit den Worten: «Mein teuerster Vater! Betrübe dich nicht übermäßig, wenn du mich traurig siehst! Es darf dich dies nicht erschüttern, denn du weißt ja, dass ich zur Welt gekommen bin, um das Menschengeschlecht zu erlösen. Dieses Werk ist von unendlicher Bedeutung, weshalb ich darüber ununterbrochen mit meinem göttlichen Vater verhandeln muss. Ich weiß, wie sehr mein Vater die Welt liebt. Ich sehe aber das Entgelt, das Er gegenwärtig und in Zukunft von der undankbaren Welt empfängt. Deshalb kann ich nicht umhin, die ganze Bitterkeit zu verkosten. Wenn du mich betrübt siehst, fürchte nicht, dass dies deinetwegen sei, denn du gereichst mir immer zum Troste.»

Auf diese Worte hin warf sich Josef zur Erde und unter Tränen sagte er zu Jesus: «Habe Mitleid mit deinem Diener und verzeihe mir! Denn so groß ist mein Schmerz, wenn ich dich traurig sehe, dass ich meine, ich muss sterben. Ich kann diesen Schmerz nicht unterdrücken; denn da du all mein Trost und meine ganze Freude bist, kann ich keine Ruhe finden, solange du so sehr betrübt bist.» Josef beteuerte ihm seine große Liebe und er bat Ihn, zu bewirken, dass alle Bitterkeit auf sein Herz übergehe; er sei sehr zufrieden, allein diese Leiden ertragen zu dürfen. – Josef liebte Jesus viel mehr als sich selbst; er wandte Ihm seine ganze Liebe zu.

Auf dem Weg nach Jerusalem

Wie wir schon oft gesehen haben, wurde die Heilige Familie in besonderer Weise von der göttlichen Vorsehung geleitet. Dennoch gefiel es dem Allmächtigen, auf dieser Reise Seinen getreuen Diener Josef und auch Maria immer wieder zu prüfen. Er wollte sie so mit vielen unvergänglichen Verdiensten bereichern, da sie alle Widerwärtigkeiten mit vollkommener Hingabe in Seinem Willen ertrugen. Wie oft mussten sie auf dieser langen Wanderung Hunger und Durst erleiden! Wie oft wurden sie vom Regen durchnässt und konnten ihre Kleider nicht trocknen! Wie oft waren sie genötigt, die Nacht unter freiem Himmel zuzubringen! Wie oft, wenn sie in einen Ort kamen, wurde ihnen dort eine Unterkunft verweigert; ja sie bekamen oft nicht einmal Trinkwasser, noch ein Stück Brot! Sie mussten sich mehrmals außerhalb einer Ortschaft aufhalten, weil niemand sie aufnahm. Alle diese Dinge waren ebensoviele Schmerzen für das Herz unseres Josef. Er wusste ja, wer die Personen waren, die er mit sich führte, und da sie so vieles durchmachen mussten, bereitete ihm dies eine unbeschreibliche Pein. Er beklagte sich aber niemals über die Zulassungen Gottes; niemals murrte er über jene, die ihm ein Stück Brot verweigerten oder ihn schnöde abfertigten. Meistens wandte er sich bei solchen Gelegenheiten an Jesus mit den Worten: «Mein teurer Sohn, welch einen Schmerz bereitet es mir, dich von deinen Geschöpfen so behandelt zu sehen!

Habe aber Mitleid mit ihnen, denn sie kennen dich nicht. Wenn sie dich erkennten, würden sie sich gewiss nicht weigern, dir eine Unterkunft und ein wenig Nahrung zu geben.» Wenn sie durch öde Landstriche kamen, suchte Josef überall nach einer Möglichkeit zum Übernachten; er fand meistens keine, was ihn sehr betrübte. Ganz traurig flehte er: «Ach, mein Gott, schon von meiner Kindheit an hast du mir verheißen, dass du mich auf allen meinen Wegen beschirmen wirst. Nun siehe meine Not! Nicht so sehr für mich, sondern für deinen Eingeborenen und seine Mutter bitte ich dich. Sie sind so zart und empfindsam; wie groß wird daher ihr Schmerz sein! Ich bitte dich, hilf, dass sie diese Leiden nicht allzusehr empfinden. Lass doch mich alles ertragen!» – Gott sprach zum Herzen Seines getreuen Dieners; Er gab ihm Mut und Kraft.

Als die Heilige Familie durch die Wüste wanderte, kamen bisweilen wilde Tiere, die sich dem göttlichen Knaben willig zu Füßen legten. Es war wunderbar, dass diese nicht früher weggingen, bis Jesus sie entließ. Beim Fortgehen verneigten sie sich auch vor der Gottesmutter und dem heiligen Josef. Ganz erstaunt sah der Heilige auf diese Tiere. Dann sagte er zu Jesus: «Wie kommt es, mein Sohn, dass diese wilden Tiere dir huldigen und dich als ihren Schöpfer anerkennen? Und die vernünftigen Geschöpfe erkennen dich nicht, noch kümmern sie sich um dich; ja, sie verweigern dir sogar ein Obdach und jede Stärkung. Ach, welch großen Unterschied kann man bei den Geschöpfen sehen! Jetzt, da du klein bist, erkennen dich die wilden Tiere an, die Menschen aber nicht. Wer weiß, wie man mit dir umgehen wird, wenn du groß bist!» Nun seufzte der göttliche Knabe während Er zum Himmel schaute und sagte: «Man wird mich so behandeln, wie von mir geschrieben steht. Es werden sich alle Voraussagungen über mich erfüllen.» Josef verstand die Tragweite dieser Worte nicht. Der Gedanke, dass sein Jesus im Laufe der Zeit dieses und jenes Leid ertragen müsse, gereichte ihm zu ständigem Schmerze, der gleich einem Schwerte sein liebendes Herz verwundete.

Wenn die heiligen Wanderer rasteten, blieb der Jesusknabe oft vor ihnen stehen und sprach von den Vollkommenheiten Seines himmlischen Vaters; denn die heilige Mutter wie auch Josef hatten daran größte Freude. Dabei wirkte die Macht der göttlichen Liebe so stark auf Josef ein, dass er sozusagen außer sich kam. Bei diesen wunderbaren Einwirkungen war ihm Jesus eine Stütze, wenn Er seine Hände um den Hals des Heiligen legte. Er sagte zu seiner Mutter: «Siehe, teuerste Mutter, wie unser Josef aus Liebe zu Gott schmachtet!» Sie hatten großes Wohlgefallen an ihm. Josef verblieb eine Zeitlang in den Armen seines Jesus und genoss dabei diese himmlische Freude. Endlich rief der göttliche Knabe den Heiligen an und sagte ihm, es sei der Wille Seines Vaters, dass sie die Reise fortsetzen. Nun kam der glückselige Josef wieder zu sich und ging mit ihnen weiter. Er nahm Jesus an der Hand und erhielt dadurch Kraft und Stärke.

Nach langem, mühevollem Wandern näherten sie sich ihrer Heimat. In allen Orten, durch die Jesus zog, hinterließ Er seinen Segen. Josef war sehr getröstet, als sie dem Ziele ihrer weiten Reise entgegensahen und die Leiden seiner Liebsten nun bald ein Ende nehmen würden; er bekundete ihnen gegenüber seine Genugtuung darüber. Bald aber wurde ihm diese Freude verbittert; denn als sie in die Nähe von Jerusalem kamen, hörte er sagen, dass König Archelaus regiere; dieser sei ein schrecklicher Mensch. Da fürchtete sich Josef sehr, dass er wie Herodes Jesus verfolgen könnte. Der Heilige wollte seine Angst vor Jesus und Maria verbergen; er war aber sehr gedrückt. Die heiligste Mutter erkannte alles. Sie zögerte nicht, ihren bedrängten Gemahl zu ermutigen und gab ihm die Versicherung, dass man ihrem Sohne nichts anhaben werde. Sie bat auch Jesus, Josef zu trösten. Beide sprachen ihm Mut zu und sagten ihm, es werde nur das geschehen, was der göttliche Vater zulasse. Daraufhin schwand jede Furcht aus dem Herzen Josefs und er ging unbekümmert des Weges weiter.

Nun berieten sie, was sie vor ihrem Heimgang nach Nazareth noch unternehmen werden. Obschon Josef als Haupt der Heiligen Familie alles leitete, holte er sich dennoch immer den Rat Jesu und Mariens ein, damit in allem der göttliche Wille erfüllt werde. Sie beschlossen nun, dem Tempel in Jerusalem einen Besuch abzustatten, um dem himmlischen Vater für alle Wohltaten auf dieser Reise zu danken und Ihn zu bitten, dass Er sie heil und gesund in ihrer Heimat ankommen lasse. Maria und Josef hatten große Sehnsucht, auch zur Höhle in Bethlehem zu gehen, um jenes Plätzchen zu verehren, wo Jesus, ihr göttlicher Sohn, geboren wurde. Hatten sie doch an der Geburtsstätte Jesu eine ganz besondere Andacht.

Nachdem sie alles beraten hatten, näherten sie sich mit Freude den Toren Jerusalems. Josef sagte: «Wer weiß, ob die Leute und die Tempelpriester uns noch kennen werden? Wer weiß, mein Jesus, wie sie uns behandeln und dich ansehen werden? Es genügt mir, wenn sie zu dir und deiner heiligsten Mutter gut sind, um mich habe ich keine Sorge.»

Der göttliche Knabe lächelte zu diesen Worten und sagte zu Josef, er möge keine Bedenken haben; es werde alles so kommen, wie es dem göttlichen Vater gefällt. Seine Aufmerksamkeit und sein frommer Wunsch freue ihn aber sehr. Jesus sagte ferner zu Josef: Mein teurer Vater, glaube, dass du überreich belohnt wirst nicht nur für das, was du mir zuliebe tust, sondern auch für all dein Wollen; denn mein himmlischer Vater belohnt auch den guten Willen. Josef weinte ob dieser trostvollen Worte und zu Jesus gewandt, sprach er: «Mein geliebter Sohn! Welch eine größere Belohnung kann ich wünschen, da ich doch dich bei mir habe? Wenn der göttliche Vater mir keinen anderen Lohn für meine geringen Mühen gäbe, als dass Er mich zu deinem Behüter und Ernährer erwählt hat, so ist dies ein unvergleichlicher Lohn. Könnte ich in diesem Leben noch mehr begehren als mit dir Umgang zu pflegen? Wie könnte ich ein höheres Glück erhoffen, als in deiner Gesellschaft zu leben?»

Die Heilige Familie im Tempel

Als unsere Pilger die Stadt betreten hatten, begaben sie sich geradewegs zum Tempel. Es wunderten sich einige über die Schönheit des göttlichen Knaben und seiner Mutter. Jesus, Maria und Josef waren müde und hungrig, aber niemand fand sich, der ihnen eine Stärkung angeboten hätte. So begaben sie sich, erschöpft, voll Hunger und Durst, zum Gebet. Gott offenbarte Josef im heiligen Tempel hohe Geheimnisse über Sein göttliches Wirken. Josef erkannte auch den Wert der Verdienste, die er sich erwarb, indem er die Befehle des Allerhöchsten mit ganzer Ergebung zur Ausführung brachte. Dies gereichte ihm zu höchster Freude.

In der Geringschätzung seiner selbst aber hielt er sich nicht wert jeglichen Verdienstes. Er erkannte sich für unfähig, Gott für die ungezählten Wohltaten zu danken. Ganz gedemütigt warf er sich zu Boden und unter Tränen betete er im Stillen: «O großer, allmächtiger Gott! Woher wird mir, deinem geringsten Diener, so große Gnade? Wie konnte ich jemals zu so erhabener Würde gelangen? Ach, nur deine unbegreifliche Güte konnte dies tun!» So sprach Josef zu Gott, bis der Jesusknabe und seine heilige Mutter ihre Gebete beendet hatten. Als sie vom Tempel weggingen, konnte Josef die besonderen Gnadenvorzüge, die ihm hier zuteil geworden waren, nicht geheimhalten. An einer abgelegenen Stelle, wo ihn niemand sehen konnte, kniete er sich Jesus zu Füßen und bat ihn, an seiner Statt dem Vater Dank zu sagen für diese Güte und Freigebigkeit. Der göttliche Knabe gab ihm dieses Versprechen und sagte: «Weißt du nicht, dass mein himmlischer Vater sehr freigebig ist? Willst du nicht, dass Er dir schon jetzt eine Belohnung gibt für deine großen Mühen und Bedrängnisse, die du auf dieser Reise auf dich genommen hast? Erfreue dich nun dieser Gnadenerweise, denn mit deiner eifrigen Sorgfalt, mit deiner Ergebung, mit deiner glühenden Liebe hast du dies verdient. Ja, erwarte immer reicheren Lohn von meinem Vater, der ganz Güte und Liebe ist!»

Bei jedem dieser Worte wurde das Herz Josefs mehr und mehr zu Gott hingezogen. In der Liebe zu Ihm verzehrte er sich gleichsam. Er wandte sich an Jesus und Maria mit den Worten: «O, was könnte man tun, damit alle Geschöpfe von dieser Liebe entflammt würden. O Jesus, was könnte ich tun, damit man dich und deinen göttlichen Vater erkennen und lieben würde? Ach, mein Herz ist deshalb ruhelos.» Und Jesus stillte seine Sehnsucht mit den Worten: «Tröste dich, mein teurer Vater, es wird die Zeit kommen, da viele uns erkennen und lieben werden. Auch die unermessliche Liebe, die wir zu den Menschen haben, werden dann viele erkennen.» Josef dankte mit zum Himmel erhobenen Händen für diese beseligende Botschaft und dann sagte er: «Es werden also eines Tages meine heißesten Wünsche in Erfüllung gehen, dass du und dein göttlicher Vater geliebt werdet. O welch eine Freude für mich!»

Josef bat nun Jesus und Maria, dem unendlich guten Gott Lob und Dank zu sagen. Er lud alle Engel des Himmels ein, dies in seinem Namen zu tun; dann forderte er alle Geschöpfe zum Lobpreis Gottes auf. Der Jesusknabe frohlockte, als er seinen teuren Josef in der Liebe zum göttlichen Vater so sehr entflammt sah und liebkoste ihn herzlich.

In dieser Schrift wird uns nicht eingehend berichtet vom Leben Mariens und ihrer Gottesliebe. Aber es kann sich jeder einen annähernden Begriff von ihrem Innenleben machen, wenn er von dem des heiligen Josef hört. Wenn Gott in der Seele Seines Dieners so Großes gewirkt hat, was wird Er dann in der reinsten und heiligsten Seele Mariens hervorgerufen haben? Welch ein seliger Liebesbrand, welch heiße Wünsche haben sich in ihrem Herzen vorgefunden!

Darum fand der göttliche Knabe in seiner heiligsten Mutter all seine Freude. Man darf sich also nicht so sehr verwundern, wenn Josef von der Gottesliebe ganz entflammt war, da er sich inmitten zweier Personen befand, die selber ganz Liebe waren. Er erkannte auch sein schönes Los. Oft schaute er voll Dank zum Himmel.

Für diesen Abend fand Josef eine Herberge in Jerusalem. Sie stärkten sich dort mit Brot und Kräutern. Die Nacht brachten sie teils ruhend, teils betend zu. Des Morgens kehrten sie frühzeitig zum Tempel zurück. Josef empfing dort neue Gnadenerweise vom Himmel. Er erinnerte sich alles dessen, was Gott ihm hier schon vor der Vermählung mit Maria zuteil werden ließ; für alles dankte er nun wieder. Es betrübte sich aber seine Seele aufs Neue, als er daran dachte, was der Greis Simeon im prophetischen Geiste hier über Jesus vorausgesagt hatte; und er weinte. So musste Josef inmitten der entzückendsten Freuden auch immer wieder Bitterkeit und Schmerz erfahren.

Die Heilige Familie verließ Jerusalem und reiste weiter in Richtung nach Bethlehem. Josef hatte Sehnsucht, bald zur Höhle zu kommen, wo sein Erlöser geboren worden war. Auf diesem Wege sprach er zu Jesus von den vielen Gnaden, die er im Laufe seines Lebens im Tempel erhalten hatte. Er erzählte Ihm auch, was der Engel ihm geoffenbart hatte und fuhr fort: «Der Engel sagte mir aber nicht, welche Gnaden mir Gott schenken werde; er leitete mich nur an, mich mit Gebeten und innigen Bitten stets darauf vorzubereiten, was ich auch immer getan habe. Ich hätte mir aber niemals gedacht, dass mich das glückliche Los treffen würde, mit deiner heiligsten Mutter vermählt zu werden und dein vermeintlicher Vater zu sein. O welch eine unfassbare Gnade hat Gott mir geschenkt, dass Er mich auf Erden Seine Stelle vertreten lässt!» Hierauf sagte der göttliche Knabe zu Josef und Maria: «Wir wollen jetzt gemeinsam meinen himmlischen Vater loben und Ihm danken für die unvergleichlichen Gnadenerweise, womit Er Josef bedacht hat.»

Und Jesus gab Seiner Mutter die Weisung, sie möge ein Lied zum Lobe Gottes singen. Sie sang nun mit solcher Anmut, dass die Engel darüber staunten. Der göttliche Knabe begleitete mit Seiner Stimme den Gesang und auch Josef bemühte sich, mit einzustimmen. Es war eine Freude, die heiligsten Personen so wunderbar singen zu hören. Die Vögel kamen in Scharen und jubilierten. Josef war ganz Ohr, wenn Maria sang. Er ging des Weges dahin, ohne es zu bemerken. Hie und da vernahm er auch die Gesänge der Engel. Da Josef gewohnt war, die schönsten Lieder seiner Gemahlin zu hören, war er über den Gesang der Engel nicht so sehr erstaunt. Er hörte sie wiederum singen, als sie sich der Geburtsgrotte des Erlösers näherten. Josef sah zwar niemand, aber er vernahm diese himmlischen Chöre und dachte, es müssen Engel sein, die ihrem König und ihrer Königin Hof machen. Er wagte es aber nicht, Maria darüber zu fragen. Sie teilte es ihm jedoch gelegentlich mit, als sie über die göttlichen Lobgesänge sprach; da sagte sie: «Lernen wir von den Engelchören, unseren Gott zu loben. Hörst du, Josef, wie sie den Schöpfer loben?» So erhielt Josef die Gewissheit, dass es Engel waren, die da mit wundervoller Harmonie sangen. Er sagte nun zu seiner Gemahlin: «Die Gesänge der Engel erfreuen mich überaus, aber unvergleichlich ist der Trost, den dein Gesang meinem Herzen bringt. Wer wird jemals dabei so eine Freude empfinden wie ich? Wer ahnt, welche Stärkung dabei mein Geist erfährt, wenn du, teuerste Gemahlin, deine Stimme zum Gesang erhebst? Ich weiß nicht, womit ich dich vergleichen soll, denn bei weitem übertriffst du die Melodien der Engel. Gott hat dich mit allen erhabenen Tugenden und Vorzügen ausgestattet, wodurch du die Stelle der wahren Mutter des Messias würdevoll einnehmen kannst. Ich freue mich und beglückwünsche dich, dass Gott dich zu dieser einzigartigen Würde erhoben hat. Ich bringe dem Allerhöchsten dafür ununterbrochen Dank dar. Und du, Teuerste, vergiss nicht, in meinem Namen Gott zu danken für die unfassbare Güte, dass Er mich zu deinem Gemahl und Behüter erwählt hat; denn ich weiß nicht, wie ich für so herrliche Gnaden entsprechend danken soll!»

Maria hörte in Demut auf die Worte ihres Gemahls. Sie pries an seiner Statt die göttliche Güte für alle Gaben. Josef gewann immer großen Nutzen für seine Seele, wenn er sich mit Maria besprach.

In Bethlehem

Nach der Ankunft in Bethlehem begab sich die Heilige Familie geradewegs zur Geburtsgrotte des Erlösers. Dort erfuhr Josef verschiedene Wirkungen in seiner Seele. Es überkam ihn eine unvergleichliche Freude. Er kniete nieder an jenem Plätzchen, wo der Mensch gewordene Gott gleich nach Seiner Geburt lag, um es zu verehren.

Er vergoss hier viele Tränen und küsste immer wieder diesen geheiligten Boden. Gott offenbarte ihm hohe Geheimnisse. In diesen Augenblicken wurde sein Geist gestärkt und sein Angesicht leuchtete. Von Jubel erfüllt dankte Josef seinem Gott, da er sich so begnadet sah. Er bemerkte, dass auch die heiligste Mutter in himmlische Beschauung versenkt war und der göttliche Knabe zu Seinem Vater betete. Hierauf fühlten sich alle ganz getröstet und gestärkt, als hätten sie reichlich gespeist. Dafür dankten sie dem göttlichen Vater auf das Innigste. Josef sagte dann zu Jesus und Maria: «Ich kann es nicht begreifen, dass Gott mich mit solchen Gnaden beglückt. – Dass Er Euch solches bereitet, ist mir verständlich; seid Ihr doch so heilig, so vollkommen. Ich aber verdiene ein so wunderbares Geschenk nie und nimmer, noch kann ich mich jemals dafür dankbar erweisen. Ich bin überzeugt, dass der himmlische Vater mir Euretwegen dies alles zuteil werden lässt. »

Auf diese Worte hin sprach der Jesusknabe über die Vorsehung und Freigebigkeit seines Vaters. Wie Er so weisheitsvoll und erhaben darüber sprach, kamen Maria und Josef wiederum in Verzückung. Nach einer Weile rief Josef aus: «O Jesus, mein teurer Sohn und Herr! Wer würde jemals beim Anhören dieser Worte von deiner Liebe nicht ergriffen werden und sich dir nicht ergeben? Dringen sie doch in das Innerste der Seele und treffen das Herz. Ich hoffe, dass alle Herzen eine Beute deiner Liebe werden und dass du die verlorenen Seelen gewinnen wirst!» Als der göttliche Knabe dies hörte, wurde Er traurig; Er wusste doch sehr wohl, wie hart und ruchlos die Herzen der Hebräer sein werden; wie sie die göttlichen Worte zwar vernehmen, jedoch so harten Widerstand leisten und mehr denn je verhärtet sein werden.

Diese Nacht brachte die Heilige Familie in der Geburtshöhle zu. Sie lobten gemeinsam den göttlichen Vater, dann wieder beteten sie im Stillen und schliefen nur kurze Zeit. Josef hielt sich bei der Krippe auf, wo Jesus als neugeborenes Kindlein sooft geruht hatte; er konnte sich gar nicht trennen. In der Erinnerung an alle Freuden und Leiden, die er hier mitmachte, weinte er. Maria weilte an jener Stelle, wo der Erlöser das Licht der Welt erblickt hatte. Sie empfand hier wiederum die Freuden jener heiligen Nacht. Der Jesusknabe stand neben ihr und betete zu seinem Vater. Er brachte Ihm Aufopferungen und Bitten für das Heil des Menschengeschlechtes dar. Engelchöre sangen abermals «Ehre sei Gott in der Höhe.» So wiederholten sich in dieser Nacht alle Freuden von der Geburt des Mensch gewordenen Gottes.

Am Morgen ging Josef in die Stadt, um einiges zum Essen zu erbitten. Der Heilige hatte viel Mühe, ein wenig Brot zu bekommen; er war betrübt, dass er nicht mehr heimbringen konnte. Jesus und Maria zeigten jedoch ihre Zufriedenheit über das Wenige und freuten sich, dass die Armut bei ihnen zu Gaste war. Sie genossen etwas Brot und Wasser, um sich vor der Abreise nach Nazareth zu stärken.

Als sie an dieser heiligen Stätte noch einmal die höchste Verehrung geleistet hatten, machten sie sich auf den Weg nach Nazareth. Josef konnte nicht umhin, sich zu beklagen, dass er bei den Bewohnern von Bethlehem so wenig guten Willen gefunden und nur Undankbarkeit erfahren habe. Der göttliche Knabe ermutigte ihn aber, alles was Sein Vater zulasse, freudig zu ertragen, damit er sich in der Geduld und Ergebung übe, wenn sie Mangel am täglichen Lebensunterhalt haben. Er erinnerte Josef, wieviel Wohltaten sie von Seiner Güte schon erfahren haben. Josef ergab sich sofort und sagte zu Jesus, Er möge es ihm nicht übelnehmen, denn sein Herz könne die Undankbarkeit der Geschöpfe Ihm und Seiner heiligen Mutter gegenüber nicht ertragen.

Josef sagte weiters: «Du weißt, mein Jesus, dass mein Verlangen immer dahin geht, dass alle Geschöpfe dich erkennen, dich lieben und sich dir dankbar erweisen. Aber sehen zu müssen, wie sie ganz das Gegenteil tun, bereitet mir höchstes Missfallen.» Der Jesusknabe antwortete ihm: «Was ich bis jetzt ausgestanden habe, ist wenig im Vergleich zu dem, was mir bevorsteht. Ich nehme alles mit Freude an, da es so der Wille des himmlischen Vaters ist und weil ich die Menschen liebe. Ahme auch du mich darin nach und ertrage alles hochherzig, was dir Bitterkeit bereitet.» Diese Worte gingen Josef zu Herzen. Immer wieder musste er Schmerz empfinden in dem Gedanken, dass Jesus viel leiden werde; denn er liebte Ihn über alles. Er war ganz niedergeschlagen und untröstlich, bis Jesus ihn dem Willen des Ewigen Vaters ganz gleichförmig gemacht hatte. Dann neigte er sein Haupt zum Zeichen der vollkommenen Ergebenheit.

Auch auf dieser Reise von Bethlehem nach Nazareth schaute Josef große Wunder. Während der Erlöser der Welt sich seiner Heimat näherte, kamen ihm die Tiere entgegen, da die Menschen es daran mangeln ließen. Man sah Vögel jeder Art scharenweise immer wieder kommen, singend und im Kreise schwirrend, um ihrem Schöpfer die Aufwartung zu machen; sie waren überaus munter. Auch wilde Tiere sprangen herbei, um Ihm ihre Freude zu zeigen. Josef bewunderte alles mit höchster Freude seines Gemütes. Selbst in der Luft war eine so angenehme Stimmung, dass der Heilige sich bewogen fühlte, Jesus zu sagen:

«Mein geliebter Sohn! Wie freut sich jedes Geschöpf bei deiner Rückkehr in die Heimat! Sogar die Blumen, das Gesträuch und die Bäume regen sich. Wie jubelt mein Herz! Da die vernunftlosen Geschöpfe dies tun, wie erst werden sich unsere Mitbürger bei deiner Ankunft freuen, wenn sie dich so schön, so liebenswürdig und anmutig sehen. Schon möchte ich in Nazareth sein und allen diese Freude bringen.»

Josef liebte auch seine Nächsten, weshalb er ihnen allen diesen Trost wünschte, welchen er im Umgang mit seinem Jesus verkostete. Indessen kamen die heiligen Wanderer ihrem Heimatorte immer näher. Zeitweise machten sie Rast, denn sie waren oft sehr müde. Während sie sich ausruhten, erhielten sie Gunstbezeigungen vom Himmel. Schon von Jugend auf war Josef gewohnt, oft zum Himmel zu schauen und sich in die Betrachtung der Herrlichkeit seines Gottes zu vertiefen. Er pflegte dies auch im späteren Leben noch zu tun, da er dabei höchst erfreut wurde in dem Bewusstsein, dass dort oben sein geliebter Gott wohnt. Wiederholt sagte er zu Jesus: «Mein teurer Sohn! Obschon ich das große Glück habe, in deiner Gegenwart zu sein und in dir deine verborgene Gottheit wahrzunehmen, so bin ich doch ganz entzückt, wenn ich den Himmel betrachte.» Und Jesus antwortet ihm: «Das wundert mich nicht; denn dort ist mein Vater in höchster Majestät und Herrlichkeit, dort ist auch für dich ein Platz bereitet, wo du in Ewigkeit Seine ungeschaffenen Schönheiten sehen wirst.– Josef jubelte und rief aus: «O Paradies, o Paradies! Wann wird die ersehnte Stunde kommen, dass ich gewürdigt werde, dahinzukommen und meinen Gott zu schauen, wie Er ist? O mein Gott! O mein Gott!»

Es gefiel dem göttlichen Knaben, seinen geliebten Josef so sehnsüchtig nach der unmittelbaren Anschauung Gottes zu sehen. Jesus sehnte sich, das Werk der Erlösung bald zu vollenden, nämlich in den Stunden seines schmerzvollsten Leidens und Sterbens, damit sich die ewigen Pforten öffnen und die Seelen in die unvergänglichen Freuden des Paradieses eingeführt werden könnten.

Über vieles sprach Josef mit Jesus auf dieser langen Reise, die sie nun bald glücklich vollendet hatten. Als sich der göttliche Knabe Nazareth näherte, empfanden die Bewohner dieser Stadt eine ungewöhnliche Freude. Für jetzt achteten nicht viele darauf. Wie aber dann die Bekannten und Nachbarinnen Maria mit dem göttlichen Knaben sahen, begriffen sie, dass ihnen diese Freude ob ihrer Ankunft zuteil wurde.

Die Ankunft in Nazareth

Unsere Heimkehrer kamen zu später Stunde in Nazareth an und gingen geradewegs in ihr Häuschen. Gott ließ es zu, dass ihre Ankunft nur einige bemerkten, damit sie an diesem Abend nicht durch Besuche und Beglückwünschungen in ihrer Ruhe gestört wurden.

Jesus, Maria und Josef betraten sogleich jenes Gernach, wo das allerhöchste Geheimnis der Menschwerdung des ewigen Wortes bewirkt worden war. Dort beteten sie den himmlischen Vater an. Sie sagten Ihm Dank, dass Er sie gesund und heil in ihrer Heimat ankommen ließ. Sie dankten Ihm auch von neuem für die Sendung Seines Eingeborenen Sohnes, der zur Erlösung der Welt auf die Erde gekommen war. Die heiligsten Personen erfüllte an diesem Orte himmlische Wonne. Josef vernahm die Melodien der Engel und durfte die wunderbare Menschwerdung des Sohnes des Allerhöchsten schauen, die hier durch den Heiligen Geist bewirkt worden war.

Nach diesen ihren Gebeten und Betrachtungen brachten ihnen Engel die Speise; sie waren doch einer Stärkung sehr bedürftig. Und als sie das Dankgebet gesprochen hatten, zogen sie sich zur Ruhe zurück.

Josef schlief sehr kurz; er brachte die Nacht größtenteils im Dank an Gott zu. Er war sehr glücklich und sagte bei sich: «Nun bin ich in mein Heim zurückgekehrt, wo ich mich in Ruhe der teuren Gesellschaft Jesu und meiner heiligen Gemahlin erfreuen darf. O wie selig bist du, Josef! Wie wirst du so großen Wohltaten entsprechen?» Dann wandte er sich an Gott und sagte Ihm vertrauensvoll: «Mein Gott, sieh mich bereit, deinen heiligsten Willen zu erfüllen. Mit allen meinen Kräften will ich dir, deinem Sohne und seiner Mutter dienen! Ich will mein Möglichstes tun, um den nötigen Lebensunterhalt für sie aufzubringen. In allem will ich ihnen ergeben sein. Du aber, Allerhöchster, willst, dass ich das Haupt der Familie sei und befehle. Deshalb unterwerfe ich dir meinen Willen. Ich bitte dich, gib mir, deinem Diener, die Gnade, dass ich mein Amt richtig ausüben kann. Verleihe mir, o Gott, alle jene Tugenden, womit ich meiner hohen Bestimmung würdig entspreche und lass nicht zu, dass ich etwas tue, was dir, deinem Eingeborenen, und meiner heiligen Gemahlin nicht wohlgefällig wäre.»

Mit Dank und Bitten an Gott verbrachte Josef den größten Teil dieser ersten Nacht nach seiner Rückkehr. Sehnsüchtig erwartete er die ersten Morgenstunden, um Jesus und die heilige Mutter wiederzusehen. Er dachte auch ganz besorgt darüber nach, wie er nun den nötigen Lebensunterhalt verschaffen werde, bis er etwas verdient habe. Er bat Gott, dass Er ihn bald Arbeit finden lasse, damit er seiner Pflicht als Ernährer der Familie nachkommen könne. Josef zeigte sich in allen Angelegenheiten bedacht und besorgt. Gott hatte Wohlgefallen an seiner Aufmerksamkeit und unterließ nicht, ihm zu helfen, je nachdem die Not es erforderte. Josef war immer sehr dankbar und schrieb alles der Güte Gottes zu. Er weinte oft, eingedenk seiner Niedrigkeit, wenn er sich von der übergrossen Liebe Gottes versorgt sah.

Nach Tagesanbruch schickte sich Josef an, im Häuschen und in der Werkstätte Ordnung zu schaffen. Dann wartete er, bis Maria und der göttliche Knabe ihre Kammer verließen, um sie zu begrüßen und mit ihnen gemeinsam die göttlichen Lobgebete zu verrichten. Als sie kamen, empfingen sie Josef auf das Herzlichste und Maria fragte ihn, wie es ihm gehe, ob er sich genug ausgeruht habe. Sie zeigte sich innig besorgt um ihn, so wie es die Pflicht einer guten, getreuen Gemahlin verlangt.

Der Heilige dankte Maria ganz bescheiden für ihre liebevolle Nachfrage. Er gab ihr seine Sehnsucht kund, ihr in allem wahrhaft zu dienen. «Ich wäre überaus zufrieden», sagte er, «wenn Gott mich zu deinem Diener bestimmt hätte. Doch Er will, dass ich die Stelle eines Familienvaters einnehme und Euch befehle. Ich tue dies aber nur, um Seinem heiligsten Willen zu gehorchen. Ich bitte dich daher, habe Geduld mit meinen Fehlern und Schwächen. Hilf mir, den Herrn zu loben und Ihm zu danken, dass Er Sich gewürdigt hat, mir so viele Erweise Seiner Huld zu schenken.» Während Josef so sprach, bemerkte er, wie Maria sich in ihrem Innern verdemütigte; sie erachtete sich ja selber als die niedrige Magd des Herrn. Josef sah seine Gemahlin immer schöner und anmutiger.

Er staunte bei jeder Gelegenheit über ihre Tugendhaftigkeit und war sehr erbaut, wenn er sie betrachtete. Oft sagte er bei sich: «Welch ein Glück ist mir beschieden, in der Gesellschaft eines so würdigen Geschöpfes zu sein! Wie konnte ich mir jemals eine so große Gnade verdienen?» Hierauf wandte er sich zu seinem geliebten Jesus. Er sah in seine schönen, freundlichen Augen und legte ihm die Wünsche seines Herzens dar, nämlich, ihm zu dienen und ihn immer mehr zu lieben. Wenn Josef den göttlichen Knaben sah, wurde er von einer Seligkeit erfüllt, dass oft Tränen der Freude in seinen Augen standen. Tatsächlich waren Jesus und Maria für ihn die Quellen des Trostes. War er niedergeschlagen, genügte ihm ein Blick auf die beiden, um sein Herzeleid vollauf zu stillen. Er wusste sich in dieser Welt nichts Beglückenderes zu wünschen, als in die Augen Jesu und Mariens zu schauen. In ihnen fand er seine ganze Liebe, weshalb es ihn niemals anderswohin zog. Alles andere schien ihm gering und mit Recht; wohnte doch in Jesus und Maria die Fülle der göttlichen Gnade; ja, in Jesus die Gottheit selber, die Josef sehr deutlich erkannte.

Sie verrichteten dann unter großer Freude unseres Heiligen die göttlichen Lobgebete. Hierauf begab sich Josef in die Stadt. Es war eine Fügung der göttlichen Vorsehung, dass ihm sogleich Arbeit geboten wurde. Von vielen, die ihm zugetan waren, empfing er einen herzlichen Willkommgruß und Glückwünsche zu seiner Rückkehr. Sie fragten ihn, wo er sich in der ganzen Zeit seiner Abwesenheit aufgehalten habe. Der Heilige antwortete einfach, er sei dort gewesen, wohin ihn die göttliche Vorsehung geführt habe, um das Leben des Jesuskindes zu retten. Er habe gerne alle Mühseligkeiten und Entbehrungen auf sich genommen, um das Kind vor der Wut des Herodes zu verschonen. Hierüber freuten sich jene; nicht aber seine Gegner, wie noch erzählt wird. Indessen erhielt Josef Lebensmittel. So kehrte er ganz freudig heim, Gott dankend für Seine Güte.

Zu Hause angekommen, sah er den göttlichen Knaben im Gespräch mit seiner heiligen Mutter. Als Jesus ihn bemerkte, eilte er ihm sogleich entgegen. Er liebkoste Josef mit kindlicher Zärtlichkeit, nahm ihn an der Hand und führte ihn zu Maria mit den Worten: «Sieh unseren guten Josef, der uns etwas zu essen gebracht hat.»

Josef war sehr gerührt ob dieser Erkenntlichkeit und Liebe seines Jesus. Er konnte nur sagen: «O Jesus, du Wonne meines Herzens!» Auch die heiligste Mutter empfing Josef mit dankbarer Liebe und zeigte ihm ihr Wohlgefallen über sein Bemühen.

Nachdem ihnen Josef alles erzählt hatte, was ihm begegnet war, dankten sie dem göttlichen Vater für seine Wohltat.

Josef wird verfolgt – Seine Geduld

Das tugendhafte Leben des Heiligen konnte der höllische Feind nicht ertragen. In seiner Wut bediente er sich einiger, die Josef feindlich gesinnt waren. Er rief in ihnen Hass und Neid hervor, dass Josef seinen Sohn retten konnte. Sie sagten: «Wir alle sind unserer unschuldigen Söhne durch die Tyrannei des Herodes beraubt worden, nur dieser nicht.»

Da sie nicht wussten, wie sie ihrem Hass und Neid Luft machen sollten, bedrängten sie Josef mit bissigen Reden und sagten: «Wahrlich, du hast eine niederträchtige Bosheit begangen! Obwohl du dich immer als einfältigen Menschen gezeigt hast, warst du schlau und flohest, ehe der Befehl des Herodes auch dich getroffen hätte. Vielleicht hat dir der Teufel frühzeitig vor dem unheilvollen Mord unserer Kinder die Botschaft gebracht. Wahrlich, du bist grausam gewesen, schlechter als Herodes! Denn du wusstest von seinem Befehl und hast trotzdem niemanden verständigt; nur für dich hast du die geheime Nachricht ausgenützt. Gott aber wird dich strafen, du boshafter Mensch. Er wird es bewirken, dass dein Sohn auch zugrunde geht, wie alle unsere Söhne umgekommen sind.

Es ist wahrscheinlich, dass Herodes versucht hat, den Spuren des wunderbaren Kindes nachzugehen; dieses Kindes, das von den Weisen aus dem Morgenlande besucht und im Tempel von Simeon und Anna besungen wurde. Herodes hatte ja dann gehört, dass sich das Jesuskind nach Nazareth zurückgezogen hatte, wie es auch der Evangelist Lukas bestätigt (Lukas, 2, 39). Auf das hin wird Herodes seine Meuchelmörder veranlasst haben, auch in Nazareth nach dem wunderbaren Kinde zu forschen und zwar in verborgener, listiger Weise. So hätte nach Bethlehem auch Nazareth seine Opfer gehabt, wie hier C. Baij erzählt (Siehe Le Camus, Leben Jesu).

Dies sagten sie ihm mit solcher Wut, als wollten sie dabei mit Pfeilen auf ihn schießen. Der Heilige aber schwieg mit gesenktem Haupte, wodurch diese in ihrer allerschlechtesten Meinung bestärkt wurden und schrieen: «O du Falscher, du weißt nicht zu antworten, weil du dir deiner Bosheit bewusst bist. Genug, du wirst es bezahlen, auch dein Sohn wird umkommen. Wir werden schon draufkommen, wie wir ihn töten. Wenn alle unsere Söhne das Leben lassen mussten, ist es nicht recht, wenn nur der deine lebt. Diese Worte trafen das Herz unseres Josef zutiefst. Er wusste nicht sogleich, was er ihnen antworten sollte. Dann aber sagte er zu ihnen:

«Warum wütet ihr gegen meinen unschuldigen Sohn? Wenn ihr etwas gegen mich habt, so lasst euren Zorn an mir aus.»

Nun schrieen jene noch heftiger: «Dein Sohn muss umkommen, geradeso wie alle unsere Söhne umgebracht worden sind.» Josef sagte ihnen freimütig: Es wird alles das geschehen, was Gott will und sonst nichts. Gott hat das Leben Jesu in der Vergangenheit gerettet, Er wird es auch in Zukunft retten.» Aber diese Hasserfüllten schrieen wütender denn je, wie er vortäuschen könne, dass Gott das Leben seines Sohnes gerettet habe, da doch er mit seiner Schlauheit dies zuwegegebracht habe. Josef ertrug alle Grobheiten stillschweigend. Diese Verfolgung dauerte lange Zeit.

Der Heilige ging schmerzerfüllt nach Hause, mehr deshalb, weil er Gott dadurch schwer beleidigt sah, als wegen Furcht vor einem Unheil. Er hatte ja die Sicherheit, dass Gott Seinen Eingeborenen beschützen und vor der Wut seiner Gegner bewahren werde. Jesus und Maria wussten bereits alles. Sie warteten auf ihren betrübten Josef.

Kaum war er zu Hause und sah seinen geliebten Jesus, fing er zu weinen an. Der Knabe empfing Josef mit überaus herzlicher Liebe und sagte: «Fürchte dich nicht im geringsten, mein teuerster Vater! Die höllischen Ungeheuer sind gegen dich wütend geworden, aber sie werden dir in keiner Weise schaden können. Ertrage geduldig diese Verfolgungen, du wirst dich dadurch bei meinem göttlichen Vater sehr verdient machen und gewürdigt werden, neue Gnaden von Ihm zu erhalten.» So tröstete ihn auch Maria. Josef sagte nun ganz ermutigt, dass er sich vor diesen Schurken nicht fürchte; es missfallen ihm nur die Beleidigungen, die sie dem himmlischen Vater zufügen. Und er bat Jesus und die heiligste Mutter, sie mögen diese vom Teufel Aufgehetzten der göttlichen Barmherzigkeit empfehlen, dass sie ihr Unrecht einsehen und sich bessern. Sie beteten nun gemeinsam, Gott möge diese Verblendeten erleuchten.

Josef fasste den Entschluss, für jetzt nicht aus dem Hause zu gehen, um jenen keine Gelegenheit zu Misshandlungen zu geben. Dies nützte ihm aber wenig. Der Teufel stachelte nämlich auch einige Nachbarn auf, die Maria und Josef ebenfalls beneideten, das Leben ihres Sohnes gerettet zu haben. Sie erinnerten sich jetzt, wie sie mit dem Kinde im geheimen flohen. Darum wurden sie plötzlich gegen Josef und seine Gemahlin erbost und beschuldigten sie auf verschiedene Weise. Da beklagte sich Josef in seiner Drangsal bei dem göttlichen Knaben also: «Mein teurer, geliebter Sohn! Ist es möglich, dass immer wieder Drangsale hereinbrechen? Ich habe geglaubt, dass alle unsere Mitbürger dich herzlich empfangen werden und ich endlich in Frieden mit Euch leben kann. Nun aber sehe ich immerzu neue Schwierigkeiten auftauchen.»

Jesus sagte ihm, dass auf Erden nicht die Zeit der Ruhe und des ständigen Glückes sei; er werde immer ein Leid zu ertragen haben, denn der göttliche Vater wolle ihn in seiner Treue und Liebe prüfen. Im Himmel werde er für immer vollauf getröstet sein. Der Heilige erkannte den Wert dieser Tatsache und machte sich dem Willen Gottes ganz ergeben.

Josef wurde sogar in seiner Werkstatt von vielen bedrängt. Er musste den Jesusknaben in den ersten Tagen nach der Rückkehr verborgen halten, damit er diese Beschimpfungen nicht hörte, denn er befürchtete, dass der Knabe sich hierüber sehr betrübe. Josef ging aber oft zu ihm. Schon sein bloßer Anblick munterte ihn auf und beruhigte sein gekränktes Herz. Jesus schenkte ihm viele Erweise seiner Liebe.

Eines Tages wurde Josef von Gott besonders schwer geprüft. Als nämlich diese böswilligen Männer ihn wieder einmal arg beschimpft hatten, verließ er seine Werkstatt, um bei seiner Gemahlin oder beim Jesusknaben Trost zu suchen. Maria aber hatte sich in ihr Kämmerlein zurückgezogen und Jesus zeigte sich mit einer ernsten, hoheitsvollen Miene. Da überkam Josef eine tiefe Traurigkeit und außerdem befiel ihn nun die Angst, seinen geliebten Jesus beleidigt zu haben. So kehrte er ohne irgendeinen Trost zu seiner Arbeit zurück. Er weinte bitterlich in der Meinung, dass Jesus über ihn erzürnt sei und sagte bei sich: «Mein Jesus, was habe ich Armseliger getan, dass du dich mir gegenüber so ernst gezeigt hast? Ach, ich Unglücklicher, wenn ich dich beleidigt habe; dich, die Quelle all meiner Freuden! Wo werde ich Trost und Frieden finden? Was soll ich tun, was soll ich sagen, um meinen Jesus zu versöhnen?»

Dann erhob Josef seinen Geist zum göttlichen Vater und betete: «O Vater der Barmherzigkeit, schaue in Mitleid auf meinen Schmerz! Wenn du willst, dass ich, dein unwürdiger Diener, diese Betrübnis ohne einen Tropfen Trostes ertrage, siehe mich dir ganz ergeben! Und wenn es dir gefällt, mich bis zu meinem Tode in diesem armseligen Zustand zu lassen, unterwerfe ich mich bereitwilligst, damit nicht irgendeine Sündenschuld an mir sei. Darum bitte ich dich, o mein Gott, strafe deinen Diener, entziehe ihm jeden Trost; lasse es aber niemals zu, dass er dich beleidigt. Es mögen alle Übel der Welt über mich kommen; niemals aber will ich auch nur im geringsten deiner göttlichen Majestät missfallen, die aller Liebe und Verehrung würdig ist.»

Nachdem sich Josef in seinem Schmerz an Gott gewandt und Ihm seine gänzliche Hingabe bekundet hatte, fühlte er in seinem Herzen einige Erleichterung. Wenn er aber daran dachte, wie Jesus ein so ernstes Gesicht gemacht hatte, erfasste ihn schmerzliche Angst und er befürchtete, dass auch Maria sich ihm gegenüber so verhalten werde. Da sagte er bei sich: «Josef, wohin sollst du gehen, um getröstet zu werden? Niemand kann dir helfen; nur dein Gott könnte dich trösten. Doch Er wird gegen dich erzürnt sein, da auch Jesus und seine Mutter mir nicht beistehen.»

Josef wusste sich in seiner Bedrängnis nicht mehr zu helfen. Nach einiger Zeit aber fühlte er sich gedrängt, wiederum zu Jesus zu gehen, um ihn um Verzeihung zu bitten, wenn er ihn beleidigt hätte. Jedoch in seiner Verzagtheit wagte er es nicht. Da er sich abermals dazu angetrieben fühlte, ja gleichsam von einer Gewalt gedrängt, ging er voll Zuversicht und wollte sich ihm zu Füßen werfen. Der Jesusknabe kam ihm aber bereits entgegen und umarmte Josef. Wer könnte jemals beschreiben, welchen Trost unser Heiliger in diesen Augenblicken empfand? Wer kann den Jubel und die Freude seines Herzens begreifen?

Jesus sprach zu ihm: «Freue dich, mein teuerster Vater! Du hast mich niemals beleidigt. Ich liebe dich gar sehr!» Da rief Josef aus: «Mein geliebtester Jesus! Ich war in tiefster Betrübnis. Nun aber bin ich wieder froh, denn ich sehe dein freundliches Angesicht. Du weißt, weshalb ich in Angst war. Jetzt hast du mir die Versicherung gegeben, dass ich dich nicht beleidigt habe, darüber ist nun mein Herz beruhigt.» Und der göttliche Knabe ermutigte ihn noch mit den Worten: «Freue dich, Josef! In deinem Schmerze hast du mir und meinem himmlischen Vater viel Freude bereitet. Durch deine vollkommene Hingabe in Seinen heiligen Willen hast du dir ein großes Verdienst erworben.» Dabei nahm Jesus ihn an der Hand und führte ihn zu seiner Mutter.

Maria erwartete Josef schon mit Sehnsucht. Sie gab ihm Worte des Trostes und versicherte ihn ihrer Liebe. Der Heilige hielt sich dessen nicht wert; er weinte vor Freude. Beide schenkten nun Josef viele Erweise ihrer Liebe. Sie ermutigten ihn, alle Drangsale edelmütig zu ertragen und versicherten ihn, dass er durch seine Ergebenheit in dieser Betrübnis Gott viel Freude bereitet und sich selbst vor Ihm sehr verdient gemacht habe.

Der Heilige kehrte dann zu seiner Arbeit zurück, Gott lobend und Ihm dankend für alles, was Er zum Wohle seiner Seele zugelassen hatte. Josef staunte immer mehr über die einzigartigen, wunderbaren Wege der göttlichen Gnade und dankte, dass er diese wieder so reichlich erhalten hatte. Er lobte Gott mit dem Preisgesang der Jünglinge von Babylon. Sein Geist übte sich ständig in Lobgebeten, Bitten, Danksagungen und Liebesakten zu Gott. Die Arbeit war ihm daran kein Hindernis. Es kam sogar öfters vor, dass er seine Arbeit mit ganzer Genauigkeit vollendet hatte, ohne dass ihm dies gewahr wurde.

Während Josef sich bei der Arbeit abmühte, war seine Seele in Gott vertieft; in seiner Liebe betete er sozusagen ständig. Diesbezüglich hatte er eine besondere Gnade, wofür er sich Gott überaus dankbar erwies.

Oft kam es vor, dass eine müßige Person zu Josef in die Werkstätte kam, um sich aus Langeweile mit ihm zu unterhalten. Er bemerkte dies manchesmal gar nicht. Deshalb hielten ihn viele für einen Schwachsinnigen; sie verspotteten, ja sie misshandelten ihn sogar. Wenn er mit diesen Leuten auf der Straße zusammentraf, sah er sie freundlich an; er wünschte ihnen in seinem Herzen alles Gute und bat Gott um Gnade für sie. Dieses Verhalten Josefs war dem Allerhöchsten so wohlgefällig, dass Er ihm freigebig alles gewährte, worum er bat. Deshalb übte Josef diese Tugend eifrig und mit innerem Glücke.

Der Heilige hatte in Nazareth auch von Gutgesinnten mancherlei auszustehen. Diese ermahnten ihn wohlmeinend, nicht mehr in der Fremde umherzuziehen wie bisher, denn er sei von vielen verspottet und für einen Landstreicher gehalten worden; er zeige wenig Verständnis, wenn er seine Gemahlin fern der Heimat herumführe. Auch sie, die sonst ein so liebenswürdiges, vornehmes Aussehen habe, sei dadurch Schmähungen ausgesetzt. Er möge sich also endlich einmal ansässig machen und in seiner Heimat bleiben; sei er doch jetzt schon ein gesetzter Mann und müsse eine gewisse Erfahrung haben. Diese Worte betrübten Josef im Innersten seines Herzens. Um das verborgene Geheimnis nicht aufzudecken, musste er schweigen und sich für schuldhaft und leichtsinnig halten lassen.

Er schämte sich vor diesen Leuten und dankte für ihren guten Rat. Im stillen opferte er Gott diese Verkennung auf und bot sich an, noch viel Schwereres aus Liebe zu Ihm zu erdulden. Er sprach zu Gott: «Da ich von dir, o Gott, so bevorzugt und begnadet bin, kann ich verstehen, dass die Geschöpfe mich geringschätzen.

Ich verlange nicht mehr, als dir Freude zu bereiten und deinen Willen zu erfüllen. Wenn es dir gefallen würde, dass ich von neuem meine Heimat verlassen müsste, bin ich dazu bereit! Aus Liebe zu dir will ich nicht nur Entbehrungen und Mühsale auf mich nehmen, sondern auch alle Schmähungen und Verleumdungen von Seiten der Menschen, die mein Tun verkehrt auslegen.» In der Tat war Josef gefasst und immer bereit, den Willen des Allerhöchsten auszuführen; denn darin fand er seine höchste Freude, sein ganzes Glück.

Josef bat Jesus, Er möge dem himmlischen Vater danken für alle Liebe. Sein Vater aber möge Sich würdigen, dies wenige, was er aus Liebe zu Ihm ertrage, anzunehmen. Immer wieder bot sich Josef bereitwilligst an, alles anzunehmen, wenn es Ihm gefiele, noch größeres Leid über ihn kommen zu lassen. «Ich wünsche nichts anderes», sagte der Heilige, «als den Willen meines Gottes vollkommen zu erfüllen.»

Jesus arbeitet mit dem heiligen Josef

Der göttliche Knabe blieb vorerst noch im Hause und unterhielt sich oftmals mit seiner heiligen Mutter. Er blieb solange zurückgezogen, bis jene böswilligen Männer von ihrer teuflischen Verfolgungswut abgelassen hatten. Dann aber wollte der göttliche Vater, dass Sein Eingeborener sich erniedrige und dem heiligen Josef in der Werkstätte Dienste leiste. Der Jesusknabe war sogleich dazu bereit. Er offenbarte Josef diese Willenskundgebung seines himmlischen Vaters. Der Heilige war darüber sehr erfreut; er hatte ja bereits in Ägypten erfahren, welch einen Trost ihm die Gesellschaft Jesu brachte. Anderseits hielt er sich einer so erhabenen Gunst nicht würdig; er dachte viel nach über die Erniedrigung des Mensch gewordenen Gottes. Als sich Jesus nun zur Arbeit bereit zeigte, verneigte sich Josef in Ehrfurcht und Ergebenheit vor dem unergründlichen Ratschluss Gottes.

Morgens verrichteten Jesus, Maria und Josef gemeinsam die göttlichen Lobgebete. Hierauf ging Josef mit dem Jesusknaben zur Arbeit. Als er ihn nun so in seiner Werkstätte sah, wurde sein Herz von unbeschreiblichem Jubel erfüllt und er sagte bei sich: «Wer hätte jemals geglaubt, dass sich der Eingeborene des göttlichen Vaters so sehr erniedrigt? Ach, hätte ich jemals gedacht, mich eines so unfassbaren Glückes erfreuen zu dürfen? Nun werde ich nicht mehr traurig sein, wenn auch die Menschen mich beschimpfen und misshandeln; ich habe doch hier meinen Tröster. Wie könnte jemals noch irgendeine Bitterkeit mein Herz betrüben?»

Und zu Jesus gewandt, sprach er: «Mein Jesus, mein teurer Sohn! Du weißt, dass es mein sehnlichster Wunsch ist, dir zu dienen. Doch dein göttlicher Vater will es anders. Im Gehorsam gegen Ihn werde ich dir befehlen, wo es notwendig ist. Aber diese deine Verdemütigung gereicht mir zu höchster Beschämung.» Jesus sagte zu seinem Pflegevater, er solle ihm freimütig befehlen, was beim Arbeiten erforderlich ist, denn beide müssten hierin den Willen des himmlischen Vaters erfüllen. Diese Worte gereichten dem Heiligen insoweit zum Troste, als er mit jedem Befehl den Willen des göttlichen Vaters erfüllte. Der Jesusknabe stand hilfsbereit zur Seite und merkte auf, wie Er Josef helfen könne. Er reichte ihm Holzstücke, Nägel, Werkzeuge und anderes, worum ihn Josef bat. Er half ihm die schweren Bretter aufheben, er reinigte die Werkstätte von Hobel- und Sägespänen, legte die einzelnen Stücke an den rechten Platz und hielt die ganze Werkstätte in größter Ordnung.

Die Nachbarn bemerkten bald, wie Jesus seinem Vater in der Werkstätte half. Viele kamen und staunten über die Schönheit des göttlichen Knaben; sie nannten Josef, seinen vermeintlichen Vater, deshalb glücklich. Jene, die ihn früher beneideten und verfolgten, wurden beim Anblick Jesu frei von teuflischer Quälerei und Aufstachelung. Voll Reue sagten sie nun: «Ach, Josef hat wohl recht gehandelt, dass er alles aufbot, um das Leben eines so würdigen, teuren Sohnes zu retten. Wahrlich, Gott hat den Jesusknaben von der Grausamkeit des Herodes befreit, denn er verdiente es; ist er doch so schön und so anmutig.»

Viele baten Josef um Verzeihung ob der schmählichen Schimpfworte, die sie ihm noch vor wenigen Tagen zugerufen hatten. Josef war freundlich zu ihnen, als hätten sie ihn nie verfolgt. Sie wunderten sich sehr über sein edles Benehmen und ihr Groll verwandelte sich in Zuneigung. Josef dankte Gott, dass Er seine Gebete in Gnaden erhört hat und die Herzen umwandelte. Dann schaute er liebevoll auf den göttlichen Knaben und sagte. «O welch ein Trost ist es für mich, diese Menschen nun so einsichtsvoll und gebessert zu sehen. Wie mächtig ist deine Gegenwart, da sie die höllischen Feinde von ihnen fernhält. Wie verstehst du, mit deiner Anmut die Herzen zu gewinnen! Ja, du bist wahrhaftig liebenswürdig!»

Josef ging mit Jesus zum Essen. Ganz glückselig erzählte er alles der Gottesmutter. Sie freute sich, ihren Gemahl so glücklich und zufrieden zu sehen und dankte gemeinsam mit ihm dem himmlischen Vater. Hierauf unterhielten sie sich mit Jesus, der die Wonne ihrer Herzen war. Als sie gestärkt waren, gingen sie wieder an die Arbeit. Josef tat es Leid, dass Maria nun so viele Stunden des Tages allein war. Doch sie sagte ihm, er möge sich diesbezüglich keine Bedenken machen, denn auch sie freue sich, im Verzicht auf die liebliche Gegenwart ihres Sohnes den Willen des göttlichen Vaters zu erfüllen.

Wie bereits gesagt, kamen viele herbei, um den Jesusknaben zu sehen; denn die Kunde von seiner seltenen Schönheit und Liebenswürdigkeit hatte sich in Nazareth verbreitet. Viele benützten die Gelegenheit, Jesus zu sehen, indem sie zu Josef kamen und Arbeit anschafften. Da Josef es nicht übers Herz brachte, eine Arbeit zu verweigern, musste er sich sehr abmühen, um mit allem rechtzeitig fertig zu werden. So hatte er viele Verdienstmöglichkeiten. Wie schon erwähnt, begnügte er sich mit der freiwilligen Bezahlung jedes einzelnen. Es kam hin und wieder vor, dass Gewissenlose ihm gar wenig gaben. Josef sah dann etwas bedenklich vor sich hin, beklagte sich aber nicht. Er behielt auch immer nur soviel, als er für den nötigen Lebensunterhalt brauchte. Das übrige kam den Armen zugute, für welche er sich gerne abmühte. Jesus und Maria hatten daran ihr Wohlgefallen.

Obschon der Heilige viel zu arbeiten hatte, hielt er die übliche Tagesordnung ein. Er verbrachte eine bestimmte Zeit im Gebet mit Jesus und Maria, wie auch im alleinigen Verkehr mit seinem Gott. Aber der

Herr segnete seine Arbeit; denn obwohl er die Anstrengung sehr spürte, verfertigte er mehr als die anderen Tischler. Josef erkannte diese außergewöhnliche Hilfe und war Gott dafür sehr dankbar.

Der Jesusknabe verfertigt ein Kreuz

Der göttliche Knabe war darauf bedacht, seinem Pflegevater in der Werkstätte zu helfen. Eines Tages, während der Heilige frohen Mutes bei der Arbeit war, bemerkte er nicht, dass der Jesusknabe ein kleines Kreuz machte. Erst als es beinahe fertig war, sah es Josef; er beobachtete, wie Jesus einmal freudig, dann wieder traurig war; Er hielt nämlich bei seiner Arbeit Zwiesprache mit dem göttlichen Vater. Der Heilige wurde sehr betrübt, denn er erkannte nun durch göttliche Erleuchtung, was im Laufe der Zeit eintreffen müsse: dass Jesus gekreuzigt werde. Ein furchtbarer Schmerz durchdrang seine Seele.

Unterdessen hatte der Knabe seine erste Arbeit vollendet. Dann sagte er zu Josef, der ihn mit schwerem Herzen betrachtete: «Mein teuerster Vater! Siehe das Werkzeug, womit die Erlösung der Menschen vollbracht wird!» Jesus sehnte sich dabei, dass diese Zeit bald kommen möge. Bei diesen Worten wurde Josef auf das schmerzvollste getroffen; seine Kräfte ließen nach und er weinte erschütternd. Er konnte nur sagen: «O mein geliebter Jesus!» Hätte nicht die göttliche Gnade ihn gestärkt, wäre er in diesem übergroßen Schmerze gestorben. Doch Jesus stärkte ihn mit dem trostvollen Hinweis, dass dadurch der heiligste Wille des Vaters erfüllt werden müsse. Josef ergab sich dem unbegreiflichen Ratschluss des Allerhöchsten; das Leid aber wich nie mehr von seinem Herzen.

Der Jesusknabe wollte zu seiner Mutter gehen; Josef ging mit ihm. Als beide das Kämmerlein betraten, wo Maria betete, zeigte Jesus ihr dieses Kreuz. Die heiligste Mutter hatte bereits alles im Geiste gesehen. Sie warf sich nieder und küsste jenes Kreuz zum Zeichen der Ergebung in den göttlichen Willen. Sie opferte dem himmlischen Vater ihren Sohn auf und mit ihm auch sich selbst. Beim Anblick dieses Kreuzes wurde gleichsam die Wunde ihres mütterlichen Herzens von neuem aufgerissen. Josef bewunderte den Starkmut und die Hochherzigkeit seiner Gemahlin. Auch er warf sich zur Erde und verehrte das Kreuz, ganz ergeben in Gottes weisesten Willen. Hierauf sprach der göttliche Knabe über sein vorbestimmtes Leiden. Er sagte, dass Er sich so sehr danach sehne, das bedeutungsvollste Werk der menschlichen Erlösung gemäß dem Willen des Vaters zu vollenden. Zum Schluss hob er das Kreuz auf und sagte: «Seht, meine Teuren, dies wird mir das Auserwählte Volk bereiten, nachdem es so viele Wohltaten erhalten hat. Auf diesem Pfahl der Schmach wird es mich unter den grausamsten Qualen sterben lassen. Ich aber werde mit unbegreiflicher Liebe am Kreuze mein Leben hingeben, um die Erlösung des Menschengeschlechtes zu vollbringen.»

Diese Worte schmerzten Maria und Josef unbeschreiblich. Der Jesusknabe ermutigte und stärkte Josef; doch dieser furchtbare Schmerz begleitete ihn bis zum Ende seines Lebens. In der Erinnerung an die Leiden, die dem Erlöser bereitet waren, erwarb er sich große Verdienste. Sooft sich Josef jetzt zur Arbeit begab, war seinem Geiste jenes Kreuz gegenwärtig, an welchem Jesus sterben werde. Er erweckte dabei Gefühle des Mitleids, der Liebe, der Dankbarkeit, der Ergebung. In seinem unsagbaren Leid vergoss er so viele Tränen, dass die Bretter, die er bearbeitete, benetzt wurden. Wenn Leute in die Werkstätte kamen, trafen sie Josef oft in diesem Zustand an. Und wenn sie ihn um die Ursache seiner Betrübnis fragten, neigte er das Haupt und schwieg. Sie glaubten, er weine wegen seiner großen Armut und weil man ihn für einen minderwertigen Menschen halte. Deshalb ermutigten sie ihn und sagten, er möge nur fleißig arbeiten, um seiner Not abzuhelfen. Andere sagten, er habe keinen Grund zum Weinen, da er einen so teuren, liebenswerten Sohn habe, der allein genüge, um ihn zu trösten. Diese letzteren Worte bereiteten Josef noch größeren Schmerz, weil er daran dachte, dass einem so lieblichen Sohn so grausame Qualen bereitet seien. Er sagte nur: «Ja, so ist es, dieser Sohn ist mein einziger Trost!»

Wenn Jesus sich zurückgezogen hatte, um mit dem göttlichen Vater zu verhandeln, sprach Josef mit seiner heiligen Gemahlin, um seinem Herzeleid ein wenig Luft zu machen. Unter bitteren Tränen sagte er zu ihr: «Ach, wie teuer wird die Erlösung der Menschheit unseren Jesus zu stehen kommen! Auf Kosten so furchtbarer Schmerzen wird Er ihre Seelen loskaufen! O, welch eine Dankbarkeit gebührt einer solchen

Wohltat! Ich wünsche, für ihn mein Leben zu opfern und alle Qualen durchzumachen, die ihm bereitet sind. Ich möchte bei seinem Leiden zugegen sein, um desto mehr leiden zu können; aber es scheint mir, dass ich nicht soviel Mut und Stärke habe, um eine so schmerzvolle Schau zu ertragen. Deshalb möchte ich eher sterben. Aber wie wirst du, meine Teure, in jenen Stunden so entsetzliche Schmerzen ertragen können, ohne dass dir jemand beisteht?»

Maria beruhigte Josef mit den Worten: «Glaube mir, mein geliebtester Josef, Gott wird dich trösten. Er wird es nicht zulassen, dass du diese grausamen Martern schauen musst. Doch wir müssen uns Seinem heiligsten Willen gleichförmig machen, wie immer Er über uns verfügt.» Der Heilige kniete nieder, beugte sich ganz zur Erde und opferte sich dem ewigen Vater auf, bereit, Seinen heiligen Willen allezeit zu erfüllen.

Manchmal erkannte Josef deutlicher als sonst die künftigen Leiden Jesu. Da wurde er vom Schmerz ganz überwältigt; er konnte weder essen noch schlafen. Er weinte sehr viel und zehrte sich im Schmerze auf. An solchen Tagen ermutigte ihn der göttliche Knabe, Er liebkoste ihn und erwies ihm innige Zärtlichkeiten. So wurde Josef einigermaßen getröstet; aber dennoch wich das Leid nimmermehr aus seinem Herzen. Da er die beglückendste Gegenwart Jesu genoss, lebte er auch ständig in der Erinnerung an sein zukünftiges Leiden. Was er früher in den heiligen Schriften über das Leiden des Messias gelesen hatte, beeindruckte ihn nicht so sehr als das, was Jesus selbst ihm nun so deutlich gesagt hat.

Das Kreuz, welches der Jesusknabe verfertigt hatte, war in jener Kammer aufgestellt, wohin Jesus sich zurückzog, um allein zu beten und kurze Nachtruhe zu nehmen. Josef ging oft dorthin, um es zu betrachten, wobei sein Schmerz aufs Neue aufgewühlt wurde. Er nahm es in seine Hände, küsste es mit tiefer Verehrung und weinte herzlich. Dabei wurde seinem Geiste jenes Kreuz gegenwärtig, an dem Jesus die Erlösung der Menschen vollenden werde. Der Heilige opferte sich abermals dem göttlichen Vater auf, bereit, ebenfalls auf einem Kreuze zu sterben, wenn es Ihm so gefiele.

Einigemale kam es vor, dass er Jesus auf diesem Kreuze liegend antraf. Dann erfasste ihn ein so heftiger Schmerz, dass er, am Boden liegend, solange weinte, bis Jesus in beruhigte und ihm aufhalf. Wer kann jemals begreifen, welches Leid die heiligste Mutter in solchen Stunden empfand?

Liebte sie doch ihren göttlichen Sohn noch viel inniger als Josef. Sie erkannte mehr als alle anderen die Würde des Mensch gewordenen Gottes und die Schrecklichkeit der Martern, die seiner harrten! Maria aber hatte einen viel größeren Starkmut als Josef. Sie tröstete ihren schmerzerfüllten Gemahl auf verschiedene Weise. Sie ermutigte ihn immer wieder zur Ergebenheit in den Willen des himmlischen Vaters und zum edelmütigen Erdulden alles dessen, was ihm der Gedanke an den furchtbaren Tod des Erlösers verursachte.

Jesus sprach oft über die Vollkommenheit seines Ewigen Vaters und über die Herrlichkeit des Paradieses, um die Leiden Josefs einigermaßen zu mildern. Tatsächlich wurde er dadurch gestärkt und in ihm das Verlangen geweckt, eine so unvergängliche Herrlichkeit bald genießen zu dürfen. In dieser Sehnsucht sagte er zu Jesus: «Wann werde ich Gott sehen, wie Er ist? Doch welch ein Schaudern kommt über mich, wenn ich bedenke, dass diese meine zukünftige Freude dich so furchtbare Leiden kosten wird! Denn ich kann ja erst dann in das Paradies, wenn du das Werk der Erlösung vollbracht hast.»

Der göttliche Knabe antwortete ihm: «So ist es, mein teuerster Vater; auf Kosten meines Leidens und Sterbens werden die Seelen in die Herrlichkeit des Paradieses eingehen. Betrübe dich aber nicht allzusehr, denn ich habe ein großes Verlangen danach, allen die ewige Seligkeit zu verdienen.» Hierauf warf Josef sich ihm zu Füßen und dankte ihm im Namen aller Menschen für diese unermessliche Liebe. Er machte ihm an ihrer Statt viele Beteuerungen in der Absicht, so für den Mangel aller Ersatz zu leisten. Josef sagte zu Jesus, er wünsche sich die Herzen aller Menschen, um sie mit Liebe und Dankbarkeit gegen ihn zu erfüllen. «Doch ich bin dazu ganz und gar unfähig», bekannte er, «deshalb nimm meinen Willen entgegen und bewirke, dass alle Geschöpfe deine grenzenlose Liebe erkennen und sich dafür dankbar erweisen.»

Dem göttlichen Knaben gefielen diese Beteuerungen Josefs. Er gab ihm sein Wohlgefallen hierüber kund. Dadurch wurde der Heilige ermutigt, für seinen geliebten Erlöser immer mehr zu tun. Er war darauf bedacht, sich Ihm in jeder Beziehung dankbar zu erweisen und bat Maria oft um ihren Rat, wie er Ihm Freude machen könne. Sie gab Josef verschiedene Winke, die er eifrig und mit viel Liebe befolgte.

Josef, der genaue Beobachter des Gesetzes

Josef befolgte das göttliche Gesetz sehr gewissenhaft; in seinem ganzen Leben übertrat er es in keinem Punkte. Wir haben schon oft gehört, wie sehr er Gott mit seiner ganzen Seele liebte, wie aufrichtig er auch seine Mitmenschen liebte und ihnen jegliches geistige und zeitliche Gut wünschte. Josef war immer darauf bedacht, allen Bedürftigen zu helfen; er arbeitete so emsig, um die Armen unterstützen zu können. Er entbehrte sogar selbst oft das Nötige. Und wem er kein Almosen geben konnte, dem wandte er sein Mitleid in tröstenden Worten zu. Es kamen oft Bedrängte, um ihm ihr Leid zu klagen und jeder ging getröstet fort. Ja sogar seinen Feinden sprach er Trost zu, wenn sie betrübt waren; sie wurden ihm dann zugetan und baten ihn um Verzeihung. In seiner großen Liebe ging Josef ganz auf für das ewige Heil seines Nächsten und für die Bekehrung der Sünder.

Es war sein innigster Wunsch, dass alle den zur Welt gekommenen Messias erkennten und sich Gott dafür dankbar zeigten. Es tat dem Heiligsten zutiefst im Herzen weh, dass hier niemand zur Einsicht kam, dass Jesus der verheißene Messias ist. Darum war er darauf bedacht, für alle Ersatz zu leisten und Jesus zu danken, ihn zu lieben und ihm die gebührende Ehre zu erweisen.

Die Liebe Josefs zu den Sterbenden kannte keine Schranken. Er brachte ganze Nächte im Gebete für sie zu, wenn er ihnen nicht persönlich beistehen konnte. Wenn er wusste, dass diese Seelen bei Gott in Missgunst standen, flehte er solange zu Seiner unendlichen Barmherzigkeit, bis er ihnen die Gesundheit und die Gnade zur Bekehrung erbeten hatte. Jenen aber, die sich in der Gnade Gottes befanden, erbat er Seine Hilfe zum Übergang ins Jenseits. Gott ließ Josef zum Zeichen Seines Wohlgefallens an diesem Tun deutlich erkennen, welche Seelen sich im Stande der Gnade oder außerhalb desselben befanden, damit er letzteren Barmherzigkeit erbitte. Oft flehte Josef so innig um die Bekehrung der Sünder, dass er den Boden, wo er kniete, mit Tränen benetzte.

Man vermag es kaum auszudrücken, wie sehr es unserem Josef am Herzen lag, Gott über alles und mit allen Kräften zu lieben. Die Erfüllung dieses Gebotes war sozusagen der Inhalt seines ganzen Lebens. Ebenso war er darauf bedacht, die anderen Gesetzesvorschriften zu beobachten, indem er alles genau und pünktlich tat. Um seine Pflicht zu erfüllen, ging er jedes Jahr anlässlich des Osterfestes nach Jerusalem und verweilte nach den Festtagen noch dort im Tempel, um zu beten. Hier empfing er viele Tröstungen des Geistes. Der Heilige wünschte, dass alle das Gesetz beobachteten. Wenn er hier oder dort einen Übertreter bemerkte, wurde er traurig. Er betete dann für diese und ermahnte sie solange, bis er sie zur pflichtgemäßen Beobachtung zurückgeführt hatte. Josef brachte sie zur Einsicht, welch großes Vergehen es ist, das göttliche Gesetz zu übertreten. Und wenn es solche waren, mit denen er nicht sprechen konnte, flehte er unter Tränen zu Gott um Erleuchtung und Gnade für sie. Gott erhörte seine Bitten.

Wenn Josef mit Jesus und Maria über das göttliche Gesetz sprach, war er mit ganzem Eifer dabei und hegte die Sehnsucht, dass alle es treu befolgen möchten. Er bat Jesus, dass Er für alle Ungetreuen Gnade und Erleuchtung von seinem Vater erflehen möge. Dann wandte er sich an Maria mit der Bitte: «Du, meine teuerste Gemahlin, beobachte mich in meinem Handeln und wenn du irgendeine Unachtsamkeit bemerkst, mach mich aufmerksam. Ich bitte dich um der Liebe willen, die du zu Gott hast, denn ich will sein Gesetz in jeder Beziehung treu befolgen.»

Der Heilige erwog oft das Gebot: Du sollst deinen Nächsten lieben wie dich selbst! Er erwog, welch großes Gut er von Gott empfangen und wieviele Gnaden und Gunstbezeigungen Er ihm geschenkt hatte. Dann sagte er bei sich: «Es freut dich, Josef, dass Gott Sich dir gegenüber so wohltätig und freigebig gezeigt hat! Das aber, was dir Freude bereitet, musst du auch anderen wünschen, dass nämlich auch sie sich des Segens des Messias erfreuen.» Nun sehnte er sich aufs Neue, dass alle Menschen seinen Jesus als den wahren Sohn Gottes und den im Gesetz verheißenen Messias anerkennen möchten. «Denn, wenn sie ihn erkennen», sagte er, «werden sie ihn auch lieben. Und wieviele Gnaden werden sie dann von einem so freigebigen, gütigen Gott erhalten! O, wie wird Er alle Seelen heiligen und beglücken!»

Sobald der Heilige erfuhr, dass irgend jemand in Drangsal ist, tat er das möglichste, um ihn zu trösten. Denn er sagte sich: «Wie wohl tut es mir, wenn ich in meinen Ängsten getröstet werde, ebenso muss ich meinen betrübten Nächsten zu trösten suchen.»

Josef richtete sein ganzes Tun nach den zwei größten Geboten aus. Ja, er ging noch weiter. Obschon er die Lehre Jesu noch nicht vernommen hatte, lebte er danach. Er beobachtete das Verhalten Jesu genauestens von seiner Geburt an. Und da er wusste, dass der Erlöser das Vorbild des Lebens für alle seine Nachfolger sein werde, hatte er das Verlangen, seine Predigten zu hören und sein entbehrungsvolles Wanderleben zu sehen. Josef folgte ihm in allem nach, was er bis dahin begriff. Nach Maria war er der erste, der besser als jeder andere Jesus Christus nachahmte.

Er ertrug Armut, Leiden, schmähliche Verleumdungen und Verfolgungen so edelmütig und mit solcher Ergebung, wie man es sich kaum vorstellen kann. Immer war er demütig und sanft; niemals ließ er einen Gedanken der Rache oder des Stolzes aufkommen. Wie schön war in Josef die Tugend der Keuschheit! Nicht einmal der Teufel wagte es, den reinsten Gemahl der seligsten Jungfrau Maria in diesem Punkt zu belästigen.

Die ganze Zeit, da Josef mit Jesus und Maria zusammenlebte, bemühte er sich, diese heiligsten Personen vollkommen nachzuahmen; er war tatsächlich ein Abbild ihrer Tugenden. Josef machte sich dadurch Gott so teuer, dass Er ihn mit immer neuen Gnaden bereicherte.

Maria liebte ihren Gemahl ob seiner wunderbaren Tugenden und Vorzüge. Sie erkannte, wie er Gott gefiel und deshalb zu ihrem Bräutigam und Beschützer auserwählt wurde. Die heiligste Mutter sprach hierüber oft mit Jesus und dankte ihm für die vielen Gnaden, womit Er ihn ausgestattet hatte. Sie sah im Geiste die Seele des heiligen Josef schön und reich an Verdiensten. Maria behandelte ihren Gemahl mit aller Ehrfurcht, Liebe und Herzlichkeit. Sie erfreute sich im Gespräch mit ihm, denn in solchen Stunden ließ Gott sie die Schönheit und den Gnadenreichtum seiner Seele noch klarer schauen. – Anderseits erkannte auch Josef einigermaßen die hohen Verdienste seiner Gemahlin, ihre einzigartige Würde und die Fülle der Gnade, die sich in ihrer heiligsten Seele ausbreitete. Wenn Josef sich mit Maria unterhielt, durfte er manchmal sehen, wie ihr schönstes Angesicht leuchtete. Dann überkam ihn höchste Verwunderung und Freude. Er dachte bei sich: «Wenn Maria schon nach außen so schön erscheint, wie herrlich wird erst ihre Seele sein! Ach, ich bin nicht würdig, vor ihr zu stehen, mit ihr zu sprechen, sie meine Gemahlin zu nennen.» Immer wieder dankte er Gott für eine so erhabene Gunst.

Josef liebte Maria in Gott. Er liebte sie als das schönste, vollkommenste und würdigste Geschöpf, das Gott geschaffen hat, und betrachtete in ihr ein Wunderwerk Seiner Allmacht. Er liebte ihre herrlichen Tugenden. Wie wuchs in ihm die Liebe und Verehrung, als er um ihre höchste Mutterwürde mitwissend wurde! Welche Hochschätzung hatte er von ihr, als sie den Sohn Gottes in ihrem reinsten Schoße trug! Josef sah in ihr einen Schatz voll der Gnade. Wie herzlich, wie besorgt, wie demütig war er im Umgang mit ihr!

Mit welcher Innigkeit arbeitete er, um ihr den Lebensunterhalt zu verschaffen! Und wie gerne würde er ihr in allem gedient haben! Doch sie, die wusste, mit welcher Genauigkeit Josef das Gesetz bis ins Kleinste beobachtete, sagte ihm oft, das Gesetz befehle nicht, dass der Gemahl seiner Gemahlin dienen soll; vielmehr müsse er seine Stellung als Haupt der Familie einhalten und dürfe sich nicht zu ihrem Diener machen. Als Maria in diesem Punkte das Gesetz berührte, erwiderte er nichts mehr, sondern nickte mit dem Kopfe und unterwarf sich zufrieden dieser Anordnung.

Josef war Gott auch sehr dankbar für das Gesetz, das Er durch Moses gegeben hatte und dass Er ihn in jenem Volke geboren werden ließ, das den wahren Gott erkannte und anbetete. Von dieser besonderen Gnade sprach er öfters zu Maria. Der Heilige dachte dabei an soviel heidnische Völker und wurde von Mitleid gerührt. Dann erwog er sein Glück und sagte zu Gott: «Du unendlich Liebenswürdiger und Barmherziger! Habe ich für dich mehr getan als so viele Heiden, dass du mich im Auserwählten Volke geboren werden ließest? O wie sehr bin ich dir zum Dank verpflichtet! Denn dieses Volk kennt dein Gesetz. Wieviele Gnaden hast du mir schon geschenkt! Siehe, ich bringe mich dir zum Geschenk und bin bereit, dein heiliges Gesetz allezeit freudigst zu befolgen!»

Der Schmerz des hl. Josef während des Verlustes Jesu

Jesus hatte bereits das zwölfte Lebensjahr vollendet. Er wollte sich jetzt als wahrer Sohn Gottes und den im Gesetz verheißenen Messias offenbaren und vor den Pharisäern und Schriftgelehrten seine göttliche Weisheit kundgeben, damit sie deutlich erkennten, wer er sei.

Josef ging mit Maria und dem göttlichen Knaben zum Osterfest nach Jerusalem. Auf dieser Reise empfand er viele Freuden im Gespräch mit Jesus, sowie auch wegen des Lobes, das seinem schönen, liebenswürdigen Sohn von Seiten vieler Pilger zuteil wurde. Die Erhabenheit Jesu versetzte die Leute in Staunen und gereichte ihnen zur Freude. Sie nannten Josef tausendmal glücklich, einen solchen Sohn zu besitzen. Manche machten sogar Halt und sprachen mit Josef, um den göttlichen Knaben anschauen zu können.

Alles Lob über ihn gereichte Josef zur Freude; er achtete auf ihn wie auf den kostbarsten Schatz. Zugleich aber tat es ihm überaus Leid, dass Jesus zu Fuß gehen musste, umso mehr, wenn er seine zarte, menschliche Natur betrachtete und von anderen wiederholt darüber sprechen hörte. Einige tadelten Josef wegen seiner Rücksichtslosigkeit, dass er diesen feinen Knaben so weit zu Fuß gehen lasse. Diese Zurechtweisungen verwundeten sein liebevolles Herz. Er schwieg und verdemütigte sich in seinem Inneren, während er zu Gott sprach: «O Gott und Vater meines Jesus, du kennst mein Verlangen, du weißt es, welch große Ehre ich deinem Sohn erweisen möchte! Du willst aber, dass Er leide.

Ich weiß nun nicht, was ich tun soll; ich will ja deinen göttlichen Befehlen gehorchen und schweigen. Du wirst es fügen, dass Jesus verehrt wird und seine heiligste Menschheit nicht so große Leiden ertragen muss.»

Trotz alledem erlebte Josef auf dieser Reise ungewöhnliche Freuden; er konnte nicht begreifen, warum Gott ihn so sehr begünstigte. Der Heilige ahnte noch nicht, welche Drangsal ihm durch den Verlust seines geliebten Jesus bevorstand.

Nach langem, mühevollem Wandern erblickten unsere heiligen Pilger Jerusalem mit dem herrlichen Tempel. Mit beschleunigten Schritten und frohlockenden Herzen näherten sie sich den Toren der gefestigten Stadt, wo anlässlich des Osterfestes bereits viele Menschen zusammengekommen waren. Sie begaben sich sogleich zum Tempel. Viele bewunderten die Schönheit und Majestät des Jesusknaben und beneideten seine Eltern darum. Im Tempel sagte Josef dem göttlichen Vater Dank für alle Gnadenerweise, deren er sich hier immer besonders erfreuen durfte. Diese wurden ihm nun umso reichlicher zuteil, da auch Jesus hier war. Der göttliche Knabe betete im Hause seines himmlischen Vaters und verhandelte mit

Ihm über die Erlösung des Menschengeschlechtes. Die heiligste Mutter stand neben ihm und vereinigte ihre Gebete mit den seinen.

Der Heilige hatte hier die Eingebung, dass eine große Drangsal über ihn kommen werde; er verstand jedoch nicht wie. Dem Willen Gottes ganz ergeben sagte er: «Sieh mich bereit, o mein Gott! Mache mit mir, was deiner Majestät gefällt! Alles will ich aus Liebe zu dir auf mich nehmen. Da ich Jesus bei mir habe, wird mich nichts übermäßig betrüben, denn sein allerliebster Anblick allein tröstet mich schon vollauf.» Josef ahnte nicht, dass er gerade Desjenigen verlustig gehen werde, der seine ganze Freude, sein einziger Trost war.

Nachdem sie im Tempel gebetet hatten, suchten sie ein Plätzchen auf, wo sie sich stärken und ein wenig ausruhen konnten. Unterdessen sprachen sie miteinander. Josef sagte zu Maria nichts von der traurigen Mitteilung, die er von Gott erhalten hatte; er verbarg seine Betrübnis. Sie gingen dann noch einige Male zum Tempel. Als die Festtage vorüber waren, begaben sie sich auf die Rückreise in ihre Heimat. Maria ging in Gesellschaft einiger Frauen und Josef schloss sich Männern an, die ihm gut gesinnt waren; sie wanderten also in verschiedenen Gruppen. Maria glaubte, dass Jesus bei Josef sei; Josef hingegen war der Meinung, Er gehe mit seiner heiligen Mutter. Deshalb war keines von ihnen in Sorge um den Knaben. Da unterwegs über seine Schönheit und seine einzigartigen Eigenschaften gesprochen wurde und sie so herrliches Lob über ihn vernahmen, trösteten sich ihre Herzen.

Gegen Abend kam Josef bei der Herberge an. Er wartete sehnsüchtig auf das Eintreffen seiner geliebten Gemahlin mit Jesus. Als Maria eintraf, fragte sie Josef sogleich: «Wo ist mein teurer Sohn?» Gleichzeitig fragte Josef Maria: «Wo ist mein Jesus?» Von welchem Schmerz jetzt diese liebenden Herzen getroffen wurden, als sie sich ihres einzigen Schatzes verlustig sahen, kann niemand schildern.

Am meisten litt die heiligste Mutter. Nun fragten sie alle Nachkommenden, ob sie ihren Knaben gesehen hätten; doch niemand fand sich, der ihnen Nachricht geben konnte. Der Schmerz bohrte sich immer tiefer in ihr Herz. Die ganze Nacht verbrachten sie in Weinen und Seufzen. Josef war von zweifachem Schmerze getroffen, da er auch die heiligste Mutter in solcher Angst sah und sie nicht zu trösten wusste. Er konnte nur das eine sagen, dass Jesus vielleicht des Morgens komme. Aber das war nicht hinreichend, um ihren Schmerz zu lindern; sah sie doch auch Josef in solchem Kummer. Sie versuchte aber dennoch, ihren geängstigten Gemahl zu beruhigen.

Josef sah sich wiederholte Male um, ob Jesus eingetroffen sei, doch er fand ihn nicht. Unter Tränen wandte er sich im Geiste an ihn: «O mein Jesus, wo bist du? Wo bist du verborgen? Ach, meinetwegen wirst du dich von uns getrennt haben; meine Undankbarkeit wird die Ursache sein. Ich bitte dich, komme! Wenn auch ich deine Rückkehr nicht verdiene, so doch deine heiligste Mutter. Lass dich zum Mitleid bewegen ob dieser unschuldigsten Taube. Um der Liebe willen, die du zu ihr hast, bitte ich dich, mir alles Böse zu verzeihen, das du in mir gefunden und weshalb du dich von uns entfernt hast!»

Es lässt sich nicht in Worten ausdrücken, mit welch schmerzlicher Sehnsucht Josef seinen geliebten Jesus zurückrief. Da er ihn aber nicht wiederkommen sah, konnte sein Herz dieses bange Warten nicht mehr ertragen. Deshalb machten sie sich noch vor Tagesanbruch auf den Weg nach Jerusalem. Wieviele Tränen vergoss er dabei, wieviele Seufzer kamen aus seinem Herzen! In Jerusalem angekommen, suchten sie sogleich in allen Straßen nach ihm. Überall fragten sie, ob man ihren Sohn gesehen habe. Sie gingen zu ihren Freunden und Bekannten. Aber Gott fügte es, dass ihnen niemand Bescheid geben konnte.

Sie gingen auch zum Tempel; aber es war zur Zeit, da der göttliche Knabe von dort weggegangen war, um Speise zu erbitten. Weinend und suchend gingen sie im Tempel umher. In ihrer tiefen Betrübnis fragten sie keinen der Diener, ob sie Jesus gesehen hätten und so gingen sie wieder weg, um ihn anderswo zu suchen. Josef musste obendrein von so manchen den Vorwurf hören, er habe seine Vaterpflicht vernachlässigt, er habe sich um einen so teuren Sohn wenig gekümmert; es geschehe ihm recht, dass Jesus sich verirrt habe. Diese Worte trafen das Herz Josefs wie Messerstiche, denn es schien ihm, als sagten sie die Wahrheit. Tatsächlich schrieb er diesen Verlust des allerliebsten Jesus seiner Nachlässigkeit zu.

Durch drei Tage suchten Maria und Josef rast- und ruhelos. Josef war so niedergeschlagen und ermattet, dass er kaum mehr fähig war, in diesem großen Leid zu leben; so teilte er den Leuten seinen Schmerz mit.

Schließlich sagte man ihnen, dass ihr Sohn im Tempel mit den Schriftgelehrten geistreiche Gespräche führe. Als Josef dies hörte, atmete er ein wenig auf. Während sie zum Tempel eilten, schwankte er jedoch noch zwischen Furcht und Hoffnung.

In diesen Tagen lehnte sich Josef unter den herbsten Schmerzen niemals auf. Im Übermaß seines Leides ergab er sich Gott, der ihn so lange in dieser Drangsal ließ. Er erweckte in seinem Herzen Akte der Liebe, der Sehnsucht, der Reue und Ergebung.

Josef findet seinen Jesus wieder

Maria und Josef betraten den Tempel mit dem innigsten Verlangen, ihren geliebten Jesus dort zu finden. Da auf einmal erblickten sie ihn inmitten der Gesetzesgelehrten, wie Er voll Begeisterung und Weisheit zu ihnen sprach. Sie blieben stehen und hörten zu; währenddessen schwand alle Bitterkeit aus ihren Herzen. Josef fing an, im Stillen Gott zu loben und zu danken, dass Er ihn sein höchstes Gut finden ließ. Wie lebte nun sein Geist auf! Es ist unvorstellbar, welche Freude ihn durchflutete, als er Jesus sah und ihn so weisheitsvoll sprechen hörte. Er beobachtete die Gelehrten, die dort versammelt waren und die Tempeldiener, die dastanden, wie sie staunend zuhörten und wie alle ob seiner Weisheit und Anmut ganz verwundert waren.

In dieser überwältigenden Freude sagte Josef bei sich: «Siehe, mein Jesus wird als der wahre Messias erkannt, so wie Er im Gesetz verheißen ist! Sie werden nicht umhin können, ihm ihre Liebe zuzuwenden, da Er ihnen mit solcher Geistesschärfe und Liebenswürdigkeit die heiligen Schriften erklärt und sie erkennen lässt, das der Messias bereits zur Welt gekommen ist. Sie werden erkennen, dass Er es ist, wenn Er schon in diesem Alter so reich ist an Wissen, Gnade und Tugend. Ich hoffe, dass sie von seiner göttlichen Weisheit erleuchtet werden und dass sie ihn als ihren Messias aufnehmen.»

Die Wünsche Josefs gingen aber nicht in Erfüllung; denn diese hebräischen Herzen waren verhärtet. In ihrem Hochmut und Ehrgeiz machten die göttlichen Worte auf sie wenig Eindruck. Gott ließ sie zwar die Wahrheit erkennen, doch Seine Gnade blieb durch ihre Schuld wirkungslos. Indessen hatte der Jesusknabe seine Erklärungen beendet und alle spendeten ihm Beifall. Er begab sich sogleich zu seiner Mutter, die ihn mit Liebe empfing und ihn fragte : «Sohn, warum hast du uns das getan? Dein Vater und ich haben dich unter so großen Schmerzen gesucht!»

Jesus antwortete in göttlichem Selbstbewusstsein. Josef war ganz still; er jubelte und weinte vor Freude in seinem Inneren und konnte sich im Anblick seines Geliebtesten nicht sattsehen. Viele, die sich im Tempel eingefunden hatten, beglückwünschten Maria und Josef zu solch einem Sohn und baten sie, ihm eine besondere Sorgfalt zuzuwenden, da er verspricht, ein großer Prophet zu werden. Für all dies lobte Josef Gott.

Jesus, Maria und Josef beteten nun gemeinsam zum göttlichen Vater. Dann verließen sie den Tempel und begaben sich auf die Rückreise nach Nazareth. Josef schaute mit großer Aufmerksamkeit auf den Knaben, der in ihrer Mitte ging. Er befürchtete nämlich, dass Er sich wiederum von ihnen entfernen könnte. Jesus aber versicherte ihm, dass Er sie nimmermehr verlassen werde.

Auf dieser Reise erfreuten sich Maria und Josef größerer Wunderzeichen als je zuvor. Denn nun kamen die Vögel in Scharen herbeigeflogen und begleiteten sie fast ununterbrochen mit jubilierendem Gesang. Die wildesten Tiere kamen und verbeugten sich, die Bäume verneigten sich beim Vorübergehen des Jesusknaben. Die Landschaft erschien glänzend und alles war in überaus froher Stimmung. Josef vernahm öfters die Harmonien der Engel. Die Gottesmutter sang mit jubelndem Herzen Lob- und Dankeslieder. In dieser feierlichen Stimmung dankte auch Josef dem göttlichen Vater für all das erduldete Leid, weil es ihm nun so überreichen Trost brachte. Unter so großen Freuden kamen sie in ihre Heimat, ohne es zu merken. Sie hatten weder Müdigkeit noch sonst einen Mangel empfunden. Josef wiederholte die Worte des Königs David: «Und wenn der Leiden Menge auch im Herzen wühlte, so wurde meine Seele immer froh durch deinen Trost!» (Psalm 93,19)

In Nazareth angekommen, begrüßten und beglückwünschten sie die Nachbarn und alle, die vom Verlust ihres Sohnes erfahren hatten. Immer wieder bewunderten sie Jesus und lobten ihn ob seiner guten Eigenschaften und seines würdevollen Benehmens. Diese Freuden wurden Josef schon wieder getrübt, denn einige Bösewichte hatten sich über den Verlust des Knaben gefreut. Als sie ihn nun sahen, zeigten sie ihre Missgunst darüber; dies merkte Josef ganz genau. Bei dieser Gelegenheit konnte man wieder seine Tugenden bewundern. Er zeigte sich diesen Neidern gegenüber nicht nur freundlich, sondern erbat ihnen vom göttlichen Vater sogar Verzeihung und Erleuchtung, dass sie ihre böse Gesinnung erkannten.

Gott erhörte auch seine Bitten, denn in kurzer Zeit kamen sie zu Josef, um ihn zu beglückwünschen. Er empfing sie freundlich, ohne irgendeine Äußerung über ihre frühere Gesinnung zu machen. Jene staunten über die Friedfertigkeit des Heiligen; sie wurden ihm zugetan und baten ihn sogar, öfters in seine Werkstätte kommen zu dürfen, um seinen liebenswürdigen Sohn zu sehen. Der Heilige antwortete ihnen in seiner Güte, sie sollen nur kommen, denn er wünsche jedem die Freude, die er selber in der Gegenwart Jesu empfinde. Tatsächlich kamen sie öfter und erhielten durch Jesus von seinem himmlischen Vater viele Gnaden, ohne dass ihnen dies zum Bewusstsein kam.

Ab und zu sagten sie zu Josef, wie glücklich er sei, eine so schöne, vornehme Gemahlin zu haben und einen so liebenswerten Sohn, der das Herz eines jeden, der ihn anschaut, entzückt. Hierauf sagte Josef ganz glückselig: «Ach, ich bin eines solchen Geschenkes gar nicht würdig; niemals hätte ich mir dies verdienen können. Helft mir, Gott für diese Seine Güte zu danken. Möchte ich mich doch durch hingebungsvolle Dienstbarkeit und Gesetzestreue ihrer würdig erweisen!» Diese Leute staunten über die Demut des Heiligen. Sie verwunderten sich, dass sie nie eine Klage aus seinem Munde vernahmen, weder ob seiner Armut noch ob der Schmähungen, von Seiten seiner Verwandten, die ihn seines Erbes beraubt hatten.

Es gab auch einige, die ihn bewegen wollten, diese Güter zu fordern, denn er könne sie leicht wiederbekommen. Josef antwortete ihnen, dass er in seiner Armut zufrieden sei; es genüge ihm, was Gott ihm gegeben habe, nämlich seine tugendhafte Gemahlin und diesen teuren Sohn. Ein andermal antwortete er: «Gott ist mein Anteil und das genügt mir.» An dieser Gesinnung erbauten sich viele. Andere legten dies als Feigheit und Wahnsinn aus, da er doch bequem leben könnte, ohne sich plagen zu müssen. Josef antwortete ihnen gelassen, dass er sich gerne abmühe und sich glücklich schätze, für Jesus und Maria auf diese Weise den Lebensunterhalt erwerben zu dürfen.

Das Leben in Nazareth

Der göttliche Knabe wuchs zum Jüngling heran. Er wollte Maria und Josef in allem ergeben sein. Der Heilige fühlte eine tiefe Beschämung, den Sohn des Allerhöchsten ihm untertan zu sehen. Er bat den himmlischen Vater, dass er als armseliger Mensch sich den Befehlen Seines eingeborenen Sohnes unterwerfen dürfe. Doch dafür fand Josef keine Erhörung. Er musste also zusehen, wie ihm sein Erlöser in allem gehorchte. Tatsächlich unternahm Jesus nichts ohne Zustimmung seines Pflegevaters. Wenn Er nur von der Werkstätte zu Seiner Mutter gehen wollte, bat Er Josef um die Erlaubnis und so tat Er in allem. Josef war ganz gedemütigt, da er den Mensch gewordenen Gott seinem Willen so sehr ergeben sehen musste. Er staunte über die tiefe Erniedrigung seines Erlösers und bemühte sich, ihn so gut als möglich nachzuahmen. Wenn Jesus ihn nicht sah, kniete er nieder und betete ihn an. Und wenn Er die Werkstätte verließ, küsste Josef den Boden, wo seine heiligen Füße gestanden hatten. Ebenso küsste er mit innigster Liebe alles, was Jesus mit seinen göttlichen Händen berührt hatte. Sooft Josef ihm eine Erlaubnis gab oder irgendeine Arbeit anschaffte, erweckte er zuerst in seinem Herzen einen Akt der Demut. Oft beteuerte er Jesus, dass er nur im Gehorsam gegen den göttlichen Vater so handle. Die Machtbefugnis von Seiten Gottes diente dem Heiligen zu ständiger Übung der Demut.

Obschon der Sohn Gottes es nicht nötig hatte, im Handwerk unterrichtet zu werden, unterwarf Er sich Josef als Lehrling. Er bat ihn um seine Unterweisungen in dieser Arbeit. Josef unterrichtete Jesus mit viel Innigkeit und Liebe. Er begriff sehr gut, dass Jesus hierin Demut und Gehorsam üben wollte und oft wurde er dabei in Staunen versetzt.

Obschon Josef sehr tugendhaft war, glaubte er sich in dieser Beziehung von Jesus und Maria weit entfernt. Deshalb sagte er wiederholt zu ihnen: «O wie fühle ich mich ob meiner Armseligkeit beschämt, wenn ich Euch so reich an Tugenden und Verdiensten sehe! Ich sollte Euch vollkommen nachahmen, aber ich erkenne mich so weit davon entfernt! Erbitte du, meine geliebte Gemahlin, mir diese Gnaden!» So gelangte der Heilige zu immer größerem Gnadenreichtum.

Wenn Josef mit Lebensmitteln heimkam – meistens waren es Kräuter, Hülsenfrüchte und einige Fische – fragte ihn Maria, wie er sie zubereitet wünsche. Diese Frage war ihm peinlich, denn er wollte, dass sie die Speise nach ihrem Bedürfnis zubereite. Er passte sich ihrem Wunsche an und ließ sie alles ganz einfach zubereiten. Wenn Josef nach anstrengender Arbeit zu Tische kam, fand er manchmal eine gute, kräftigende Speise vor; denn Maria wusste um sein Bedürfnis danach. Josef verwunderte sich, dass sie seinen Wunsch durchschaut hatte. Die heiligste Mutter war überhaupt mit durchdringendem Geiste ausgestattet. Josef machte sich öfters Gedanken darüber, welche Speise er für Jesus und Maria kaufen sollte und fragte sie nach ihrem Wunsche. Sie dankten ihm für seine Aufmerksamkeit und sagten, er möge sich doch hierüber keine Sorge machen, denn es sei ihnen die gewöhnliche Speise am liebsten, nämlich Brot und Wasser, Kräuter, Hülsenfrüchte, Obst und ab und zu ein gebratenes Fischlein.

Immer mehr wuchs in Josef die Liebe und Verehrung zu seiner Gemahlin. Er wünschte, sich oft in Gesprächen mit ihr zu unterhalten. Wenn er zur Arbeit gehen musste, tat es ihm Leid, sich von ihr trennen zu müssen, obschon er Jesus mit sich führte. Sie war das schönste, würdigste Geschöpf, geschmückt mit den herrlichsten Tugenden. Josef, unterdrückte oft seinen Wunsch, zu ihr zu gehen und brachte Gott dieses Opfer. Jesus aber, der die heilige Sehnsucht seines liebenden Josef erkannte, gab ihm irgendeinen Anlass dazu; denn auch bei ihrem Anblick nahm die Gottesliebe in ihm zu und in seinem Herzen wurde er angeregt, immer vollkommener zu werden. Die heiligste Mutter hatte die Eigenart, dass jeder, der sie mit wahrer Liebe betrachtete, vom Streben nach himmlischen Werten erfüllt wurde.

Hin und wieder merkte auch Josef, dass Maria von ihrem geliebten Sohn getröstet werden möchte. Wenn er daher irgendeine Botschaft für sie hatte, schickte er Jesus damit zu seiner Mutter und fügte noch hinzu, Er möge sich mit ihr solange unterhalten, als es ihm gefalle. Maria erfreute sich dann der Gegenwart ihres Sohnes und seiner göttlichen Worte. Bei solchen Gelegenheiten zeigte sie sich ihrem Gemahl überaus dankbar und erbat ihm viel innere Freude von Gott.

Josef erkannte genau, dass Maria ihm dieses Glück vermittelte. In ihrer tiefen Demut sagte sie zu Josef, dass er auch diese Tröstungen von Gott erhalten habe; sie sei nur die Vermittlerin und nicht mehr, weshalb man Gott alle Ehre und Dankbarkeit erweisen müsse. Aus diesen Worten ersah Josef immer klarer, wie man sich Gott gegenüber betragen muss. Daraufhin bezog er alles Lob und jeden Dank auf Ihn. Wenn Maria zu Josef sprach, hörte er ganz aufmerksam zu, um ihre Unterweisungen genau zu befolgen; denn er war überzeugt, dass sie immer das Rechte erkannte.

Drangsale

Es kamen viele in die Werkstätte des heiligen Josef, um sich an Jesus zu erfreuen. Einige von ihnen sagten Josef in guter Absicht, wie er es übers Herz bringen könne, seinen teuren, liebenswürdigen Sohn bei der Arbeit anzustrengen. Da er eine so vornehme Gemütsart habe und ein seltenes Talent besitze, soll er ihn in den heiligen Schriften studieren lassen, denn er würde ein berühmter Gesetzeslehrer werden und großen Erfolg haben. Diese Worte drangen dem Heiligen in das Herz. Er sagte nichts darauf und sah nachdenklich vor sich hin. Sie machten dann noch die Bemerkung, dass er wenig Liebe zeige zu seinem Sohn und seinen zarten Körperbau nicht berücksichtige. Andere sagten ihm sogar, er sei grausam, unüberlegt und lieblos zu seinem Sohn; er mache sich keine Gedanken, dass er ihn zu so einem Handwerk gebrauche.

All dieses Gerede hörte Josef mit tiefem Herzeleid und unter großer Selbstverleugnung an. Er erkannte, dass sie Recht hatten, was eben die Menschen solcher Art betrifft. Er konnte sie aber nicht aufklären, denn er hatte von Gott keine Erlaubnis, das Geheimnis zu enthüllen. Deshalb antwortete er ihnen, sie hätten wohl Recht, aber er könne seinen Sohn nicht entbehren, da er seine Hilfe nötig habe. Wenn er aber erkenne, dass Gott es anders wolle, wäre er bereit, Seinen Willen auszuführen. Da machten sie sich über seine Worte lustig und sagten: «O, jetzt bildest du dir gar ein, dass Gott dir sagen werde, was du tun sollst. Du hast aber große Anmaßung! Du musst deinen Sohn auf jeden Fall studieren lassen!»

Josef neigte das Haupt und ertrug mit erstaunlicher Geduld ihre Aufdringlichkeit. Er wies sie niemals zurecht, obwohl sie es ob ihrer Ungezogenheit verdient hätten; im Gegenteil, er dankte ihnen für ihre Aufmerksamkeit und für ihre Zuneigung zu Jesus. Diese Leute hielten nun Josef für einen eigensinnigen Menschen, der sich von einer so wichtigen Sache nicht überzeugen lasse. So verunglimpften sie ihn in der ganzen Stadt. Die Bedrängnisse dauerten lange an, denn sooft sie zur Werkstätte kamen, belästigten sie ihn von neuem. Josef war nie aufgeregt, er zeigte ihnen in keiner Weise seinen Ärger darüber; er war ihnen sogar freundlich gesinnt; denn bei so einer Gelegenheit konnte er die Tugenden üben, wodurch er sich bei Gott noch mehr verdient machte. Das Leid und die stille Klage des Heiligen bestand nur darin, dass er sehen musste, wie sein Erlöser sich in dieser armseligen Werkstatt abmühte. Wenn sie Josef derartiges vorhielten, wurde er auf das schmerzlichste getroffen. Er weinte oft bitterlich aus Mitleid zu seinem Jesus. Doch er machte sich immer dem Willen des himmlischen Vaters ergeben.

Der Erlöser ließ Josef erkennen, wie wohlgefällig ihm diese Tugendübungen waren. Mit einem lächelnden Blick tröstete er ihn. Und Josef schaute auf Jesus, was ihm einen unvergleichlichen Trost brachte. Wiederholt sagte er zu ihm: «Mein teurer Sohn! Meine Seele ist ganz hingerissen, wenn ich dich, mein Allerliebster, nur ansehe! Mag ich auch von den Menschen verachtet und verkannt werden, ja mögen sie mich misshandeln, es lässt mich alles vergessen, wenn ich dich, mein teures Gut, sehe!»

Die Bedrängnisse, die Josef durch diese Menschen auszustehen hatte, waren noch gering im Vergleich zu jenen, die Jesus ihm nun bereitete, damit er sich große Verdienste für den Himmel erwerbe. Jesus zeigte sich nämlich bisweilen bei seiner Arbeit ganz traurig und tiefe Seufzer kamen aus seinem Herzen. Er dachte dabei an die schweren Beleidigungen, die seinem göttlichen Vater zugefügt wurden, was ihm viel Schmerz bereitete. Das aber wusste Josef nicht.

Als er Jesus in dieser Verfassung sah, legte sich eine schwere Angst auf seine Seele. Er konnte in seinem Innern nur das eine sagen: «Mein Jesus, was habe ich Böses getan, dass du dich mir mit so traurigem und schmerzlichem Antlitz zeigst?» Er gedachte, zu Maria zu gehen, um von ihr zu erfahren, warum Jesus so tief betrübt sei; aber er wagte es nicht.

Dann wollte er ihn selbst darum fragen, auch dazu fehlte ihm der Mut. So arbeitete er weiter und weinte still in sich hinein. Jesus tröstete ihn nicht, denn er sollte diesen Schmerz allein und mit ganzer Ergebung tragen, um sich weitere Verdienste zu erwerben. So litt Josef, bis die Stunde zum Essen kam. Dann sprach er Jesus an: «Mein Sohn, es ist Zeit zum Essen, komm, wir wollen gehen!»

Nun machte Jesus aus Mitleid zu seinem Vater ein freudiges Gesicht. Er sah ihm liebevoll in die Augen und sagte: «Ja Vater, gehen wir essen, es gebührt dir wohl eine Stärkung, nach so harter Arbeit.» Diese Worte, mit soviel Anmut und Liebe gesprochen, gaben seiner Seele wieder die vollständige Ruhe. Zufrieden ging er zur heiligen Mutter, die alles bereitet hatte. Maria sah auf ihren Sohn und hierauf mitleidsvoll auf Josef. Mit diesem Blick aber begriff er, dass seine Gemahlin alles durchschaut hatte und an seinem Leid herzlich Anteil nahm. Zum Zeichen seiner Dankbarkeit nickte er ihr zu.

Nachdem sie gegessen hatten, sprach Jesus zu Maria und Josef von den Vollkommenheiten des himmlischen Vaters, von Seiner Vorsehung, von Seiner Liebe zu den Menschen, von der Geduld und Ergebenheit, die man in Widerwärtigkeiten haben muss. Es verging kein Tag, an dem Jesus nicht gelehrt hätte. Er tat es besonders nach dem Essen, um ihre Seelen mit seinem göttlichen Worte zu erleuchten und zu nähren. – Dann zog Jesus sich zurück, während Josef mit Maria über seine Vollkommenheit, seine Weisheit und wunderbaren Vorzüge sprach. Er sagte zu seiner

Gemahlin: «Wie habe ich das Glück verdient, in der Gesellschaft unseres Erlösers und mit dir, heiligste Mutter, zu sein? O welch eine Güte und Liebe hat mir Gott erwiesen!» Und sie dankten dafür dem göttlichen Vater. Dann erzählte ihr Josef von seinem traurigen Erlebnis in der Werkstätte. Obschon Maria im Geiste alles erkannt hatte, bemitleidete sie ihn wiederum. Maria legte ihrem Gemahl nahe, er möge sich nicht so sehr kränken bei dem Gedanken, dass er schuld sei an der Traurigkeit ihres Sohnes; er wolle sich vielmehr betrüben über die Beleidigungen, die dem göttlichen Vater von den Menschen zugefügt werden, denn so vereinige er sich mit den Aufopferungen Jesu. Der Heilige begab sich wieder zur Arbeit. Er empfahl sich Maria, sie möge beim himmlischen Vater seiner gedenken, denn er wisse, dass sie mit ihrem Herzen immer mit Ihm vereint sei.

Der Erlöser zeigte sich manchesmal auch seiner Mutter gegenüber mit trauriger Miene. Da er die Ursachen seiner Leiden verborgen hielt, ängstigte auch sie sich sehr. Josef litt dann umso mehr. Er konnte sich auch nicht aussprechen, denn Jesus hatte sich zurückgezogen und auch Maria betete in ihrer Kammer. Er ging dann in seine Werkstätte, warf sich dort zu Boden und weinte bitterlich. Nun erinnerte er sich der Worte Mariens, dass er sich wegen der Sünden der Menschen betrüben soll. Er flehte zur göttlichen Barmherzigkeit um Verzeihung. Dann bat er Gott um Trost für Maria.

Josef betete viel und mit großem Vertrauen. Er war aber ganz ergeben und bereit, solche, Leiden solange zu ertragen, als es Gott gefalle. Dann kehrte er zu seiner Gemahlin zurück. Er fand sie noch immer ganz traurig und wollte sie ermutigen, obschon er selber dessen bedurfte. Als er sie so ergeben in Gottes Willen sah, erbaute er sich sehr und war bemüht, sie in ihren heldenmütigen Tugenden nachzuahmen.

Als Jesus gesehen hatte, dass seine heilige Mutter und Josef die vollkommene Hingabe in den Willen des göttlichen Vaters geleistet hatten, zeigte Er sich ihnen wieder mit heiterem, liebevollem Angesicht. Er sprach zu ihnen und ermutigte sie zur Geduld. Dabei kam wieder Ruhe und Trost in ihre Seelen. Sie spendeten gemeinsam dem himmlischen Vater Lob und Dank.

Jesus zeigte sich manchmal auch mit einem besonderen Ausdruck seiner Gottheit. Da fühlte Josef sein Herz entzündet von Liebe zu ihm. Angezogen von seiner Schönheit wollte er sich ihm nähern; doch zurückgehalten vor der göttlichen Würde wagte er es nicht. Deshalb kniete er nieder und verbeugte sich, dass sein Antlitz den Boden berührte. In dieser tiefen Ehrfurcht betete er seinen Mensch gewordenen Gott an, und zwar solange, bis Jesus ihn aufhob und zum vertraulichen Umgang mit ihm einlud.

Der Sohn Gottes hielt seine Majestät wiederum verborgen. Josef beteuerte ihm seine Liebe und Freude an seiner Gegenwart. Auf diese und andere Weise prüfte der göttliche Erlöser seinen Josef. Wohl kannte er seine Treue, aber er sollte sich dadurch immer mehr Verdienste erwerben. Josef verlor niemals seine Geduld, er beklagte sich auch niemals; bei allen Vorfällen schrieb er sich selbst die Schuld zu. Er übte alle Tugenden in vorzüglicher Weise und war bemüht, seine großen Vorbilder Jesus und Maria, die Gott ihm zur Betreuung anvertraut hatten, vollkommen nachzuahmen.

Andachten des heiligen Josef

Es wurde bereits gesagt, dass Josef eine besondere Verehrung zu jenem kleinen Raum hatte, wo sich das große Geheimnis der Menschwerdung des Gottessohnes vollzog. Mit Erlaubnis der heiligsten Mutter ging er öfter dorthin. Josef betete auch gemeinsam mit ihr an diesem heiligen Orte, hauptsächlich dann, wenn sie eine besondere Gnade vom göttlichen Vater erhalten wollten. Sie knieten nieder an jenem Plätzchen, wo Maria durch das Wirken des Heiligen Geistes den Sohn Gottes in ihrem reinsten Schoße empfangen hatte. Hier wurde Josef von glühender Liebe zu Gott entzündet und von großem Vertrauen auf Seine Güte beseelt. Er hatte die Gewissheit, dass er an diesem Orte niemals vergebens bat; auch erhielt er hier viele Erleuchtungen. Wenn er in diesem Kämmerlein betete, wurde sein Geist auf das Innigste mit Gott vereint.

Während Jesus zurückgezogen war, um mit seinem himmlischen Vater über das Werk der Erlösung zu sprechen, betete Josef hier mit der heiligsten Mutter, wobei sie sich mit den Bitten ihres Erlösers vereinigten. Ihre Seelen wurden dadurch mehr und mehr geheiligt. Meistens ließ Josef seine Gemahlin hier zurück, um sie in ihrer tiefen Andacht nicht zu stören. Wenn er diese Stätte verließ, war er in seinem Inneren ganz umgebildet; er war kaum mehr fähig, Irdisches zu denken. Seine Seele war ähnlich den Seligen des Himmels, die Gott in Seinem Wesen erkennen.

Die Gottesliebe wurde in Josef so mächtig, dass er oft ausrief: «O Gott der Liebe! Mache meinem Leben ein Ende und nimm mich zu dir! Möchte diese starke Liebe mich verzehren!» – So kam dem Heiligen das Verlangen nach dem Tode. Er sagte zu Maria: «Meine teure Gemahlin! Mein Herz ist zu schwach, um diese Macht der göttlichen Liebe zu bewältigen. Ich fühle eine heiße Sehnsucht zu sterben.» Die heiligste Mutter tröstete ihn, dass Gott ihm dieses Verlangen einflöße. Er werde ihn auch nach seinem Wunsche sterben lassen. Da blickte der Heilige zum Himmel und rief aus: «O unbegreifliche Güte meines Gottes! Wird es mir wirklich beschieden sein, aufgezehrt von deiner göttlichen Liebe zu sterben?» Während er voll Sehnsucht so sprach, waren seine Wangen glühend heiß und seine Augen leuchteten. Er verweilte in diesem Zustand, bis die Stunde kam, da er gemeinsam mit Jesus und Maria die göttlichen Lobgebete verrichtete. Maria schaute mit Freude und Verwunderung auf ihren Gemahl, denn er schien mehr ein himmlischer als ein irdischer Mensch zu sein. Sie dankte Gott, dass Er Sich würdigte, Josef so überreich zu beschenken.

Der Heilige hegte auch eine innige Andacht zum Geheimnis der Menschwerdung des Gottessohnes. Nachdem er von Maria erfahren hatte, an welchem Tag und zu welcher Stunde dieses Wunder geschah, feierte er das Andenken daran insbesonders jeden Monat und jedes Jahr. Er bereitete sich durch viele Entsagungen darauf vor. An jedem Gedächtnistag erhob er sich zur selben Stunde, in der das große Geheimnis gewirkt worden war, um Gott für diese unermessliche Gnade im Namen des ganzen Menschengeschlechtes zu danken. Josef verbrachte viele Stunden in Danksagungen zu Gott.

Ähnlich verehrte der Heilige die Geburt Jesu. Er erhob sich um Mitternacht, da diese wunderbare Geburt geschehen und brachte den übrigen Teil der Nacht in der Betrachtung dieses Geheimnisses und im Dank an den göttlichen Vater zu. Josef pflegte auch eine Andacht zum Andenken an die Aufopferung seines Jesus im Tempel und erwog dabei die Worte des heiligen Greises Simeon. Alle diese Andachten verrichtete er gemeinsam mit Maria. So machte er wunderbare Fortschritte in der Liebe zu Gott.

In der Erinnerung an die bevorstehenden Leiden des Erlösers litt Josef einen unbeschreiblichen Schmerz. Die heiligste Mutter sprach mit ihrem Gemahl über viele Stellen der Heiligen Schrift, in welchen das Leiden des Erlösers vorausgesagt wird. Sie erklärte Josef diese Schriftstellen sehr genau. Und da seine Liebe zu Jesus so innig war, empfand er dabei einen überaus großen Schmerz. Wie sehr bemitleidete er ihn; wie gerne wollte er an seiner Statt alles erdulden!

Bei diesen Gesprächen sagte Josef zu Maria: «Ach, ich wünsche zu sterben, verzehrt von der Liebe; ich wünsche aber auch zu sterben, gepeinigt für unseren Jesus. Welch eine Gnade wäre es für mich, wenn ich wenigstens einen Teil seiner Leiden erdulden könnte!» Tatsächlich verlangte Josef so nach Leiden, dass er den göttlichen Vater bat, ihn etwas von jenen Qualen durchkosten zu lassen, die Jesus am Kreuze erdulden werde.

Wenn der Heilige anhand der Schilderungen in den prophetischen Schriftrollen über die furchtbaren Misshandlungen und den bittersten Tod seines Erlösers nachdachte, war er gleichsam außer sich vor Schmerz. Er wandte sich in Klagen gegen die Peiniger. «Ach, ihr grausamen Herzen», sagte er, «wie könnt ihr eurem Mensch gewordenen Gott gegenüber Hand anlegen? Könnt ihr es übers Herz bringen, Jesus, den Sohn Gottes, so zu misshandeln, Jesus, von so grosser Anmut, Schönheit, Weisheit, Güte und Liebe? O wie könnt ihr jemals so etwas tun? Ach, ihr Grausamen, wie könnt ihr eure Hände aufheben gegen euren liebevollsten Herrn und Erlöser?» Bei diesen Worten verließen Josef ob seines schmerzlichen Mitleides die Kräfte. Jesus hob ihn auf und tröstete ihn. Dann bat er für diese Henkersknechte den göttlichen Vater im Voraus um Verzeihung. Er übergab sich in seinem tiefen Weh ganz dem Willen Gottes, damit das Erlösungswerk nach Seinem Ratschluss vollbracht werde.

Josef betrachtete während der Arbeit oftmals seinen Erlöser. Wenn ihm dabei sein bevorstehendes Leiden und Sterben gegenwärtig wurde, klagte er bei sich: «O allerschönstes und über die Maßen liebliches Antlitz Jesu! Wie traurig und zerschlagen wirst du einst sein!» Und wenn Jesus so gut und weisheitsvoll zu ihm sprach, dachte er: «O göttlicher Mund, du bringst Worte des Lebens hervor; welche Bitterkeit wirst du verkosten müssen! Wie wird man deiner himmlischen Lehre, die du allen Menschen geben willst, widersprechen!» Josef schaute auch auf die schönen Hände, wenn Jesus neben ihm arbeitete. Während er sich darüber freute, überkam ihn schon der Schmerz beim Gedanken, dass diese Hände grausam an ein Kreuz geschlagen werden. Dann betrachtete er die schöne Gestalt des Gottessohnes, seine Erhabenheit, seinen liebevollen, durchdringenden Blick und sagte: «Mein Mensch gewordener Gott! O heiligste, Gott erfüllte Menschheit! Und dennoch musst du auf einem Pfahl der Schmach dein Leben hingeben!»

Diese Erwägungen waren für Josef ebensoviele Schwertstiche, die sein liebendes Herz zerrissen. So wurde er von Liebe und Schmerz zugleich aufgezehrt. Die Vorstellungen von den grausamen Qualen seines Erlösers prägten sich immer tiefer in seine Seele. Je größer Jesus wurde, umso mehr betrübte sich der Heilige; sah er doch diese traurige Zeit immer näher herankommen. Er sagte auch oft zu seiner Gemahlin, dass sein Herzeleid immer drückender werde, wenn er bedenke, wie die heiligste Menschheit Jesu, die so wunderbar erstarkt, einstens grässlichen Martern ausgesetzt sein werde. Bei diesen Worten steigerte sich aber auch die Liebe zum Erlöser sowohl in ihr als auch in Josef.

Der Heilige hegte auch eine besondere Verehrung zu jenem Kreuze, welches Jesus in seiner Kindheit angefertigt hatte. Er betrachtete es jetzt mit tieferem Leide denn je; er umarmte es, küsste es wiederholt und weinte bitterlich. Er betrachtete es als ein Werkzeug zur Erlösung der Menschheit. Wenn er dieses Kreuz in Händen hielt, ließ er seinem Schmerze freien Lauf und sagte bei sich: «O! Wer wird jenes Kreuz zimmern, auf dem mein Jesus sterben muss.

Während er so darüber nachdachte, wurde sein Herz von tiefstem Weh gleichsam erdrückt.

Die Kräfte des Heiligen nehmen ab

In Josef steigerte sich die Liebe zu Gott und der Schmerz über die zukünftigen Leiden seines Erlösers so sehr, dass seine körperlichen Kräfte immer mehr abnahmen. Er musste sich bei der Arbeit schon sehr anstrengen; er machte den Eindruck der Müdigkeit und Niedergeschlagenheit. Jesus stand ihm mit viel Umsicht zur Seite und machte selbst die schwerste Arbeit. Durch seine Gegenwart wurde Josef soviel gestärkt und getröstet, dass er kleinere Arbeiten anfertigen konnte. Jesus stärkte ihn auch mit innigen, mitleidsvollen Worten, wodurch sich seine Liebe zu ihm immer mehr entzündete.

Wenn Jesus müde war, sagte Josef zu ihm: «Ach, mein geliebter Sohn, nun mühest Du dich mit der Bearbeitung dieser Bretter ab; es wird aber die Zeit kommen, da jemand sich bei der Herstellung des Kreuzes anstrengt auf dem du dein Leben beenden wirst!» Nach diesen Worten wurde Josef ohnmächtig; Jesus hielt ihn in seinen Armen und sagte zu ihm, er möge eingedenk sein, dass man sich ganz in den Willen des himmlischen Vaters ergeben muss. Als Josef dies vernahm, atmete er auf und sagte:

«Ja, ja mein Jesus, es möge in allem die göttliche Anordnung geschehen! Mein Herz aber kann nicht umhin, sich so zu betrüben. Ich bringe mich in meinem Schmerze dem göttlichen Vater dar, bereit, auch auf einem Kreuz zu sterben, wenn Er es so will.»

Josef war traurig über das Nachlassen seiner Kräfte. Es tat ihm Leid, dass er nun nicht mehr imstande war, den Lebensunterhalt zu erwerben. Ganz besorgt sagte er zu Jesus: «Mein teurer Sohn, wie schmerzt es mich, dass du dich so sehr anstrengen musst; ich wünschte mir noch etwas mehr Kraft, um dir zu helfen. Aber ich bin so matt; ich bin eben nicht würdig, mich für dich abmühen zu dürfen!» Und er weinte. – Jesus richtete ihn wieder auf und sagte zu ihm, dass er in der Vergangenheit zuviel gearbeitet habe; er möge sich beruhigen, denn er gefalle Gott nun in diesem Zustand der Schwäche. Er solle ganz ergeben leiden, um dadurch den Willen seines göttlichen Vaters zu erfüllen. Josef ertrug also mit ganzem Edelmut den Verfall seiner Kräfte; umso mehr aber erstarkten in ihm die Kräfte des Geistes und er übte bewundernswert alle Tugenden, ja er machte große Fortschritte in der Gnade und Liebe zu Gott.

Maria suchte ihren Gemahl ebenfalls zu beruhigen. Sie bemühte sich, ihm ein gutes Essen zu bereiten, denn er nahm jetzt sehr wenig zu sich. Josef nahm mit Freude die kräftigende Speise an, aber einen Teil davon gab er den Armen; war er ja immer sehr liebevoll und mitleidig zu ihnen. Da er nun nicht mehr für sie arbeiten konnte, bat er Gott, dass Er in ihren Nöten für sie sorgen wolle. Als für Josef die Zeit der Ruhe gekommen war, dachte er viel über die göttlichen Vollkommenheiten nach. Immer sehnsüchtiger wurde sein Verlangen nach dem Tode, um Gott zu schauen, wie Er ist. Er sah oft stundenlang zum Himmel und sehnte jenen Tag herbei, an welchem Jesus das Erlösungswerk vollenden werde, so dass seine Seele in das ewige Paradies gelangen könne.

Josef betete verschiedene Psalmen Davids, in denen dieser sein Wunsch zum Ausdruck kam. Dann wieder ging er zu seiner Gemahlin und ließ sie seine Sehnsucht nach dem Himmel verstehen, indem er sprach:

«O wann werde ich in die Freude Gottes eingehen dürfen? Wie sehnt sich doch mein Herz danach! Es kommt mir vor, dass ich nicht mehr lange lebe. Dann wird meine Seele im Schoße Abrahams ruhen, bis das Werk der Erlösung vollendet ist; dann aber wird sie die unermesslichen

Freuden bei Gott genießen dürfen. Es schwinden nämlich nicht nur meine körperlichen Kräfte, sondern ich fühle auch bereits eine heiße Sehnsucht, aus diesem Leben scheiden zu dürfen. Es drückt mich nur das eine große Leid., dich, meine geliebte Gemahlin, und Jesus in Euren bevorstehenden großen Kümmernissen allein zu sehen. Doch der göttliche Vater wird Euch beistehen. Ich hoffe, Euch in Bälde wiederzusehen, wenn unser Erlöser durch seinen Tod die Tore zur ewigen Heimat öffnen wird.»

Maria erkannte, dass Josef sich dem Ende seines Lebens näherte. Da sie dem Willen Gottes vollkommen ergeben war, blieb sie ganz ruhig. Sie teilte Josef nur ihre Betrübnis mit; dies tat sie aber unter großem Vorbehalt. Josef war sehr eifrig in der Tugendübung und bat Jesus, er solle ihm oft über den Himmel erzählen, sowie von den Geheimnissen seines Lebens, Leidens und Sterbens, «denn ich kann dich nicht mehr sehen», sagte er, «noch deine wunderbaren Worte hören. Gewähre mir die Freude, jetzt mehr bei dir zu sein, um dich noch in deiner schönen, menschlichen Gestalt betrachten zu können.»

Jesus sprach nun oft zu ihm über die gottmenschlichen Geheimnisse, über die göttlichen Vollkommenheiten und Eigenschaften, wie auch über die Herrlichkeit des Paradieses. Dadurch wurde sein Verlangen immer inniger, von dieser Erde zu scheiden, um bald seinen Gott unverhüllten Antlitzes zu schauen. Josef sprach dann zu Jesus: «O mein geliebter Erlöser, wie sehr sehnt sich meine Seele nach Gott! Wenn schon dein Sprechen über Göttliches mich so erfreut, dass ich fast vergehen muss, wie überwältigend wird es erst sein, wenn ich wirklich von hinnen scheiden darf, um Gott zu schauen?

Doch meine ganze Freude wird sehr verbittert, wenn ich denke, dass niemand die Tore des Himmels öffnen kann als nur du durch dein Leiden und deinen Tod. O wie teuer wird dir unsere Befreiung zu stehen kommen! Wir werden die ewige Seligkeit auf Kosten deiner Schmerzen und deines qualvollen Todes genießen! Ach, mein Herz zieht sich zusammen, wenn ich daran denke! Ich möchte einigermaßen deiner Liebe entsprechen. Ich möchte für den Undank vieler, vieler, die eine so unermessliche Wohltat nicht anerkennen, Ersatz leisten!»

Der glückliche Josef wiederholte oft diese Beteuerungen. Er betrachtete seinen Erlöser mit glühender Liebe. Seine Seele strömte dabei über vor

Freude, gleichzeitig aber befiel ihn schmerzvollstes Mitleid, was seinem Herzen sehr zusetzte. Wie oft sagte er bei sich: «Jesus, mein Erlöser! Solche Schönheit, Weisheit, Anmut, Güte finden sich in dir und diese herrlichen Eigenschaften wird man geringachten, verhöhnen, beschimpfen!» Derartige Gedanken beschäftigten sozusagen immer den Geist Josefs und zehrten an seiner Lebenskraft.

Während Josef mit Jesus und Maria die göttlichen Lobgebete verrichtete, war sein Geist oft ganz zu Gott emporgehoben. So hätte er lange die höchsten Freuden genossen, wenn sie nicht durch sein Vorausschauen auf das Leiden und Sterben Jesu getrübt worden wären. Da ihm aber Gott noch viel Gelegenheit zu Verdiensten geben wollte, ließ Er Josef mit Deutlichkeit die Marter Seines eingeborenen Sohnes schauen.

Trotz seiner Schwäche betete der Heilige mehr denn je. Viele Stunden verbrachte er kniend, um den himmlischen Vater für das Heil der Menschen anzuflehen, dass sie den wahren Messias erkennen, wenn Er sich ihnen durch seine Lehren und Wunder offenbaren werde. Josef wünschte, dass alle, die ihn hören werden, davon Nutzen ziehen und den wahren Glauben annehmen möchten.

Er dachte: «O selig jene, die Jesu Worte vernehmen und befolgen werden!» Er sprach darüber auch oft zu Maria: «Du, meine teure Gemahlin, wirst das Glück haben, die Lehren unseres Jesus zu hören. Sein weisheitsvolles Sprechen und sein lieblicher Anblick werden dir Trost und Stärkung sein. Ich freue mich, dass er dich mit seinen Besuchen beglücken wird. Ich hoffe, dass Jesus dich oft trösten wird, wenn du, seine Mutter, wegen seiner Leiden und mühevollen Wanderungen betrübt bist.» Bei diesen Gesprächen verzehrten sich die Kräfte Josefs zusehends. Maria bereitete ihm alsdann eine nahrhafte Speise.

Zunehmende Schmerzen und weiterer Kräfteverfall

Noch immer ging Josef mit Jesus zur Arbeit, obwohl er schon ziemlich schwach war. Er bat Jesus: «Mein teurer, geliebter Erlöser, gestatte mir, dass ich bei dir sein darf, denn ich erkenne, dass mir nur mehr eine kurze Lebenszeit beschieden ist. Ich wünsche so sehr, in deiner trostvollen

Gegenwart zu sein. Dann werde ich dich ja nicht mehr sehen, bis du als Sieger über den Tod meine Seele in die ewigen Freuden des Paradieses einführen wirst.» Jesus gönnte von Herzen seinem Pflegevater das Glück, sich bei ihm in der kleinen Werkstatt aufzuhalten.

Der Feind alles Guten aber, immer von Hass gegen Josef erfüllt, konnte ein so großes Licht der Tugend und Heiligkeit nicht aushalten. Er hetzte viele auf, auch solche, die Josef zugetan waren. Unter dem Deckmantel des Mitleids sprachen sie gegen Jesus. Einige gingen sogar ganz wütend zu Josefs Haus, um seinen Sohn zu beschimpfen. Als sie aber zur Werkstätte kamen und Jesus sie in seiner erhabenen, würdevollen Art empfing, wurden sie befangen. Andere wieder kamen mit derartiger Frechheit zu Josef, dass sie selbst gleichgültige Menschen aus ihrer Ruhe gebracht hätten. Er aber nahm alles aus Liebe zu seinem Erlöser hin. Josef wusste ja, wieviel Jesus für das Menschengeschlecht leiden werde.

Bei solchen Gelegenheiten erinnerte er sich wieder an die zukünftigen Peinen und Verfolgungen seines allerliebsten Jesus und betrübte sich dadurch noch mehr. Er ging dann zu Maria und bemitleidete sie: «O meine Teuerste, wenn schon diese wenigen Worte gegen Jesus mir soviel Betrübnis bereiten, was wirst erst du ausstehen, wenn du sehen musst, wie dein göttlicher Sohn verfolgt und misshandelt wird? O! Welche Marter wird all dies deinem Herzen verursachen! Wie bemitleide ich dich! Wenn ich mit meinem Blut deine bevorstehenden Drangsale verhindern könnte, würde ich es gerne tun.»

Als die heiligste Mutter zuhörte, wurde auch ihr Herz aufs Neue von Bitterkeit erfüllt. Wenngleich sie noch viel mehr als Josef darunter litt, bemitleidete sie ihn unter zärtlichen Erweisen ihrer Liebe. Dabei sprach sie zu ihm von der Herrlichkeit, die Jesus nach seiner Auferstehung besitzen werde, wie auch von dem Heile so vieler Seelen, die aus seiner himmlischen Lehre und seinem Beispiel Nutzen ziehen werden. Da schwand allmählich seine Traurigkeit.

Wenn Josef ab und zu aus dem Hause ging, fragte man ihn, warum er so abgemagert und entkräftet aussehe. Er antwortete ihnen mit ganzer Einfalt, er fühle nur das Nachlassen seiner Kräfte. Diese Leute schimpften aber gleich über Jesus und Maria, weil sie es an seiner Betreuung mangeln ließen. Da entgegnete ihnen Josef ganz erschüttert: «Meine Gemahlin und

Jesus tun mir alles; sie haben eine unerdenkliche Sorge um mich. Warum beschuldigt ihr sie, wenn Gott es zulässt, dass ich leide?» Die einen wurden von dieser Antwort beschämt; andere sagten, dass er sich von der Liebe zu den Seinen blenden lasse; in Wirklichkeit komme diese Schwäche von der Vernachlässigung seiner Pflege. Josef aber sagte: «Ihr seid im Irrtum, ich empfange von Maria und Jesus alles Gute; sie sind meine Stütze, meine einzige Freude.»

Als Josef betrübt nach Hause kam, empfingen ihn schon Jesus und die heiligste Mutter auf das Herzlichste und ermutigten ihn zum geduldigen Hinnehmen dieser Belästigungen. Er fasste nun den Entschluss, sich nur mehr selten sehen zu lassen. Auch verzichtete er vielfach auf die Freude, bei Jesus in der Werkstatt zu sein, um diesen Leuten keine Gelegenheit zu solchem Gerede zu geben. Die Entziehung dieses Trostes brachte Josef viele trübe Stunden; meistens war er zurückgezogen, um zu beten, dann wieder unterhielt er sich mit seiner Gemahlin in Gesprächen über Gott und den Himmel.

In dieser Zeit ging Jesus oft von seiner Arbeit weg, um Josef Freude zu machen. Und wenn Maria mit Hausarbeiten beschäftigt war, begab sich der Heilige in ihr Kämmerlein und betrachtete das wunderbare Geheimnis von der Menschwerdung des Erlösers. Dort wurde sein Geist ganz zu Gott entrückt; er verweilte oft stundenlang in diesen überirdischen Freuden. Aber in der Zeit, da Maria dort mit Gott Zwiesprache hielt, zog er sich in sein Gemach zurück, um sie nicht zu stören. Während sie betete, erhielt ihr Gemahl eine Fülle von Gnaden. Oft begünstigte ihn Gott dadurch, dass er Maria im Gebete ganz von Licht umflossen sehen durfte.

Inzwischen arbeitete der Sohn Gottes in der Werkstätte. Da die Leute sahen, wie er sich allein anstrengte, lobten sie ihn. Wenngleich sie zuvor hier Unruhe stiften wollten, kamen sie dennoch wieder, um Jesus in seiner erhabenen Schönheit zu sehen. Sie sagten zueinander. «Josef ist glücklich, einen solchen Sohn zu haben!» Der Heilige befürchtete immer, dass Jesus in der Werkstätte belästigt werde, weshalb er ihn oft fragte, was sich dort zutrage. Jesus dankte ihm für diese Aufmerksamkeit und beruhigte ihn liebevoll. Er sagte ihm auch, dass Er beim göttlichen Vater für ihn eintrete, damit Er ihn immer mehr mit Seinen Erleuchtungen und Gnaden heimsuche.

Josef leidet große Schmerzen – Seine Geduld

Der Heilige war schon ziemlich entkräftet; er hatte auch sehr wenig Appetit. Umso mehr Bedürfnis hatte er nach der geistigen Speise, nämlich dem Gebete und den göttlichen Lehren seines Erlösers. Jesus wirkte aber auch insofern auf ihn ein, dass er doch etwas Nahrung zu sich nahm. Maria bereitete ihm eine Speise nach seinem Geschmack, welche Jesus segnete. Josef aß aber nur soviel, dass er sein Leben erhalten konnte. Eines Nachts wurde er von heftigen Schmerzen befallen. Er litt ganz ergeben zur «Sühne für seine Sünden», wie er sagte, wenn er auch niemals einen Fehler begangen hatte. Josef wollte seine Gemahlin nicht beunruhigen, noch weniger Jesus. Er vertraute auf die göttliche Hilfe.

Die Gottesmutter sah bereits im Geiste ihren leidenden Gemahl; sie bat Gott für ihn um Gnade und Kraft. Dann tröstete sie ihn und suchte seinen Schmerz zu lindern. Auch Jesus verließ sein Gemach und begab sich zu ihm. Als Josef seine zwei besten Trostbringer sah, dankte er Gott und rief mit erhobenen Händen: «Jesus! Maria!» Sogleich fühlte er Erleichterung in seinen Schmerzen. Maria wärmte in ihrer Besorgnis Tücher und legte sie ihm auf. Sie hatte großes Mitleid mit ihrem geliebten Gemahl und fragte ihn nach seinen Wünschen. Er sagte ihr – ganz zufrieden – dass ihm ihre und des Heilandes Gegenwart genüge. Sobald sie weggingen, kam es ihm vor, als würde sich seine Seele vom Leibe trennen und er bekam auch wieder größte Schmerzen. Der Heilige wagte es aber nicht, sie zu bitten, dass sie ständig bei ihm bleiben möchten. Den göttlichen Zulassungen ganz ergeben, sagte er: «Wenn Gott mich trösten will, wird Er es fügen, dass Jesus und seine heiligste Mutter mich nicht verlassen. Will Er mich aber in Leiden und Betrübnissen sehen, werden sie nur zeitweise bei mir sein.» Sie blieben solange bei ihm, bis er sich von seinen Schmerzen erholt hatte. Dann schlief Josef ein.

Im Traume sprach nun der Engel des Herrn zu Josef, dass die Zeit seines Heimganges herannahe; er müsse also gefasst sein und sich vorbereiten durch Tugendübung und Erwerbung vieler geistiger Verdienste. Gott werde ihn mit einer sehr schmerzhaften Krankheit prüfen. Der Engel ermutigte ihn, dass er in diesen Leiden durch seine Geduld und Hingabe Gott viel Freude bereiten werde. – Josef erwachte. Er opferte sich Gott auf mit der Bereitwilligkeit, alles anzunehmen, was Er ihm schicken werde. Er dankte dem Allerhöchsten für die Botschaft und bat Ihn um seinen Beistand in dieser Krankheit. Inzwischen kam Maria, um nachzusehen. Josef setzte sich auf und teilte ihr alles mit; er bat sie, ihm Gnade und Geduld zu erflehen. Maria erwies sich überaus liebevoll und wäre bereit gewesen, seine Schmerzen auf sich zu nehmen, wenn es der Wille des göttlichen Vaters zulasse. Der Heilige aber wollte selbst alles erdulden, um einigermaßen die Leiden seines Erlösers im Voraus zu verkosten.

Josef hatte überaus heftige Schmerzen in den Eingeweiden. Er erlitt Ohnmachtsanfälle, die einerseits von diesen Schmerzen, dann wieder von seiner glühenden Liebe zu Gott verursacht wurden. Sein Herz klopfte sehr stark; es beruhigte sich einigermaßen, wenn Jesus, seine Liebe, bei ihm war. Wenn dann Jesus seinen Pflegevater an der Hand nahm, wurde er ganz ruhig und kam in Verzückung. In diesen Augenblicken spürte er keine Schmerzen. – Josef wünschte zu sterben, um Gott zu schauen; doch der Gedanke, Jesus und Maria verlassen zu müssen, betrübte ihn sehr. Gott wollte Seinen Diener aber in dieser letzten Zeit seines Lebens von jeder Anhänglichkeit befreien.

Die Liebe Josefs war gewiss sehr vollkommen, aber doch nicht ganz selbstlos. Es fesselte ihn die persönliche Freude, bei Jesus und Maria zu sein. Deshalb wurde er in seiner Krankheit darauf vorbereitet, auch dieser Freude zu entsagen. Wenn er jetzt seine Liebsten sah, dachte er so: «Möchte ich doch das Glück haben, mich mit Jesus und Maria im Hause des himmlischen Vaters zu erfreuen!» In diesem Sinne sehnte er sich nach der ewigen Heimat. Der Heilige sprach sich Mut zu, seine Schmerzen edelmütig zu ertragen. Nun aber wurden sie zeitweise überheftig; meistens nahmen sie in den Stunden der Nacht zu, wenn Jesus und die heiligste Mutter kurze Ruhe nahmen. Manchmal kam Maria gleich, doch ab und zu hielt Gott es ihr verborgen und zwar dann, wenn Er Seinen Diener besonders prüfen wollte. Josef hätte sie leicht rufen können, aber er wartete, bis Gott sie ihm schickte.

Ganz vertrauend auf Seine fürsorgende Güte sagte er: «Mein Gott, nun willst du, dass ich geduldig und schweigend meine Schmerzen ertrage; ich leide gerne. Hilf mir nur mit deiner Gnade, denn ich allein vermag es nicht!» Wie er so ganz in Schmerzen war, vereinigte er sich mit den

Qualen, die Jesus ausstehen werde. Daraufhin fügte es Gott, dass Maria die furchtbaren Leiden ihres Josef durchschaute und sie ging sogleich zu ihm. Josef lag da wie tot, gequält von den heftigsten Schmerzen.

Maria tat alles, was ihm zur Erleichterung diente und fragte ihn, warum er sie nicht zu Hilfe gerufen habe. Josef antwortete: «Wundere dich nicht darüber, meine teuerste Gemahlin. Denn ich weiß, wenn Gott mir Trost und Erleichterung geben will, lässt Er dich meinen armseligen Zustand erkennen; darum überlasse ich mich ganz Seiner Fürsorge.» Die heilige Mutter war über diese seine wunderbare Gesinnung sehr getröstet und dankte Gott. Dann sprach sie mit Josef über die Güte Gottes, über Seine unaussprechliche Vorsehung und Seine wunderbaren Werke. Dabei wurde sein Herz dermaßen von der göttlichen Liebe entzündet, dass ihm ganz heiß wurde. Und er rief aus: «O mein Gott! Wie wunderbar bist du in deinen Werken! Wie unbegreiflich ist deine Güte! Was kann ich noch tun, um dir Freude zu bereiten und deiner Freigebigkeit zu entsprechen? Wohl lässt du mich viel leiden, aber du stärkst mich mit deiner Gnade und lässt mir Trost zukommen durch Jesus und Maria. Wenn es dir gefällt, vermehre meine Schmerzen, ich will sie gerne ertragen; schenke mir nur deine Gnade dazu. Wenn ich das Gute mit so großer Freude empfange, warum soll ich nicht gleicherweise das Leid hinnehmen?»

Jesus konnte nicht immer bei Josef sein; Er musste doch mit seiner Hände Arbeit den nötigen Lebensunterhalt erwerben. Er ging nur von Zeit zu Zeit zu ihm. Maria jedoch stand ihrem Gemahl meistens zur Seite; sie verließ ihn nur, wenn sie das Essen bereiten musste. Josef gab sich damit zufrieden, obschon seine Sehnsucht dahinging, dass Jesus immer bei ihm bleiben möchte. In seinen letzten Tagen genoss er ständig seine tröstliche Gegenwart.

In dieser Zeit bekam die Heilige Familie große Armut zu spüren, denn Maria widmete sich ganz der Betreuung ihres Gemahls und auch Jesus war größtenteils bei ihm, so dass Er nur wenig arbeiten konnte. Doch die göttliche Vorsehung kam ihnen zu Hilfe, entweder durch eine liebe Nachbarin oder auch durch die Engel. Wenn Josef einen besonderen Wunsch nach Obst oder einer seltenen Speise hatte – was nicht oft vorkam – ließ Gott Seinem treuen Diener dies zukommen. Der Heilige erduldete seine Schmerzen in heroischer Weise. In allem ahmte er seinen Erlöser und die heiligste Mutter nach. Nicht einmal in den heftigsten Schmerzen hörte man ihn jammern. Wiederholt lobte und dankte er Gott mit den Worten: «O mein Gott, wenn es dir gefällt, meine Leiden zu vermehren, siehe mich bereit! Ich sage dir Dank für alles, was du über mich verhängst und nehme es gerne aus deinen Händen entgegen» – Sobald Josef den Namen Gottes aussprach, empfand er überreiche Tröstung.

Da der Heilige sich oftmals bereit erklärte, noch mehr zu ertragen, schickte Gott ihm nun eine schwere Prüfung. Eines Tages fühlte der Kranke eine tiefe Verlassenheit, ja Gott nahm ihm sogar die Freude an den himmlischen Gütern. Er wurde von starken Schmerzen befallen und fühlte gleichzeitig eine innere Leere. Josef flehte zu Gott um Seinen Beistand, aber es kam ihm vor, als hätte Er sich von ihm zurückgezogen.

Da rief er: «Mein Gott, was ist das? In welch armseligen Zustand befinde ich mich! Wodurch, habe ich dir Missfallen bereitet, dass du mich in meiner größten Trübsal verlässt? In diesem Hause sind Jesus und Maria und dennoch bin ich so einsam. Sie werden es genau wissen, in welcher Lage ich bin und dennoch lassen sie mich allein. Ach, Gott, erbarme dich deines Dieners! Willst du mich aber so trostlos und verlassen sehen, nehme ich auch noch diese Betrübnis an, wenn ich dich nur nicht beleidigt habe.»

Der Heilige erhob sich mit großer Anstrengung, um hinzugehen und den Himmel anzuschauen, wobei er immer Trost empfand. Nun aber kam es ihm vor, der Himmel sei verschlossen. In seiner äußersten Verlassenheit rief er nun: «O ihr Himmel, ihr schließt meinen Schatz in euch! Ihr ward mir immer gnädig, nun aber bringt ihr mir keine Stärkung!»

Josef stand eine Zeitlang am Fenster, dann legte er sich wieder nieder. Er konnte aber keine Ruhe finden in seinen furchtbaren Schmerzen und in der Trostlosigkeit seiner Seele. Da weinte er bitterlich und flehte zu Gott, Er möge ihm zu erkennen geben, weswegen Er ihn verlassen habe. Josef war sehr geängstigt. Dann sprach er sich Mut zu, indem er bei sich sagte: «Bald wird Maria kommen ich werde mich freuen, sie zu sehen. Sie wird mir Gnade erbitten beim göttlichen Vater. Auch mein Jesus wird bald kommen, dann werde ich den verlorenen Trost wiederfinden.» So wartete er mit Sehnsucht auf seine Liebsten.

An diesem Morgen aber ließen Jesus und Maria lange auf sich warten, denn Gott wollte es so, um Josef in der Geduld und Ergebenheit zu prüfen. Der Heilige nahm heldenhaft alles Leid hin. Ja, er verdemütigte sich, indem er sagte: «Ich bin es nicht wert, dass Jesus und die heiligste Mutter sich meiner erinnern.» – In dieser Angst und Verlassenheit verbrachte er geraume Zeit. Endlich erschienen Jesus und Maria. Bei ihrem Anblick atmete Josef ein wenig auf; aber sogleich befielen ihn wieder die Schmerzen. Seine geliebte Gemahlin bemühte sich mit verschiedenen Mitteln, ihm zu helfen. Dies begehrte Josef nicht; er suchte das, was ihn vollauf trösten konnte: die Gnade und Liebe Gottes; meinte er doch, er habe sie verloren. Josef sah ganz traurig in das Antlitz seines geliebten Erlösers, während er in seinem Herzen sprach: «Mein teurer Sohn, mein Herr, mein einziger Schatz! Du erkennst doch meinen Zustand. Ach, habe Erbarmen und komme deinem verlassenen Josef zu Hilfe!»

Jesus blickte ihn mit innigem Mitleid an. Aber weil Sein himmlischer Vater es so wollte, ließ Er Josef in seiner inneren Verlassenheit. Der Heilige meinte, Jesus habe ihn nicht erhört. Er beklagte sich deswegen nicht; vielmehr sprach er in seiner Demut: «O mein höchstes Gut! Nun behandelst du mich so, wie es mir gebührt! Ich verdiene es ja nicht einmal, dass du bei mir bist, denn ich habe deinen vielen Gnaden nicht entsprochen. Es wäre gerecht, wenn du mich bis zum letzten Atemzug in dieser Trostlosigkeit ließest. Ja, auch noch diesen Schmerz nehme ich gerne auf mich zur Sühne für meine Undankbarkeit.»

Hierauf blickte Josef seine Gemahlin an. Sie war ganz darauf bedacht, seinen Schmerz zu lindern. Er aber sagte bei sich: Wenn du wüsstest, Maria, wie mir zumute ist, würdest du dich meiner erbarmen und mir den ersehnten Trost erbitten. Nicht einmal deine liebliche Gegenwart kann mich erfreuen; darum glaube ich, dass Gott mich so betrübt und verlassen sehen will. Ich bete Seinen weisesten, heiligsten Willen an.» Mit diesen ununterbrochenen Akten der Demut und Ergebung brachte der Heilige den ganzen Tag zu. Es standen ihm aber Jesus und Maria zur Seite.

In der folgenden Nacht wollte Gott Seinen Diener noch schwerer prüfen. Während Josef in seiner Verlassenheit jeglichen Trostes beraubt war und die heftigsten Schmerzen erlitt, wurde er jetzt noch von einer furchtbaren Versuchung zur Verzweiflung gequält. Aber auch in dieser schrecklichen Lage bewies er mit heldenhaftem Mut seinem Gott die Treue und Geduld. In staunenswerter Weise überwand er die Einflüsterungen des bösen Feindes, indem er Akte des Gottvertrauens erweckte, wenngleich er in seinem Herzen die Gottverlassenheit fühlte. In dieser teuflischen Versuchung musste Josef mehrere Stunden verharren.

Endlich kam Jesus ihn besuchen. Josef rief ihm mit ausgebreiteten Armen entgegen! «O mein Jesus, komm mir zu Hilfe, denn ich leide große Qualen!» Tatsächlich wäre Josef bald gestorben. In der Gegenwart des Sohnes Gottes musste der Feind augenblicklich weichen, beschämt und besiegt durch das große Gottvertrauen Josefs, durch seine unüberwindliche Geduld und die vollkommene Hingabe in Gottes heiligsten Willen. Nun war Josef wenigstens von diesem teuflischen Angriff befreit. Gleichzeitig trat eine Erleichterung der Schmerzen ein und seine Seele fand einigermaßen Ruhe, aber noch nicht den früheren Trost; er befand sich ja nun schon mehrere Tage in diesem Gefühl der Gottverlassenheit. Als die Schmerzen nachgelassen hatten, schlief er für kurze Zeit ein. Hierauf besuchte ihn Maria. Nun erzählte ihr Josef, was er gelitten habe. Sie machte ihm klar, dass Gott ihn in dieser Zeit vorbereite, um ihm eine große Herrlichkeit in Seinem Reiche zu verleihen. Sie versicherte ihm, dass er in der Gnade sei und Gott ihn nicht verlassen habe. Er war seine Kraft in der Versuchung und habe großes Wohlgefallen gefunden an seiner Standhaftigkeit und Treue.

Wenn Josef durch diese Worte auch nicht den ersehnten Trost erhielt, dankte er dafür und bat Maria inständig, den göttlichen Vater für ihn anzuflehen, Er wolle ihm in seiner Verlassenheit zu Hilfe kommen und ihm die innere Freude wieder schenken. Die heiligste Mutter versicherte ihn ihrer Fürbitte. Gott erhörte nun diese Bitten. Maria zeigte sich Josef in seiner leiblichen und seelischen Not als seine getreueste Gefährtin. Sie schenkte ihm ihre sorgende Liebe, wie sie von keiner anderen Frau jemals geleistet wurde. Der schwerkranke Josef sah, mit welcher Liebe und Aufmerksamkeit Maria ihn betreute. Es gereichte ihm zu großer Demut, von einem so würdigen Geschöpf bedient zu werden; er erkannte doch ihre einzigartige Würde.

Der Heilige überlegte oft, wie er Maria seine Hochachtung und Liebe beweisen könne. Obschon ihm das Essen große Überwindung kostete, nahm er die Speisen, die sie ihm brachte, wie ein vom Himmel gekommenes Brot entgegen und aß sie mit Andacht. Und wenn Maria weggegangen war, erhob er sich mühsam und küsste ihre Fußspuren am Boden. Dies tat er im Bewusstsein seiner schuldigen Ehrfurcht und um den Engeln zu zeigen, welche Hochachtung er vor der Mutter des Sohnes Gottes hat. Jesus aber brachte er jene höchste Verehrung und Anbetung dar, wie sie ihm als dem Sohn Gottes gebührte.

Josef erhält vor dem Sterben besondere Tröstungen und Gnaden

Da Josef seine Schmerzen und alle anderen Drangsale, besonders aber diese innere Verlassenheit so heldenmütig ertragen hatte, gefiel es dem Allerhöchsten, ihn mehr denn je zu trösten und zu erfreuen. Sein Engel brachte ihm die Botschaft, dass er durch seine Bewährung in diesen trostlosen Tagen Gott großes Wohlgefallen bereitet habe. Als der Heilige erwachte, vernahm er wunderbare, himmlische Gesänge, wodurch sein Herz sehr gerührt wurde. Dabei empfand er die überaus trostreiche Heimsuchung Gottes. Mit innigster Liebe lud Gott ihn zur Vereinigung mit Seinem Geiste ein. Die heilige Seele Josefs war in ein Meer von Freuden getaucht. Er konnte nicht umhin, voll Jubel auszurufen: O mein Gott! Mein Gott, wie wird mir, deinem geringsten Diener so Herrliches zuteil? Sein Geist durfte wundervolle Geheimnisse der Gottheit erkennen.

Der Heilige erhielt nun die Offenbarung, dass die Stunde seines Hinscheidens nahe sei. Er bat Gott um die Gnade, dass er seine Seele unter dem liebevollen Beistand Jesu und Mariens aushauchen dürfe; er wünschte sich auch noch eines: «Da ich beim Tode meines Erlösers nicht anwesend sein kann, möchte ich gerne zu jener Stunde des Tages sterben, wann Er sein Leben hingeben wird.» Er bat Gott um der Liebe willen, die er zu seinem Jesus hatte und aus Dankbarkeit für sein Erlösungswerk. Diese Bitten wurden ihm gewährt.

Josef erhielt nun die Offenbarung, dass Gott ihn zum besonderen Anwalt der Sterbenden bestimmt hat. Da er in seinem Leben ständig um sie besorgt war und ihnen mit Gebeten und Tränen das ewige Heil erflehte, sollte er diesen Liebesdienst fortsetzen bis zum Ende der Zeiten. Er werde vom Himmel aus der besondere Helfer der Sterbenden und der im Todeskampfe Liegenden sein. Der Heilige freute sich, dass er allen diesen in ihrer äußersten Not beistehen dürfe. Er dankte Gott für diese Erwählung und übernahm von der Stunde an die Sorge für das Heil dieser Armen.

Während Josef mit seinem Geiste auf das Innigste mit Gott vereinigt war, entzündete sich in ihm die göttliche Liebe dermaßen, dass es ihm vorkam, er könne nicht mehr leben. Sein Angesicht war glühend heiß und sein Herz so sehr hingerissen, dass es schien, in seinen Gott überzugehen. Diese Liebe brannte bis zum letzten Atemzug in seinem Herzen. Wie er sich in diesem Zustand befand, kamen Jesus und Maria. Als er sie sah, rief er: «Wie gütig ist der Herr doch gegen Israel!» Mehr konnte er nicht sagen, denn seine Seele wurde durch die Gegenwart Jesu und Mariens aufs Neue von Seligkeit überflutet. So gut er es vermochte bat er sie, dem göttlichen Vater Dank zu sagen für so herrliche Gnaden.

Nach einiger Zeit wollte Josef mit Jesus und Maria die göttlichen Lobgebete verrichten. Sein Geist wurde zeitweise zu Gott entrückt. Seine Augen funkelten; er lag ganz unbeweglich da. Seinen Blick zum Himmel gewandt, erwartete er mit Sehnsucht die Stunde seines seligen Heimganges. Jetzt befielen ihn noch einmal die heftigsten Schmerzen. In diesen Qualen betete er mit großer Innigkeit: «Mein Gott, ich kann meine Treue und Liebe zu dir nicht besser beweisen, als wenn ich von Schmerzen gequält bin. Deshalb lass mich soviel leiden, wie es dir gefällt, damit ich dir jene Liebe beweisen kann/ die für dich in meinem Herzen glüht. Du kennst meine Sehnsucht nach dem Leiden, um einigermaßen meinem Erlöser ähnlich zu werden, der aus Liebe zu mir so grausame Schmerzen erdulden wird. Sollte ich nichts ertragen aus Liebe zu ihm? Ja, ja, ich will dulden und leiden aus Liebe zu ihm, der für mein ewiges Heil soviel ausstehen wird.»

Josef erwarb sich stets größere Gnaden. Die Macht der göttlichen Liebe und die Heftigkeit der Schmerzen zehrten das Leben des Heiligen auf. Einige Male kamen auch seine liebevollen Bekannten und Nachbarn. Josef bat sie nur eines: sie mögen ihn Gott anempfehlen, dass Er ihm in seinen Peinen beistehe.

Alle staunten über seine beispielhafte Geduld und wurden ergriffen, als sie seine gänzliche Hingabe an Gott sahen. Da Josef meistens in großen Schmerzen lag, hielten sie es für besser, ihn in Ruhe zu lassen. Sie hatten auch nicht mehr den Mut, ihn in diesem beweinenswerten Zustand zu sehen.

In diesen letzten Tagen seines Lebens durfte der Heilige oft die Chöre der Engel hören, die ihm seinen Heimgang verkündeten. Auch Maria war die meiste Zeit bei ihm und Jesus stand ihm oft mit tröstenden Worten bei, so dass er niemals allein war. Diesen ständigen Beistand während seiner letzten Leiden hatte Josef sich wohl verdient. In seinem Leben erwies er Jesus, Maria und seinen Nächsten Liebesdienste, wie niemals ein Mensch sie verrichten kann. Oft hörte man Josef sagen: «Mein Gott! Wie schlecht habe ich deinen überreichen Gnaden entsprochen.»

Diese Meinung hatte er von sich, denn seine Sehnsucht nach dem Guten überstieg jeden Begriff. Als er so in seinen Schmerzen lag, befürchtete er, Gott durch Vernachlässigung seiner Pflichten beleidigt zu haben. Deshalb bat er Maria, sie möge ihm sagen, wenn er aus Unachtsamkeit gefehlt habe. Sie versicherte ihm, dass er immer alles dem Wohlgefallen Gottes entsprechend getan habe. So war er ganz beruhigt.

Der selige Heimgang des heiligen Josef

Der glückliche Josef fühlte die letzten Augenblicke seines Lebens nahen. Er vernahm himmlische Gesänge, die seine Seele zur Ruhe im Schoße Abrahams einluden. Der Heilige war mehr denn je von der göttlichen Liebe entflammt. Unter Schmerzen und Tränen sprach er noch so gut er konnte mit Jesus und Maria, die ihm beistanden. Er bat sie um Verzeihung seiner Fehler und dankte ihnen von Herzen für alle erwiesene Liebe und die vielen Gnaden, die sie ihm beim göttlichen Vater erfleht hatten. Er dankte für ihren Beistand während seiner langen, schmerzlichen Krankheit. Innigsten Dank sagte er Jesus für alles, was Er gelitten und leiden werde, um das große Werk der Erlösung zu vollbringen. Zum Zeichen seiner großen Liebe zu Maria empfahl er sie mit herzlichen Worten und unter Tränen ihrem göttlichen Sohn. Dabei schaute er mit innigstem Mitleid auf sie wegen ihrer furchtbaren Schmerzen und Trauer beim Leiden und Sterben ihres Sohnes. Josef bat dann Jesus und Maria um ihren Segen. Aber auch der demütige Sohn erbat sich den Segen seines sterbenden Pflegevaters, sowie auch Maria. Dies tat der Heilige aus ganzem Herzen. Immer mehr wurde er überwältigt von der göttlichen Liebe, aber auch von den heftigsten Schmerzen. Er wandte seine Augen bald zum Himmel, dann wieder auf Jesus und Maria. Er sprach ihre Namen aus, was ihm unbeschreiblichen Trost brachte. Der Erlöser hielt Josef an der Hand und sprach von der Liebe und Herrlichkeit seines Ewigen Vaters, wodurch die Seele des sterbenden Josefs immer mächtiger von der Liebe zu Gott entflammt wurde.

Es kam der letzte Augenblick seines Lebens. Der Sohn Gottes lud diese heilige Seele ein, den Körper zu verlassen. In einem heftigen Akt der Liebe zu Gott und mit dem Ausruf der heiligsten Namen Jesus und Maria verschied er. O wahrhaft glückliche Seele!

Maria durfte nun im Geiste die Schönheit seiner Seele schauen; sie war ja durch den Verlust ihres getreuesten Gemahls tief betrübt. Sie sah diese Seele so reich an Verdiensten und Gnaden, was ihr zu großem Troste gereichte. Sie dankte dem himmlischen Vater für das überaus selige Hinscheiden ihres Josef.

Der Heilige starb im Alter von einundsechzig Jahren. Sein Leichnam war von einer wunderbaren Helle umflossen und strömte einen angenehmen Wohlgeruch aus. Jeder der ihn sah, verehrte ihn. In Nazareth verbreitete sich die Nachricht vom Tode Josefs. Alle betrauerten ihn und sprachen von seiner Tugendhaftigkeit und Gesetzestreue.

Als sein Leichnam hinausgetragen wurde, kam eine große Volksmenge zusammen. Jesus, Maria und liebe Bekannte gaben ihm ein ehrenvolles Begräbnis

Josef in der himmlischen Herrlichkeit

Als Jesus Christus als Sieger auferstand und alle Seelen der vor Ihm entschlafenen Heiligen mit Sich führte, nahm Josef seinen Leib durch göttliche Kraft wieder an 1).

Dieser ward verherrlicht, das heißt, mit den Eigenschaften eines verklärten Leibes ausgestattet. Josef zog mit dem Erlöser bei Seiner wunderbaren Auffahrt in den Himmel ein 2).

1) Der heilige Bernhardin von Siena († 1444) sagte:

«Es ist uns erlaubt, zu glauben, dass Jesus, der dankbarste Sohn, dem heiligen Josef die gleiche Bevorzugung gewährt hat wie Seiner heiligen Mutter. Wenn die heilige Jungfrau Maria mit Leib und Seele glorreich in den Himmel aufgenommen wurde, so ist auch der heilige Josef am Tage der Auferstehung Jesu Christi aus seinem Grabe erstanden unter jenen, von denen im Evangelium des heiligen Matthäus gesprochen wird.»

2) Der heilige Franz von Sales († 1622) sagt:

«Da es wahr ist, wie wir glauben sollen, dass kraft der heiligen Eucharistie, die wir empfangen, unsere Leiber am Tage des Gerichtes auferstehen werden, wie können wir zweifeln, dass Jesus Christus den heiligen Josef mit Leib und Seele mit Sich zum Himmel aufgenommen hat, da er die Ehre und die Gnade hatte, das Kind Jesu so oft auf seinen Armen zu tragen?»

Er ist nun ganz nahe der Königin aller Engel und Heiligen. Seine Heiligkeit ist Maria am ähnlichsten von allen Menschen; deshalb besitzt er auch ein größere Herrlichkeit als jeder andere Heilige. Die Herrlichkeit des heiligen Josef kann kein menschlicher Verstand erkennen. Wohl aber erfreuen sich daran die Himmelsbewohner durch eine ganze Ewigkeit.

Der heilige Josef übt ununterbrochen das Amt eines Anwaltes der Sterbenden bei Gott aus. Er bittet um Gnade für alle Seelen, die durch das kostbare Blut Jesu erlöst sind, besonders aber für seine Verehrer. Gott und die heiligste Jungfrau Maria gewähren ihm alle Gnaden, worum er bittet. Da Josef auf Erden so viele Drangsale durchgemacht hat, hilft er besonders allen Betrübten und Notleidenden.

APOSTOLISCHES SCHREIBEN

REDEMPTORIS CUSTOS
VON PAPST JOHANNES PAUL II.

ÜBER GESTALT UND SENDUNG DES HEILIGEN JOSEF IM LEBEN CHRISTI UND DER KIRCHE

Einleitung

1. Zum Beschützer des Erlösers berufen, «tat Josef, was der Engel des Herrn ihm befohlen hatte, und nahm seine Frau zu sich» (Mt 1,24).

In Anlehnung an das Evangelium haben schon die Kirchenväter der ersten Jahrhunderte hervorgehoben, dass der hl. Josef so, wie er für Maria liebevoll Sorge trug und sich voll Freude und Eifer der Erziehung Jesu Christi widmete, seinen mystischen Leib, die Kirche, deren Gestalt und Vorbild die heilige Jungfrau ist, hütet und beschützt.

Zum Hundertjahrjubiläum der Veröffentlichung der Enzyklika Quamquam pluries von Papst Leo XIII. und in der Spur der jahrhundertealten Verehrung für den hl. Josef möchte ich euch, liebe Brüder und Schwestern, zum reflektierenden Nachdenken einige Betrachtungen über den Mann anbieten, dem Gott «den Schutz seiner kostbarsten Schätze anvertraut hat». Ich komme dieser pastoralen Pflicht mit Freude nach, damit die Verehrung für den Schutzpatron der Gesamtkirche und die Liebe zum Erlöser, dem er in vorbildlicher Weise gedient hat, in allen wachse.

So wird das ganze christliche Volk den hl. Josef nicht nur eifriger anrufen und vertrauensvoll um seinen Schutz und Beistand bitten, sondern stets die demütige, reife Art seines Dienstes und seiner «Mitwirkung» am Heilsplan vor Augen haben.

Ich glaube nämlich, das neuerliche Nachdenken über die Teilnahme des Gemahls Mariens am göttlichen Geheimnis wird es der Kirche, die zusammen mit der ganzen Menschheit auf dem Weg in die Zukunft ist, gestatten, ständig ihre eigene Identität im Rahmen dieses Erlösungsplanes wiederzuentdecken, der seine Grundlage im Geheimnis der Menschwerdung hat.

Eben an diesem Geheimnis hatte Josef von Nazareth «teil» wie kein anderes menschliches Geschöpf, ausgenommen Maria, die Mutter des Mensch gewordenen Wortes. Er hatte zusammen mit ihr daran teil, weil er in das tatsächliche Heilsgeschehen einbezogen worden war, und wurde zum Hüter derselben Liebe, durch deren Macht der Ewige Vater «uns im Voraus dazu bestimmt (hat), seine Söhne zu werden durch Jesus Christus» (Eph 1,5).

Die Darstellung des hl. Josef im Evangelium

Die Ehe mit Maria

2. *«Josef, Sohn Davids, fürchte dich nicht, Maria als deine Frau zu dir zu nehmen; denn das Kind, das sie erwartet, ist vom Heiligen Geist. Sie wird einen Sohn gebären; ihm sollst du den Namen Jesus geben; denn er wird sein Volk von seinen Sünden erlösen» (Mt 1,20-21).*

Diese Worte enthalten den zentralen Kern der biblischen Wahrheit über den hl. Josef, den Augenblick seines Daseins, auf den im besonderen die Kirchenväter Bezug nehmen.

Der Evangelist Matthäus erläutert die Bedeutung dieses Augenblicks, indem er auch beschreibt, wie ihn Josef erlebt hat. Um jedoch den Inhalt und Zusammenhang seiner Aussage ganz zu verstehen, muss man sich die Parallelstelle des Lukasevangeliums vergegenwärtigen. Denn im Verhältnis zu dem Vers, wo es heißt:

«Mit der Geburt Jesu Christi war es so: Maria, seine Mutter, war mit Josef verlobt; noch bevor sie zusammengekommen waren, zeigte es sich, dass sie ein Kind erwartete – durch das Wirken des Heiligen Geistes (Mt 1,18), findet die Herkunft der Schwangerschaft Mariens «durch das Wirken des Heiligen Geistes» eine ausführlichere und genauere Beschreibung in dem, was wir bei Lukas über die Verkündigung der Geburt Jesu lesen:

«Der Engel Gabriel wurde von Gott in eine Stadt in Galiläa namens Nazareth zu einer Jungfrau gesandt. Sie war mit einem Mann namens Josef verlobt, der aus dem Haus David stammte. Der Name der Jungfrau war Maria» (Lk 1,26-27). Die Worte des Engels: Sei gegrüßt, du Gnadenvolle, der Herr ist mit dir» (Lk 1,28), lösten in

Maria eine tiefe Beunruhigung aus und hielten sie zugleich zum Nachdenken an. Da beruhigte der Bote die Jungfrau und offenbarte ihr Gottes besonderen Plan in Bezug auf sie: «Fürchte dich nicht, Maria; denn du hast bei Gott Gnade gefunden. Du wirst ein Kind empfangen, einen Sohn wirst du gebären: dem sollst du den Namen Jesus geben. Er wird groß sein und Sohn des Höchsten genannt werden. Gott, der Herr, wird ihm den Thron seines Vaters David geben» (Lk 1,30-32).

Wenige Verse vorher hatte der Evangelist gesagt, dass bei der Verkündigung Maria «mit einem Mann namens Josef verlobt war, der aus dem Haus David stammte». Das Wesen dieser «Vermählung» wird indirekt erklärt, als Maria, nachdem sie die Worte des himmlischen Boten bezüglich der Geburt des Sohnes gehört hat, fragt: «Wie soll das geschehen, da ich keinen Mann erkenne?» (Lk 1,34) Darauf erhält sie folgende Antwort: «Der Heilige Geist wird über dich kommen, und die Kraft des Höchsten wird dich überschatten. Deshalb wird auch das Kind heilig und Sohn Gottes genannt werden» (Lk 1,35). Maria wird, auch wenn sie schon mit Josef «verheiratet» ist, Jungfrau bleiben, weil das schon bei der Verkündigung in ihr empfangene Kind durch das Wirken des Heiligen Geistes empfangen worden war.

In diesem Punkt stimmt der Text des Lukas mit jenem von Mt 1,18 überein und kann uns zur Erklärung dessen dienen, was wir dort lesen. Wenn sich nach der Vermählung Mariens mit Josef «zeigte, dass sie ein Kind erwartet durch das Wirken des Heiligen Geistes», so entspricht diese Aussage durchaus dem Inhalt der Verkündigung und insbesondere den abschließend von Maria gesprochenen Worten: «Mir geschehe, wie du es gesagt hast» (Lk 1,38). Nachdem Maria auf den klaren Plan Gottes geantwortet hat, wird in den folgenden Tagen und Wochen vor den Leuten und vor Josef offenkundig, dass sie «ein Kind erwartet» , das sie gebären soll und das Geheimnis der Mutterschaft in sich trägt.

3. Unter diesen Umständen «beschloss Josef, ihr Mann, der gerecht war und sie nicht bloßstellen wollte, sich in aller Stille von ihr zu trennen» (Mt 1,19). Er wusste nicht, wie er sich angesichts der wundersamen Mutterschaft Mariens verhalten sollte. Er suchte natürlich eine Antwort auf die beunruhigende Frage, vor allem aber suchte er nach einem Ausweg aus der für ihn schwierigen Situation. «Während er noch darüber nachdachte, erschien ihm ein Engel des Herrn im Traum und sagte: «Josef, Sohn

Davids, fürchte dich nicht, Maria als deine Frau zu dir zu nehmen, denn das Kind, das sie erwartet, ist vom Heiligen Geist. Sie wird einen Sohn gebären; ihm sollst du den Namen Jesus geben; denn er wird sein Volk von seinen Sünden erlösen» (Mt 1,20-21).

Zwischen der«Verkündigung» bei Matthäus und jener bei Lukas besteht eine enge Übereinstimmung. Der Bote Gottes weiht Josef in das Geheimnis der Mutterschaft Mariens ein. Sie, die dem Gesetz nach seine «Frau» ist, auch wenn sie Jungfrau bleibt, ist kraft des Heiligen Geistes Mutter geworden. Und wenn der Sohn, den Maria im Schoß trägt, zur Welt kommt, soll er den Namen Jesus erhalten. Das war ein bei den Israeliten bekannter Name, der ab und zu den Söhnen gegeben wurde. In diesem Fall jedoch handelt es sich um den Sohn, der – entsprechend der göttlichen Verheißung – die Bedeutung dieses Namens voll erfüllen wird: Jesus – Yehosud, was bedeutet: Gott ist Heil.

Der Bote wendet sich an Josef als den «Mann Mariens», der dem Sohn, der von der mit ihm verheirateten Jungfrau aus Nazareth geboren werden wird, dann diesen Namen geben soll. Er wendet sich also an Josef und überträgt ihm für den Sohn Mariens die Aufgaben eines irdischen Vaters.

«Als Josef erwachte, tat er, was der Engel des Herrn ihm befohlen hatte, und nahm seine Frau zu sich» (Mt 1,24). Er nahm sie zu sich mit dem ganzen Geheimnis ihrer Mutterschaft, er nahm sie zu sich zusammen mit dem Sohn, der durch das Wirken des Heiligen Geistes zur Welt kommen würde: Damit bewies er in Bezug auf das, was Gott ihm durch seinen Boten aufgetragen hatte, eine willige Verfügbarkeit, die jener Mariens ähnlich ist.

Patron der Kirche unserer Zeit

28. Da Pius IX. in schwieriger Zeit die Kirche dem besonderen Schutz des heiligen Patriarchen Josef anvertrauen wollte, erklärte er ihn zum «Patron der katholischen Kirche». Der Papst wusste, dass er damit nicht eine weit hergeholte Geste vollzog, denn aufgrund der herausragenden Würde, die Gott diesem treuen Diener gewährt hatte, «hielt die Kirche nach der seligen Jungfrau, seiner Frau, stets den heiligen Josef hoch in Ehren und bedachte ihn mit Lob und wandte sich vorzugsweise in ihren Bedrängnissen an ihn».

Welches sind die Gründe für so großes Vertrauen? Leo XIII. legt sie wie folgt dar: «Die Gründe dafür, dass der heilige Josef als besonderer Patron der Kirche angesehen werden und die Kirche ihrerseits sich von seinem Schutz und Beistand sehr viel erwarten darf, rühren hauptsächlich daher, dass er der Mann Mariens und vermeintliche Vater Jesu ist...

Josef war zu seiner Zeit rechtmäßiger und natürlicher Hüter, Haupt und Verteidiger der göttlichen Familie... Es ist daher für den heiligen Josef angebracht und seiner höchst würdig, dass er so, wie er einst die Familie von Nazareth in allen Belangen heiligmäßig zu beschützen gewohnt war, jetzt die Kirche Christi mit seinem himmlischen Beistand beschützt und verteidigt!»

29. Dieser Schutz muss erfleht werden; die Kirche braucht ihn immer noch, nicht nur zur Verteidigung gegen die aufkommenden Gefahren, sondern auch und vor allem zur Stärkung ihrer erneuten Anstrengung für die Evangelisierung der Welt und für die Neuevangelisierung in jenen «Ländern und Nationen – wie ich im Apostolischen Schreiben Christifideles laici festgestellt habe –, in denen früher Religion und christliches Leben blühte ... und die nun harte Proben durchmachen.»

Um die erste Botschaft von Christus zu bringen oder um sie neu zu verkünden, wo sie vernachlässigt wurde oder in Vergessenheit geriet braucht die Kirche eine besondere «Gnade von oben» (vgl. Lk 24, 49; Apg 1, 8), gewiss ein Geschenk des Geistes des Herrn und verbunden mit der Fürsprache und dem Beispiel seiner Heiligen.

30. Außer in den sicheren Schutz vertraut die Kirche auch in das herausragende Beispiel des hl. Josef, ein Beispiel das über die einzelnen Lebenslagen hinausgeht und sich der ganzen Kirche anbietet, in welcher Situation auch immer sie sich befindet und welches die Aufgaben jedes einzelnen Gläubigen sind.

Wie es in der Konstitution des II. Vatikanischen Konzils über die göttliche Offenbarung heißt, muss die Grundhaltung der ganzen Kirche sein, «Gottes Wort voll Ehrfurcht zu hören», das heißt die absolute Bereitschaft, dem in Jesus geoffenbarten Heilswillen Gottes in Treue zu dienen.

Bereits am Anfang der Erlösung des Menschen finden wir das Vorbild des Gehorsams nach Maria eben in Josef verkörpert, der sich durch die treue Ausführung der Gebote Gottes auszeichnet.

Paul VI. forderte dazu auf, Josef, «wie es die Kirche in letzter Zeit zu tun pflegt» um seinen Beistand anzurufen, «zunächst durch eine spontane theologische Reflexion über die Verbindung des göttlichen mit dem menschlichen Tun in dem großen Heilsplan, in welchem das erste, nämlich das göttliche, ganz sich selbst genügt, aber das zweite, das menschliche, also unser Tun, obwohl allein zu nichts imstande (vgl. Joh 15, 5), niemals einer zwar bescheidenen aber bedingenden und adelnden Mitwirkung enthoben ist. Außerdem ruft die Kirche den Beschützer aus einem tiefen und höchst aktuellen Verlangen an, ihre irdische Existenz mit wahren evangelischen Tugenden, wie sie im heiligen Josef erstrahlen, wiederzubeleben.»

31. Die Kirche setzt diese Erfordernisse in Gebet um. Eingedenk der Tatsache, dass Gott «die Anfänge unserer Erlösung dem aufmerksamen Schutz des hl. Josef anvertraut hat», bittet sie ihn zu ermöglichen, dass sie in Treue am Heilswerk mitwirkt, dass ihr dieselbe Treue und Reinheit des Herzens, die Josef im Dienst am fleischgewordenen Wort beseelte, zuteil wird, und dass sie nach dem Beispiel und durch die Fürsprache des Heiligen vor Gott hergeht auf den Wegen der Heiligkeit und Gerechtigkeit.

Bereits vor hundert Jahren forderte Papst Leo XIII. die katholische Welt auf, um den Schutz des hl. Josef, des Patrons der ganzen Kirche, zu beten.

Die Enzyklika Quamquam pluries berief sich auf jene «väterliche Liebe», die Josef «em Knaben Jesus entgegenbrachte», uns empfahl «dem fürsorglichen Hüter der göttlichen Familie» «das teure Erbe, das Jesus Christus mit seinem Blut erworben hatte». Seit damals erfleht die Kirche – wie ich eingangs erwähnt habe – «wegen jener heiligen Liebesbande, die ihn mit der unbefleckten Jungfrau und Gottesmutter einten», den Schutz des hl. Josef und empfiehlt ihm alle ihre Sorgen, auch hinsichtlich der Bedrohung, die über der menschlichen Familie liegen.

Noch heute haben wir zahlreiche Gründe, in derselben Weise zu beten: «Entferne von uns, geliebter Vater, diese Seuche von Irrtum und Laster ..., stehe uns wohlgesinnt bei in diesem Kampf gegen die Macht der Finsternis ...; und wie du einst das bedrohte Leben des Jesuskindes vor dem Tod gerettet hast, so verteidige jetzt die heilige Kirche Gottes gegen feindselige Hinterlist und alle Gegner». Auch heute noch haben wir bleibende Gründe, um jeden Menschen dem hl. Josef zu empfehlen.

32. Ich wünsche lebhaft, dass die vorliegende Erinnerung an die, Gestalt des hl. Josef auch in uns das Gebet, das vor hundert Jahren mein Vorgänger an ihn zu richten empfohlen hat, erneuern möge. Denn gewiss gewinnen dieses Gebet und Josefs Gestalt in Bezug auf das neue christliche Jahrtausend eine erneute Aktualität für die Kirche unserer Zeit.

Das II. Vatikanische Konzil hat alle in neuer Weise empfänglich gemacht für die «großen Dinge Gottes» für jenen «Heilsplan», dessen besonderer Diener Josef war. Wenn wir uns also dem Schutz dessen empfehlen, dem Gott selber «den Schutz seiner kostbarsten und größten Schätze anvertraut hat», dann wollen wir zugleich von ihm lernen, dem «Heilsplan» zu dienen. Möge der hl. Josef für alle ein einzigartiger Lehrmeister im Dienst an der Heilssendung Christi werden, ein Dienst, der in der Kirche jeden einzelnen und alle angeht: die Eheleute und die Eltern, jene, die von ihrer Hände Arbeit oder jeder anderen Arbeit leben, die Personen, die zum beschaulichen Leben, wie jene, die zum Apostolat berufen sind.

Der gerechte Mann, der das ganze Erbe des Alten Bundes in sich trug, ist auch in den «Anfang» des neuen und ewigen Bundes in Jesus Christus eingeführt worden. Möge er uns die Wege dieses das Heil verheißenden Bundes weisen, an der Schwelle des nächsten Jahrtausends, in welchem die «Fülle der Zeit» fortdauern und sich weiterentwickeln muss, die zu dem unaussprechlichen Geheimnis der Fleischwerdung des Wortes gehört.

Der hl. Josef erwirke für die Kirche und für die Welt sowie für jeden von uns den Segen des Vaters und des Sohnes und des Heiligen Geistes.

Gegeben zu Rom, bei St. Peter, am 15. August, dem Fest der Aufnahme Mariens in den Himmel, im Jahr 1989, dem elften Jahr meines Pontifikates.

Johannes Paulus II.

Heiliger Josef, Patron der Kirche

Zu dir, heiliger Josef, fliehen wir in unserer Not und bitten voll Vertrauen um deinen Schutz. Bei der Liebe, welche dich mit der unbefleckten Jungfrau und Gottesmutter verband, und bei deiner väterlichen Sorge für das Jesuskind flehen wir dich an: Blicke auf das Erbe, das Jesus Christus mit seinem Blut erworben hat und komm uns mit deiner Macht zu Hilfe.

Treuer Beschützer der Heiligen Familie, wache über die, die Jesus Christus auserwählt hat. Halte fern von uns, liebreicher Vater, alle Ansteckung durch Irrtum und Verderbnis. Steh uns vom Himmel her gnädig bei, du starker Helfer, im Kampf mit den Mächten der Finsternis. Wie du einst das Jesuskind aus der höchsten Lebensgefahr errettet hast, so verteidige jetzt die heilige Kirche Gottes gegen die Nachstellungen ihrer Feinde und jede Widerwärtigkeit. Nimm uns alle unter deinen beständigen Schutz, auf dass wir nach deinem Beispiel und mit deiner Hilfe heilig leben, fromm sterben und die ewige Seligkeit im Himmel erlangen. Amen.

Papst Leo XIII.

Gebet zum hl. Josef, dem Patron der Kirche

Heiliger Josef, als Jesus, dein lieber Pflegesohn, in seine Vaterstadt Nazareth kam und in der Synagoge lehrte, staunten alle und sagten: «Woher hat er diese Weisheit und die Kraft, Wunder zu tun? Ist das nicht der Sohn des Zimmermanns» (Mt 13, 54-55)? Seit urdenklichen Zeiten harrte dein Volk auf den verheißenen Messias. In deinem bescheidenen Haus in Nazareth ist er herangewachsen. Du hast ihn ernährt und beschützt. Durch die Flucht nach Ägypten hast du ihm sogar das Leben gerettet.

Gott hat dir das Kostbarste anvertraut: Maria, seine auserwählte Tochter, Mutter und Braut, und Jesus, seinen eingeborenen Sohn, dessen gesetzlicher Vater du auf Erden warst. Jesus, der Sohn des lebendigen Gottes, war dir fast dreißig Jahre lang untertan. Du warst sein Nährvater und Lehrmeister. Hatte je ein irdischer Vater eine größere Ehre und Macht?

Aber nicht nur das. – Gott hat dich auch zum Patron der Kirche auserwählt. Die Kirche ist das pilgernde Gottesvolk auf Erden. Christus ist das

Haupt der Kirche, du, heiliger Josef, bist ihr Beschützer. dein Vorläufer im Alten Bund, der ägyptische Josef, wurde vom Pharao zum Verwalter der Kornspeicher und zum Herrn über Ägypten eingesetzt. dir hat Gott im Neuen Bund eine ähnliche Aufgabe übertragen. Deine Vaterstadt ist Bethlehem im Lande Juda. Bethlehem heißt «Stadt des Brotes». Ist nicht die Kirche das neue Bethlehem? Wird nicht in der Kirche das himmlische Manna, das eucharistische Brot aufbewahrt und ausgeteilt? Der ägyptische Josef bewahrte das Volk der Ägypter, aber auch sein Volk vor der Hungersnot. Du, der Hausherr des neuen Bethlehem, sorge dafür, dass wir nicht vor Elend und geistigem Hunger zugrunde gehen, dass wir mit dem Brot des ewigen Lebens gespeist werden.

Heiliger Josef, noch nie kam die Kirche, der mystische Leib Jesu Christi, in eine solche Bedrängnis wie heute. Komm der Kirche, die aus vielen Wunden blutet, wie der barmherzige Samaritan zu Hilfe. Gott hat keinen treueren Beschützer für die Heilige Familie gefunden als dich. Wir finden keinen stärkeren Schirmherrn als dich. Nachfolger des Herodes wüten heute schlimmer denn je. Der herodianische Kindermord geht weiter; heute fallen ihm jährlich Millionen unschuldiger Kinder durch Abtreibung zum Opfer. Heiliger Josef, erbarme dich so vieler unschuldiger Seelen, bringe die Kirche in Sicherheit, lass uns spüren, dass du bei Gott für uns eintrittst. Heiliger Josef, wir vertrauen dir!

Arnold Guillet

Kirchengebet am Fest des heiligen Josef

Wir bitten dich, Herr Jesus Christus: das heilige Leben des Bräutigams deiner seligen Mutter Maria erwirke uns deine Hilfe; und was wir nicht erlangen können aus eigener Kraft, werde uns auf seine Fürsprache hin zuteil: Der du lebst und herrschest in alle Ewigkeit. Amen.

Litanei zum heiligen Josef

Herr, erbarme dich unser – Christus, erbarme dich unser –
Herr, erbarme dich unser
Christus, höre uns – Christus, erhöre uns
Gott Vater vom Himmel – erbarme dich unser
Gott Sohn, Erlöser der Welt
Gott Heiliger Geist
Heiliger dreifaltiger Gott
Heilige Maria – bitte für uns
Heiliger Josef
Du erhabener Spross Davids
Du Leuchte unter den Patriarchen
Du Bräutigam der Mutter Gottes
Du keuscher Beschützer der Jungfrau
Du Nährvater des Sohnes Gottes
Du sorgsamer Verteidiger Christi
Du Haupt der Heiligen Familie
Josef, ausgezeichnet durch Gerechtigkeit
Josef, leuchtend in heiliger Reinheit
Josef, Vorbild der Klugheit
Josef, Mann voll Starkmut
Josef, Beispiel des Gehorsams
Josef, Vorbild der Treue
Du Spiegel der Geduld
Du Freund der Armut
Du Vorbild der Arbeiter
Du Zierde des häuslichen Lebens
Du Beschützer der Jungfrauen
Du Stütze der Familien
Du Trost der Bedrängten
Du Hoffnung der Kranken
Du Patron der Sterbenden
Du Schrecken der bösen Geister
Du Schutzherr der heiligen Kirche

Lamm Gottes, du nimmst hinweg die Sünden der Welt
verschone uns, o Herr
Lamm Gottes, du nimmst hinweg die Sünden der Welt
erhöre uns, o Herr
Lamm Gottes, du nimmst hinweg, die Sünden der Welt
erbarme dich unser
Er hat ihn zum Herrn seines Hauses bestellt
und zum Verwalter seines ganzen Besitzes.

Lasset uns beten: O Gott, in weiser Vorsehung gabst du den heiligen Josef der Mutter deines Sohnes zum Bräutigam. Wir bitten dich, ihn, den wir auf Erden als Schirmherrn verehren, lass unseren Anwalt sein im Himmel; der du lebst und herrschst in Ewigkeit. Amen.

Die Mutter Gottes an die hl. Birgitta von Schweden

«Meine Tochter, leider haben die meisten Menschen keine Ahnung, welch große Vorzüge der Herr meinem heiligen Bräutigam Josef verliehen hat und wie mächtig seine Fürbitte bei Gott ist für alle, die sich ihm empfehlen. Wisse, dass Josef ein sehr mächtiger Anwalt ist, um den armen Sündern Verzeihung und Gnade zu erlangen. Du sollst dem Herrn dankbar sein, dass er dir dies durch mich offenbart!

Fortan sei – dein Leben lang – bemüht, meinen heiligen Bräutigam recht innig zu verehren! Preise den Herrn, dass er Josef so freigebig mit Gnaden und Vorzügen geziert hat und dass ich so glücklich gewesen bin, ihn zum Bräutigam erhalten zu haben. In allen Nöten sollst du vertrauensvoll zu ihm fliehen und dich eifrig bemühen, dass auch andere ihn verehren. Sei versichert, Gott gewährt alles auf Erden, um was ihn mein Bräutigam im Himmel bittet. Auf die Fürbitte Josefs will der Herr große und außerordentliche Gnaden spenden.»

Aus den von der Kirche approbierten
«Offenbarungen der heiligen Birgitta» 6. Buch, 59. Kapitel

Maria Cäcilia Baij (1694-1766) war 23 Jahre lang Äbtissin im Benediktinerinnenkloster Montefiascone bei Viterbo. Sie starb am 6. Januar 1766 im Ruf der Heiligkeit. Ihr Leben war reich an Demütigungen, Leiden und teuflischen Anfechtungen. Sie besaß das Charisma der Beschauung und wunderbarer Sammlung, die sich oft bis zur Ekstase steigerte. Mitte Dezember 1736 konnte sie die Lebensbeschreibung des hl. Josef abschließen. Sie sagte: «Ich habe niemals irgendeine Schrift über den hl. Josef gelesen. Ich habe nur das vernommen, was Jesus Christus in seiner Huld mir geoffenbart hat. In der gleichen Weise, wie sein ‹Innenleben› offenbarte er mir auch das Leben des hl. Josef ... Ich habe alles vernommen und es wurde mir diktiert von einer inneren Stimme, was in wunderbarer und besonderer Weise geschah. Es handelt sich um eine ausgesprochene und dennoch geistige Mitteilung.»

Ihre Schriften blieben lange Zeit verschollen und wurden dann durch das Hl. Offizium in Rom geprüft. Papst Benedikt XV. erkannte deren Bedeutung und stellte für den Druck eine größere Summe zur Verfügung. Theologen wie etwa Odo Staudinger halten es für möglich, dass gewisse Ausschmückungen auf ihre Phantasie zurückzuführen sind, was aber den Wert dieser Biographie nicht schmälert. Christus forderte Maria Cäcilia Baij auf, diese Offenbarungen den Menschen mitzuteilen. Sie musste sich förmlich dazu zwingen und ohne den ausdrücklichen Befehl des Beichtvaters hätte sie es wohl nie getan. «Viele Propheten und Könige wollten sehen, was ihr seht, und haben es nicht gesehen» (Lk 10,24). Wir können Christus dankbar sein, dass er uns durch das Charisma seiner Visionärinnen Einblick in die Geheimnisse seiner Menschwerdung gewährt. Christus will uns näher kommen, damit wir ihm mit umso größerer Liebe nachfolgen.

«Ich bete zum Heiland», sagte Kardinal Schuster von Mailand, «er möge alle Christen verstehen lassen, welche Schätze himmlischer Weisheit in diesen Seiten verborgen sind.»

Donald H. Calloway

Weihe an den heiligen Josef

Die Wunder unseres geistlichen Vaters

Der Nährvater Jesu ist für die Christen seit Jahrhunderten ein großer geistlicher Vater. In diesem Buch legt P. Donald Calloway ein Programm für eine kraftvolle Weihe an den hl. Josef vor und zeigt die Wunder, die durch die unaufhörliche Liebe des Patrons der Kirche geschehen.
Aus dem Englischen übersetzt von Therese Baca & Mechthild Neiske

448 Seiten, Hardcover 15,00 € Best.-Nr. 00559

Eugen Daigeler

Heiliger Josef, schütze die Kirche

Betrachtungen über den Patron der Kirche für unsere Zeit

Wertvolle Anregungen über Josef, den Mann des Glaubens, den Patron der Kirche und den Begleiter der Sterbenden.

60 Seiten, geheftet, farbig bebildert (5 Abb.)
2,50 € Best.-Nr. 50109

PUR SPEZIAL-HEFT

Der heilige Josef

DIN A 5, 20 Seiten, viele farbige Bilder, Texte, Gebete und Informationen zum hl. Josef.

1 Heft	1,50 €
10 Hefte	10,00 €
20 Hefte	15,00 €

CHRISTIANA-VERLAG im Fe-Medienverlag
Hauptstr. 22, D-88353 Kisslegg-Immenried
Tel. (0049) (0) 7563-6089980 • www.fe-medien.de